经贸院七
社科前十
贺教育部
重大攻关项目
全军立项

教育部哲学社会科学研究重大课题攻关项目
"十三五"国家重点出版物出版规划项目

中国的立法体制研究

RESEARCH ON CHINA'S LEGISLATIVE SYSTEM

陈 俊
等著

中国财经出版传媒集团
经济科学出版社
Economic Science Press

图书在版编目（CIP）数据

中国的立法体制研究/陈俊等著 .—北京：经济科学出版社，2020.2

教育部哲学社会科学研究重大课题攻关项目

ISBN 978 - 7 - 5218 - 1283 - 1

Ⅰ.①中… Ⅱ.①陈… Ⅲ.①立法 - 制度 - 研究 - 中国 Ⅳ.①D920.0

中国版本图书馆 CIP 数据核字（2020）第 012367 号

责任编辑：杨　洋
责任校对：刘　昕
责任印制：李　鹏　范　艳

中国的立法体制研究
陈　俊　等著

经济科学出版社出版、发行　新华书店经销
社址：北京市海淀区阜成路甲 28 号　邮编：100142
总编部电话：010 - 88191217　发行部电话：010 - 88191522
网址：www.esp.com.cn
电子邮箱：esp@esp.com.cn
天猫网店：经济科学出版社旗舰店
网址：http://jjkxcbs.tmall.com
北京季蜂印刷有限公司印装
787×1092　16 开　26.25 印张　480000 字
2020 年 6 月第 1 版　2020 年 6 月第 1 次印刷
ISBN 978 - 7 - 5218 - 1283 - 1　定价：105.00 元
（图书出现印装问题，本社负责调换。电话：010 - 88191510）
（版权所有　侵权必究　打击盗版　举报热线：010 - 88191661
QQ：2242791300　营销中心电话：010 - 88191537
电子邮箱：dbts@esp.com.cn）

课题组主要成员

首席专家 　陈　俊

主要成员

朱力宇	万其刚	刘　平	封丽霞	郭为禄
石佑启	万　琪	易有禄	陈　光	殷德生
殷啸虎	郝宇青	郑　辉	孟凡壮	任海涛
周　望	孙晓东	黄信瑜	张羽君	姚茂斌
王爱声	钟瑞友	熊　琼	黄　欣	岑　峨
章　瑛	陈　融	余　锋	刘新民	黄　翔
郑　琪	于兆波	李远龙	许瑞超	康玉梅
张　欣	张善根	张博源	陈书笋	王松林
王　怡	王永和	王　会	王海涛	张　颖
邹阳阳	邹文静	佟亚洲	谢　军	晓　岗
郭　晨	蔡国庆	李　颖		

编审委员会成员

主　任　吕　萍
委　员　李洪波　柳　敏　陈迈利　刘来喜
　　　　樊曙华　孙怡虹　孙丽丽

总　序

哲学社会科学是人们认识世界、改造世界的重要工具,是推动历史发展和社会进步的重要力量,其发展水平反映了一个民族的思维能力、精神品格、文明素质,体现了一个国家的综合国力和国际竞争力。一个国家的发展水平,既取决于自然科学发展水平,也取决于哲学社会科学发展水平。

党和国家高度重视哲学社会科学。党的十八大提出要建设哲学社会科学创新体系,推进马克思主义中国化、时代化、大众化,坚持不懈用中国特色社会主义理论体系武装全党、教育人民。2016年5月17日,习近平总书记亲自主持召开哲学社会科学工作座谈会并发表重要讲话。讲话从坚持和发展中国特色社会主义事业全局的高度,深刻阐释了哲学社会科学的战略地位,全面分析了哲学社会科学面临的新形势,明确了加快构建中国特色哲学社会科学的新目标,对哲学社会科学工作者提出了新期待,体现了我们党对哲学社会科学发展规律的认识达到了一个新高度,是一篇新形势下繁荣发展我国哲学社会科学事业的纲领性文献,为哲学社会科学事业提供了强大精神动力,指明了前进方向。

高校是我国哲学社会科学事业的主力军。贯彻落实习近平总书记哲学社会科学座谈会重要讲话精神,加快构建中国特色哲学社会科学,高校应发挥重要作用:要坚持和巩固马克思主义的指导地位,用中国化的马克思主义指导哲学社会科学;要实施以育人育才为中心的哲学社会科学整体发展战略,构筑学生、学术、学科一体的综合发展体系;要以人为本,从人抓起,积极实施人才工程,构建种类齐全、梯队衔接的高校哲学社会科学人才体系；要深化科研管理体制改革，发挥高校人才、智力和学科优势，提升学术原创能力，激发创新创造活力，建设中国特色新型高校智库；要加强组织领导、做好统筹规划、营造良好学术生态，形成统筹推进高校哲学社会科学发展新格局。

哲学社会科学研究重大课题攻关项目计划是教育部贯彻落实党中央决策部署的一项重大举措，是实施"高校哲学社会科学繁荣计划"的重要内容。重大攻关项目采取招投标的组织方式，按照"公平竞争，择优立项，严格管理，铸造精品"的要求进行，每年评审立项约40个项目。项目研究实行首席专家负责制，鼓励跨学科、跨学校、跨地区的联合研究，协同创新。重大攻关项目以解决国家现代化建设过程中重大理论和实际问题为主攻方向，以提升为党和政府咨询决策服务能力和推动哲学社会科学发展为战略目标，集合优秀研究团队和顶尖人才联合攻关。自2003年以来，项目开展取得了丰硕成果，形成了特色品牌。一大批标志性成果纷纷涌现，一大批科研名家脱颖而出，高校哲学社会科学整体实力和社会影响力快速提升。国务院副总理刘延东同志做出重要批示，指出重大攻关项目有效调动各方面的积极性，产生了一批重要成果，影响广泛，成效显著；要总结经验，再接再厉，紧密服务国家需求，更好地优化资源，突出重点，多出精品，多出人才，为经济社会发展做出新的贡献。

作为教育部社科研究项目中的拳头产品，我们始终秉持以管理创新服务学术创新的理念，坚持科学管理、民主管理、依法管理，切实增强服务意识，不断创新管理模式，健全管理制度，加强对重大攻关项目的选题遴选、评审立项、组织开题、中期检查到最终成果鉴定的全过程管理，逐渐探索并形成一套成熟有效、符合学术研究规律的管理办法，努力将重大攻关项目打造成学术精品工程。我们将项目最终成果汇编成"教育部哲学社会科学研究重大课题攻关项目成果文库"统一组织出版。经济科学出版社倾全社之力，精心组织编辑力量，努力铸造出版精品。国学大师季羡林先生为本文库题词："经时济世　继往开来——贺教育部重大攻关项目成果出版"；欧阳中石先生题写了"教育部哲学社会科学研究重大课题攻关项目"的书名，充分体现了他们对繁荣发展高校哲学社会科学的深切勉励和由衷期望。

伟大的时代呼唤伟大的理论，伟大的理论推动伟大的实践。高校哲学社会科学将不忘初心，继续前进。深入贯彻落实习近平总书记系列重要讲话精神，坚持道路自信、理论自信、制度自信、文化自信，立足中国、借鉴国外，挖掘历史、把握当代，关怀人类、面向未来，立时代之潮头、发思想之先声，为加快构建中国特色哲学社会科学，实现中华民族伟大复兴的中国梦做出新的更大贡献！

教育部社会科学司

前 言

本研究课题《中国的立法体制研究》是教育部哲学社会科学研究重大课题攻关项目（批准号：15JZD006），顾名思义，主要是"立足本土"的研究。同时，也注重"洋为中用"，即合理借鉴海外立法体制中的相关做法及有益经验并为我所用。

从国外的情况看，不同类型的国家，其立法体制是有别的。以中央与地方的立法权限划分为例，联邦制国家的地方立法权相对较大，而单一制国家的地方立法权限一般不太大。

在世界大国中，美国、加拿大、英国、俄罗斯等都是实行联邦制的国家。而中国是世界上人口最多、面积最大的单一制国家。拿中国和美国、加拿大、英国、俄罗斯等大国的立法体制相比较，有一些共同点，但差异点更多。那么，在世界大国中，中国的情况同法国的情况做比较的话，共同点可能相对多一点。因为，法国也是世界大国中采用单一制的国家。但是，中法两国的立法体制也存在不少差异。因此，放眼全球，中国作为世界上人口最多、面积最大的单一制国家，作为具有自身独特历史文化传统的文明古国，研究其立法体制及其完善问题，恐怕在世界上很难找到现成的、比较接近可照搬的做法及有效经验。因此可以说：中国特色的立法体制，就是在中国本土建立发展起来的，体现出鲜明的中国本土特色的历史性创造。这也正如马克思所说："人们自己创造自己的历史，但是他们并不是随心所欲地创造，并不是在他们自己选定的条件下创造，而是在直接碰到的、既定的、从过去继承下来的条件下创造。"①

有鉴于此，本书作为教育部哲学社会科学研究重大课题攻关项目成果，对中国立法体制的研究，致力于立足中国国情，结合新时代背景下我国经济社会发展的新情况和人民群众对立法的新需求，以习近平新时代中国特色社会主义思想为指导，合理借鉴海外有益经验和相关做法，洋为中用，古为今用，走出一条适合自身的发展道路；通过发展和完善我国立法体制，以期服务于推进全面依法治国的理论与实践，服务于坚持和发展中国特色社会主义。

---

① 《马克思恩格斯文集》（第2卷），人民出版社2009年版，第470~471页。

摘 要

中国的立法体制，是在中国共产党领导下形成的具有中国特色的立法体制。从立法权限划分的角度看，它是中央统一领导和地方一定程度分权、多层级并存、多类别相结合的立法体制，这种立法体制是我国立法体制的主体和核心。本书以习近平新时代中国特色社会主义思想为指导，以党的十八届四中全会决定、党的十九大报告等重要文献中有关中国立法体制内容的战略部署为顶层设计依据，立足中国社会主义初级阶段的国情和进入新时代的背景，以问题为导向，对我国立法体制中的若干重要问题及其完善，梳理形成六章（六个子课题），并相应作出深化理论和助益实践的时代性创新性研究。

第一章是中国立法体制中的党领导立法及相关问题研究。本章研究旨在为其他章节研究提供政治站位、方向引领和路径指引的保障作用；本章的主要内容包括：政党与立法、国体政体与立法相关理论概述，在党领导下我国立法体制形成和发展概述，党的十八届四中全会和党的十九大等对党领导立法的部署，党如何领导立法，完善党对立法领导等内容。就坚持党领导立法及其完善而言，除了党的十八届四中全会和党的十九大对党领导立法所作的部署，习近平总书记有关党领导立法的重要论述和讲话精神，也为坚持和完善党领导立法，提供了方向指引和基本遵循。

第二章是中国立法体制中的人民代表大会（以下简称"人大"）主导立法问题研究。本章从以下几个方面作了分析探讨。一是人大主导立法的内涵与依据；二是人大主导立法的几对重要关系及其处理，既包括党领导立法与人大主导立法的关系、人大立法与政府立法的关系、人大立法与"两高"司法解释的关系，也包括人大主导立法的内部关系；三是人大主导立法的实现路径，包括人大主导立法应得到执政党的支持、人大主导立法应加强人大自身立法能力建设、人大主导立法应"用好用足"人大自身立法权、人大主导立法应健全各项工作机制等。

第三章是中国立法体制中的政府立法问题研究。本章从以下几个方面作了分析探讨。一是政府立法的基本理论；二是我国政府立法的历史回顾；三是政府立法应遵循的原则；四是中央层面的政府立法研究；五是地方层面的政府立法研究；六是面向政府的授权立法；七是政府立法与公共政策；八是完善国家层面政府立法的相关建议；九是完善地方政府立法的相关建议。

第四章是中国立法体制中中央与地方的立法权限划分问题研究。在任何一个现代法治国家，中央与地方的权力界定以及政治、经济和社会职能等的划分，通常都通过立法事权划分形式表现出来并加以制度化和规范化。鉴于此，本章的主要内容是梳理与归纳国外关于中央和地方立法权限划分的制度与经验，总结中央和地方纵向立法事权划分的基本理念与模式、一般标准与方法，并且通过对我国宪法、法律的文本分析，厘清当前我国中央和一般地方以及中央和特殊地方立法事权划分的主要特点与问题，并得出改革与完善我国中央和地方立法权限划分体制的基本思路和相关建议。

第五章是中国立法体制中的公众参与立法问题研究。本章主要从以下五个方面进行分析探讨：一是问题的缘起；二是我国公众参与立法的理论基础；三是国内外公众参与立法的相关制度及实践经验概述；四是公众参与立法在我国立法体制中的体现及完善思考；五是我国的公众参与立法的具体实践及完善思考。

第六章是现行立法体制下的区域地方立法协调问题研究。区域地方立法协调是近些年来我国区域经济一体化发展带来的时代新课题，是在我国现行立法体制规定的立法主体及其立法权限"规定动作"以外出现的先行先试有益探索。本章主要从以下四个方面展开前沿探讨。一是作为立法体制新兴问题的区域地方立法协调；二是区域地方立法协调研究现状述评；三是区域地方立法协调理论研究上的深化创新；四是区域地方立法协调实践对策上的完善建议。

Abstract

  China's legislative system is featured with Chinese characteristics under the leadership of the Communist Party of China. From the perspective of the division of legislative powers, it is a legislative system with unified central leadership and a certain degree of decentralization in the local area, multiple levels of coexistence, and multiple categories; the legislative system in Chinese mainland is the main body and core of the Chinese legislative system. Guided by Xi Jinping Thought on Socialism with Chinese Characteristics for a New Era, with the strategic layout of the contents of the Chinese legislative system represented in the important documents of the 19th National Congress of the Communist Party of China and the decision of the Fourth Plenary Session of the 18th Central Committee of the Communist Party of China as the top level design, and based on the national conditions in the primary stage of socialism and the background of entering a new era are, the problem-oriented book sorts out several sub-topics (six chapters) on several important issues in the legislative system of our country, and deepens the theory and innovative research beneficial to the practice in the era accordingly.

  chapter Ⅰ studies the legislation under the leadership of Chinese communist party in the legislative system of China and related issues. The sub-topic aims to support other sub-topics in political position, developing direction and path. Main content of the sub-topic includes: political party and legislature, overview of theories related to the state and government systems and legislation, overview of the formation and development of China's legislative system under the leadership of the Party, deployment on the legislation under the leadership of the Party by the fourth plenary session of the 18th Central Committee, the 19th Party Congress and other meetings, in what way the Party leads legislation, improvement in the leadership of the Party over legislation, etc. With respect to adherence to the leadership of the Party over legislation and its improvement, in addition to the deployment made by the fourth plenary session of the 18th Central Committee and the 19th Party Congress, related important expositions and spirits of President Xi also point out the direction and basic guidelines of the leadership of the Party in legislation.

chapter Ⅱ studies the National People's Congress-led legislation in the legislative system of China. This part is unfolded from the following aspects: firstly, the connotation and basis of the National People's Congress-led legislation; secondly, several pairs of important relationships of the National People's Congress-led legislation and their proper handling, including the relationship between the leadership of the Party and the role of the National People's Congress in legislation, the relationship between the National People's Congress and government in legislation, the relationship between the National People's Congress-led legislation and judicial interpretations of "the Supreme People's Court and Supreme People's Procuratorate" as well as internal relationships of the National People's Congress-led legislation; thirdly, approaches to realize the National People's Congress-led legislation, including obtaining the support from the ruling party, building the legislative capacity of the National People's Congress, "bringing into good and full play" the legislative power of the National People's Congress, perfecting different mechanisms of work, etc.

Chapter Ⅲ is the research on government legislation in the Chinese legislative system. This part will make analyses and discussion from the following aspects. The first is the basic theory of government legislation; the second is the historical review of China's government legislation; the third is the principle that government legislation should follow; the fourth is the government legislation research at the central level; the fifth is the government legislation research at the local level; the sixth is the authorized legislation orientating government; the seventh is government legislation and public policy; the eighth is related suggestions to improve government legislation at the national level; the ninth is related suggestions to improve government legislation at the local level.

Chapter Ⅳ probes into the division of legislative competence between the central and the local in China. In a modern country with rule of law, legislative power defines the authorities of the central and the local, and outlines the division of politics, economics and social functions, before putting in place institutionalization and standardization. Therefore, this part mainly summarizes the system descriptions regarding the division of legislative competence in the central and the local of China. It comes to summarize the basic concepts, modes, standards and methods involved in the division of longitudinal legislative competence in the central and the local, and analyzes the textual descriptions about China's constitutional law. Therefore, the main features and issues regarding the division of legislative competence in the central and the local (including special cases) are clarified, along with the basic thought and relevant suggestions for reforming and improving the system of the division of legislative competence in the central and the local of China.

Chapter Ⅴ is the research on the public participation legislation in the Chinese legislative system. In this part will mainly analyze and discuss the following aspects. The first is the origin of the problem; the second is the theoretical basis of the public participation legislation in China; the third is the summary of relevant systems and practical experience of public participation legislation at home and abroad; the fourth is about the reflection and perfection of public participation legislation in the Chinese legislative system; the fifth is the concrete practice and perfection thinking of the public participation legislation in China.

chapter Ⅵ is the research on the regional legislative coordination under the current legislative system. Regional and local legislative coordination is a new topic brought about by the development of regional economic integration in China in recent years. It is a pioneering and useful exploration beyond the legislative body and the "compulsory action" of the legislative authority stipulated by the current legislative system. This section will mainly conduct a discussion from the following aspects. The first is the regional and local legislative coordination as an emerging issue of the legislative system; the second is the review of the status quo of regional and local legislative coordination research; the third is the deepening innovation in regional and local legislative coordination theory research; the fourth is the perfection suggestions on the regional and local legislative coordination practice countermeasures.

目 录

导论　1

第一章 中国立法体制中的党领导立法及相关问题研究　5

第一节　政党与立法相关理论概述　5
第二节　国体政体与立法相关理论概述　9
第三节　在党领导下我国立法体制形成和发展概述　13
第四节　党的十八届四中全会、党的十九大等对党领导立法的部署　26
第五节　党如何领导立法　31
第六节　党领导立法的完善　38

第二章 中国立法体制中的人大主导立法问题研究　44

第一节　人大主导立法的内涵与依据　45
第二节　人大主导立法的几对重要关系及其处理　52
第三节　人大主导立法的实现路径　69

第三章 中国立法体制中的政府立法问题研究　85

第一节　政府立法的基本理论　86
第二节　我国政府立法的历史回顾　97
第三节　政府立法应遵循的原则　105
第四节　中央层面的政府立法研究　111
第五节　地方层面的政府立法研究　118
第六节　面向政府的授权立法　138
第七节　政府立法与公共政策　153
第八节　完善国家层面政府立法的相关建议　164

第九节　完善地方政府立法的相关建议　　179

第四章　中国立法体制中中央与地方的立法权限划分问题研究　　187

第一节　各国中央和地方立法权限划分的制度与经验　　188
第二节　新中国成立以来中央与地方立法关系的历史发展　　200
第三节　我国中央与一般地方的立法权限划分问题　　218
第四节　我国中央与特殊地方的立法权限划分问题　　231
第五节　我国中央与地方立法权限划分体制的特点与改革思路　　249

第五章　中国立法体制中的公众参与立法问题研究　　262

第一节　问题的缘起　　262
第二节　我国公众参与立法的理论基础　　265
第三节　国内外公众参与立法的相关制度及实践经验概述　　278
第四节　公众参与立法在我国立法体制中的体现及发展　　287
第五节　我国公众参与立法的具体实践及完善思考　　305

第六章　现行立法体制下的区域地方立法协调问题研究　　317

第一节　作为立法体制新兴问题的区域地方立法协调　　318
第二节　区域地方立法协调研究现状述评　　325
第三节　区域地方立法协调理论研究上的深化创新　　335
第四节　区域地方立法协调实践对策上的完善化思路　　358

参考文献　　371

后记　　385

Contents

Introduction   1

Chapter 1   **The legislation under the leadership of the Party in the legislative system of China and related issues**   5

1.1   An overview of the theories related to political parties and legislation   5

1.2   An overview of theories related to state system and legislation   9

1.3   An overview of the formation and development of China's legislative system under the leadership of CPC   13

1.4   The fourth plenary session of the 18th CPC Central Committee, the 19th party congress and other arrangements for party-led legislation   26

1.5   How does the Party lead legislation   31

1.6   Improve party-led legislation   38

Chapter 2   **The legislative issues dominated by people's congress in legislative system of China**   44

2.1   The connotation and basis of the legislation led by the people's congress   45

2.2   Several pairs of important relations that the people's congress dominates the legislation and its handling   52

    2.3   National People's Congress leads the realization path of legislation   69

Chapter 3   Government legislation in Chinese legislative system   85

    3.1   The basic theory of government legislation   86

    3.2   The historical review of our government legislation   97

    3.3   The principle that government legislation should follow   105

    3.4   Research on government legislation at the central level   111

    3.5   Research on government legislation at the local level   118

    3.6   Authorized legislation for government   138

    3.7   Government legislation and public policy   153

    3.8   Suggestions on improving national government legislation   164

    3.9   Suggestions on improving local government legislation   179

Chapter 4   The division of legislative authority between central and local authorities in China's legislative system   187

    4.1   The system and experience of the division of central and local legislative authority   188

    4.2   The historical development of the relationship between central and local legislation since the founding of new China   200

    4.3   The division of legislative authority between the central government and the general local government   218

    4.4   The division of legislative authority between the central government and the special local government   231

    4.5   The characteristics and reform thinking of the division of legislative authority between central and local government   249

Chapter 5   Research on public participation in legislation in legislative system   262

    5.1   The origin of the problem   262

    5.2   The theoretical basis of public participation in legislation   265

    5.3   An overview of relevant systems and practical experience of public participation in legislation at home and abroad   278

    5.4   The embodiment of public participation in the legislative system and the thought of perfection   287

5.5　The concrete practice and consummation thinking of public participation legislation　305

Chapter 6　Regional legislative coordination under the current legislative system under the current legislative system　317

6.1　The regional and local legislative coordination as an emerging issue of the legislative system　318

6.2　The review of the status quo of regional and local legislative coordination research　325

6.3　The deepening innovation in regional and local legislative coordination theory research　335

6.4　The perfection suggestions on the regional and local legislative coordination practice countermeasures　358

References　371

Postscript　385

导 论

本书的导论，旨在提纲挈领地作一课题整体研究的背景介绍、思路说明、逻辑设计、篇章安排等事项的概括说明，从而为各章节的展开和研究，提供指导思想和路径方向上的指引。

一、本书研究总的指导思想

本书研究总的指导思想是：以习近平新时代中国特色社会主义思想为指导，以党的十九大报告、党的十八届四中全会决定等重要文献中有关"中国立法体制"内容的战略部署为顶层设计依据，立足中国社会主义初级阶段的国情和进入新时代的背景，开展谋篇布局及重点难点统筹；以问题为导向，对中国立法体制的发展、现状及存在的问题，进行梳理提炼，作出前沿探讨；合理借鉴海外相关经验，立足国情地情，对我国立法体制中的若干重要问题及其完善，作出深化理论研究和助益实践发展两者兼具的时代性前沿性研究。

二、中国立法体制的概念界定

关于"立法体制"一词，不是一个古老的概念，也不是外国人习惯使用的概念。该词的使用，是20世纪90年代以来中国学者创造并使用的概念。该词伴随着我国改革开放以来"经济体制""政治体制"等相关概念的大量使用，而为我们所接受，并相提并论地加以使用。其中，立法权限问题是立法体制的核心问题。

从国内具有代表性的对"立法体制"的概念界定看，都注重从立法主体、立法权划分、立法权运行三个方面作出界定并以立法权限划分为核心。例如，我国普通高等教育国家级规划教材《立法学》中的界定："立法体制是关于立法权、立法权运行和立法权载体诸方面的体系和制度所构成的有机整体，其核心是有关立法权限的体系和制度。"[①] 又如，21世纪法学系列教材《立法学》中的界定："立法体制是指关于立法权限划分的制度。"[②]

在以上关于立法体制概念界定的基础上，本书对"中国的立法体制"作出如下界定[③]：

中国的立法体制，是在党的领导下形成的具有中国特色的立法体制，它既不属于单一的立法体制，也不属于复合的或分权制衡的立法体制；从立法权限划分的角度看，它是中央统一领导和一定程度分权、多层级并存、多类别相结合的立法权限划分体制；全国人民代表大会及其常务委员会统一行使国家立法权并在立法权限划分体制中居于中央领导地位，国务院行使相当大的行政法规的立法权力，地方人民代表大会及其常务委员会行使一定的地方性法规的立法权力；以上中央和地方不同层级和类别的立法主体所制定的规范性法律文件的效力不同，同时这些不同效力等级的立法并存于我国立法体制中。

三、章节框架设计及逻辑关系

党的十八届四中全会决定在"完善立法体制"部分，作出了"四大板块"之战略部署，针对现行立法体制中的重要问题，作出了一个顶层设计之战略谋划。具体内容如下。

1. 第一章 中国立法体制中的党领导立法及相关问题研究

本章直接对应党的十八届四中全会决定关于"完善立法体制"部分的"第一段"即"第一板块"提出的"加强及完善党对立法工作的领导"。这一设计，旨在政治方向和研究立场上，与党的十八届四中全会决定的精神，保持大政方针上的一致性。

本章的研究，将为后面章节的研究，提供政治方向、站位、立场、原则上的指引、引导、掌舵、保障作用。

[①] 周旺生著：《立法学》（第二版），法律出版社2009年版，第145页。
[②] 朱力宇、张曙光主编：《立法学》（第三版），中国人民大学出版社2009年版，第117页。
[③] 从国外的相关研究看，在关于中国立法问题的研究中，有一部分研究涉及我国立法体制问题。但是，国外的这些研究，关注本国情况的研究较多，关注中国情况的研究偏少。在2010年中国特色社会主义法律体系宣告形成之后，党的十八届三中、四中全会决定、党的十九大，又对我国立法体制提出了一些新概念、新提法。对这些新问题的研究，国外的研究尚处于起步阶段，成果甚少。

2. 第二章中国立法体制中的人大主导立法问题研究

本章直接对应党的十八届四中全会决定"完善立法体制"部分"第二段"即"第二板块"提出的"发挥人大及其常委会在立法工作中的主导作用"。

3. 第三章中国立法体制中的政府立法问题研究

本章直接对应党的十八届四中全会决定"完善立法体制"部分"第三段"即"第三板块"提出的"加强和改进政府立法制度建设"要求，将其设计为第三个子课题。

4. 第四章中国立法体制中中央与地方的立法权限划分问题研究

本章直接对应党的十八届四中全会决定"完善立法体制"部分"第四段"即"第四板块"提出的"明确立法权力边界、明确地方立法权限和范围"等要求。在以上第二、第三章侧重从"横向"角度探讨人大和政府两大立法主体立法权限等体制问题后，从"纵向"的角度探讨我国立法体制中中央与地方的立法权限划分问题，以便整体上"横向＋纵向"地全面研究我国立法权限划分等体制问题。

5. 第五章中国立法体制中的公众参与立法问题研究

以上第二、三、四章，聚焦人大主导立法、改进政府立法、科学划分立法主体的立法权限，主要属于"科学立法"领域的问题。

而第五章聚焦中国立法体制中的公众参与立法问题，主要属于"民主立法"领域的问题。与前几章能起到相互呼应的作用。即"科学立法"＋"民主立法"，构成完善中国立法体制的相辅相成的两大保障。该章也是直接对应党的十八届四中全会决定在"完善立法体制"部分"第四段"即"第四板块"提出的"防止部门利益和地方保护主义法律化，充分听取各方意见"等要求。

6. 第六章现行立法体制下的区域地方立法协调问题研究

该章是立法体制中的新兴问题和前沿问题。近些年，立法实践中出现的区域地方立法协调或合作问题，是现行宪法、立法法都没有明确规定的，属于新兴问题。在2015年修改《立法法》和2018年修宪中，对这一新兴问题也未作规定。

从立法体制角度看，近些年区域经济一体化发展碰到的一个新问题是区域内地方立法的差异乃至冲突问题。一方面，区域经济的一体化发展，要求资源在区域范围内进行合理配置；另一方面，这一配置受到各地地方立法规定不一，甚至规定相互冲突的制约。这就对区域内各地的地方立法协调，提出了时代需求；也对现行立法体制，提出了新时代的完善化需求。

7. 课题章节框架及逻辑设计

课题章节框架及逻辑设计内容如图1-1所示。

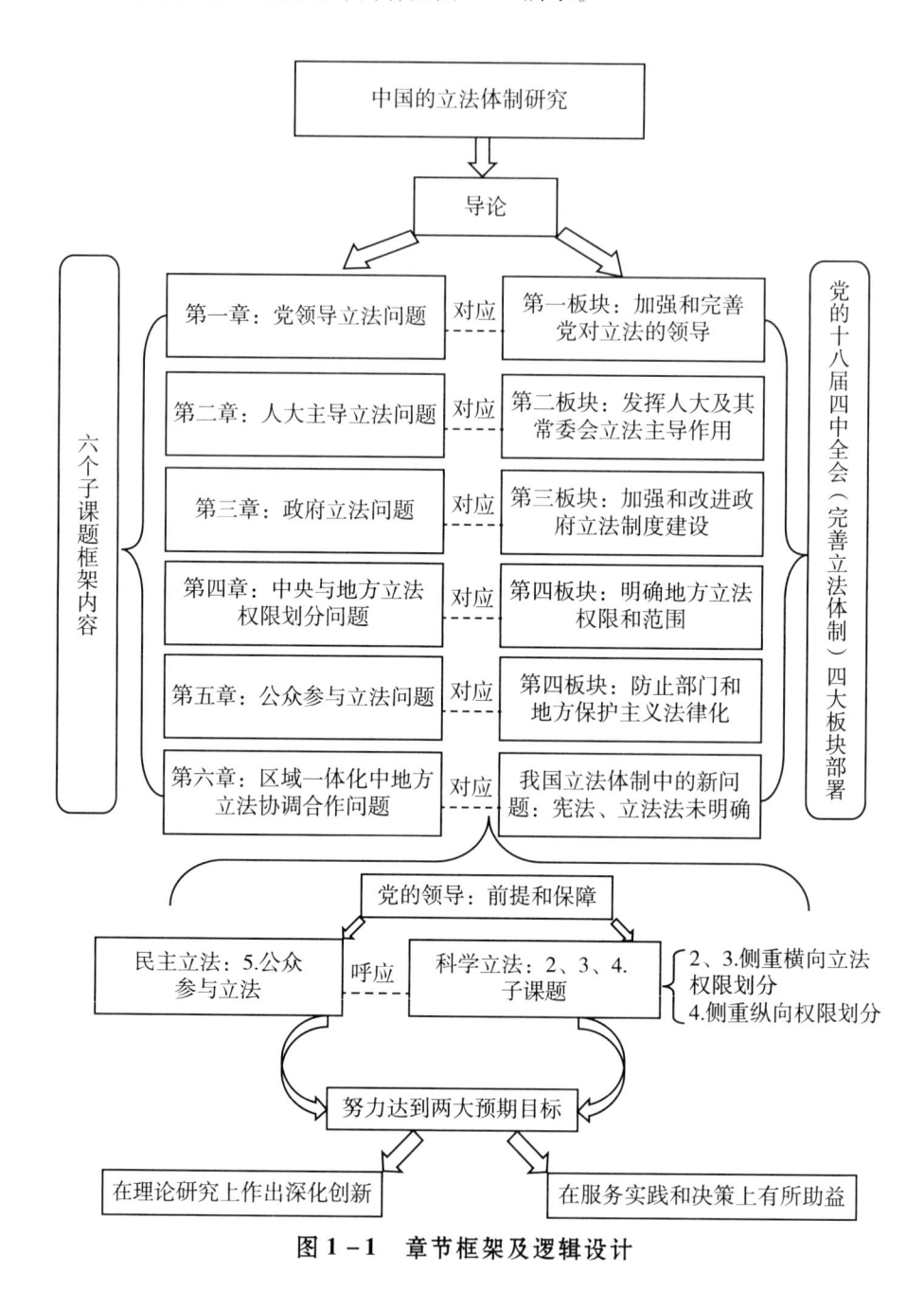

```
                      中国的立法体制研究
                              ↓
                             导论
         ┌────────────────────┼────────────────────┐
         ↓                                         ↓
```

六个子课题框架内容				党的十八届四中全会（完善立法体制）四大板块部署
	第一章：党领导立法问题	对应	第一板块：加强和完善党对立法的领导	
	第二章：人大主导立法问题	对应	第二板块：发挥人大及其常委会立法主导作用	
	第三章：政府立法问题	对应	第三板块：加强和改进政府立法制度建设	
	第四章：中央与地方立法权限划分问题	对应	第四板块：明确地方立法权限和范围	
	第五章：公众参与立法问题	对应	第四板块：防止部门和地方保护主义法律化	
	第六章：区域一体化中地方立法协调合作问题	对应	我国立法体制中的新问题：宪法、立法法未明确	

党的领导：前提和保障

民主立法：5.公众参与立法	呼应	科学立法：2、3、4.子课题	2、3.侧重横向立法权限划分 4.侧重纵向权限划分

努力达到两大预期目标
- 在理论研究上作出深化创新
- 在服务实践和决策上有所助益

图1-1　章节框架及逻辑设计

第一章

中国立法体制中的党领导立法及相关问题研究

本章是中国立法体制中的党领导立法问题，这一重要问题的研究，有助于为其他后续章节内容的研究提供政治站位、方向引领和明确导向的保障作用；在聚焦中国共产党领导立法这一主要问题的同时，也对一些相关问题展开探讨。主要内容包括：政党与立法、国体政体与立法相关理论概述，在党领导下我国立法体制形成和发展概述，党的十八届四中全会和党的十九大等对党领导立法的部署，党如何领导立法，完善党对立法的领导等。

第一节 政党与立法相关理论概述

一、政党的定义

当今时代是政党政治时代。在当今世界二百多个国家和地区中，绝大多数国家和地区都存在政党，并实行政党政治。可以这样界定政党的定义：政党是由一定阶级、阶层或社会集团中的骨干分子组成，为实现、反映其所代表的阶级、阶层或集团的利益、政治纲领、政治主张，以执掌政权或竞争公职为政治目标而采取共同行动、进行政治斗争和社会政治活动的政治组织。

从世界范围政党政治几百年发展看，政党在政治生活中扮演着十分重要的角色，并且政党政治与法治有着十分密切的联系。政党需要通过国家政权并运用法治方式实现自己的政治目标。因此，政党特别是执政党与立法存在重要的政治和法律关系，执政党的政策、决策等，往往需要通过立法的方式和程序，转化为体现国家意志的法律，从而实现执政党的重要主张。这在政党政治时代，已成惯例性和常态性做法。

二、政党的基本职能

从世界政党政治几百年间的实践来看，各国政党特别是执政党在以下几个方面呈现出共通性职能，这些基本职能维系了执政党存在、巩固、发展、壮大的基础。

第一，反映民意与利益整合的基本职能。

这是一个政党最基本的职能，反映一个国家的民意，并对民意背后的多元化利益进行整合，减少利益冲突，解决冲突和纷争。"政党是市民社会和国家进行政治互动的渠道。"[①] 在一个多元利益的社会中，作为市民和全民代表的国家，致力于推动经济发展、满足公民的生存、发展基本需求，是一个政党特别是执政党反映民意与利益整合基本职能的重要"履职表现"。换言之，生产力的发展和公民生存条件的改善、生活水平的提高，是衡量一国执政党执政效果最基本、最直观的标准，也是执政党获取全民支持的重要保证。

例如，成立于1899年的瑞典社会民主党以维护劳工阶级利益作为其执政追求。1932~1976年，瑞典社会民主党连续执政44年，虽然在1976~1982年、1991~1994年两度在野，但其重新取得执政地位后，一直保持着第一大党的地位。在实行多党议会制的国家中，瑞典社会民主党的执政业绩可谓显赫。瑞典社会民主党在几十年的执政期间，把瑞典这一欧洲相对落后的国家变成了一个经济增长，人民生活水平不断提高的"福利国家"，这些执政成绩和履行基本职能的"履职表现"，是瑞典社会民主党得以长期执政的重要保障。

就社会主义国家执政党的基本职能体现而言，道理也是相通的。邓小平曾明确指出："所以社会主义阶段的最根本任务就是发展生产力，社会主义的优越性归根到底要体现在它的生产力比资本主义发展得更快一些、更高一些，并且在发

---

① Richard Gunther, José Ramón Montero, and Juan J. Linz (eds.), *Political Parties: Old Concepts and New Challenges*, Oxford University Press, 2002, p58.

展生产力的基础上不断改善人民的物质文化生活。"① 邓小平在马克思主义发展史上,第一次提出了"社会主义本质"的思想:社会主义的本质,是解放生产力,发展生产力,消灭剥削,消除两极分化,最终达到共同富裕。

因此,资本主义国家的执政党注重履行的基本职能,社会主义国家和马克思主义政党也概莫能外,理应比前者做得更好;后者的执政党内在地追求为全体人民谋幸福、以"全心全意为人民服务"等作为自身责无旁贷的使命,其基本职能之一,当然是要努力推动生产力的发展进步和促进经济的发展及人民物质文化生活等方面的提高。

第二,政治选拔、录用与输送精英的基本职能。

一个政党通过组织本党党员参加中央和地方的相关政治选举,努力使本党推选的候选人当选政府公职,以期在政府履职中能够贯彻该党意志主张。这一过程,体现了该党政治选拔、录用与输送精英的基本职能。并且,在政党政治时代,"随着一个政党党员和支持该党的选民人数的增加,各政党不得不设计出更加完备的内部结构以组织其成员和他们的工作"。②

以新加坡为例。由于新加坡在法律上实行多党议会制政体,议员可以担任政府要职。为使本党的候选人能够担任政府公职,执政的人民行动党明确提出,要让最好的人才当选为议员。事实上,人民行动党的国会议员也是党的最重要的干部。长期以来,政府总理、副总理以及多数部长都是人民行动党的议员。这些执政党议员在国会立法时注重贯彻人民行动党的意志和主张,以此巩固人民行动党的执政。"在新加坡,大约有24个已注册的现行政党,但是相对执政的人民行动党,只有一两个政党看起来有能力扮演反对党的角色。"③

在社会主义国家,不像新加坡等国家实行多党议会制政体,各政党不实行议员竞争选举,但是,注重选拔社会主义执政党党内的精英人才担任政府公职的做法,是殊途同归的,也是这一基本职能的体现。

第三,政治整合与维护秩序的基本职能。

在政党政治时代,一个政党特别是执政党通常是在政治整合与维护社会秩序的政治斗争和博弈中站稳脚跟、获得认可、得到发展壮大的,这对一个政党适应时代发展和社会变迁的洞察力、能力及相应整合职能提出了时代挑战。

在过去的几个世纪,时代变迁在加快,社会发展呈现出多元化、复杂化趋

---

① 《邓小平文选》(第三卷),人民出版社1993年版,第63页。
② Amie Kreppel, The European Parliament and Supranational Party System: A Study in Institutional Development, Cambridge University Press, 2002, p40.
③ Wolfgang Sachsenroder and Ulrike E. Frings (eds.), Political Party Systems and Democratic Development in East and Southeast Asia (Volume Ⅱ: East Asia), Ashgate Publishing Ltd, 1998, p11.

势，而一些适应时代发展变化的政党，其发展和壮大，也为多元化社会形成某种政治共识，提供了保障。以美国为例。"在美国分权型的政治体制中，美国的两大政党代表了一种统一的力量。"[①] 在政党政治时代，基本上就是共和党和民主党两大政党代表了美国时代变迁和社会发展的多元化、复杂化的整体利益诉求、主流利益诉求，从而能够长期以来不断发展壮大，成为两大优势明显的传统大党，你方唱罢我登台，轮流执政。即便是近些年来有一些变化，但是民主党和共和党仍然是占据优势的两大政党，没有改变其轮流执政的主流局面。

当今时代，各国的政党都注重在政治目标和纲领上主张为本国的国民提供更多的公共服务和满足其政治诉求，这是一个政党政治整合与维护秩序基本职能的外在体现之一。当然，政党的这一基本职能的实现，还需要通过控制与影响立法活动，从而得以体现。比如，各国政党不间断推动的修宪、修法和立法活动，也是着眼于在各国进行政治整合与秩序规范，以期体现政党特别是执政党的基本职能，夯实该执政党顺利执政和发展壮大的法制基础。

就社会主义国家的执政党而言，同样面临在政治整合与维护社会秩序的时代变迁和社会发展中如何适应环境变化带来的挑战，在政治风云变幻莫测的博弈中适应社会发展、跟上时代变化、壮大执政基础的时代考验，这也对社会主义国家的执政党适应时代之变化的把握能力以及相应的政治整合与秩序规范基本职能提出了时代需求。

三、政党对立法的作用

在政党与立法的关系方面，特别是在政党对立法的作用方面，西方各国因国情和体制的不同而呈现出差异性，但也有共同性，有一些有益经验和共通性做法，值得我们关注和了解。这些共通性做法，为我们建构人民代表大会制度基础上的执政党与立法新型关系，提供了相关参考。但是，中国是有自己特定国体和政体的社会主义国家，我们的政治文化传统和政党制度也有别于西方国家；因此，我们不能照搬西方国家的理论和经验，还是要做好自己的事，要走好自己的路，在我国国体政体背景下探索适合自身国情的发展道路。

先看西方国家的情况。政党作为近代民主的产物，首先是议会制民主的产物。西方资产阶级政党政治的形成和发展，是和议会联系在一起的。从历史上看，最早的几个资产阶级政党都是在资本主义议会内孕育产生的。因此，近代以

---

① Paul Allen Beck and Frank J. Sorauf, Party Politics in America, seventh edition, Harper Collins Publishers Inc. 1992, p17.

来，英国等西方国家的政党，普遍注重议会斗争，积极通过影响议会立法，对议会立法产生作用，来体现自身政党的存在价值。西方学者经常提及的"议会至上原则是英国宪法的核心特征"①，也说明了这一点。在英国，"根据议会至上原则的要求，任何其他的国内立法，其地位都不能高于议会制定的法律"。② 与此同时，在形式上，一个国家的法律是该国议会所制定和通过的，但其背后反映了各政党间的利益博弈和政治角逐，是讨价还价的产物。

例如，在美国，"如果美国总统在国会两院中的一院拥有足够的本党政党议员人数上的支持，那么总统所反对的立法法案不大可能通过国会程序送达给他（她）；即使这样一个法案能够走完议会程序送达到总统办公室，总统也能够否决该法案，并且该否决极少被国会再次推翻"。③ 可以说，在西方国家，没有政党背景的议会议员是为数极少的；可以说，没有经历政党之间博弈角逐的议会立法，也是很少见的。

立足中国，就执政党中国共产党与立法的政治和法律关系而言，要贯彻落实党的大政方针和重要主张，实现党的领导、人民当家作主和依法治国的统一，首先要从立法环节保证党的基本路线和基本方针的贯彻实施，保证党始终发挥总揽全局、协调各方的领导核心作用，保证体现党的大政方针的立法，通过法定程序成为国家意志并在全社会发挥作用。

第二节 国体政体与立法相关理论概述

一个主权国家的国家制度即国体、政体、国家结构形式，对该国的立法起着十分重要的影响作用，包括影响乃至决定该国立法的性质、特点、立法主体构成、立法权限等。以下一一分述。

一、国体

国体体现国家本质，它决定了一个国家立法的性质和相关特点。国体是指国

---

① Andrew Le Sueur, Maurice Sunkin, and Jo Eric Khushal Murkens (eds.), Public Law: Text, Cases, and Materials (Third Edition), Oxford University Press, 2016, p18.
② Andrew Le Sueur, Maurice Sunkin, and Jo Eric Khushal Murkens (eds.), Public Law: Text, Cases, and Materials (Third Edition), Oxford University Press, 2016, p13.
③ Josh Chafetz, Congress's Constitution: Legislative Authority and the Separation of Powers, Yale University Press, 2017, p2.

家的性质即社会各阶级在一个主权国家中所处的地位，其中，哪个阶级掌握该国的政治权力又是一个关键。因此，一个主权国家的政权掌握在哪个阶级手中，以及该阶级与其他阶级的力量对比，都会影响乃至决定在这个国家谁享有掌握国家政权的权力、该国立法在性质上反映谁的意志和体现谁的利益。

同时，国体影响或决定一国立法的相关特点。例如，一个奴隶制或封建制专制集权国家的统治阶级或统治者，其制定的立法，通常是等级森严、野蛮残酷并突出严刑峻法特点的；在资本主义国家，在反封建专制的历史进程提出"民主""自由""平等""人权"等主张，其统治者制定的立法，通常标榜和显示"法律面前人人平等""减少死刑""维护人权""立法公开"等特点，这些形式上的特点，也体现出时代发展和立法的进步。而在社会主义国家，实行无产阶级专政，人民当家作主，在性质上优越于资本主义国家，同时立法上更加注重体现时代进步性，更加注重体现立法的人民性、公开性、平等性、保护人权等特点。

二、政体

政体是指国家政权的组织形式，即一个国家的统治阶级采取何种形式组织自己的政权、行使国家权力。政体由国体所决定，并与国体相适应，是为国体服务的。国体与政体的关系是内容与形式的关系。因为历史发展、具体国情等情况的不同，即便是国体相同的国家，也可以有不同的政体。

一个国家采取何种政体，与该国历史文化传统、各阶层在国家政治经济生活中的地位、民族构成、自然地理环境等诸多因素有关。因此，同样是封建制国家，在政体上既可能是君主制，也可能是共和制。而国体不同的国家，也可能在政体上是相同的，例如古希腊实行共和制，很多现代资本主义国家也采取共和制。

就社会主义国家而言，其国体都是无产阶级专政，这是相同的。但政体则可以是苏维埃制、人民代表大会制等不同的形式。例如，苏维埃制是苏联最高国家权力机关的组织制度，十月革命后建立的工农兵代表苏维埃，成为国家政权的组织形式。又如，中华人民共和国的政体是人民代表大会制度，同时也是我国的根本政治制度。

就一个国家的政体对立法的影响而言，不同政体条件下的某个国家的立法，其权限大小及表现形式也不一样。

例如，在君主制政体下，特别是在古代的奴隶制、封建制国家，君主实行世袭终身制，由国王、皇帝等君主担任国家元首并拥有至高无上的立法权，君主的意志就是法律，其立法权及其行使形式几乎是不受约束的，立法的集权专制色彩浓厚。

又如，共和制政体是相对于君主制政体而存在的，两者对立法的影响存在区别。其中，资本主义民主共和制政体根据立法机关与行政机关关系的不同，又可分为议会制共和制和总统制共和制两种形式。在议会制共和制国家中，议会拥有较大的立法权，政府（内阁）由占议会多数席位的政党或政党联盟来组织，政府对拥有立法权的议会负责。例如，"英国议会至上原则要求立法等权力必须经由议会才能合法化"。[1] 并且，"英国议会至上的观念还视议会的立法是英国最高形式的法，法官无权质疑英国议会立法的合法性和正当性"。[2] 而在总统制共和制国家中，有别于议会制共和制国家中议会居于国家权力中心的做法，总统掌控行政权，既是政府首脑又是国家元首，居于国家权力的中心。在这一类型的政体下，政府不对议会负责，而对总统负责；政府机关和议会立法机关相互独立，议会议员和政府行政官员不能相互兼任。除了议会拥有立法权，总统也行使部分立法权。

例如，美国是实行总统制共和制的典型国家。在美国，立法权属于国会，负责立法的国会两院由选民选举产生，美国总统虽无权解散国会，但美国总统可以制约国会的立法权行使，通过行使立法否决权，否决国会的立法；也可以通过发布拥有法律效力的行政命令行使部分立法权；还可以通过立法提案权，向国会提出立法倡议，从而影响国会立法。

三、我国的国体政体与立法

（一）国体与立法

我国宪法总纲第一条开篇明旨："中华人民共和国是工人阶级领导的、以工农联盟为基础的人民民主专政的社会主义国家。"该条对我国国体作了明确规定，即我国的国体是工人阶级领导的、以工农联盟为基础的人民民主专政的社会主义国家。历经时代发展变迁，我国现行宪法经过五次修正，但是这一条始终没有改变，旗帜鲜明地明确了我国的国体。

无产阶级专政是工人阶级领导的以工农联盟为基础的新型民主与新型专政相

---

[1] Andrew Le Sueur, Maurice Sunkin, and Jo Eric Khushal Murkens（eds.），Public Law：Text, Cases, and Materials（Third Edition），Oxford University Press, 2016, p23.

[2] Andrew Le Sueur, Maurice Sunkin, and Jo Eric Khushal Murkens（eds.），Public Law：Text, Cases, and Materials（Third Edition），Oxford University Press, 2016, p29.

结合的社会主义的国家制度。中国共产党在领导中国革命的过程中，创造性地运用马克思主义关于无产阶级专政的理论，并与中国革命的实际相结合，提出了人民民主专政的中国理论学说，丰富和发展了马克思主义无产阶级专政学说。党领导中国人民推翻三座大山，取得革命胜利，成立中华人民共和国，进而建立的人民民主专政，实质上就是无产阶级专政。① 我国的人民民主专政是工人阶级（由中国共产党领导）领导的，以工农联盟为基础的，对人民实行民主、对敌人实行专政的当代中国的国体。其中，工人阶级的领导是人民民主专政的根本标志，而工人阶级的领导，是通过中国共产党的领导来实现对人民民主专政的领导的。

我国人民民主专政的最大特点，就在于它与中华人民共和国成立前的国家政权不同，是对占全国人口绝大多数的人民实行民主，而对极少数敌视和破坏社会主义事业的敌人实行专政。在我国，国家的一切权力属于人民，人民是国家的主人，这是人民民主专政的根本要求。因此，人民民主专政的本质是人民当家作主。

从历史发展看，我国人民民主专政的国体，是历史的选择、人民的选择，是我国社会主义宪法产生和存在的前提，我国的立法必须服务于一切权力属于人民、保障人民当家作主的国体的要求。这是观察和思考我国国体对我国立法产生作用和影响的一个根本要素。

（二）政体与立法

我国的政体是人民代表大会制度。人民代表大会制度也是我国的根本政治制度。人民代表大会制度是我们党和人民的伟大创造，是坚持党的领导、人民当家作主、依法治国有机统一的根本政治制度安排，是中国特色社会主义制度的重要组成部分。

我国是世界上人口最多的国家，是人民当家作主的社会主义国家，将近14亿人都要直接管理国家，肯定是不现实的。因此，为了保证人民当家作主，需要建立一种适合国情的组织形式。这个组织形式，就是人民代表大会（以下简称"人大"）。在人民民主专政的条件下，人民通过选举各级人大代表产生各级人民代表大会，体现人民的意志和利益并代表人民行使管理国家的权力，保证人民当家作主。

我国宪法总纲第二条规定：中华人民共和国的一切权力属于人民。人民行使国家权力的机关是全国人民代表大会和地方各级人民代表大会。因此，我国宪法

---

① 我国宪法序言明确指出：工人阶级领导的、以工农联盟为基础的人民民主专政，实质上即无产阶级专政，得到巩固和发展。从以上表述中，我们也可以从中了解我国政体的实质。

将我国的政体确定为人民代表大会制度,集中体现了我国社会主义民主政治的优势和特点,从根本政治制度上保证了人民作为国家主人的地位,为人民民主专政国体的巩固和国家的发展提供了根本制度保障。

我国的各级人大都是在选举的基础上产生的,所选出的人大代表来自各阶层、各民族、各行业、各地区,具有广泛的群众基础。人民通过由自己选举的人大代表组成的人民代表大会,参与国家管理,体现人民当家作主。

我国实行人民代表大会制度的政体,也是历史的选择、人民的选择,必须长期坚持不动摇。我国的人民代表大会制度是以人民代表大会为核心和主要内容的一整套国家政权组织制度,它包括了人民代表大会的产生、组织、职权和行使立法等职权的方式,包括了人民代表大会与人民的关系、人民代表大会与其他国家机关的关系以及中央与地方的关系(包括立法分配关系等)等一整套制度。因此,我国政体对我国立法的影响,是以人民代表大会为核心而展开的,各级人民代表大会作为各级国家权力机关,依法行使国家和地方立法权,保证人民当家作主。

在我国人民代表大会制度政体下,人民代表大会统一行使国家权力(包括国家立法权),在此前提下,实行国家行政机关、监察机关、审判机关和检察机关的职责划分和分工负责,这些国家机关都由人民代表大会产生,对它负责,受它监督。这样,使得各个国家机关按照人民的意愿,在宪法法律规定的职权范围内既独立负责又协调一致地开展工作,同时接受人民的监督。

我国的人民代表大会制度和西方国家实行的政体和"三权分立"政治体制,有着根本的不同。从历史上看,我国的人民代表大会是在党的领导下由人民通过革命创造产生出来的;人民代表大会一经产生,就可以制定体现人民意志的法律,服务于人民民主专政。因此,在我国的政体下,最重要的立法,由人民代表大会来制定,以此鲜明体现人民当家作主,以此有力保障人民民主专政的国体。

第三节 在党领导下我国立法体制形成和发展概述

一、党领导立法是我国立法体制应有之义

在我国的国体政体背景下,党领导立法是历史和人民的选择,是我国立法体制的题中应有之义。

从历史发展看，新中国成立以来特别是改革开放40多年来的实践充分证明，没有中国共产党的坚强领导，中华民族就无法实现从"站起来""富起来"到"强起来"的历史性飞跃；中国人民也无法实现从解决温饱到迈向小康富裕的历史性飞跃。正如习近平总书记在庆祝改革开放40周年大会上的讲话所指出的："改革开放40年的实践启示我们：中国共产党的领导是中国特色社会主义最本质的特征，是中国特色社会主义制度的最大优势。"① 因此，回顾新中国成立以来的历史，中国共产党领导人民进行革命、建设、改革的历史历程和伟大成就，充分证明：党的领导地位不是自封的，不是昙花一现的，而是历史的选择、人民的选择。

中国是一个有着将近14亿人口的世界上最大的发展中国家，中国共产党是世界上拥有党员人数最多的执政党。新中国成立以来，在进行社会主义现代化建设，在推进我国改革开放、在推进政治、经济、文化、社会、生态文明发展进程中，中国共产党一直居于领导地位，并且得到了广大人民群众的高度认可和衷心拥护。历史和现实一再证明，正是因为党的正确领导，我们才能成功应对一系列重大风险挑战、克服无数艰难险阻，才能实现伟大历史转折并成功开启改革开放新时期和中华民族伟大复兴的新征程。正如习近平总书记总结指出的："只要我们深入了解中国近代史、中国现代史、中国革命史，就不难发现，如果没有中国共产党领导，我们的国家、我们的民族不可能取得今天这样的成就，也不可能具有今天这样的国际地位。"②

苏联是世界上第一个社会主义国家，苏联共产党（以下简称"苏共"）的领导是苏联发展的基础和关键。但是后来，在20世纪80年代，苏联在基础和关键问题上出了大问题。这个世界上第一个社会主义国家，这个曾经是中国和其他社会主义国家学习榜样的社会主义国家，后来遭到解体，教训惨痛。一个重要原因是，当时的苏联共产党领导人接受西方"宪政"思想，以西方政治模式为榜样，推动苏联宪法修改，在宪法中取消苏联共产党的领导地位，动摇了社会主义制度，使苏联的国家政权随着苏共领导的崩溃而崩溃。这个历史教训警醒世人：在社会主义国家接受西方"宪政思想"，动摇共产党的领导地位，在宪法中取消党的领导地位，就会犯根本性颠覆性错误，国将不国，社会主义制度、人民当家作主，也将会成为历史。

对于苏共通过宪法修改取消共产党领导地位并导致的历史性错误，中国并没有步其后尘。新中国成立以来先后制定了4部宪法，4部宪法在序言中都确认了

---

① 习近平：《在庆祝改革开放40周年大会上的讲话》，载于《人民日报》2018年12月19日，第2版。

② 习近平：《习近平谈治国理政》（第二卷），外文出版社2017年版，第20页。

中国共产党领导人民进行革命、建设（2018年修改宪法时加入"改革"）的历史进程和伟大成就，同时也确认了党在国家中的领导地位。我国现行宪法（1982年宪法）几经修改，但关于党的领导地位的确认是始终坚持和不动摇的。

2018年3月11日第十三届全国人民代表大会第一次会议通过的《中华人民共和国宪法修正案》第三十二条重申："中国各族人民将继续在中国共产党领导下"建设社会主义现代化强国，实现中华民族伟大复兴。并且，《中华人民共和国宪法修正案》第三十六条对现行宪法第一条第二款进行补充，增写一句，内容为："中国共产党领导是中国特色社会主义最本质的特征"。据此，在此前宪法序言确定党的领导地位的基础上，2018年修改宪法时，旗帜鲜明地在宪法总纲第一条规定的中华人民共和国根本制度中充实"中国共产党领导是中国特色社会主义最本质的特征"的内容，从社会主义本质属性的高度，确定党的领导地位。

党的十九大报告总结指出："党政军民学，东西南北中，党是领导一切的。"在我国，党领导法治建设是题中应有之义。其中，党领导立法问题，是贯彻落实我国宪法精神和要求的体现，是政治方向和时代走向问题，是具有中国特色的问题，也是中国立法体制的题中应有之义。因此，在坚持党领导立法这个决定我国法治建设和立法体制发展前途命运的重大原则问题上，我们必须旗帜鲜明，秉持历史观和大局观，并付诸思想上政治上行动上的自觉，丝毫不能动摇这一原则问题。与此同时，在新时代，坚持党的领导，还要坚决维护习近平总书记的核心地位，坚决维护党中央权威和集中统一领导立法。

我国是世界上最大的发展中国家。我国还将长期处于社会主义初级阶段。中华人民共和国成立后，在中国共产党的领导下，我国的革命和建设在战胜许多艰难险阻后取得了举世瞩目的成就。党的十一届三中全会以来，在党的领导下，我们成功开创了中国特色社会主义；党的十八大以来，在党的领导下，中国特色社会主义进入新时代。可以说，中国特色社会主义是在不断应对风险挑战、探索创新、攻坚克难、取得成绩的历史过程中推进和发展的。不论是中国特色社会主义的形成和探索，还是其发展和完善，中国共产党始终发挥着总揽全局、协调各方的领导核心作用，通过制定和实施一系列正确的路线、方针、政策，通过领导立法，不断为中国特色社会主义发展提供政策、法律制度层面的制度供给。

综上，从党领导立法的目标追求看，旨在全心全意为人民谋幸福，引领我国经济、政治、文化、社会、生态文明全方位发展，实现中华民族伟大复兴和实现中国梦。因此，党领导立法，是保证中国立法体制和法治中国建设沿着正确的方向发展壮大并走向成熟的根本保障和最大优势；党领导立法，是历史和时代的选择，当然也是中国立法体制的题中应有之义。

二、在党领导下我国立法体制形成和发展概述

（一）我国立法体制的概念

关于"立法体制"一词，不是一个古老的概念，也不是外国人习惯使用的概念。该词的使用，是近三十年来中国学者创造并使用的概念。该词伴随着我国改革开放以来"经济体制""政治体制"等相关概念的大量使用，而为我们所接受，并相提并论地加以使用。其中，立法权限问题是立法体制的核心问题。从国内具有代表性的对"立法体制"的概念界定看，都注重从立法主体、立法权划分、立法权运行三个方面作出界定并以立法权限划分为核心。例如，我国普通高等教育国家级规划教材《立法学》中的界定："立法体制是关于立法权、立法权运行和立法权载体诸方面的体系和制度所构成的有机整体，其核心是有关立法权限的体系和制度"。[①] 又如，21世纪法学系列教材《立法学》中的界定："立法体制是指关于立法权限划分的制度"。[②] 再如，高等学校法学课程教材系列《立法学》中的界定："立法权限的体系和制度、立法权的运行体系和制度以及立法权的载体体系和制度是构成立法体制不可分割的要素"。[③]

在以上这些有关"立法体制"代表性概念界定的基础上，具体就"中国的立法体制"概念而言，本书作如下界定：

中国的立法体制，是在党的领导下形成的具有中国特色的立法体制，它既不属于单一的立法体制，也不属于复合的或分权制衡的立法体制；从立法权限划分的角度看，它是中央统一领导和一定程度分权、多层级并存、多类别相结合的立法权限划分体制；全国人民代表大会及其常务委员会统一行使国家立法权并在立法权限划分体制中居于中央领导地位，国务院行使相当大的立法权力，地方行使一定立法权力；中央和地方不同层级和类别的立法主体所制定的规范性法律文件的效力不同，同时这些不同效力等级的立法并存于我国现行立法体制中。

（二）我国立法体制形成的国情根据

一个国家选择和采用什么样的立法体制，有各种因素在发挥着影响作用，但根本的因素，是该国的国情所起到的决定性作用。一个国家的政治、经济、文

[①] 周旺生：《立法学》（第二版），法律出版社2009年版，第145页。
[②] 朱力宇、张曙光主编：《立法学》（第三版），中国人民大学出版社2009年版，第117页。
[③] 张永和主编：《立法学》，法律出版社2009年版，第62页。

化、社会、生态及历史传统等因素,都会对该国立法体制的选择起着重要影响作用。这些因素,都是该国国情的组成因素,在该国的历史发展过程中将对该国的立法体制发挥着合力影响作用。这也是为什么在同样的社会制度背景下或者是在历史发展条件大致相同的国家,其立法体制却并不相同乃至差异的原因之一。

立足中国,在党的领导下形成的我国立法体制,是具有中国特色的立法体制,其形成、发展、壮大,有其内在的国情根据。

第一,我国是党领导下的统一的、单一制的、多民族的人民民主专政的社会主义国家,中国共产党是领导核心,人民代表大会制度是根本政治制度,在我国既有的国体政体背景下,我们不能简单地照搬其他国家的做法,必须从我国国情地情出发,合理地划分立法权限、构建立法体制。这一立法体制,是在坚持党的领导、人民当家作主、依法治国有机统一的基础上不断发展完善的。

第二,在当代中国,我国的立法在本质上是广大人民群众意志和利益的时代体现,要维护最大多数人的根本利益,反映在立法上就要充分体现人民的意志,因此,由我国最高国家权力机关全国人大及其常委会行使国家立法权,统一领导全国立法,这样的立法体制设计,有助于保障广大人民群众的根本利益。

第三,我国是世界上人口最多的发展中国家,是世界上最大的发展中国家,加上我国地域辽阔,各地的经济、社会、文化发展又很不平衡,统一的国家立法特别是全国人大及其常委会的立法,无法解决各地千差万别的具有地域特点的相关问题,授予地方一定的立法权,有利于发挥地方积极性主动性,有利于通过立法解决地方的现实需求和实际问题。

第四,我国仍然处于并将长期处于社会主义初级阶段的这个最大的实际和基本国情,决定了当前和往后的我国要继续致力于经济、政治、文化、社会、生态发展,要为把我国建设成为富强民主文明和谐美丽的社会主义现代化强国而付诸艰苦卓绝的努力和奋斗。这一奋斗过程是充满艰难险阻的,同时也需要克服不少消极的历史、传统负面因素的影响。例如,"中国是世界上中央集权的专制主义统治最长久、传统最深厚、影响最深广的国家"[①],这反映到立法体制的设计上,就十分需要在立法权限划分这一核心的立法体制问题上,在注重坚持加强全国人大及其常委会立法及统一领导立法的同时,也要充分赋予地方一定的立法权,实行相当程度分权的立法权限划分体制,适应我国长期处于社会主义初级阶段这一基本国情的需求。

以上这些国情根据,是具有中国特色的立法体制形成和发展的基础,同时彰显了中国立法体制的实践特色和时代特色。正如习近平总书记所指出的:"坚持

[①] 周旺生:《中国立法改革三策:法治、体制、决策》,载于《北京大学学报》1995年第5期。

从实际出发,就是要突出中国特色、实践特色、时代特色。"①

(三) 在党的领导下我国立法体制的形成和发展概述

新中国成立后,在党的领导下,我国立法体制在实践中的形成和发展,大致经历了以下几个阶段。

第一阶段:从新中国成立到1954年宪法出台之前的阶段。在这一阶段,我国的立法体制处于形成和发展初期阶段,为此后的立法体制发展打下了良好基础。

1949年9月29日,中国人民政治协商会议第一届全体会议通过了《中国人民政治协商会议共同纲领》(以下简称《共同纲领》)。《共同纲领》分为序言、总纲、政权机关等内容,明确了新中国的国体和政体,规定:中华人民共和国为新民主主义即人民民主主义的国家,实行工人阶级领导的、以工农联盟为基础的、团结各民主阶级和国内各民族的人民民主专政。《共同纲领》还规定,中华人民共和国的国家政权属于人民。人民行使国家政权的机关为各级人民代表大会和各级人民政府;在普选的全国人民代表大会召开以前,由中国人民政治协商会议的全体会议执行全国人民代表大会的职权。从以上内容规定的重要性和法律效力上看,《共同纲领》发挥了临时宪法的作用。

中国人民政治协商会议第一届全体会议还通过了《中华人民共和国中央人民政府组织法》。该法规定,中央人民政府委员会,依据中国人民政治协商会议全体会议制定的共同纲领,行使的立法职权包括:制定并解释国家的法律,颁布法令,并监督其执行;废除或修改政务院与国家的法律、法令相抵触的决议和命令。该法还规定,政务院根据并为执行中国人民政治协商会议共同纲领、国家的法律、法令和中央人民政府委员会规定的施政方针,行使的立法职权包括:颁发决议和命令,并审查其执行;废除或修改各委、部、会、院、署、行和各级政府与国家的法律、法令和政务院的决议、命令相抵触的决议和命令;向中央人民政府委员会提出议案。

以上在党的领导下制定的《中国人民政治协商会议共同纲领》和《中华人民共和国中央人民政府组织法》,明确了新中国的国体、政体,并明确了我国当时的立法体制的基本框架即中国人民政治协商会议的全体会议执行全国人民代表大会的职权和中央人民政府委员会、政务院依法行使相关立法职权。

在以上立法体制基本框架基础上,中央人民政府委员会和政务院随后又出台了若干立法文件,丰富了新中国成立初期的立法体制内容。例如,政务院出台了《大行政区人民政府委员会组织通则》(1949年12月18日公布施行)、《省人民

---

① 习近平:《习近平谈治国理政》(第二卷),外文出版社2017年版,第117页。

政府组织通则》（1950年1月7日公布施行）、《市人民政府组织通则》（1950年1月7日公布施行）、《县人民政府组织通则》（1950年1月7日公布施行）。其中，《大行政区人民政府委员会组织通则》规定：各大行政区人民政府委员会由各大行政区各界人民代表会议或人民代表大会选举产生，执行中央人民政府的法律、法令和政策，有权拟定暂行性法令条例。其中，三个组织通则规定了各地方省、市、县人民政府委员会在上级人民政府领导下有权拟定与省政、市政、县政有关的暂行法令条例，报请上级人民政府批准或备案。

又如，实行民族区域自治是中国共产党遵循马克思列宁主义关于民族问题的理论，结合中国国情在新中国成立之初作出的决策和确定的国策。党的这一决策，也体现在新中国成立初期的立法体制内容上，中央人民政府于1952年8月9日颁布施行的《中华人民共和国民族区域自治实施纲要》规定：各民族自治区自治机关在中央人民政府和上级人民政府法令所规定的范围内，有权依其自治权限制定本自治区单行法规。

在党的领导下制定的《中国人民政治协商会议共同纲领》《中华人民共和国中央人民政府组织法》《大行政区人民政府委员会组织通则》《中华人民共和国民族区域自治实施纲要》等重要立法，共同形成了新中国成立初期的立法体制。该立法体制是适应我国新中国成立初期法制建设的状况的。具体表现为：

在新中国成立初期，我国一些地方的军事行动还未结束，稳固政权的任务还在继续，选举产生人民代表大会并由人民代表大会行使立法权的条件尚不具备，人民代表大会制度还没有建立。因此，在普选的全国人民代表大会召开以前，由中国人民政治协商会议的全体会议执行全国人民代表大会的立法职权；由各级政府行使相应的立法权；由各民族自治区自治机关依其自治权限制定本自治区单行法规。当时，这样一种立法体制，呈现出中央集中统一领导立法、中央与地方共同行使立法权的多层次立法权限划分的特点。从国情根据看，这样一种立法体制是适应当时我国国情情况的：开展军事斗争稳固政权的任务还在继续，选举产生人民代表大会的条件尚不成熟，各地政治、经济、社会、文化等发展很不平衡，这就需要由中央和地方共同享有立法权，在中央统一领导立法下，地方各级人民政府委员会行使相应立法权满足各地实际需求，同时地方各级立法要报请上级人民政府批准或备案。

这一时期的立法体制，处于我国立法体制形成和发展初期阶段，为此后我国立法体制的发展打下了良好基础，提供了有益经验。

第二阶段：从1954年宪法出台到1979年第五届全国人大二次会议前的阶段。在这一阶段，我国的立法体制处于发展推进阶段。

1954年宪法于1954年9月20日由第一届全国人民代表大会第一次会议通

过,以《共同纲领》为基础,继承和发展了《共同纲领》。1954年9月15日,刘少奇在《关于中华人民共和国宪法草案的报告》中指出:"中央人民政府委员会在一九五三年一月十三日成立了以毛泽东同志为首的中华人民共和国宪法起草委员会。宪法起草委员会在一九五四年三月接受了中国共产党中央委员会提出的宪法草案初稿"。①1954年宪法是在党领导下制定的新中国第一部社会主义类型的宪法,此后的宪法,都是在1954年宪法的基础上不断发展和完善的。

1954年宪法对以上第一阶段即新中国成立初期形成的我国立法体制作了重大的改变,即将我国中央和地方共同分享立法权、共同行使立法权的立法体制改变为立法权上收并主要由中央集中行使的立法体制。

例如,1954年宪法第二十二条规定:"全国人民代表大会是行使国家立法权的唯一机关"。由此,新中国成立初期中央和地方多元化主体共同行使立法权的立法体制在立法权方面发生了重大变化,国家立法权向全国人民代表大会集中。同时,1954年宪法第三十一条授予全国人大常委会一定的立法权:全国人民代表大会常务委员会可以解释法律和制定法令。1954年宪法也授予国务院一定的行政措施制定权,规定:国务院根据宪法、法律和法令,规定行政措施,发布决议和命令,并且审查这些决议和命令的实施情况;向全国人民代表大会或者全国人民代表大会常务委员会提出议案。

1954年宪法授予地方有限的制定自治条例和单行条例的立法权。1954年宪法第六十条规定:"地方各级人民代表大会依照法律规定的权限通过和发布决议。民族乡的人民代表大会可以依照法律规定的权限采取适合民族特点的具体措施。"1954年宪法第七十条规定:"自治区、自治州、自治县的自治机关依照宪法和法律规定的权限行使自治权。自治区、自治州、自治县的自治机关可以依照当地民族的政治、经济和文化的特点,制定自治条例和单行条例,报请全国人民代表大会常务委员会批准。"

由上可见,1954年宪法在立法体制上改中央和地方共享立法权为立法权向全国人民代表大会集中,同时全国人大常委会的立法权限于解释法律和制定法令,国务院的立法权限于一定的行政措施制定权;对一般地方而言,地方各级人民代表大会的权限限于通过和发布决议;对地方民族自治地区而言,自治区、自治州、自治县的自治机关的权限限于制定自治条例和单行条例,但要报请全国人民代表大会常务委员会批准。

以上由1954年宪法确定的立法体制,由于立法权过于集中于全国人民代表

---

① 刘少奇:《关于中华人民共和国宪法草案的报告(一九五四年九月十五日在中华人民共和国第一届全国人民代表大会第一次会议上的报告)》,载于《人民日报》1954年9月16日,第1版。

大会，不利于发挥各方积极性主动性，也不适应我国经济社会发展的现状和实际需求，同时也将压力集中到了全国人民代表大会身上。由于全国人民代表大会会议每年只举行一次，会期有限，在有限的会期内除了立法还要完成其他会议内容，因此国家建设和国家工作诸多方面急需的法律难以及时出台，立法与国家发展的实际需求之间的矛盾日渐凸显。因此，第一届全国人大第二次会议于1955年作出关于授权全国人大常委会制定单行法规的决议，指出：随着社会主义建设和社会主义改造事业的进展，国家急需制定各项法律；在全国人民代表大会闭会期间，特依照中华人民共和国宪法第三十一条第十九项的规定，授权常务委员会依照宪法的精神、根据实际的需要，适时地制定部分性质的法律，即单行法规。这一授权，使得全国人大常委会能够在全国人民代表大会闭会期间，及时制定国家急需的法律，一定程度上减轻了因立法权集中于全国人民代表大会而带来的立法不适应社会主义建设实际需求的压力。

随后，第二届全国人民代表大会第一次会议于1959年4月28日通过的《关于全国人民代表大会常务委员会工作报告的决议》指出："大会授权常务委员会，在全国人民代表大会闭会期间，根据情况的发展和工作的需要，对现行法律中一些已经不适用的条文，适时地加以修改，作出新的规定"。

全国人大两次作出授权全国人大常委会立法的决议，赋予后者部分行使本应由全国人大行使的立法权，有利于适应社会主义改造和社会主义建设事业发展的需要。

此后，1975年宪法和1978年宪法，根据全国人大两次作出授权全国人大常委会立法的情况，没有规定"全国人民代表大会是行使国家立法权的唯一机关"。但是，两部宪法关于国家立法权的规定与1954年宪法的规定基本相同，也未改变我国的立法体制。这一阶段的立法体制，呈现出立法权上收又适度下放，国家立法权高度集中于全国人民代表大会，国务院和地方行使十分有限立法权的特点。

第三阶段：从1979年第五届全国人大二次会议到2000年《立法法》出台前的阶段。

1978年召开的党的十一届三中全会，实现了新中国成立以来党的历史上具有深远意义的伟大转折，开启了我国改革开放和社会主义现代化的伟大征程。党的十一届三中全会提出：从现在起，应当把立法工作摆到全国人民代表大会及其常务委员会的重要议程上来。此后，我国的法制建设包括立法建设步入了新的历史发展阶段，立法工作摆到了全国人大及其常委会的重要议程之中。在这样的时代背景和发展形势下，当时立法权高度集中于中央的立法体制显然不适应改革开放和以经济建设为中心的发展需求，需要相应作出改变。由1979年第五届全国人大二次会议对我国立法体制作出调整开始,我国立法体制在党的领导下进入了发展完善的第三阶段。

1979年7月1日第五届全国人大第二次会议通过了《中华人民共和国地方各级人民代表大会和地方各级人民政府组织法》(以下简称《组织法》)。该法第六条规定:省、自治区、直辖市的人民代表大会在和宪法、法律等不抵触的前提下,可以制定和颁布地方性法规,并报全国人民代表大会常务委员会和国务院备案。该法还规定:省、自治区、直辖市的人民代表大会常务委员会在本级人民代表大会闭会期间,在和宪法、法律等不抵触的前提下,可以制定和颁布地方性法规,并报全国人民代表大会常务委员会和国务院备案。据此,全国人大通过出台《组织法》,赋予省级地方人大及其常委会制定地方性法规的权限,对此前立法权集中于中央的立法权配置作出相应改变,适应改革开放和经济建设的需要。

随后,1982年宪法也对赋予省级人大及其常委会立法权作出肯定。1982年11月26日,彭真在第五届全国人大五次会议上作关于宪法修改草案的报告时指出:"现行宪法在许多方面已经同现实的情况和国家生活的需要不相适应,有必要对它进行全面的修改。中国共产党去年召开的十一届六中全会通过的《关于建国以来党的若干历史问题的决议》和今年召开的第十二次全国代表大会的文件,得到全国人民的拥护,为宪法修改提供了重要的依据"。[①] 彭真还指出:"在中央的统一领导下,加强地方政权的建设。县级以上的地方各级人大设立常委会。省、直辖市的人大和它的常委会有权制定和颁布地方性法规。"[②] 宪法修改草案的内容包括赋予省、直辖市人大及其常委会制定地方性法规权,体现了党的决议和重要文件精神,并为1982年宪法所吸收。

1982年宪法第一百条规定:省、直辖市的人民代表大会和它们的常务委员会,在不同宪法、法律、行政法规相抵触的前提下,可以制定地方性法规,报全国人民代表大会常务委员会备案。1982年宪法还对民族自治地方的地方立法权作出了明确肯定。宪法第一百一十六条规定:民族自治地方的人民代表大会有权依照当地民族的政治、经济和文化的特点,制定自治条例和单行条例。自治区的自治条例和单行条例,报全国人民代表大会常务委员会批准后生效。自治州、自治县的自治条例和单行条例,报省或者自治区的人民代表大会常务委员会批准后生效,并报全国人民代表大会常务委员会备案。

《组织法》自1979年出台后,又经历了几次修改,丰富发展了我国立法体制的内容。一是根据1982年12月10日第五届全国人民代表大会第五次会议《关

[①][②] 彭真:《关于中华人民共和国宪法修改草案的报告——一九八二年十一月二十六日在第五届全国人民代表大会第五次会议上》,载于《人民日报》1982年12月6日,第1版。

于修改〈中华人民共和国地方各级人民代表大会和地方各级人民政府组织法〉的若干规定的决议》，对地方组织法进行了第一次修正；二是根据 1986 年 12 月 2 日第六届全国人民代表大会常务委员会第十八次会议《关于修改〈中华人民共和国地方各级人民代表大会和地方各级人民政府组织法〉的决定》，对地方组织法作了第二次修正；三是根据 1995 年 2 月 28 日第八届全国人民代表大会常务委员会第十二次会议《关于修改〈中华人民共和国地方各级人民代表大会和地方各级人民政府组织法〉的决定》，作出第三次修正；四是根据 2004 年 10 月 27 日第十届全国人民代表大会常务委员会第十二次会议《关于修改〈中华人民共和国地方各级人民代表大会和地方各级人民政府组织法〉的决定》，作出第四次修正；五是根据 2015 年 8 月 29 日第十二届全国人民代表大会常务委员会第十六次会议《关于修改〈中华人民共和国地方各级人民代表大会和地方各级人民政府组织法〉、〈中华人民共和国全国人民代表大会和地方各级人民代表大会选举法〉、〈中华人民共和国全国人民代表大会和地方各级人民代表大会代表法〉的决定》，作出了第五次修正。经过以上五次修正，地方组织法关于我国立法体制的内容不断丰富发展。

例如，1982 年对地方组织法的修改，增加规定：省、自治区人民政府所在地的市和经国务院批准的较大的市的人民代表大会常务委员会，可以拟定本市需要的地方性法规草案，报请省、自治区的人民代表大会常务委员会审议制定；省、自治区、直辖市以及省、自治区的人民政府所在地的市和经国务院批准的较大的市的人民政府，可以根据法律和国务院的行政法规制定规章。

又如，1986 年对地方组织法的修改主要包括：省、自治区人民政府所在地的市和经国务院批准的较大的市的人民代表大会可以制定地方性法规，报省、自治区人民代表大会常务委员会批准后施行；省、自治区人民政府所在地的市和经国务院批准的较大的市的人民代表大会常务委员会在本级人民代表大会闭会期间，可以制定地方性法规，报省、自治区人民代表大会常务委员会批准后施行；省、自治区、直辖市以及省、自治区人民政府所在地的市和经国务院批准的较大的市的人民政府，可以根据法律和国务院的行政法规，制定规章。

再如，1995 年 2 月 28 日第八届全国人大常委会第十二次会议通过了修改《全国人民代表大会常务委员会关于修改〈中华人民共和国地方各级人民代表大会和地方各级人民政府组织法〉的决定》，主要修改内容包括：省、自治区、直辖市人民政府可以根据法律、行政法规和本省、自治区、直辖市的地方性法规，制定规章，报国务院和本级人民代表大会常务委员会备案；省、自治区的人民政府所在地的市和经国务院批准的较大的市的人民政府，可以根据法律、行政法规和本省、自治区的地方性法规，制定规章。

在这一阶段,我国的立法体制处于继续发展和推进阶段。

第四阶段:2000 年《立法法》出台到党的十八大之前的阶段。

2000 年 3 月 15 日,第九届全国人大第三次会议通过了《中华人民共和国立法法》(以下简称《立法法》)。《立法法》的出台,使我国立法活动有了专门性法律依据,该法赋予我国多元化的中央和地方立法主体以法定立法权,有利于充分发挥中央和地方积极性。例如,《立法法》在此前地方组织法等法律赋予省、自治区人民政府所在地的市和经国务院批准的较大的市地方立法权的基础上,明确赋予经济特区所在地的市的人大及其常委会和人民政府分别制定地方性法规和地方政府规章的立法权。而在《立法法》出台前,经济特区所在地的市只有授权立法权,而无职权立法权。2000 年《立法法》明确规定:经济特区所在地的省、市人民代表大会及其常务委员会根据全国人民代表大会的授权决定,制定法规,在经济特区范围内实施。这样,我国经济特区所在地的市就法定地拥有了双重立法权,授权立法权和职权立法权,丰富、充实了我国立法体制的内容。

以点见面,除了以上地方立法权,2000 年的《立法法》,以基本法律的方式明确赋予了中央和地方相关立法主体不同的立法权限。"它是中央统一领导和一定程度分权的、多级并存、多类结合的立法权限划分体制。最高国家权力机关及其常设机关统一领导,国务院行使相当大的权力,地方行使一定权力,是中国现行立法权限划分体制突出的特征。"①

在这一阶段,我国立法体制呈现出以上立法权限划分特征,在党的领导下,中央和地方多元化立法主体在各自权限范围内发挥积极作用,既是对以往立法实践和经验的合理吸收借鉴,也为新时代我国立法体制的发展完善奠定了良好基础。

第五阶段:进入新时代即党的十八大以来的阶段。

进入新时代以来,在以习近平同志为核心的党中央坚强领导下,全国人大及其常委会、地方各级人大及其常委会依法履职,中央和地方立法工作取得新的成绩,推进立法体制不断完善,实现了新时代以来的良好开局,展现了新时代立法的新气象。

在这一阶段,我国立法体制发展中的一个重要事件是:2015 年 3 月 15 日第十二届全国人民代表大会第三次会议通过了《全国人民代表大会关于修改〈中华人民共和国立法法〉的决定》。相较 2000 年《立法法》,2015 年修改后的新《立法法》积极贯彻落实党的十八大、党的十八届三中全会、党的十八届四中全会精神,充分体现习近平总书记系列重要讲话精神,进一步丰富、完善了我国立法

---

① 周旺生:《立法学》(第二版),法律出版社 2009 年版,第 149 页。

体制。

2015年《立法法》的修改以及该法对我国立法体制完善所起的基本法律支撑作用，就是在党的正确领导下得以实现的。从修改工作过程看，"在修改立法法工作中，注意把握了以下几点：一是，认真贯彻落实党中央决策部署。按照中央全面深化改革领导小组关于贯彻实施党的十八届三中、四中全会两个决定的重要举措分工方案，凡涉及立法法修改的举措和要求，都通过修改立法法予以落实"。① 再从修改目的和完善立法体制机制的方向看，"通过完善立法体制机制和程序，努力使制定和修改的法律能够准确体现党的主张和人民意愿的统一，有效地解决实际问题"。②

2015年对《立法法》的修改，在立法体制方面的一个亮点性修改是赋予我国设区的市地方立法权，扩大了我国地方立法主体，充分适应地方的发展需要，也进一步完善了我国立法体制。而在此前，只有省、自治区人民政府所在地的市、经济特区所在地的市、经国务院批准的较大的市，才享有地方立法权；而大多数设区的市，并没有地方立法权。这种情况，不能适应和不能满足各地改革发展对地方立法的强劲需求。与此同理，2015年对《立法法》的修改，也赋予自治州人大及其常委会设区的市地方立法权，丰富了我国立法体制的内容，满足了自治州经济社会发展对地方立法的需求。

在这一阶段，我国的立法体制处于步入新时代并走向完善的阶段。

综上，在党的领导下，根据宪法、地方组织法、立法法等重要法律的规定，我国立法体制形成并不断发展，展现出中央集中统一领导下的中央和地方两级立法主体、多层次、多类别、多元化立法并存的立法体制整体面貌并在新时代继续发展完善。与此相应，从今后我国立法体制及该体制下中央和地方立法发挥作用的领域和空间看，主要包括以下几个方面：一是通过立法贯彻和保障党和国家大政方针、重大决策、重要战略、重要部署的落实；二是通过立法促进和保障全面深化改革、保障改革于法有据；三是通过加强重点领域立法，促进和保障国家和地方经济社会发展；四是通过立法体制及立法的作用，推进社会主义法治体系和法治中国建设。

---

① 李建国：《关于〈中华人民共和国立法法修正案（草案）〉的说明》，引自《中华人民共和国立法法》，法律出版社2015年版，第50~51页。

② 李建国：《关于〈中华人民共和国立法法修正案（草案）〉的说明》，引自《中华人民共和国立法法》，法律出版社2015年版，第51页。

第四节　党的十八届四中全会、党的十九大等对党领导立法的部署

上文已阐述自中华人民共和国成立以来，在不同历史发展阶段，在党的领导下，通过不同历史时期党的重要会议、党作出的重要决定以及党的大政方针在宪法、法律中的转化和体现，指引着我国立法体制的形成并不断发展。步入新时代，在此前的基础上，继承党领导立法的好的做法和经验，党的十八届四中全会、党的十九大等根据新时代的时代特征、经济社会发展的新情况、国内外的新形势，与时俱进地作出了关于立法的战略部署，指引我国立法在党的领导下继续发展前进，引领我国立法体制沿着正确的方向继续发展完善。以下作分述。

一、党的十八届四中全会对党领导立法的部署

2014年10月23日，中国共产党第十八届中央委员会第四次全体会议通过了《中共中央关于全面推进依法治国若干重大问题的决定》（以下简称《决定》）。这次全会，是党的历史上第一次专题研究法治的中央全会，是第一次作出全面推进依法治国重大部署的中央全会。本次全会作出的《决定》，是对全面推进依法治国的战略部署和顶层设计，明确了全面推进依法治国在立法等领域的路线图和任务书，是一个具有里程碑意义的历史性文献。《决定》对全面推进依法治国的战略部署，涵盖了科学立法、严格执法、公正司法、全民守法的方方面面，对党领导立法和立法体制完善，也作出了方向指引和相关部署。

党的十八届四中全会作出的《中共中央关于全面推进依法治国若干重大问题的决定》，明确提出：要加强党对立法工作的领导，完善党对立法工作中重大问题决策的程序；健全有立法权的人大主导立法工作的体制机制，发挥人大及其常委会在立法工作中的主导作用；等等；这些要求，对党领导立法和立法体制的完善，提供了方向指引和原则遵循。具体地说，《决定》的要求，可以概括为以下几点：

一是坚持党的领导。《决定》旗帜鲜明地提出："把党的领导贯彻到依法治国全过程和各方面，是我国社会主义法治建设的一条基本经验。"[①] 关于领导立

[①] 《中共中央关于全面推进依法治国若干重大问题的决定》，人民出版社2014年版，第5页。

法,《决定》也明确提出:"必须坚持党领导立法。"①

二是党的领导是总揽全局、协调各方的领导。《决定》提出:"把党总揽全局、协调各方同人大、政府、政协、审判机关、检察机关依法依章程履行职能、开展工作统一起来,把党领导人民制定和实施宪法法律同党坚持在宪法法律范围内活动统一起来。"② 这为党领导立法与协调人大、政府等依法履行立法职能提供了方向指引。

三是党如何领导立法。《决定》提出了"四个善于"的要求:"善于使党的主张通过法定程序成为国家意志,善于使党组织推荐的人选通过法定程序成为国家政权机关的领导人员,善于通过国家政权机关实施党对国家和社会的领导,善于运用民主集中制原则维护中央权威、维护全党全国团结统一。"③ 以上"四个善于",也为党领导立法提供了方向和过程的遵循。

四是完善立法体制的整体要求。《决定》明确提出:"要把公正、公平、公开原则贯穿立法全过程,完善立法体制机制,坚持立改废释并举,增强法律法规的及时性、系统性、针对性、有效性。"④

五是在党的领导下完善立法体制的具体要求。《决定》内容中专门有一段,具体对完善立法体制提出了一些明确要求,涉及党对立法重大问题的决策及程序、党的修宪建议、全国人大常委会党组向党中央报告法律制定和修改的重大问题,也涉及健全人大主导立法的体制机制问题。例如,《决定》明确提出:"加强党对立法工作的领导,完善党对立法工作中重大问题决策的程序"。⑤ 例如,《决定》提出:"党中央向全国人大提出宪法修改建议,依照宪法规定的程序进行宪法修改"。⑥ 再如,《决定》还提出:"法律制定和修改的重大问题由全国人大常委会党组向党中央报告"。⑦

以上党的十八届四中全会《决定》的相关部署和顶层设计,对党领导立法和立法体制完善,作出了方向引领和路径指引。

二、党的十九大对党领导立法的部署

2017年10月召开的党的第十九次全国代表大会,是在我国全面建成小康社会决胜阶段、中国特色社会主义进入新时代的关键时期召开的一次十分重要的大

---

①②③ 《中共中央关于全面推进依法治国若干重大问题的决定》,人民出版社2014年版,第5页。
④ 《中共中央关于全面推进依法治国若干重大问题的决定》,人民出版社2014年版,第8页。
⑤⑥ 《中共中央关于全面推进依法治国若干重大问题的决定》,人民出版社2014年版,第9页。
⑦ 《中共中央关于全面推进依法治国若干重大问题的决定》,人民出版社2014年版,第9~10页。

会。大会通过的《决胜全面建成小康社会 夺取新时代中国特色社会主义伟大胜利》的报告,对党领导立法和立法体制发展完善等内容,作出了新时代的顶层设计和战略部署,以下作分述。

一是坚持党对一切工作包括立法工作的领导。《决胜全面建成小康社会 夺取新时代中国特色社会主义伟大胜利》(以下简称"党的十九大报告")旗帜鲜明地提出:"坚持党对一切工作的领导。党政军民学,东西南北中,党是领导一切的。"① 这就为新时代坚持党对依法治国的领导特别是立法工作的领导,提供了方向和原则遵循。

二是坚持党的领导要增强"四个意识"和维护党中央权威和集中统一领导。党的十九大报告明确提出:"必须增强政治意识、大局意识、核心意识、看齐意识,自觉维护党中央权威和集中统一领导,自觉在思想上政治上行动上同党中央保持高度一致。"②

三是对完善党的领导的体制机制提出方向要求。党的十九大报告明确要求:"完善坚持党的领导的体制机制……,提高党把方向、谋大局、定政策、促改革的能力和定力,确保党始终总揽全局、协调各方。"③ 党的十九大报告还对党统一领导法治中国建设包括立法建设作出战略部署:"成立中央全面依法治国领导小组,加强对法治中国建设的统一领导。"④

四是对坚持党的领导、人民当家作主、依法治国有机统一提出方向要求。党的十九大报告指出:"党的领导是人民当家作主和依法治国的根本保证,人民当家作主是社会主义民主政治的本质特征,依法治国是党领导人民治理国家的基本方式,三者统一于我国社会主义民主政治伟大实践。"⑤ 党的十九大报告还对党的领导方式和执政方式提出要求:"在我国政治生活中,党是居于领导地位的,加强党的集中统一领导,支持人大、政府、政协和法院、检察院依法依章程履行职能、开展工作、发挥作用,这两个方面是统一的。"⑥

五是对发挥人大及其常委会作用提出要求。党的十九大报告指出:"要支持

---

①② 习近平:《决胜全面建成小康社会 夺取新时代中国特色社会主义伟大胜利——在中国共产党第十九次全国代表大会上的报告(2017年10月18日)》,人民出版社2017年版,第20页。

③ 习近平:《决胜全面建成小康社会 夺取新时代中国特色社会主义伟大胜利——在中国共产党第十九次全国代表大会上的报告(2017年10月18日)》,人民出版社2017年版,第20~21页。

④ 习近平:《决胜全面建成小康社会 夺取新时代中国特色社会主义伟大胜利——在中国共产党第十九次全国代表大会上的报告(2017年10月18日)》,人民出版社2017年版,第38页。

⑤ 习近平:《决胜全面建成小康社会 夺取新时代中国特色社会主义伟大胜利——在中国共产党第十九次全国代表大会上的报告(2017年10月18日)》,人民出版社2017年版,第36页。

⑥ 习近平:《决胜全面建成小康社会 夺取新时代中国特色社会主义伟大胜利——在中国共产党第十九次全国代表大会上的报告(2017年10月18日)》,人民出版社2017年版,第36~37页。

和保证人民通过人民代表大会行使国家权力。"① 党的十九大报告还指出:"发挥人大及其常委会在立法工作中的主导作用,健全人大组织制度和工作制度,支持和保证人大依法行使立法权、监督权、决定权、任免权,更好发挥人大代表作用。"②

六是对依法立法提出要求。党的十九大报告第一次正式提出"依法立法",并与"科学立法""民主立法"相提并论,对党领导立法遵循依法立法,提出了新时代新要求。党的十九大报告明确提出:"推进科学立法、民主立法、依法立法,以良法促进发展、保障善治。"③

七是其他相关内容。例如,党的十九大报告对维护宪法权威、推进合宪性审查提出了要求。这也是保障依法立法的新时代要求,要求在党的领导下,通过合宪性审查,督促有关立法主体制定良法、保障善治,服务全面依法治国。

三、习近平总书记系列重要讲话精神对党领导立法的指导

党的十九大将习近平新时代中国特色社会主义思想确立为党必须长期坚持的指导思想并写进党章,这是党的十九大最重大的理论创新。习近平新时代中国特色社会主义思想,是党和人民实践经验和集体智慧的结晶,其主要创立者是习近平同志。习近平立法思想,是习近平新时代中国特色社会主义思想的重要组成部分,在习近平总书记一系列与立法相关的重要论述和讲话精神中,充分体现了习近平立法思想。

除了以上党的十八届四中全会和党的十九大报告对党领导立法所作的集中、系统的方向指引和战略部署,习近平总书记有关党领导立法的重要论述和讲话精神,也为党领导立法和我国立法体制的完善,提供了前进方向指导和工作部署遵循。以下作分述。

一是坚持党对一切工作的领导。近些年,习近平总书记强调,党政军民学,东西南北中,党是领导一切的。中国特色社会主义最本质的特征是中国共产党领导,中国特色社会主义制度的最大优势是中国共产党领导。例如,习近平总书记指出:"中国共产党的领导是中国特色社会主义最本质的特征。没有共产党,就没有新中国,就没有新中国的繁荣富强。坚持中国共产党这一坚强领导核心,是中华民族的命运所系"。④ 坚持党对一切工作的领导,当然包括坚持党对立法工

---

① ② 习近平:《决胜全面建成小康社会 夺取新时代中国特色社会主义伟大胜利——在中国共产党第十九次全国代表大会上的报告(2017年10月18日)》,人民出版社2017年版,第37页。

③ 习近平:《决胜全面建成小康社会 夺取新时代中国特色社会主义伟大胜利——在中国共产党第十九次全国代表大会上的报告(2017年10月18日)》,人民出版社2017年版,第38~39页。

④ 习近平:《习近平谈治国理政》(第二卷),外文出版社2017年版,第18页。

作的领导。习近平总书记的以上论述，为党领导立法提供了指引和指导。

二是坚持走中国特色社会主义政治发展道路。习近平总书记指出："中国特色社会主义政治发展道路是符合中国国情、保证人民当家作主的正确道路，独特的文化传统、独特的历史命运、独特的基本国情，注定了我们必然要走适合自己特点的发展道路。"①

三是坚持走中国特色社会主义法治道路。习近平总书记指出："全面依法治国，必须走对路，如果路走错了，南辕北辙了，那再提什么要求和举措也都没有意义了。中国特色社会主义法治道路是管总的，我国法治建设的成就，归结起来就是开辟了中国特色社会主义法治道路这一条。"②

四是坚持党对依法治国包括对立法的全过程领导。把党的领导贯彻到依法治国全过程和各方面，是我国社会主义法治建设包括立法建设的一条基本经验。对此，习近平总书记指出，抓住了这个根本问题，就是抓住了中国特色社会主义法治的本质和核心。习近平总书记提出，要"确保党的主张贯彻到依法治国全过程和各方面"。③ 坚持党对依法治国全过程和各方面的领导，当然也包括党对立法全过程和各方面的领导，这也为党领导立法指引了方向和过程。

五是正确认识党和法的关系。近些年，针对国内外一些人提出"党大还是法大"这一命题，企图把党的领导和法治割裂开来、对立起来从而达到否定党的领导的目的，习近平总书记强调指出，"党大还是法大"是一个政治陷阱，是一个伪命题。在我国，宪法和法律是党的主张和人民意愿的统一体现，党领导人民制定宪法法律，党自身也要在宪法法律范围内活动。这也为我们正确认识党领导立法、完善立法体制，提供了方向和原则遵循。

六是健全党领导全面依法治国的制度和工作机制，强化党在科学立法等方面的领导。党的十八大以来，习近平总书记指出要健全党领导全面依法治国的制度和工作机制，包括健全党在科学立法等方面的领导制度和机制。这就为党领导科学立法和健全立法体制，提供了路径指引。

例如，习近平总书记2018年8月24日在中央全面依法治国委员会第一次会议上指出："党中央听取各方意见和建议，决定成立中央全面依法治国委员会。成立这个委员会，就是要健全党领导全面依法治国的制度和工作机制，强化党中央在科学立法、严格执法、公正司法、全民守法等方面的领导，更加有力地推动

---

① 中共中央宣传部：《习近平新时代中国特色社会主义思想三十讲》，学习出版社2018年版，第161页。

② 中共中央宣传部：《习近平新时代中国特色社会主义思想三十讲》，学习出版社2018年版，第185页。

③ 习近平：《习近平谈治国理政》（第二卷），外文出版社2017年版，第114页。

党中央决策部署贯彻落实"。①

七是坚持以全面依法治国新理念新思想新战略为指导,完善立法体制,优化立法职权配置,加强重点领域立法。党的十八大以来,以习近平同志为核心的党中央提出一系列全面依法治国新理念新思想新战略,明确了全面依法治国包括立法建设的指导思想、发展道路、工作布局、重点任务,为新时代党领导立法、完善立法体制、加强重点领域立法、完善中国特色社会主义法律体系等,谋划了顶层设计、提供了方向引领、指引了前进方向。

例如,习近平总书记指出:"推进科学立法,关键是完善立法体制,深入推进科学立法、民主立法,抓住提高立法质量这个关键。要优化立法职权配置,发挥人大及其常委会在立法工作中的主导作用,健全立法起草、论证、协调、审议机制,完善法律草案表决程序"。②

第五节 党如何领导立法

一、党领导立法不同于西方国家的做法

在执政党作用和影响议会立法方面,中国和西方国家存在很大区别。这里有我国国体、政体的因素,也有我国国情方面的因素,因此要从我国的实际出发,走中国特色的发展道路,走出一条中国共产党领导我国立法的发展道路。为此,党的十九大报告深刻地总结指出:"世界上没有完全相同的政治制度模式,政治制度不能脱离特定社会政治条件和历史文化传统来抽象评判,不能定于一尊,不能生搬硬套外国政治制度模式"。③

在西方国家,在政党与议会的关系方面,议会的地位是居高不下的,议会中的政党往往是议会斗争的产物。例如,英国是世界上最早产生议会的国家,同时也是世界上最早产生政党的国家之一。在英国,是先有议会后有政党,英国政党是议会斗争的产物。又如,在美国,政党分歧和议会斗争已经成为当代西方国家政治体制弊端的一个缩影。美国《全球策略信息》杂志社华盛顿分社社长、国际

---

① 习近平:《加强党对全面依法治国的领导》,载于《求是》2019年第4期。
② 习近平:《习近平谈治国理政》(第二卷),外文出版社2017年版,第120~121页。
③ 习近平:《决胜全面建成小康社会 夺取新时代中国特色社会主义伟大胜利——在中国共产党第十九次全国代表大会上的报告(2017年10月18日)》,人民出版社2017年版,第36页。

问题专家威廉·琼斯于 2018 年 3 月 12 日接受新华社记者专访时说,"政党分歧和斗争、不作为、金钱政治等种种因素导致了美国民众普遍对政治反感,许多人不愿去投票,认为手中的选票没有意义,选民在美国政治体制中的分量越来越轻。美国的政治体制已被金钱腐化,美式民主让民众失望"。① 再如,比利时学者范雷布鲁克在他 2018 年 8 月出版的著作《反对选举》(甘欢译,社会科学文献出版社)中指出:"在代议制民主中,由于政党过分关注权力斗争,民众无法有效参与到政治之中,产生了非常强烈的被剥夺感,因此对代议制民主非常不满,转而渴望真正的民主"。②

在中国,不存在西方国家常见的议会党团和议会中政党纷争的现象。在中国,党领导立法,首要的是要坚决维护习近平总书记党中央的核心、全党的核心地位,坚决维护党中央权威和集中统一领导我国立法。在中国,党领导立法是建立在坚持党的领导、人民当家作主、依法治国有机统一基础上的,是以习近平新时代中国特色社会主义思想为指导特别是习近平总书记全面依法治国新理念新思想新战略为指导并坚持以人民为中心的。

在中国,中国共产党的领导是人民代表大会制度最鲜明的特征,也是我国立法体制最鲜明的特征。"有人无视我国宪法关于国体、政体的重要规定,无视中国是共产党领导的社会主义国家这一现实国情而空谈所谓宪政,认为今天中国强调法治就意味着必须削弱乃至取消党的领导,这实质上是按照西方法治理论的逻辑观察中国法治问题。"③

在我国的立法体制下,人大及其常委会的立法工作是党和国家工作的重要组成部分,需要尊重人民主体地位,围绕贯彻落实党的大政方针、决策部署,通过立法满足人民群众新需求,回应人民群众新期待,保证人民当家作主通过立法体制和相关立法得到体现落实,并服务于新时代我国改革开放和社会主义现代化建设。

二、党如何领导立法

党的十八届四中全会决定提出了"完善党对立法工作中重大问题决策的程序"等要求。同时,党领导立法,应秉持坚持和加强党全面领导立法的思维,从

---

① 孙丁、胡友松:《专访:"美式民主让民众失望"——访美国国际问题专家琼斯》(来自新华社华盛顿 3 月 12 日电),新华网,2018 年 3 月 12 日。
② 余福海:《"双代表制"无法破解西方民主困局》,载于《中国社会科学报》2019 年 3 月 22 日,第 7 版。
③ 朱景文:《党的领导与社会主义法治是一致的》,载于《人民日报》2014 年 11 月 17 日,第 7 版。

多角度对相关问题展开研究。具体就党如何领导立法而言，分述如下：

（一）以执政党身份领导立法

在当代中国，中国共产党领导立法是以执政党身份领导立法，是在依宪执政、依法执政基础上领导立法的。因此，党领导立法是遵循依法依规、尊重立法程序的领导。党积极支持有立法权的各级人大及其常委会履行法定立法职责，同时以执政党身份以立法建议等方式，向立法机关提交，经由法定程序，将体现党的主张和人民意志的立法建议转化为正式立法，从而实现党对立法的领导。

相较制定法律法规等立法活动，宪法制定和修改是更加重要的立法活动。以下以党以执政党身份领导我国立宪、修宪为例作分析。

1954年宪法是我国第一部社会主义类型的宪法，是党以执政党身份领导制定的新中国第一部宪法，是我国立法建设的一个里程碑。1954年宪法的制定，充分吸收了党的建议和政策主张，是党领导新中国立法建设的重大成果。1952年，中共中央作出了尽快召开人民代表大会和制定宪法的决定。随后，中共中央按规定向全国政协提议，由全国政协向中央人民政府委员会提出召开人民代表大会的建议。1952年12月24日，全国政协常委会举行扩大会议，讨论了中共中央的建议，并一致同意由全国政协向中央人民政府委员会建议，在1953年召开全国和地方各级人民代表大会，制定宪法。继承起草《共同纲领》的优良做法，我国在1954年成立了以毛泽东为主席的宪法起草委员会，由中国共产党中央委员会起草和提出宪法草案初稿。宪法起草委员会在1954年3月接受了中国共产党中央委员会提出的宪法草案初稿。

当时，刘少奇同志曾指出："全国人民在讨论中热烈地称赞我们的宪法草案，因为这个宪法草案正确地总结了我国的历史经验。这个宪法草案是我国人民利益和人民意志的产物，是我们国家发生了巨大变化的产物"。[①] 该草案在全民讨论的基础上经过修改、补充后由中央人民政府委员会提交第一届全国人民代表大会一次会议于1954年9月20日一致通过。

1975年和1978年的宪法修改草案也是由中共中央提出的，这一传统做法反映出党作为执政党对领导我国立宪修宪的一贯重视。由于党在"文革"时期在指导思想上犯了"左"倾错误（比如，党的九大、十大都肯定以阶级斗争为纲的基本路线），社会主义民主与法制建设跌入了低谷。在以阶级斗争为纲的历史背景下由第四届全国人民代表大会第一次会议于1975年1月17日通过的1975年

---

① 刘少奇：《关于中华人民共和国宪法草案的报告——1954年9月15日在中华人民共和国第一届全国人民代表大会第一次会议上的报告》，载于《人民日报》1954年9月16日，第1版。

宪法不可避免地存在缺陷。在结束"文化大革命"后由五届人大一次会议于1978年通过的1978年宪法，仍未完全摆脱左倾思想的影响，具有历史局限性。

再看1982年宪法的修改。1978年12月召开的党的十一届三中全会是我党历史上有深远意义的伟大会议，全会作出了把全党、全国的工作重点转移到社会主义现代化建设上来的战略决策，确定了健全社会主义民主和加强社会主义法制的基本方针。在党的十一届三中全会的方针、政策指引下，党加强了对立法工作的领导，首先就是对深受"文革"左倾错误影响的宪法加以完善。党一如既往地重视此次宪法修改。中共中央政治局和书记处专门讨论过八次，中共中央政治局和书记处的全体成员都是此次宪法修改委员会的委员。在此基础上，宪法修改委员会第五次会议决定提请五届全国人大五次会议审议最后修改的《中华人民共和国宪法修改草案》。1982年12月4日，五届全国人大五次会议表决通过了《中华人民共和国宪法》。1982年宪法是中华人民共和国成立以来最好的一部宪法，它充分肯定了党的十一届三中全会以来所取得的重大胜利成果，是中国共产党在新时期总路线、总政策、总任务的法律化。

1982年宪法通过以后，截至2018年修宪，共通过修正案52条，与时俱进地增写了不少新的具有时代特征的内容，将党关于修改宪法的立法建议吸收到宪法修正案并使之成为宪法的新内容，使宪法更加符合时代发展所需，更加符合实际。"尤其是全国人大颁布实施1982年宪法，并于1988年、1993年、1999年、2004年和2018年先后5次修改完善，为许多重大改革提供了重要宪法依据。"[①]

1988年4月12日，七届全国人大一次会议讨论了中共中央关于修改1982年宪法个别条款的建议，通过了《中华人民共和国宪法修正案》。而在此前，《中国共产党中央委员会关于修改中华人民共和国宪法个别条款的建议》明确提出，根据几年来经济体制改革和对外开放进一步发展的实践，中国共产党中央委员会提出修改《中华人民共和国宪法》的个别条款的建议：第一，在《宪法》第十一条的原文后增加一款："国家允许私营经济在法律规定的范围内存在和发展。私营经济是社会主义公有制经济的补充。国家保护私营经济的合法的权利和利益，对私营经济实行引导、监督和管理"。第二，《宪法》第十条第四款："任何组织或者个人不得侵占、买卖、出租或者以其他形式非法转让土地"。修改为："任何组织或者个人不得侵占、买卖或者以其他形式非法转让土地。土地的使用权可以依照法律的规定转让。"以上建议，经全国人民代表大会常务委员会审议后提请第七届全国人民代表大会第一次会议审议并得到通过。

此后，我国的政治经济生活各方面发生了很大变化，党的十四大作出了建立

[①] 李林：《奏响改革与法治和谐共鸣新乐章》，载于《人民日报》2019年4月11日，第9版。

社会主义市场经济体制的决策；中共中央向全国人大提出了修宪建议。1993年3月29日，八届全国人大一次会议通过了充分反映党的建议主张和政策精神的9条宪法修正案。

再看1999年修宪。1999年1月22日，中国共产党中央委员会向全国人大常委会提出了关于修改《中华人民共和国宪法》部分内容的建议，提出"以上建议，请全国人民代表大会常务委员会依照法定程序提出宪法修正案议案，提请第九届全国人民代表大会第二次会议审议"。[①] 九届全国人大常委会讨论了中共中央的修宪建议，依照《中华人民共和国宪法》第六十四条的规定，提出关于中华人民共和国宪法修正案（草案），提请九届全国人大二次会议审议。1999年3月15日，九届全国人大二次会议表决通过了体现中共中央修宪建议的宪法修正案（草案）。

再看2004年修宪。党的十六届三中全会于2003年通过《中共中央关于修改宪法部分内容的建议》（以下简称《建议》），随后，《建议》向最高国家权力机关提出。"中央《建议》就是在中央政治局常委会直接领导下，按照中央确定的这次修改宪法总的原则和工作方针，经过半年多工作形成的。"[②] 2004年3月14日，第十届全国人民代表大会第二次会议通过了宪法修正案（草案），体现十三届四中全会以来的基本经验，把党的十六大确定的重大理论观点和重大方针政策写入了宪法。

再看2018年修宪。2018年修宪，是我国进入新时代以来在党的领导下进行的一次十分重要的立法活动。党的十九届二中全会审议通过的《中共中央修改宪法部分内容的建议》，提出了包括坚持党的领导、宪法宣誓制度、地方立法制度、监察制度等宪法修改建议。2018年1月26日，中共中央向全国人大常委会提出《中国共产党中央委员会关于修改宪法部分内容的建议》。2018年1月29日至30日，十二届全国人大常委会召开第三十二次会议，讨论了党中央修宪建议，并且全票通过了全国人大常委会关于提请审议宪法修正案草案的议案和宪法修正案草案，决定提请十三届全国人大一次会议审议。2018年3月11日，第十三届全国人民代表大会第一次会议高票表决通过了宪法修正案。

（二）党领导立法是组织行为、集体行为

在当代中国，党领导立法是组织行为，是集体行为，是遵循党内法规规定的

[①] 《中国共产党中央委员会关于修改宪法部分内容的建议》，载于《人民日报》1999年1月31日，第1版。

[②] 王兆国：《关于〈中华人民共和国宪法修正案（草案）〉的说明——2004年3月8日在第十届全国人民代表大会第二次会议上》，载于《人民日报》2004年3月9日，第2版。

程序、是集体讨论决定立法问题的行为。党通过这一组织行为、集体行为作出立法决策和决定后,在民主集中制基础上产生的这些立法决策、决定,需遵循法定程序,由有权的人大及其常委会通过履行宪法法律赋予的立法职权,转化为体现国家意志的法律,保证党的集体主张不因个人、其他团体的个别意志而搁浅或改变,保证党的正确主张能够通过人大及其常委会立法在全社会得到贯彻实施,保障人民当家作主。

(三) 由党的中央委员会和设区的市以上的地方党委领导立法

党领导立法,是由一定层级以上的党委来领导的。党的十九大正式提出"依法立法"并与传统的"科学立法""民主立法"相提并论,显示了新时代立法的新原则新要求。在新时代,党领导立法也需要遵循"依法立法"的理念和要求,由党的中央委员会和设区的市以上的地方党委领导立法。这是因为,根据我国宪法、立法法等法律的规定,只有设区的市以上级别的地方,人大及其常委会、政府才能依法行使相应的立法权;因此,由党的中央委员会和设区的市以上地方党委领导立法,是遵循"依法立法"原则和宪法法律要求并符合新时代以来我国立法体制发展实际情况的。

(四) 党通过制定方针政策、明确指导思想来指引立法

任何立法的背后,都有一个基本的政策取向。立法条文的背后,是相关政策在起着作用。中华人民共和国成立以来,党通过在不同历史时期制定的方针政策,特别是有关立法的政策,明确立法的指导思想和要求,以此指引立法的方向。这些政策,反映了不同历史时期的经济社会发展情况,体现了党的指导思想,成为当时开展立法活动的依据和基础。正如习近平总书记 2017 年 2 月 13 日在省部级主要领导干部学习贯彻党的十八届六中全会精神专题研讨班上的讲话所指出的:"党中央制定的理论和路线方针政策,是全党全国各族人民统一思想、统一意志、统一行动的依据和基础。"① 据此,党通过在不同历史时期制定一系列政策指导立法,是党领导立法的一个具体表现。

(五) 党通过审定立法规划计划、批准重要立法来领导立法

党领导立法,也通过中央和一定层级以上的地方党委审定五年立法规划和年度立法计划、批准全国性和地方的重要立法的方式得到体现和保障。

---

① 习近平:《习近平谈治国理政》(第二卷),外文出版社 2017 年版,第 21 页。

例如，为了贯彻落实党的十一届三中全会加强法制建设的精神，1979年6月召开的五届全国人大二次会议及时制定了刑法、刑事诉讼法等七部重要法律。在一次会议上通过七个重要法律，是我国立法活动中前所未有的。为了加强对立法的领导，保证出台的重要法律的质量，中共中央政治局专门就这七部法律召开了两次会议予以讨论，刑法、刑事诉讼法等七部法律的草案也是经中共中央政治局原则批准的。

（六）党通过推荐国家权力机构的领导人选和代表人选来实现领导

在我国，全国人大代表和地方各级人大代表作为全国人民代表大会和地方各级人民代表大会的组成人员，代表着人民的利益和意志，依法参与立法，履行宪法法律赋予代表们的神圣职责，并对我国的中央和地方立法的制定和修改产生直接的影响作用。因此，对于各级人大代表人选的推荐，中央和地方党委充分发挥政治把关、履职能力把关等领导作用，推荐合适的各级人大代表人选，经依法选举产生各级人大代表，从而保障中央和地方立法工作遵循正确的政治方向、积极贯彻落实党的方针政策，将党的领导体现在通过代表们依法履职制定反映党的主张和人民意志的"良法"过程中。

除了以上党对参与立法的各级人民代表大会代表人选推荐的把关，对于全国人大常委会和地方各级人大常委会这一权力机构领导人选的推荐，党也起到领导和把关作用，以此保证中央和地方权力机构的领导人选的政治、业务、能力等素质能够胜任领导岗位履职和从事立法活动的能力和水平要求。

（七）要求党员代表贯彻执行党的政策和决议

在立法实践活动中，党要求全国和地方各级人民代表大会代表中的中共党员代表，积极贯彻执行党的大政方针、重要政策、战略部署，通过依法履职，将党的意志和主张贯彻落实到相关中央和地方立法活动中，将党的意志通过法律程序转化为国家意志，转化为相关立法，从而在全社会保障实施，这是实现党领导立法的一个重要方式，也是党依法执政、依法领导的一个表现形式。

（八）通过人大党组在具体立法过程中发挥领导作用

党在领导中央和地方立法的过程中，通过听取全国人大常委会和地方人大常委会党组的工作汇报等形式，发挥党的领导作用。

例如，新时代以来，"习近平总书记连续4年主持中央政治局常委会会议听取全国人大常委会党组工作汇报,多次研究人大工作中的重大问题和重要事项"。① 又如,新时代以来,在北京市人大常委会的五年立法工作中,"常委会坚持党对立法工作的领导,对五年立法规划、年度立法计划、重要法规草案、立法中的重要问题,由市人大常委会党组向市委请示报告"。②

(九) 通过人大工作会议发挥领导作用

党在领导立法的过程中,还通过召开人大工作会议形式,发挥党的领导作用。人大工作会议是落实党对人大工作领导的途径之一。21世纪以来,各地党委特别是各省、市、自治区党委召开人大工作会议、研究制定加强人大立法工作的措施,成为党领导立法的方式之一。

(十) 其他方式的领导

除了以上这些方式的领导,党还通过其他一些方式实现对我国立法工作的领导,保证我国立法的正确方向,引领我国立法稳步前进。

例如,党中央通过出台有关党领导立法工作、健全人大讨论决定重大事项制度等重要文件,为做好不同历史时期的立法工作指明方向并提供遵循。又如,党委回复同级人大常委会党组有关立法重要问题的请示等,也是党领导立法的内容之一。再如,党召开的立法座谈会,党的领导人代表党委在座谈会上关于立法的总结讲话,对此后的立法将产生指导作用,也是党领导立法的一个体现。

第六节 党领导立法的完善

完善党对立法的领导,需要以习近平新时代中国特色社会主义思想为指引,围绕党的十八届四中全会所作的《中共中央关于全面推进依法治国若干重大问题的决定》、党的十九大报告等党的重要文献中有关党对立法工作领导的重大部署、重要主张及其精神,借鉴国外有益经验和以往实践经验,立足中国国情,创新和完善有关制度,规范健全相关工作机制,以此促进党领导立法不断走向完善。以

---

① 张德江:《全国人民代表大会常务委员会工作报告——2018年3月11日在第十三届全国人民代表大会第一次会议上》,载于《人民日报》2018年3月25日,第1版。

② 李伟(北京市人大常委会主任):《2018年北京市人民代表大会常务委员会工作报告——2018年1月27日在北京市第十五届人民代表大会第一次会议上》,载于《北京日报》2018年2月3日,第1版。

下从完善党领导立法需澄清的几点误解和完善党领导立法需要改进的举措两个角度作探讨。

一、完善党领导立法需要澄清几点误解

误解之一：当前不少人认为，在当代中国，党要领导立法，而党的十八届四中全会、党的十九大又提出人大主导立法，这不是相互矛盾吗？

本书认为，两者并不矛盾，应该要这样来理解：即"党的领导下的人大主导立法"。不加上"党的领导"，容易引起歧义和误解。同时，人大主导立法，更多的是指工作层面的。例如，栗战书委员长 2019 年 3 月 8 日在第十三届全国人民代表大会第二次会议上所作的《全国人民代表大会常务委员会工作报告》提出："规范议案提出和审议的工作制度，明确发挥人大及其常委会在立法工作中主导作用的具体内容"。① 将人大及其常委会主导立法，更多地定位于工作层面，加强制度建设，也有利于更好地发挥人大及其常委会在具体立法活动中的作用。

误解之二：当前不少人认为，要加强党委对立法工作的领导，又要支持和保证人民通过人民代表大会行使国家权力，那么强调党委领导立法与强调通过人民代表大会行使立法权之间是不是存在矛盾？

本书认为，两者并不矛盾，可以这样来理解两者的关系：要理顺党委领导与人大立法的关系，尊重人民主体地位，努力探索党如何在人民代表大会之中实现对立法的领导。也就是说，要努力探索党在人民代表大会之中实现对立法的领导，发挥人民代表大会的积极和独到的作用，支持和保证人民通过人民代表大会行使国家权力，有助于切实维护广大人民群众的根本利益、整体利益，有助于国家的长治久安。

二、完善党领导立法需改进党的领导方式和执政方式

中国特色社会主义进入新时代以来，时代发展新要求和人民群众的新需求，加上国内外各种新老问题的风险叠加考验，都对党的领导，包括党领导立法，提出了新的更高的要求。新时代呼唤使命担当，在新的历史时期，党领导立法需要改进党的执政方式和领导方式，提高党依法执政能力和依法领导立法的水平，使党对立法的领导更加适应新时代实践发展和更好满足人民群众的需求。

---

① 栗战书：《全国人民代表大会常务委员会工作报告——2019 年 3 月 8 日在第十三届全国人民代表大会第二次会议上》，载于《人民日报》2019 年 3 月 19 日，第 1 版。

党的十九大报告提出："要改进党的领导方式和执政方式，保证党领导人民有效治理国家。"① 据此，在新时代，完善党领导立法，需改进党领导立法的方式和执政方式，在理念和行动上遵循党的十八届四中全会提出的"四个善于"，更好地领导立法。即"善于使党的主张通过法定程序成为国家意志，善于使党组织推荐的人选通过法定程序成为国家政权机关的领导人员，善于通过国家政权机关实施党对国家和社会的领导，善于运用民主集中制原则维护中央权威、维护全党全国团结统一。"② 这"四个善于"，是新时代改进党领导立法的方式的重要表现形式和路径方向，需要在党领导人民有效治理国家和立法活动中予以重视和加以贯彻落实。

以善于通过国家政权机关实施党对国家和社会的领导为例，善于通过人民代表大会制度实施党对立法的领导，是新时代改进党的领导方式和执政方式的一个重要体现。正如习近平总书记强调指出的："我们必须坚持党总揽全局、协调各方的领导核心作用，通过人民代表大会制度，保证党的路线方针政策和决策部署在国家工作中得到全面贯彻和有效执行。"③ 就具体发挥人大及其常委会在立法中的作用，习近平总书记还对"要优化立法职权配置，发挥人大及其常委会在立法工作中的主导作用，健全立法起草、论证、协调、审议机制，完善法律草案表决程序"④ 等提出了要求。

在新时代，我们需要以习近平总书记的以上讲话精神为遵循，善于通过人民代表大会制度实施党对立法的领导，以便更好地实施党对立法的领导。

三、完善党领导立法需推进理论学习常态化制度化

理论是行动的先导。与时俱进地学习先进的理论是行动取得成效的保障。正如邓小平曾经强调指出的："世界形势日新月异，特别是现代科学技术发展很快。现在的一年抵得上过去古老社会几十年、上百年甚至更长的时间。不以新的思想、观点去继承、发展马克思主义，不是真正的马克思主义者。"⑤

在新时代，完善党领导立法，需要加强习近平新时代中国特色社会主义思想和相关立法理论学习的常态化制度化，以先进的理论指导党领导立法的各种

---

① 习近平：《决胜全面建成小康社会 夺取新时代中国特色社会主义伟大胜利——在中国共产党第十九次全国代表大会上的报告（2017年10月18日）》，人民出版社2017年版，第37页。
② 《中共中央关于全面推进依法治国若干重大问题的决定》，人民出版社2014年版，第5页。
③ 习近平：《习近平谈治国理政》（第二卷），外文出版社2017年11月第1版，第18页。
④ 习近平：《习近平谈治国理政》（第二卷），外文出版社2017年11月第1版，第120～121页。
⑤ 《邓小平文选》第3卷，人民出版社1993年版，第291～292页。

活动。

为此，需加强各级党委中心组、人大党组理论学习制度体系建设；加强人大代表政治理论、立法理论的学习培训，有计划有步骤地培训各级人大代表和人大机关从事立法工作的干部；加强习近平新时代中国特色社会主义思想学习，定期学习习近平总书记涉及立法的重要讲话精神，把理论学习转化为做好立法工作的共同思想政治基础。

例如，中共全国人大常委会党组于 2019 年 4 月 3 日举行会议，"认真学习领会习近平总书记在中央全面依法治国委员会第二次会议上的重要讲话精神，结合人大工作实际，研究部署贯彻落实工作。中共中央政治局常委、全国人大常委会委员长、党组书记栗战书主持会议并讲话"。[1]

以点见面，在新时代，全国人大及其常委会、地方各级人大及其常委会需要深入学习习近平新时代中国特色社会主义思想、党的十九大精神及相关立法理论，积极贯彻落实党的基本理论、基本路线、基本方略，紧密联系人大立法工作实际，提高运用马克思主义中国化最新理论成果指导立法实践的本领和能力。

四、完善党领导立法需要党制定正确的政策指导立法

历史已经证明，党制定的政策，特别是有关立法的重要政策，将对我国的立法产生重要的影响作用，是此后开展立法活动的依据和基础。就党的政策对我国立法的影响而言，"党的政策是立法的根本指导政策，立法以党的政策为依据和基础，遵循党的政策，不与党的政策相抵触。党还通过立法把自己的政策贯彻、体现到具体的法律、法规中去，使党的政策成为具有国家强制性的规范。可以说，在中国，各项立法都是在党的政策指导下制定的"。[2] 因此，政策的正确性，特别是党中央制定的政策的正确性，将对统一立法指导思想、统一立法行动，产生积极的重要影响。

正如习近平总书记 2017 年 2 月 13 日在省部级主要领导干部学习贯彻党的十八届六中全会精神专题研讨班上的讲话所指出的："党中央制定的理论和路线方针政策，是全党全国各族人民统一思想、统一意志、统一行动的依据和基础。"[3] 鉴于此，如何保证通过制定正确的党的政策指导立法，是完善党领导立法需要予以关注和坚持的。

---

[1]《全国人大常委会党组举行会议学习贯彻习近平总书记在中央全面依法治国委员会第二次会议上的重要讲话精神 栗战书主持并讲话》，载于《人民日报》2019 年 4 月 4 日，第 1 版。

[2] 周旺生：《中国立法五十年》，引自《立法研究》第 1 卷，法律出版社 2000 年版，第 75 页。

[3] 习近平著：《习近平谈治国理政》（第二卷），外文出版社 2017 年版，第 21 页。

五、促进党领导立法进一步制度化、规范化、民主化

加强和改善党对立法的领导,还要健全落实党对立法工作领导的制度机制,加强相关制度规范、工作机制的建设,以此服务和保障党领导立法的落实落地。为此,需要"强调坚持民主决策、集体领导原则,集体研究决定立法中的重大问题,使党对立法工作的领导进一步制度化、规范化、民主化"。[①] 以下作分述。

(一)完善党领导立法需贯彻落实党中央关于立法的重要规范性文件

党中央关于领导立法,曾经出台过两个重要文件。一是 1991 年 2 月 22 日出台的《中共中央关于加强对国家立法工作领导的若干意见》。该意见从加强中央对国家立法工作的领导、中央对国家立法工作主要实行政治及方针政策的领导、中央讨论的重要法律及程序、支持和保证全国人大及其常委会充分地行使立法权四个方面对中共中央领导国家立法做了规定。该意见实施二十多年来,发挥了重要而积极的作用,保证了国家立法的正确方向和稳步前进。

二是 2016 年 2 月 28 日出台的《中共中央关于加强党领导立法工作的意见》。该意见根据党的十八届四中、五中全会精神,结合依法治国开启新征程的时代背景,提出了党领导立法工作的指导思想和基本原则、领导宪法修改和重要法律修改、增强立法工作的系统性和前瞻性、支持和保证立法机关充分行使职权等意见,是指导新时代立法工作的重要文件。例如,"制定《中共中央关于加强党领导立法工作的意见》,要求起草政治方面以及重大经济社会方面的法律法规,应经过党中央或者同级党委(党组)讨论"。[②] 该意见在《中共中央关于加强对国家立法工作领导的若干意见》的基础上,结合新时代新情况,对党领导立法作了统筹谋划和新部署,需要通过认真贯彻落实来完善党的领导。

除了需要贯彻落实以上党中央关于立法的两个重要规范性文件,就涉及立法事项的党内法规建设而言,也"要完善党内法规制定体制机制,注重党内法规同国家法律的衔接和协调"。[③] 从走向看,需要将党领导立法机关立法工作的内容、方式和程序以党内法规的形式规定下来。首先,要以一、二级法规的形式规定下来,保障党领导立法工作的权威性、严肃性、稳定性。其次,还要将党对立法机关的领导程序法律化。"党对国家机关的领导一定要有科学的、民主的、法定的

[①②] 中华人民共和国国务院新闻办公室:《中国人权法治化保障的新进展》,载于《人民日报》2017年12月16日,第6版。

[③] 习近平:《习近平谈治国理政》(第二卷),外文出版社2017年版,第119页。

程序，必须以法律的形式规定党对国家机关的领导程序，使党对国家机关的领导程序法律化、制度化。"①

（二）完善党领导立法需发挥中央全面依法治国委员会的作用

2017年，党的十九大提出，成立中央全面依法治国领导小组。2018年，根据中共中央印发的《深化党和国家机构改革方案》，组建了中央全面依法治国委员会这一党中央决策议事协调机构，该委员会办公室设在司法部，负责立法活动在内的全面依法治国的顶层设计、总体布局、统筹协调、推进落实。在新时代，完善党领导立法，需要充分发挥中央全面依法治国委员会的指导作用。

（三）健全党委领导地方立法的体制机制

党的十八大以来，地方党委领导地方立法的体制机制不断得到健全。正如全国人大常委会法制工作委员会主任沈春耀同志2018年9月在第二十四次全国地方立法工作座谈会上的小结："各地普遍坚持党委领导地方立法的体制机制，健全常委会党组对同级党委负责、重大事项请示报告等制度和党组工作规则。"②以浙江省为例。党的十八大以来，浙江省进一步完善了省委议事规则，出台了推进科学民主依法决策的文件，健全了省委议事决策机制，把调查研究、征求意见、决策咨询和集体讨论决定作为党委重大立法决策的程序，不断健全党委领导地方立法的机制。

今后，需要以点见面地总结各地党委领导地方立法的可行制度机制做法，不断健全，形成可复制可推广的经验。

---

① 张文显：《依法执政的概念解读》，http://www.rmlt.com.cn/（2007-10-26）。
② 沈春耀：《在新的起点上推动地方立法工作与时俱进完善发展——在第二十四次全国地方立法工作座谈会上的小结》，载于《法制日报》2018年9月25日，第9版。

第二章

中国立法体制中的
人大主导立法问题研究

关于发挥人大及其常委会在立法工作中的主导作用,是党的十八届四中全会、党的十九大等提出的新时代新要求。与此相关的研究开展,主要集中在近几年。人大主导立法问题,是长期以来显得比较"虚化"的问题,其背后反映的是"人大主导立法并不给力"的问题,也是我国立法体制中需加强研究的一个重要问题。

有鉴于此,本章主要从以下几个方面进行分析探讨,梳理相关关系与问题,并相应提炼完善化思路。一是人大主导立法的内涵与依据;二是人大主导立法的几对重要关系及其妥善处理,既包括党领导立法与人大主导立法的关系、人大立法与政府立法的关系、人大立法与"两高"司法解释的关系,也包括人大主导立法的内部关系;三是人大主导立法的实现路径,包括人大主导立法应得到执政党的支持、人大主导立法应加强人大自身立法能力建设、人大主导立法应"用好用足"人大自身立法权、人大主导立法应"抓大放小"、人大主导立法应体现"寓监督于服务之中"、人大主导立法应健全各项工作机制,等等。以下作分述。

第一节 人大主导立法的内涵与依据

一、人大主导立法的内涵

关于"人大主导立法"的说法,在地方上已提出多年了,中央文件中首次使用"在立法工作中的主导作用"这一提法,是在2011年4月12日中共中央的一份文件中。即"进一步加强全国人大及其常委会对立法工作的组织协调。在党中央的领导下,全国人大及其常委会要充分发挥最高国家权力机关的作用,依法行使国家立法权,发挥在立法工作中的主导作用"。[①] 2014年10月23日,中国共产党第十八届中央委员会第四次全体会议通过的《中共中央关于全面推进依法治国若干重大问题的决定》进而明确提出:"完善立法体制,加强党对立法工作的领导,完善党对立法工作中重大问题决策的程序……健全有立法权的人大主导立法工作的体制机制,发挥人大及其常委会在立法工作中的主导作用"。

2015年修改后的《立法法》也明确规定:"全国人民代表大会及其常务委员会加强对立法工作的组织协调,发挥在立法工作中的主导作用。"从而使"人大主导立法"从党中央的主张转化为法定的要求。然而,当前在立法理论上和立法实践中对于"什么是人大主导立法"这一问题,仍然存在认识上的分歧甚至偏差,故而,首先有必要对人大主导立法的内涵予以阐释。

"人大主导立法",从句式上看,是一个包含主语、谓语、宾语及修饰词的完整句式,其中,作为主语的"人大"是指在我国现行立法体制下,享有立法权的人大及其常委会;作为谓语和宾语的"立法",是指享有立法权的人大及其常委会制定规范性法律文件的活动;作为修饰词的"主导"一词,在现代汉语中一般解释为"主要的并且引导事物向某方面发展的",[②] 强调的是人大及其常委会在立法中的地位和作用。

因此,"人大主导立法",显然不是指人大及其常委会在立法过程中要大包大揽,"事无巨细"地承担所有的立法工作,甚至也不是指诸如起草法律法规草案、

---

① 《中共中央转发〈中共全国人大常委会党组关于形成中国特色社会主义法律体系有关情况的报告〉的通知》,中共中央文献研究室编《十七大以来重要文献选编》(下),中央文献出版社2013年版,第300页。

② 中国社会科学院语言研究所:《现代汉语词典》,商务印书馆2002年版,第438页。

提出法律法规等重要工作应完全由人大及其常委会来承担，而是指人大及其常委会作为立法主体，在立法过程中相较于其他主体而言，应居于优势地位，并藉此而对立法的方向、进程及结果发挥决定性的作用。① 具体而言，对于人大主导立法的内涵，可以从以下两个方面作进一步分析。

首先，在我国现行立法体制下，享有立法权的人大及其常委会，除全国人大及其常委会以外，还包括部分地方人大及其常委会（主要是设区的市以上的地方人大及其常委会）。全国人大及其常委会作为国家立法机关，行使的是国家立法权。其中，全国人大有权修改宪法及制定与修改基本法律；全国人大常委会有权制定和修改基本法律以外的其他法律，并且可以有条件地修改全国人大制定的基本法律。② 享有立法权的地方人大及其常委会作为地方立法机关，行使的是地方立法权。其中，省、自治区、直辖市和设区的市、自治州的人大及其常委会有权制定地方性法规；③ 自治区、自治州及自治县的人大有权制定自治条例和单行条例；经济特区所在地的省、市的人大及其常委会根据全国人大的授权决定，有权制定经济特区法规。虽然，国务院及其部委和省、自治区、直辖市、设区的市、自治州的人民政府也享有立法权，有权制定行政法规、部门规章和地方政府规章。但是，这些属于行政立法范畴的"立法"，并非"人大主导立法"中的"立法"。也就是说，"人大主导立法"中的"立法"是有特定内涵与外延的，即享有立法权的人大及其常委会自身的立法，而不包括前述行政立法范畴的立法在内。

就人大立法和行政立法的相互关系而言，虽然后者之于前者具有从属性，但各自在法定的权限范围内进行立法，并不存在谁主导谁的问题。尤其值得注意的是，有种观点认为，人大主导立法就是调整大多数社会关系或主要社会关系的立法应当由享有立法权的人大及其常委会来制定。这显然是对人大主导立法的误

---

① 人大在立法中的主导作用主要体现在方向主导、进程主导和决策主导三个关键环节上。方向主导是指人大制定立法规划计划时要发挥主导作用，使立法选题选项能够围绕中心、服务大局、回应民生、契合发展，确保立法工作朝着正确的方向发展。进程主导是指人大在立法的立项、起草、调研、修改、审议、表决、实施、清理等整个立法过程中要起到主导作用，发挥好组织协调的职能，积极推进立法进程的顺利进行。决策主导是指人大对立法中遇到的各方争议较大、涉及经济社会发展全局或者人民群众切身利益的重大问题时，要积极组织开展研究论证，在各方利益充分表达、权衡的基础上，果断作出决策，敢于并善于在矛盾焦点上划杠杠。

② 根据《宪法》和《立法法》的规定，在全国人民代表大会闭会期间，全国人大常委会可以对全国人大制定的法律进行部分补充和修改，但是不得同该法律的基本原则相抵触。

③ 根据2015年3月15日第十二届全国人民代表大会第三次会议通过的《全国人民代表大会关于修改〈中华人民共和国立法法〉的决定》关于"广东省东莞市和中山市、甘肃省嘉峪关市、海南省三沙市，比照适用本决定有关赋予设区的市地方立法权的规定"，广东省东莞市和中山市、甘肃省嘉峪关市、海南省三沙市的人大及其常委会也有权制定地方性法规。

解。这是因为，享有立法权的人大及其常委会不仅在客观上不可能担当如此"艰巨"的立法任务，而且调整大多数社会关系或主要社会关系的立法也没有必要都由它们来制定。否则，就难以解释，为什么包括我国在内的绝大多数国家，其行政立法的数量要远超人大或议会立法的数量。

其次，人大主导立法并不意味着人大在立法中唱"独角戏"，包揽所有立法工作，而是指人大及其常委会在立法过程中居于优势地位并发挥主导作用。有人认为人大主导立法就是要人大及其常委会在立法过程中承担更多的具体工作，尤其是法律法规草案应主要由人大专门委员会或常委会工作机构来起草，而不是主要由政府主管部门来起草；还有人将大多数法案是由政府向人大或常委会提出视为不是人大主导立法的表现。这同样是对人大主导立法的误解。就前者而言，国外议会通过的法律，多数也是由政府主管部门起草的，立法机关并非主要的法律草案起草者。在我国，人大专门委员和常委会工作机构受各方面条件的限制，它们起草法律法规草案的能力是有限的，根本不可能承担起草全部法律法规草案的工作；更重要的是，由政府主管部门起草法律法规草案，不仅有着人力、物力及财力方面的优势，而且，由于政府主管部门处于管理行政事务的前沿，有熟悉业务、了解情况的优势，能更及时和更全面地了解政治、经济、文化和社会生活等各个方面的发展变化，能更透彻和准确地把握现实社会生活中各方面的需求及发展趋向，能更敏锐地发现需要法律调整的社会问题及通过立法加以调整的途径和方法等。[①] 当然，由政府主管部门起草法律法规草案也存在不利的一面。例如，容易受部门利益影响，甚至为了部门利益而立法，从而产生"部门利益法律化"的问题。对此，完善立法起草机制本身固然有助于该问题的解决，但由于问题的根本并不在于法律法规草案是由谁起草的，而在于谁能够最终决定其"命运"，因此，根本之策是强化正式立法程序，尤其是审议和表决程序的把关作用。这是因为，部门利益之所以能够"法律化"，一个很重要的原因是，起草法律法规草案在我国的立法过程中"太重要"了，而法案提出之后的审议与表决却显得无足轻重，以至于难以发挥其应有的"淘汰"功能——使那些"问题法案"难以通过或者在作出重大修正后才能通过。就法案的提出而言，因为由政府主管部门负责起草法律法规草案的，一般是由政府向同级人大或其常委会提出，其道理和起草法律法规草案是一样的，故此，不复赘述。综上所述，判断谁是人大立法的主导者的关键，并不在于谁承担了更多的具体立法工作，而在于在立法过程中，谁在主导立法的方向、进程及结果。

---

① 苗连营：《立法程序论》，中国检察出版社 2001 年版，第 175～176 页。

二、人大主导立法的依据

　　明确人大主导立法的依据,是要解决人大为什么要主导立法的问题。享有立法权的人大及其常委会作为立法机关在立法过程中居于优势地位并发挥主导作用,似乎是不言自明而无须论证的。但鉴于人大实际上并未真正主导立法,从而使得人大主导立法本身成为一个在我国亟须解决的问题,对于人大主导立法的依据,还是认识不够充分与全面,仍然有必要予以加强认识。我们认为,在我国,人大之所以应当主导立法,主要有以下三个方面的依据:

　　第一,人大主导立法是由立法权的人民主权属性所决定的。立法权作为国家权力的一种,有别于行政权和司法权的基本特质之一,就是其主权属性。例如,在西方政治法律思想史上,立法权之归属问题,向来是和主权之归属问题结合在一起考虑的。① 而立法权的主权属性,自近代人民主权理论取代君主主权以来,一般被视为人民主权。由此,立法权在其最终归属上也被认为应当属于主权者,即全体人民。我国作为人民民主专政的社会主义国家,在主权归属上,立法权应当属于人民所有,我国《宪法》第二条第一款也明确规定,"中华人民共和国的一切权力属于人民"。立法权虽然在最终归属意义上属于人民,但从各国的立法实践来看,除了少数国家以外,人民在大多数情况下并不直接行使立法权,而是通过立法机关行使立法权。这主要是因为代议制民主在各国的实行。在代议制民主下,立法权的行使和立法权的归属实际上是相分离的,即立法权属于人民这一主权者,但却由立法机关来行使。在各国宪法中,也大多在明确规定主权(立法权)之所属的同时,也规定立法权由代议机关来行使。② 我国《宪法》第二条在规定"中华人民共和国的一切权力属于人民"的同时,也规定"人民行使国家权力的机关是全国人民代表大会和地方各级人民代表大会"。正如有学者所指出的,"国家权力有若干种类,唯有立法权在其中居于与主权者最接近的位置。不管主权者是谁,主权者的意志都需要转化为法律,然后通过全社会或整个国家对于法律的施行来贯彻其意志"。③ 可见,在我国,享有立法权的人大及其常委会实际上是代表人民在行使立法权,并经此形成国家意志,进行国家治理。故此,人大主导立法,是由立法权的人民主权属性所决定的,是人民主权原则之下的必然制度结果。④

---

① 易有禄:《立法权正当行使的控制机制研究》,中国人民大学出版社 2011 年版,第 17 页。
② 江国华:《立法:理想与变革》,山东人民出版社 2007 年版,第 43 页。
③ 卓泽渊:《法政治学》,法律出版社 2005 年版,第 284 页。
④ 吴培显:《人大在立法中的主导作用研究》,载于《怀化学院学报》2015 年第 8 期。

第二，人大主导立法是由人大自身的性质和地位所决定的。人民代表大会制度是我国的根本政治制度，这意味着人民代表大会制度不依赖其他制度而产生，而是其他政治制度产生的基础。① 具体而言，在人民代表大会制度这一根本政治制度的框架内，由人民直接或者间接选举产生人大代表组成各级人民代表大会，由全国人民代表大会和地方各级人民代表大会代表人民行使国家权力。因此，在我国，人大作为代议机关，既是人民代表机关，还是国家权力机关。这和西方国家三权分立的政治体制之下的议会是有明显区别的，即人大作为人民代表机关和国家权力机关，其地位要高于行政机关和司法机关。对此，我国《宪法》明确规定，行政机关和司法机关不仅应由人大产生，并且应向人大负责。人大的这样一种宪法地位体现在立法权限关系上，必然逻辑地得出权力机关的立法地位高于行政机关，即权力机关（人大）居于优越的地位。② 如前面所述，在我国，虽然部分行政机关也享有立法权，但此立法权在性质上是派生性立法权，是从属于人大的原生性立法权的。这也是为什么国务院制定的行政法规的地位和效力低于全国人大及其常委会制定的法律，以及省级和设区的市级人民政府制定的地方政府规章的地位和效力低于同级人大及其常委会制定的地方性法规效力的根本原因所在。

就人大自身的立法而言，如果人大的主导作用得不到保障和实现，从大的方面说，是有悖于人民代表大会制度这一我国的根本政治制度的。更何况，现代立法的本质要求就是立法主体的民主性和人民性，由人民选出的代表所组成的代议机关来主导立法过程，是立法获得正当性与公正性的基础，也是各国立法体制的精神内涵所在。③

第三，人大主导立法是解决政府主导人大立法弊端之所需。如前面所述，人大主导立法似乎是个不言自明而无须论证的命题，然而在实际的立法工作中，不仅人大自身的主导作用发挥不够充分，而且大有"人大立法政府主导"之趋势。这主要表现在以下一些方面：首先，在立法项目的确定方面，人大常委会和政府均制定各自的立法规划、计划，但是政府制定的立法规划、计划不仅包括制定行政法规、地方政府规章的立法项目，而且包括制定法律、地方性法规的立法项目，且后者一般都会进入同级人大常委会的立法规划、立法计划之中，从而使得人大及其常委会将要立什么法，主要取决于政府；其次，在提出法律法规案方面，向人大及其常委会提出的法律法规案，有相当部分是政府来提出的，这表明人大及其常委会实际上立什么法，在很大程度上也取决于政府；最后，在法律法规草案的起草方面，由政府提出的法律法规案，法律法规的草案大多数是由政府

---

① 焦洪昌主编：《宪法学》，北京大学出版社2010年版，第230页。
② 李林：《立法理论与制度》，中国法制出版社2005年版，第21页。
③ 封丽霞：《健全人大主导立法的体制机制》，载于《学习时报》2014年11月1日，第1版。

主管部门负责起草的，而且，由其他立法提案权主体提出的法律法规案，法律法规的草案有不少也是由政府主管部门负责起草或参与起草的，这就意味着，人大及其常委会所立之法的"原貌"，主要是由政府划定的。①

第四，法律法规案列入人大及其常委会会议议程之后，由于审议和表决程序的虚置，最终导致人大及其常委会在很大程度上是按照政府的"意见"（实际上又主要是政府主管部门的"意见"）来行使立法权的。② 正如前面已经指出的，这几个方面中的有些方面并不能作为政府主导人大立法的直接而充分的论据，但由此却不难发现，在我国的立法实践中，无论是中央层面还是地方层面，人大在立法过程中的主导作用发挥得严重不足。相反，本应是法律法规执行主体的政府却在主导着立法：从主体性角度来看，政府在整个立法过程的介入程度与人大相比占有明显的优势地位；从导向性角度来看，政府在每一个立法步骤环环相扣、层层推进，引导着立法的走向。③ 人大立法被政府主导，不仅在理论上和逻辑上说不通，而且在实践中是有害的。正如有学者所指出的，"多年以来，行政部门主导立法以及由此形成的立法权的行政化、部门化，一直是影响我国立法民主性与公正性的显豁问题"。④ 其中，"部门利益法律化"就是其典型表现之一。经由以上分析，不难发现，"人大主导立法"的提出，是有着很强的针对性的，甚至可以说主要是针对"人大立法政府主导"这一严峻现实的（见表2-1）。

表2-1　　　　立法规划预定的立法项目起草主体统计数据

立法主体	七届人大（件）	八届人大（件）	九届人大（件）	十届人大（件）	十一届人大（件）	十二届人大（件）	合计数量（件）	合计比例（%）
全国人大	9	34	41	32	16	20	152	29.57
国务院	49	84	36	37	40	43	289	56.23
中央军委	0	10	3	2	0	0	15	2.92
最高人民法院	2	5	2	1	0	0	10	1.94

---

① 以甘肃省为例，从1979~2009年先后制定了155件现行有效法规，由政府部门直接起草的占总数的86.5%，由人大有关部门起草的占13.5%。参见李高协等《关于提高政府部门立法起草质量的思考——以甘肃省地方立法30年的实践为例》，载于《人大研究》2010年第2期。

② 以全国人大及其常委会立法为例，国务院向全国人大及其常委会提出的法律案，只要进入审议和表决程序，基本上是100%地获得通过，迄今为止只有两件国务院提交的法律案（《公路法草案》和《城市居民委员会组织法（草案）》）交付审议和表决后未通过。参见易有禄：《立法权正当行使的控制机制研究》，中国人民大学出版社2011年版，第354页。

③ 吴培显：《人大在立法中的主导作用研究》，载于《怀化学院学报》2015年第8期。

④ 封丽霞：《健全人大主导立法的体制机制》，载于《学习时报》2014年11月1日，第1版。

续表

立法主体	七届人大（件）	八届人大（件）	九届人大（件）	十届人大（件）	十一届人大（件）	十二届人大（件）	合计数量（件）	合计比例（%）
最高人民检察院	2	4	1	1	0	0	8	1.56
联合起草	2	15	6	4	8	5	40*	7.78
合计	64	152	89	77	64	68	514	100

注：* 在联合起草的40件法律草案中，20件由全国人大专门委员会或全国人大常委会工作机构牵头，19由国务院所属部门牵头，1件由全国总工会牵头。

资料来源：七届至十二届全国人大常委会立法规划。

从表2-1统计的七届至十二届全国人大常委会立法规划预先确定的立法项目起草主体的情况看，85.8%的立法项目是由全国人大和国务院负责起草的。[①] 其中，国务院又居于明显的主导地位，在514件立法项目中，有一半以上是由其负责起草，总体占比为56.23%。[②] 而由中央军委、最高人民法院、最高人民检察院负责起草的法律草案的数量则非常少，三者所占比重之和仅为6.42%。其中，由最高人民检察院负责起草的法律草案的件数最少，总体占比为1.56%，如图2-1所示。

图2-1反映了第七届至十二届全国人大常委会立法规划中各系统起草的法律草案所占比重的动态对比情况。其中，中央军委、最高人民法院、最高人民检察院三个系统负责起草的法律草案所占比重尽管在各届之间也有所升降，但变化幅度不大。变化幅度较大的是全国人大和国务院两个系统。七届到九届，由全国人大负责起草的法律草案所占比重逐届增加，到九届时已上升至46.07%，而由国务院负责起草的法律草案所占比重则从七届的76.56%下降至九届的40.45%。值得注意的是，从十届开始，由国务院负责起草的法律草案所占比重有较大幅度的回升，到十二届时已升至63.24%。这表明，在全国人大常委会立法规划预定的立法项目起草单位中，国务院仍然居于主导地位。

---

① 由于联合起草的40件法律草案，绝大多数也是由全国人大专门委员会、全国人大常委会工作机构及国务院所属部门牵头，加上这部法律草案的话，由全国人大和国务院负责起草的法律草案的比重则高达93.39%。

② 由于立法规划制定后并不能得到完全的实施，所以上述统计数据只能在一定程度上反映不同系统在法律草案起草中的地位和作用。但从国务院实际起草法律草案的相关统计数据看，由其起草的法律草案的数量还要超过上述统计数据。据统计，1979年7月1日至2007年12月29日，全国人大及其常委会通过的现行有效的221件法律中，由国务院起草的法律的件数为142件，总体占比为64.25%。参见全国人大常委会法工委立法规划室编：《中华人民共和国立法统计》，中国民主法制出版社2008年版，第3~93页。

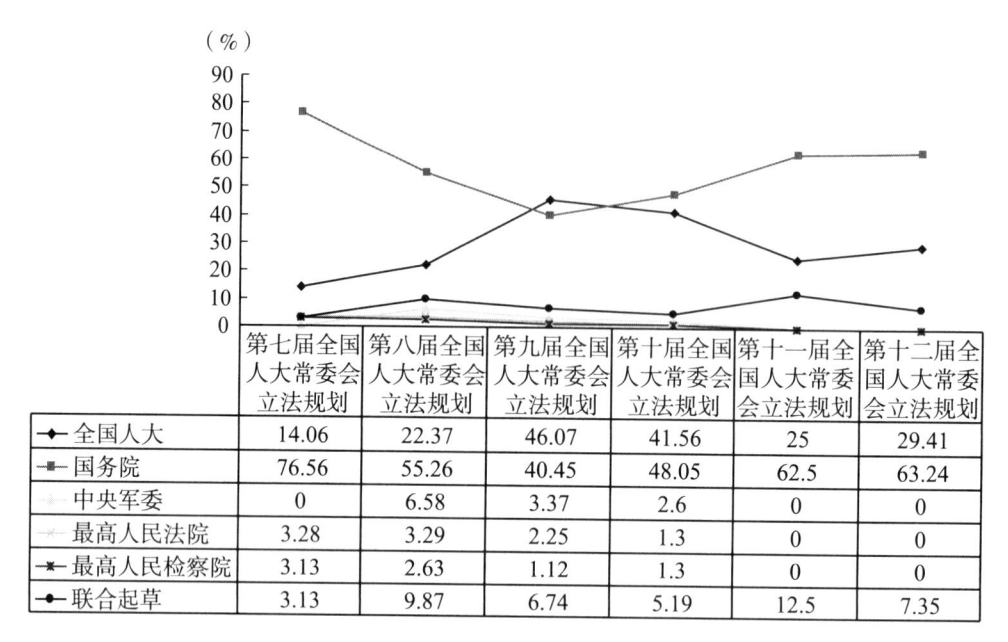

	第七届全国人大常委会立法规划	第八届全国人大常委会立法规划	第九届全国人大常委会立法规划	第十届全国人大常委会立法规划	第十一届全国人大常委会立法规划	第十二届全国人大常委会立法规划
全国人大	14.06	22.37	46.07	41.56	25	29.41
国务院	76.56	55.26	40.45	48.05	62.5	63.24
中央军委	0	6.58	3.37	2.6	0	0
最高人民法院	3.28	3.29	2.25	1.3	0	0
最高人民检察院	3.13	2.63	1.12	1.3	0	0
联合起草	3.13	9.87	6.74	5.19	12.5	7.35

图 2-1 各系统起草法律草案所占比重

第二节 人大主导立法的几对重要关系及其处理

"人大主导立法"不仅仅只是一个口号，还是一项系统工程，需要处理好人大主导立法所涉的内部和外部若干重要关系。这些重要关系主要包括党领导立法与人大主导立法的关系，人大立法与政府立法的关系，人大立法与最高人民法院及最高人民检察院（以下简称"两高"）司法解释的关系，以及人大内部关系。以下分述之。

一、党领导立法与人大主导立法的关系

在党的十八届四中全会提出人大主导立法之后，关于党领导立法与人大主导立法关系的研究，近年来受到了关注和重视，研究也得以活跃。从现有的一些研究成果及观点看，对党领导立法与人大主导立法关系的主张有以下几种情况：有学者对两者关系的认识较为模糊，没有提出明确的观点；有的观点认为强调人大主导立法将会冲击党的领导，主张少提或尽可能少提人大主导；有的观点则认为党的领导在其他领域可强调，但在人大专属的立法领域，该提法应淡化为好；还

有人认为两者不是一种并列关系，人大主导立法应和政府主导立法进行理论上的比较。如此等等，不一而足。以上关于党领导立法与人大主导立法之间关系的观点，各有侧重，为我们后续研究提供了有益参照。

本书认为，党领导立法与人大主导立法都是需要坚持的，但两者并不是矛盾的关系，更不是相互排斥和冲突的关系，两者关系的定位可理解为"党领导下的人大主导立法"。也就是说，首先应该旗帜鲜明地讲党领导立法，这是政治方向和根本原则问题，不能含糊和动摇。同时，在人大依法履职过程中，人大主导立法也是必须的，也要受到尊重；党的领导是对大政方针、发展方向的领导并尊重人大依法依程序开展立法活动，从而有助于实现人大主导立法。具体阐述如下。

首先，需要回答为什么是党领导下的立法，如果是其他主体领导下的立法行不行，或者是没有党的领导，人大主导立法是否能单独实现呢？

从历史唯物主义的角度看，历史和现实一再证明："中国共产党的坚强领导是中国实现社会主义现代化的根本保证，是维护中国国家统一、社会和谐稳定的根本保证，是把亿万人民团结起来、共同建设美好未来的根本保证。这是中国各族人民在长期革命、建设、改革实践中形成的政治共识"。[①] 为此，习近平总书记总结指出："党的领导地位不是自封的，是历史和人民的选择，也是由我国国体性质决定的。正是有了党的坚强领导，有了党的正确引领，中国人民从根本上改变了自己的命运，中国发展取得了举世瞩目的伟大成就，中华民族迎来了伟大复兴的光明前景"。[②] 同时，从宪法依据看，作为国家根本大法的我国现行宪法也确认了中国共产党在我国革命、建设和改革过程中的领导地位。

坚持党的领导地位在立法上的体现，就是坚持党对立法的领导。这是基本前提。在此前提下，当然也要完善党对立法的领导方式，包括完善党领导下的人大主导立法。党的领导，对保障人大主导立法的开展和立法权的行使起到指明方向、协调矛盾、提供政治保障等重要作用。正如2016年《中共中央关于加强党领导立法工作的意见》所指出的，党对立法工作的领导，包括党中央领导全国立法工作、研究决定国家立法工作中的重大问题，以及有立法权地方的党委按照中央大政方针领导本地区立法工作。

具体地说，当立法过程中出现一些人大难以协调的矛盾和困难时，人大主导立法身不由己时，由人大报请同级党委来决策和决定更有助于解决问题，从而有利于推进人大立法；当人大立法涉及政府部门资源配置问题，人大难以协调政府

---

① 中华人民共和国国务院新闻办公室：《中国的政党制度》，载于《人民日报》2007年11月16日，第15版。

② 中共中央宣传部：《习近平总书记系列重要讲话读本》，学习出版社、人民出版社2016年版，第102页。

部门之间利益关系时，报请党委来协调也更能整合、平衡各种利益关系；当人大立法面临指导思想和方针路线选择，需要大局把关时，党的领导能为人大主导立法指引方向、明确走向。因此，"人大常委会要增强党领导立法工作的政治自觉，把党的领导贯穿到立法工作的各主要环节。在编制立法规划环节，要把党委关于经济社会发展的重大立法决策部署，作为重点立法项目，编制到立法规划中"。[①]

其次，党领导立法并不妨碍人大主导立法，前者是保驾护航，后者是履职尽责，两者并不矛盾。换言之，党领导立法不是绕开人大自行立法，而是对人大依法依程序行使立法主导权的支持和保障。这是因为，党与作为国家权力机关的人大性质不同，职能不同，组织形式和工作方式也不同，两者在实质上是不能相互代替的。因此，党领导中央和地方立法是依法执政的体现，应积极支持和尊重国家权力机关履行立法职责，促使其依照法定程序，行使立法主导权，立出良法。

彭真同志曾经指出："虽然党是代表人民、全心全意为人民的，但党员在十亿人民中只占极少数，绝大多数是非党员。我们不仅有党，还有国家。党的政策要经过国家的形式而成为国家的政策，并且要把实践中证明是正确的政策用法律的形式固定下来。有些同志对经过国家的形式不习惯，嫌麻烦。民主就不能怕麻烦。一言堂不行，几个人说了算不行。凡是关系国家和人民的大事，光是党内做出决定也不行，还要同人民商量，要通过国家的形式。"[②] 据此，党领导立法，不等于党替代人民代表大会的职能，不等于包办立法工作。党领导立法，也不等于弱化人大在立法过程中的主导作用。当然，为了避免党领导立法与人大主导立法之间可能有的冲突，防止党包办和代替人大依法履职，还需要规范党领导立法的工作程序，更好地发挥党对立法的领导。简言之，党对立法工作的领导，需要有科学、民主、法定的程序。对此，应当按照《中共中央关于加强党领导立法工作的意见》的要求，做好党领导立法工作程序与人大立法程序的对接衔接，坚持依法依规领导中央和地方立法，使党的主张通过法定程序、通过各级人大及其常委会主导的立法活动进入法律，转化为国家意志并在全社会实施，促进良法善治。

二、人大立法与政府立法的关系

从我国《宪法》《地方各级人民代表大会和地方各级人民政府组织法》赋予人大及其常委会的各项职权看，立法权是处于第一位的。这项居于首位的权能，理应由人大及其常委会来主导行使。然而，长期以来，实践中较常见的情形是：

---

① 乔晓阳：《在新的起点上加强地方立法工作》，载于《地方立法研究》2016年第1期。
② 《彭真传》编写组：《彭真传》（第四卷），中央文献出版社2012年版，第1573页。

以政府立法为主导，立法需求主要来源于政府部门管理工作的需要，即政府提出立法规划及计划、政府部门起草立法、政府提出议案，同级人大常委会在程序上作出响应并最终予以审议通过。

因此，近年来积极倡导"人大主导立法"，其实也反映出一个问题，即长期以来我国立法实践中的一个突出问题：我国"人大主导立法"在一定程度上被"政府主导立法"所消解。对此，有学者就指出："讨论人大的立法主导问题，必须坚持规范不等于现实、应然不等于实然、个别不等于全部的立场"。[①] 党的十八届四中全会决定则相应提出："健全有立法权的人大主导立法工作的体制机制，发挥人大及其常委会在立法工作中的主导作用。"

由上可见，要发挥人大主导立法的应有作用，就要处理好人大立法与政府立法的关系，使人大主导立法从应然状态走向实然运行，同时也要使人大与政府立法能够各就其位、和谐共处、相互补充、相得益彰。以下作分析。

（一）为什么要人大主导立法而不应由政府主导立法

"为什么应该是人大主导立法"而不是由政府主导立法，以及"人大为什么要主导立法"，是倡导人大主导立法需要认真思考的问题。我们认为，其依据主要有以下几方面。

一是立法权的人民主权属性使之然。在立法权的属性问题上，由于我国是人民民主专政的社会主义国家，立法权属于人民。也因为立法权作为一种定纷止争的公共权力，关系到公共权力的设置及分配、关系到公共权力和私人权利的界限及划分、关系到各种社会关系主体的权利和义务的界定，所以由整体意义上的人民所拥有，进而由作为民意代表机构的人大来行使，是最能与立法权的人民主权属性相一致相匹配的。我国是人民民主专政的社会主义国家，国家的一切权力属于人民，人民行使国家权力的机关是全国人民代表大会和地方各级人民代表大会。因此，立法权作为人民享有的最重要的权力，由作为民意机构的人民代表大会及其常设机构掌握和主导行使，有其内在必然性。

二是我国人大的性质和地位使之然。与西方国家三权分立、议会受制于行政机关和司法机关的权力运行模式不同，我国的人民代表大会是人民行使国家权力的机关，地位居于同级政府和司法机关之上，"一府两院"要向人大及其常设机关报告工作，还要接受其监督，对其负责。因此，我国人大在监督"一府两院"维护国家法制统一方面居于核心地位，由人大来主导立法，符合我国人大和"一府两院"之间的关系定位及它们的性质和地位。

---

① 秦前红：《人大主导立法不能过于理想化》，载于《人大研究》2017年第2期。

三是人大主导立法有法律依据作为保障。2015 年修改我国《立法法》的指导思想之一，就是将党的十八届四中全会提出的"人大主导立法"写入法律，改变人大不能主导立法的现状。修法后的条文也充分体现了这一指导思想。例如，我国《立法法》第五十一条规定："全国人民代表大会及其常务委员会加强对立法工作的组织协调，发挥在立法工作中的主导作用"。据此，"人大主导立法"已经从政策主张转化为《立法法》的法定要求，人大主导立法具有了法律依据，它应该在立法实践活动中体现出来并发挥应有作用。

（二）政府主导立法的实际运作及弊端

在回答了"为什么应该是人大来主导立法"这一问题之后，还要思考为什么不能和不是由政府来主导立法这一问题？长期以来，政府主导立法所带来的弊端，有目共睹。对此，习近平总书记在关于《中共中央关于全面推进依法治国若干重大问题的决定》的说明中专门指出："我们在立法领域面临着一些突出问题，比如立法工作中部门化倾向、争权诿责现象较为突出"。这是对此前立法工作状况的精确概括。

毋庸讳言，政府主导立法容易导致立法部门化、部门利益法制化，以及部门和地方保护主义干扰科学立法、民主立法、依法立法的开展，且容易使立法成为政府借以牟利的工具。"不仅在行政立法中，行政部门有渗入部门利益的可能；而且在人大立法中，行政部门也有塞入部门利益的途径。"[①] 从过程看，立法工作要历经立法规划、立项、起草、审议、完善等诸多环节，难免会受到政府部门利益的冲击和左右。长期以来，在立法实践中，许多法律法规的立项、起草都由行政主管部门牵头和负责，这就使人大立法工作很难摆脱政府部门利益的影响和制约。

（三）人大与政府谁主导立法是一项原则性问题

党的十八届四中全会强调人大主导立法，其背后指向的是当前较为突出的"国家的权力部门化、部门的权力利益化、部门的利益法制化"等问题。因此，今后，由谁主导立法，是由政府主导立法还是由人大主导立法，将是一个关键问题。特别是，立法是在矛盾的焦点上划杠杆，人大和政府在对同一立法问题有不同意见的情况下，谁的意见能起到主导作用并说的算呢？对此，在方向上需要明确的是，在有不同立法意见的情况下，应是人大的意见占据主导地位，而不是政府的意见为主，这是人大主导立法的题中应有之义。这是一个需要坚

[①] 陈家刚：《人大主导、行政主导与党的领导》，载于《人大研究》2017 年第 2 期。

持的原则性问题。

（四）让政府在立法起草环节发挥基础性作用

人大主导立法，并不是说不让政府立法继续发挥作用或发挥其应有作用。政府立法仍然具有用武之地和广阔空间。首先，从立法数量上看，政府立法是占据主导的。"截至 2016 年 9 月，全国人大及其常委会共制定宪法和现行有效法律 252 部。截至 2016 年 7 月，有立法权的地方人大及其常委会共制定现行有效的地方性法规 9 915 件"，[①] 而从国务院及其所属部委到设区的市以上地方政府出台的行政法规、部门规章、地方政府规章的数量上看，保守估计都有几万件以上。由以上数据统计可以看出，在立法规模上，政府立法占据了绝对多数，政府立法在行政管理、调整经济社会关系的过程中发挥了积极和重要的作用。

其次，即使是由全国人大及其常委会制定的法律，以及由地方人大及其常委会出台的地方性法规，大多数也是国务院部委或地方政府职能部门在承担起草工作，政府在立法起草环节中扮演的重要角色已是客观事实。一方面，政府部门在承担法律、法规起草任务过程中会直接或间接掺入部门利益、争权诿责，这是其中的弊端所在。另一方面，人大主导立法并不是说人大需要包办法律法规的起草工作，只是由于立法工作量大、人手少、任务重且时间紧，这些人大面临的不利因素都需要借助发挥政府的优势资源加以克服和弥补不足。人大主导立法可以让政府在立法起草环节发挥基础性依托作用，以便为人大在此后的立法审议等环节发挥主导作用奠定前期基础。因此，倡导人大主导立法，既要尽量克服政府主导立法所带来的诸多弊端，也不能搞关门主义，也要让政府参与立法，以使其能够与人大主导立法和谐共处、各显其用。换言之，"国家在考虑行政机关的立法权限时，既要充分确认其法律地位和行政立法职权，又要有效限制和监督其行政立法职权的行使，实现授权与限权的统一"。[②]

三、人大立法与"两高"司法解释的关系

近年来倡导"人大主导立法"，除了主要针对政府部门实际主导立法并带来争权诿责等弊端外，也有出于对司法解释行使"准立法"权能、冲击人大主导立法权威的担忧和规范的考虑。长期以来，在人大立法之外，最高人民法院和最高

---

① 中华人民共和国国务院新闻办公室：《发展权：中国的理念、实践与贡献》，载于《人民日报》2016 年 12 月 2 日，第 10 版。
② 李林：《立法理论与制度》，中国法制出版社 2005 年版，第 115 页。

人民检察院也出台了大量的司法解释，甚至地方的法院和检察院也出台了诸多司法工作方面的法律法规解释性文件。这些司法解释和解释性文件起到了"准立法"的作用，它们作为调整权利义务关系的依据，在一定程度上实际代替了人大立法，发挥了实际作用，有些规定与人大立法规定不一致乃至相冲突，影响了法制统一。特别是，最高人民法院的司法解释在我国各级人民法院的审判活动中，最高人民检察院的司法解释在我国各级检察机关的检察工作中，是应当得到贯彻执行的。如此一来，就需要对人大主导立法与"两高"司法解释的关系作出分析梳理，以便明确各自定位、维护法制统一、保障科学立法、保证公正司法。

（一）作为"准立法"的"两高"司法解释之作用

在中国特色社会主义法律体系形成之前，我国的立法相对滞后于改革开放和经济社会发展的实际需要，很多领域都存在立法滞后甚至立法空白的情形。在此情形下，我国最高人民法院和最高人民检察院出台的大量具体指导法律应用的司法解释，一定程度上弥补了人大立法的不足和空白，起到了积极的作用。

截至2010年底，一个立足中国国情和实际、适应改革开放和社会主义现代化建设需要、集中体现党和人民意志，以宪法为统帅，以宪法相关法、民法、商法等多个法律部门的法律为主干，由法律、行政法规、地方性法规等多个层次的法律规范构成的中国特色社会主义法律体系已经形成，国家在经济、政治、文化、社会以及生态文明建设的各个方面实现了有法可依。这在很大程度上缓解了我国经济社会发展诸多领域存在的立法滞后、立法空白带来的无法可依之窘境。

然而，法律总是相对滞后于经济社会发展的。因此，即便是中国特色社会主义法律体系已经形成，我国日新月异的经济社会发展还会使得现行法律体系和立法捉襟见肘，暴露出某些方面的不足乃至整体空缺，这一挑战也将长期存在。从这个角度看，就不难理解为什么改革开放以来"两高"要出台大量的司法解释以指导司法实践，解决司法中无法可依或依据不明带来的现实紧迫问题。这也是因为，社会关系是不断发展变化的，而立法要求相对保持稳定，在面临日新月异的社会关系变化时，一定时期内出台的立法总是有局限性的，而法官不能以法律没有明文规定为由而拒绝判案。如果法官、检察官都因法律缺失而拒绝判案，那么法官、检察官的作用就可有可无了，不仅社会纠纷解决不了，社会矛盾还会进一步激化。由此而论，法官没有不能处理的民事纠纷。我国《物权法》第八十五条也规定："法律、法规对处理相邻关系有规定的，依照其规定；法律、法规没有规定的，可以按照当地习惯。"由此可知，我国《物权法》的立法精神也是希望法官积极履行职责，即使在无法可依时，也不推诿责任，将纠纷拒之门外。

因此，作为"准立法"的"两高"司法解释，能够随着经济社会发展的变化而及时出台，在国家立法无法可依而审判工作和检察工作在面临无法可依、依据不明、无所适从等难题时，可以弥补立法之不足，提供法律适用依据，统一标准，定分止争，通过司法解决社会纠纷，发挥司法的积极作用。

由此可见，弥补法制缺陷的"两高"司法解释，在中国特色社会主义法律体系已经形成，近年来大力倡导人大主导立法的时代背景下，仍然有其积极作用和功效，可以作为人大主导立法的有益补充，并与人大主导立法相辅相成地发挥各自的作用。

（二）作为"准立法"的司法解释之弊端

改革开放以来，在我国司法机关出台的文件中，最常见的类型是"两高"的司法解释。此外，还有一些类型，例如各地省级司法机关（如省高级人民法院和省人民检察院）出台的适用于该地方司法工作的地方司法解释性文件（如工作解释、内部规定等）。当然，实践中，各地省级以下的司法机关也出台了不少"准司法解释"。总之，这些文件运用于司法活动后，带来了不少弊端，对我国的立法特别是人大主导立法及人大立法的权威性带来了负面影响。

从"两高"的司法解释看，其弊端包括如下：一是有代行全国人大及其常委会制定法律职权的嫌疑，即本该由法律规范的事项往往由司法解释加以规范；二是有架空、抵消现行法的嫌疑，例如我国《民法通则》出台后，随后发布的司法解释条文，在数量上明显超过前者，规定了诸多新内容，被称为我国第二部《民法通则》；[①] 三是"两高"对同类事项的司法解释，有些规定不一且缺少相互间的协调。

再对地方司法机关的"准司法解释"加以观察，其弊端也很突出：大量文件属于司法机关的内部规定，既然是内部规定，它们通常不具有公开性，对其内容也缺乏必要的监督、审查，势必影响法制统一。例如，前些年，某市的市人民法院、市人民检察院、市公安局、市国家安全局、市司法局联合制定下发的《关于律师会见在押犯罪嫌疑人、被告人有关问题的规定（试行）》，就作出了必须有两名律师才能会见犯罪嫌疑人、被告人的规定。这与现行法律的规定是不一致的。对于律师而言，这些规定并无上位法依据，与我国《律师法》的原则和精神也有抵触。如此一来，不仅本地律师会见当事人要付出更多的成

---

① 《最高人民法院关于贯彻执行〈中华人民共和国民法通则〉若干问题的意见》第二百条规定："最高人民法院以前的有关规定，与民法通则和本意见抵触的，各级人民法院今后在审理一、二审民事、经济纠纷案件中不再适用。"

本，而且外地的律师办案时还要专门请当地律师陪同才能完成会见程序，增加了阻力和成本。又如，一些地方司法机关比如检察机关出具了一些性质不明的"工作说明"。虽然，"工作说明"很难归入我国现行法规定的任何一种证据种类中，但地方法院基于与本地检察机关的工作关系，往往会对"工作说明"所指向的内容性文件予以采信，惯例性做法之一就是通过出台相关的司法解释性文件予以认可承认。

因此，对于以上这些"准立法"性质的司法解释或"准司法解释"所带来的种种弊端，在大力倡导人大主导立法的当下，应将其负面作用尽可能降低，竭力减少其不利影响，维护国家法制统一。

（三）人大主导法律解释与"两高"司法解释的关系

我国人大及其常委会主导立法，除了主导法律制定，也应包括主导法律解释，这也是人大主导立法所应该和可以行使的权力。就全国人大常委会而言，它享有法定的法律解释权，应该审时度势地及时作出法律解释。然而，全国人大常委会很少对有关问题作出法律解释，而"两高"基于审理案件的要求，需要不断出台大量司法解释，从而也带来了"两高"司法解释代替法律甚至架空法律等弊端。

鉴于此，党的十八届四中全会对全国人大常委会主导法律解释明确提出了要求："加强法律解释工作，及时明确法律规定含义和适用法律依据"。与此同时，党的十八届四中全会也对司法解释提出了要求："加强和规范司法解释和案例指导，统一法律适用标准"。

据此，应当从两方面对人大主导法律解释与"两高"司法解释之间的关系作出梳理：一方面，要加强全国人大常委会对法律解释的主导，及时出台法律解释；另一方面，也要规范"两高"的司法解释，力求对司法解释的主体、程序、备案等作出规范，促使司法解释在法治的轨道上运作，并发挥其积极作用。

四、人大主导立法的内部关系

人大主导立法所涉及的重要关系不仅包括人大与人大之外的有关主体之间的关系，也包括人大的内部关系。具体而言，人大主导立法的内部关系主要涉及人民代表大会主导立法与人大常委会主导立法的关系和人大专门委员会与人大常委会工作机构的立法角色。以下分述之。

(一) 人民代表大会主导立法与人大常委会主导立法的关系

人大主导立法是一种简称，主体上应包括人民代表大会与其常委会主导立法，两者间有分工，不能错位，不能相互替代，同时又相辅相成。

1. 人大主导立法不等于人大常委会主导立法

人大主导立法是一个概括性的提法，主体上应包括人民代表大会与其常委会，两者不应混同，更不能把长期以来我国省级以上人大常委会在立法工作中起重要作用的事实状况视为理所当然，并当作今后人大主导立法的既定模式。它不能推导出人大主导立法就等于人大常委会主导立法这一结论。这一结论的产生，与长期以来具有立法权的人大常委会在立法工作中起重要作用直接相关，它给社会公众的印象就是：人大常委会一直在立法，而同级人民代表大会只是每年第一季度按部就班地审议几项工作报告，而基本不涉及立法工作。

就全国人大与其常委会之间的立法数量比较而言，除了每年召开的全国人民代表大会在近些年修改或制定《立法法》《物权法》《民法总则》等数量有限的若干基本法律以外，绝大多数法律（其中不少法律都属于基本法律）是由全国人大常委会来制定或修改的。由于全国人民代表大会每年召开一次会议且会期只有十几天，全国人大常委会事实上成为主导法律制定的立法主体。在全国人民代表大会闭会期间，全国人大常委会事实上也成为制定和修改基本法律的主体。请参见图2-2和表2-2中反映的1954~1981年全国人大和全国人大常委会立法数量的对比情况。

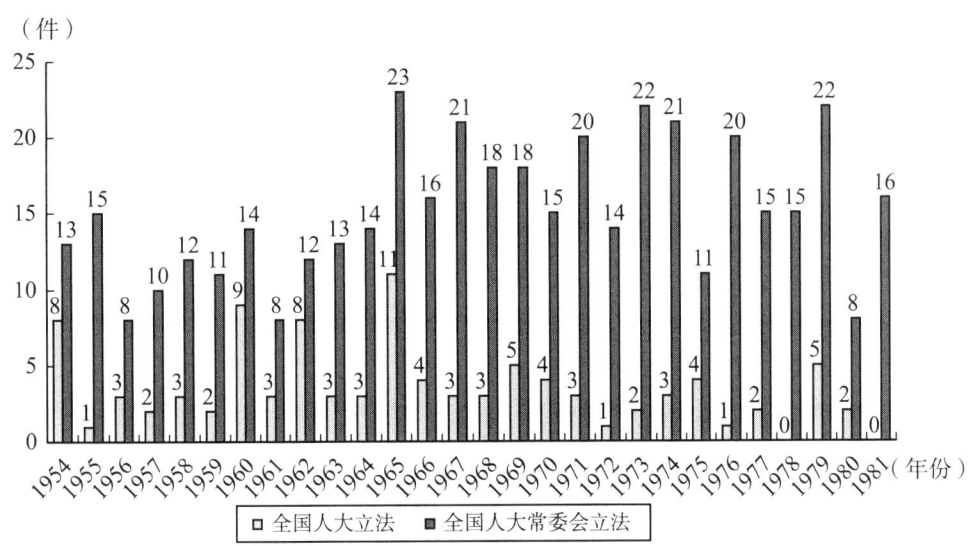

图 2-2　全国人大和全国人大常委会立法数量对比（1954~1981年）

表 2-2　　全国人大和全国人大常委会立法数量对比情况（1954~1981年）

年份	全国人大立法（件）	全国人大常委会立法（件）
1954	7	6
1955	4	13
1956	2	11
1957	2	22
1958	0	14
1959	1	2
1960	1	2
1961	0	1
1962	0	0
1963	1	3
1964	0	3
1965	0	2
1966	0	1
1967	0	0
1968	0	0
1969	0	0
1970	0	0
1971	0	0
1972	0	0
1973	0	0
1974	0	0
1975	1	1
1976	0	0
1977	0	0
1978	2	5
1979	8	6
1980	6	7
1981	2	11
合计	37	110

图 2-2 和表 2-2 反映了 1954~1981 年全国人大和全国人大常委会立法数量的对比情况。我们从中可以发现，全国人大常委会的立法数量要多于全国人大的立法数量。在该阶段，全国人大常委会制定的法律和有关法律问题的决定共 110 件，而全国人大制定的法律和有关法律问题的决定为 37 件，前者是后者的 2.97 倍。就各年度而言，除 1954 年和 1979 年外，其他年度全国人大的立法数量均未超过全国人大常委会的立法数量。

再从图 2-3 和表 2-3 反映的 1982~2018 年全国人大和全国人大常委会立法数量的对比情况，继续作出分析探讨。

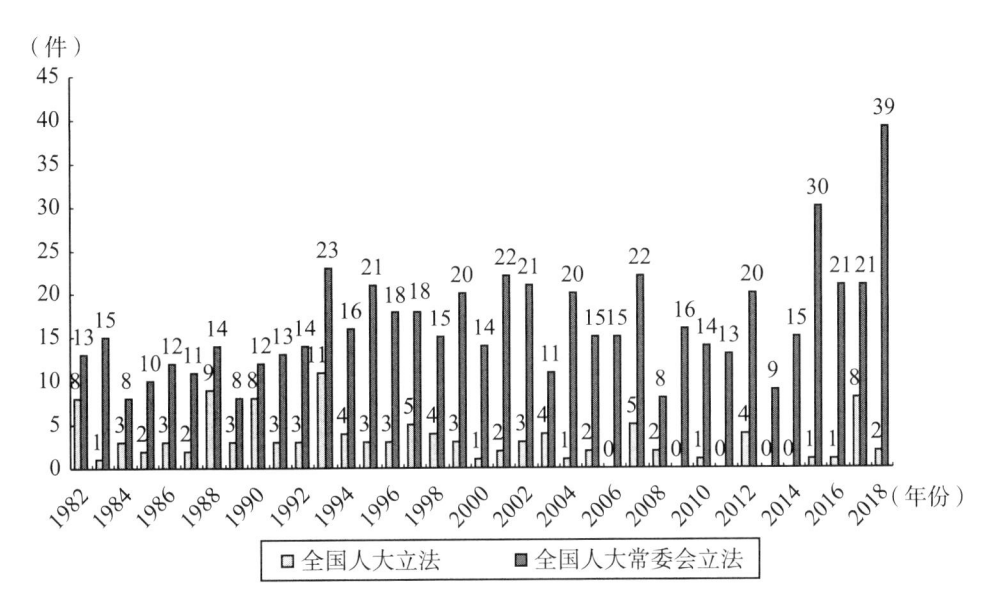

图 2-3 全国人大和全国人大常委会立法数量对比（1982~2018 年）

再看表 2-3 所显示的全国人大和全国人大常委会立法数量对比情况。

表 2-3 全国人大和全国人大常委会立法数量对比情况（1982~2018 年）

年份	全国人大立法（件）	全国人大常委会立法（件）
1982	8	13
1983	1	15
1984	3	8
1985	2	10
1986	3	12

续表

年份	全国人大立法（件）	全国人大常委会立法（件）
1987	2	11
1988	9	14
1989	3	8
1990	8	12
1991	3	13
1992	3	14
1993	11	23
1994	4	16
1995	3	21
1996	3	18
1997	5	18
1998	4	15
1999	3	20
2000	1	14
2001	2	22
2002	3	21
2003	4	11
2004	1	20
2005	2	15
2006	0	15
2007	5	22
2008	2	8
2009	0	16
2010	1	14
2011	0	13
2012	4	20
2013	0	9
2014	0	15
2015	1	30
2016	1	21

续表

年份	全国人大立法（件）	全国人大常委会立法（件）
2017	8	21
2018	2	39
合计	115	607

图2-3和表2-3反映了1982～2018年全国人大和全国人大常委会立法数量的对比情况，总体上和前一阶段差不多，即全国人大常委会的立法数量远远超过全国人大的立法数量，前者是后者5.28倍。就各年度而言，每个年度全国人大常委会的立法数量均要超过全国人大的立法数量。

就基本法律的修改而言，根据1982年《宪法》第六十七条之规定，全国人大常委会不仅可以制定和修改除应当由全国人大制定的法律以外的其他法律，还可以于全国人大闭会期间，在不同该法律的基本原则相抵触的前提下，对全国人大制定的法律进行部分补充和修改。[①] 1982年现行《宪法》颁行以来，全国人大常委会除制定和修改了大量基本法律以外的其他法律，还对全国人大制定的多部基本法律进行了修改。据统计，自1954年成立以来至2014年3月13日第十二届全国人大第二次会议闭幕，全国人大共制定基本法律50件，其中，1978年底之前制定8件，1979年以后制定42件。[②] 在全国人大1979年以来制定的42件基本法律中，截至2014年2月27日第十二届全国人大常委会第七次会议闭幕，有26件已修改，修改率达61.9%。[③] 在26件已修改的基本法律中，有3件基本法律全国人大和全国人大常委会都对其进行过修改，只有《中外合资经营企业法》

[①] 对于全国人大和全国人大常委会立法权限的划分，《立法法》和《宪法》的规定是完全相同的。二者虽然通过区分"基本法律"和"其他法律"的方式明确全国人大和全国人大常委会各自的立法权限，但对于什么是"基本法律"和什么是"其他法律"均未明确界定，全国人大常委会也未作出相应解释，所以，"基本法律"和"其他法律"之间的界限实际上是不清楚的。这就使得在立法实践中，哪些事项应当由全国人大来制定"基本法律"或者应当由全国人大常委会来制定"其他法律"，缺乏明确的标准和依据。

[②] 因1978年底之前全国人大制定的8件基本法律现均已失效，而且其中已修改的2件基本法律均系由全国人大修改，故本书对其修改情况不予考察；在1979年以来全国人大制定的42件基本法律中，《中外合资经营企业所得税法》《经济合同法》《外国企业所得税法》《外商投资企业和外国企业所得税法》等4件现已失效，其余38件均为现行有效的基本法律。

[③] 26件已修改的基本法律是：《全国人民代表大会和地方各级人民代表大会选举法》《地方各级人民代表大会和地方各级人民政府组织法》《人民法院组织法》《人民检察院组织法》《民族区域自治法》《全国人民代表大会和地方各级人民代表大会代表法》《中外合资经营企业法》《经济合同法》《外资企业法》《中外合作经营企业法》《婚姻法》《民法通则》《全民所有制工业企业法》《兵役法》《义务教育法》《教育法》《国防法》《行政处罚法》《中外合资经营企业所得税法》《个人所得税法》《中国人民银行法》《工会法》和《妇女权益保障法》《刑法》《刑事诉讼法》《民事诉讼法》。

和《刑事诉讼法》这两件基本法律的各两次修改是由全国人大自身完成的，其余21件基本法律的修改均由全国人大常委会进行。① 也就是说，全国人大常委会修改的基本法律的件数达到了24件，占被修改基本法律总数的92.31%，而全国人大修改的基本法律的件数只有5件，仅占被修改基本法律总数的19.23%。

无论是从所修改的基本法律的件数来看，还是就对基本法律进行修改的次数而言，全国人大常委会都是基本法律最主要的修改主体，主导着基本法律的修改。然而，将《宪法》第六十二条第三项和第六十七条第三项关于基本法律修改权的规定结合起来看，不难发现，其赋予全国人大常委会的基本法律修改权，不仅是一项受到高度限制的权力，还是一项辅助性权力。②

也就是说，基本法律修改权原本是属于全国人大的一项立法职权，但因受会期制度和议事效率等因素的制约而有条件地授予全国人大常委会行使。据此，对基本法律的修改，应该主要由全国人大来进行，全国人大常委会只是辅助全国人大行使基本法律修改权。作为一项辅助性权力的基本法律修改权，在全国人大常委会行使实践中却成为一项主导性的权力，这和《宪法》关于基本法律修改权的配置性规定不是构成明显的冲突吗？

就地方省级人大与其常委会之间的立法数量而言，绝大多数地方性法规是由地方人大常委会制定的，只有为数甚少的地方性法规是由同级人民代表大会制定的。例如，在云南，"现行有效省级地方性法规220件，除人民代表大会议事规则、立法条例、监督法实施办法等极少法规由人民代表大会通过外，其余均是由常委会审议通过，甚至有一届任期内人民代表大会没有审议通过法规的情况"。③ 在湖北，"从35年来的省本级的立法实践来看，绝大多数立法都是由省人大常委会制定的，621件立法中，代表大会立法仅8件，占总数的1.3%"，并且，从这8件的内容上看，并不都是《立法法》所规定的属于代表大会职权范围内的"本行政区域重大事项"。④

在民意的代表性方面，地方人民代表大会制定的地方性法规，较之本地其他地方立法主体制定的规范性文件，在权威性上无疑是最高的；由地方人民代表大会对事关本地经济、政治、教科文卫、民族等重大事项作出立法，更有利于立法

---

① 全国人大和全国人大常委会都对其进行过修改的3件基本法律是：《全国人民代表大会和地方各级人民代表大会选举法》《地方各级人民代表大会和地方各级人民政府组织法》《刑法》。
② 林彦：《再论全国人大常委会的基本法律修改权》，载于《法学家》2011年第1期。
③ 云南省人大常委会研究室：《发挥人大立法主导作用的认识和思考》，全国人民代表大会常务委员会办公厅、中国人民代表大会制度理论研究会编：《庆祝全国人民代表大会成立60周年理论研讨会文集》（上册），中国民主法制出版社2015年版，第409页。
④ 湖北省人大法制委员会课题组：《湖北省人大立法：历史特征展望》，乔余堂主编：《湖北省人大常委会理论研究课题集》（2015年卷），中国民主法制出版社2016年版，第41~42页。

的权威性、严肃性和实施的稳定性。

因此，在我国省级以上地方权力机关与其常设机构立法权行使长期以来明显失衡的情况下，重视和倡导省级以上权力机关立法，强调省级以上有立法权的人民代表大会主导立法，也是人大主导立法的题中应有之义，有着积极的时代价值。

2. 应加强省级以上人民代表大会对立法工作的主导

我国省级以上人民代表大会主导立法的应有地位和积极作用，在相当长的时期内，并未受到重视。一直以来，我国省级以上的人大常委会，除了在自身立法权限内积极行使立法权，事实上也代行了本应由同级人民代表大会行使的立法权，一定程度上消解了人民代表大会的立法主导权。

值得关注的是，近几年，我国一些地方的人民代表大会积极行使自身的立法权，初步改变了长期以来省级以上人民代表大会立法稀少、立法主导权弱化的状况。比如，近几年北京、上海、天津等地的地方立法实践探索，为人民代表大会主导立法提供了先行先试的有益样本。2014年1月16日召开的北京市第十四届人大第二次会议较之过去的一个创新做法是增加三项地方性法规审议的议程，这是时隔13年后北京市人民代表大会再度进行这方面的工作。在北京市十四届人大二次会议上，安排审议的是《北京市大气污染防治条例（草案）》《北京市实施〈中华人民共和国全国人民代表大会和地方各级人民代表大会代表法〉办法（草案）》《北京市人民代表大会代表建议、批评和意见办理条例（草案）》等三项地方性法规，它们经表决后都获得通过。[1] 2015年1月召开的上海市第十四届人民代表大会第三次会议，较往年多了一项议程，即800多名市人大代表要对三项地方性法规草案进行审议和表决。这是时隔14年之后上海市人民代表大会再次审议地方性法规草案。会议闭幕前，《上海市实施〈中华人民共和国全国人民代表大会和地方各级人民代表大会代表法〉办法》《上海市人民代表大会关于代表议案的规定》《上海市人民代表大会关于代表建议、批评和意见的规定》，由上海市十四届人民代表大会三次会议审议表决通过。[2] 2014年1月，天津市第十六届人民代表大会第二次会议通过了《天津市绿化条例》。这是三十多年来天津市人民代表大会通过的首部规范实体问题的地方性法规，"自1980年以来，天津市人民代表大会总共通过了5部地方性法规，80%是关于人民代表大会行权程序方面的"。[3]

---

[1] 王斌：《北京人代会时隔13年再次行使立法权》，载于《法制日报》2014年1月22日，第3版。
[2] 钱蓓：《时隔14年，人代会立法权"重启"》，载于《文汇报》2015年1月27日，第2版。
[3] 高绍林等：《在立良法立好法上迈出坚实步伐——天津充分发挥人民代表大会立法职能纪实》，载于《中国人大》2017年第7期。

从立法权的人民主权性质和民意代表性看，人民代表大会和人大常委会的立法所体现的民主程度是不一样的。以省级地方人大为例，通常一个省级地方人大常委会是 60 多名组成人员讨论审议地方性法规，而省级人民代表大会有 800 多名或更多的代表参与讨论，更能广泛汇集和表达民意，更能集思广益和凝聚社会共识，从而也能够增强地方性法规实施的全社会认同程度。

（二）人大专门委员会和人大常委会工作机构的立法角色

人大专门委员会和人大常委会工作机构在人大立法中承担重要职能并发挥着重要作用。

首先，人大各专门委员会是人大的常设机构，具有法定职权，受人民代表大会领导（在人民代表大会闭会期间受人大常委会领导）。各专门委员会的立法职能主要有：一是向人大和人大常委会提出立法议案；二是审议有关立法议案；三是审议人大常委会交付的被认为同宪法、法律相抵触的国务院的行政法规、决定和命令，国务院各部、各委员会的命令、指示和规章，省、自治区、直辖市的人民代表大会和它的常务委员会的地方性法规和决议，以及省、自治区、直辖市的人民政府的决定、命令和规章，提出报告（全国人大专门委员会），或者审议人大常委会交付的本级人民政府颁布的被认为不适当的规章、命令、规定，以及下一级人大常委会作出的被认为不适当的决议、决定，提出报告（地方人大专门委员会）；四是起草有关法律（地方性法规）的草案。

其次，人大常委会的工作机构主要是工作委员会，如法制委员会、预算工作委员会等，也包括其他办事机构。人大常委会工作机构虽然不像人大专门委员会那样有上述法定的立法职权（能），但无论是在国家立法和地方立法中均承担许多具体的立法工作任务并发挥着重要作用，如组织、开展立法调研，起草法律（地方性法规）草案，拟定立法规划和立法计划，等等。

那么，能否将人大专门委员会和人大常委会工作机构视为人大主导立法的主体呢？答案是否定的。有若干学者曾做了以下几点概括：第一，人大及其常委会是合议机关，在人大及其常委会表决之前，无论专门委员会还是常委会工作机构，都不能代表人大及其常委会；第二，专门委员会和常委会工作机构所做的具体立法工作，包括起草法律草案和提出立法意见等，在立法过程中本身还要接受常委会的审议、辨别和取舍，未必就会被人大及其常委会会议所接受，因此不能说是在发挥主导作用；第三，专门委员会依照法律规定提出法案，是在立法的某一环节中起一定主导作用，它提出的法律案还要经过委员长会议的过滤，并不当然代表人大及其常委会的意志。因此，充分发挥人大专门委员会和人大常委会工作机构在立法过程中的积极作用，为人大主导立法创造条件是必要的，但要避免将这种积极作用的发挥等同于人大主导立法，即将专门委员会和常委会工作机构视为人大主导立法的主体。

第三节 人大主导立法的实现路径

一、人大主导立法应得到执政党的大力支持

加强和改进党对立法工作的领导，是人大发挥立法主导作用的根本政治保障。在我国，宪法和法律是由党领导人民制定的，它是党的主张和人民意志在国家意志方面的统一。我国宪法和法律是党的主张和人民意志相统一的体现。党要善于把党的主张通过法定的民主程序变成国家意志，要善于通过党组织和党员的模范带头作用将体现国家意志的法律转化为人民的意志。党的政策只有通过国家权力机关的立法程序被吸收和采纳，才能上升为国家意志，变成为法律。只有如此，党才能避免直接向政府和人民群众发号施令，才能避免以党代政、以党代法等现象的发生。

要加强和改进党对立法工作的领导，善于使党的主张通过法定程序成为国家意志，就必须理顺执政党和立法机关的关系，并在党的领导下进一步完善人民代表大会制度。正如党的十八届四中全会通过的《中共中央关于全面推进依法治国若干重大问题的决定》所强调的，"加强党对立法工作的领导，完善党对立法工作中重大问题决策的程序。凡立法涉及重大体制和重大政策调整的，必须报党中央讨论决定。党中央向全国人大提出宪法修改建议，依照宪法规定的程序进行宪法修改。法律制定和修改的重大问题由全国人大常委会党组向党中央报告。"党对立法机关的领导主要是政治领导，即"政治原则、政策方向、重大决策的领导和向国家政权机关推荐重要干部"，而不是直接干预、甚至包办代替立法机关行使权力。要把党委领导立法的工作制度化、规范化，明确党委领导的事项、形式和程序，并严格执行。党中央和地方党委，不仅要鼓励和支持人大主导立法作用的发挥，督促政府尊重人大主导地位、积极配合人大立法工作，还要采取有效措施，加强人大组织建设，提高主导立法的能力和水平。人大也应当主动接受党对立法工作的领导，遵循党领导立法工作的制度机制，通过人大党组主动汇报立法工作中的重大事项，认真贯彻落实党的主张和决策。

二、人大主导立法应加强人大自身立法能力建设

人大自身主导意识不强，不愿主导、不敢主导、不会主导以及没有能力主导是长期以来人大未能发挥主导作用的主观原因。健全人大主导立法体制机制，必须解决人大自身的思想认识与责任意识问题。人大及其常委会组成人员和工作机构要深刻认识和领会国家权力机关的性质地位，明确树立起立法主体的责任感，摒弃"走走程序""无事可为"的模糊消极观念，树立"非我莫属""舍我其谁"的底气，大胆主动全面承担起主导立法的责任；同时，必须增强人大自身的各方面能力，满足发挥人大主导作用的要求，适应新时代新形势新任务下科学立法的需要。

在国家立法和地方人大立法中，本来应该是人大居于主导地位，但在立法实践中却是国务院和地方政府占主导。之所以会出现这样一种不正常的现象，其主要原因在于人大自身的立法能力不足。

这主要表现在几个方面：其一是人员构成方面，代表数量太多，专职化和专业化程度又不高，难以胜任立法职能；其二是会议制度方面，代表大会和常委会均是相对固定的短期会期制，没有足够的时间保障立法；其三是经费方面，包括立法经费在内的人大经费受制于政府，以致没有充足的立法经费保障。这几方面的因素综合起来，使人大立法权被"虚化"，尤其是在法案的起草方面严重依赖于政府，从而使行政主管部门得以"借法扩权"和"借法逐利"。此外，在已高度行政化的现行体制之下，人大主导立法的意识不强，在很多情况下宁可消极不为而不愿积极能动的状况，也是导致"人大立法政府主导"的原因所在。因此，要实现人大主导立法，发挥人大在立法中的主导作用，必须大力加强人大自身立法能力建设，提升人大主导立法的能力，并强化主导意识。

加强人大自身立法能力建设，提升人大主导立法的能力，关键在人、在队伍。其具体措施应当包括：其一是建构有效选出代表的民主选举制度，将直接选举的范围扩大至省级，改革代表候选人提名制度，扩大选民或代表联名提名的范围并增加提名人的数量，建立公平、公正、公开的竞选制度，增加代表选任的竞争性；其二是进一步改革和完善人大代表制度，继续进行人大代表的专职化建设，增加专职代表的数量并精简各级人大代表的总数量，提高人大的议事能力和议事效率；其三是继续进行人大常委会组成人员的专职化建设，进一步提高人大常委会组成人员的专职化程度，增加有法治实践经验的专职常委会组成人员的比例；其四是加强人大专门委员会和人大常委会法制工作委员会的建设，增加其编制，保障其经费，提高其能力，专门委员会和工作委员会还可聘请立法专家顾

问,以充实立法力量;其五是对代表、常委会组成人员及专门委员会组成人员开展定期的立法能力培训,以增强其履职能力;其六是建立健全常委会组成人员和专门委员会组成人员履职保障机制,为他们履行职务提供必要的经费和时间保障,探索委员助理制度,为常委会组成人员和专门委员会组成人员履职提供必要的协助。此外,还应加强立法工作队伍建设,大力推进立法工作队伍的正规化、专业化和职业化,不断提高立法工作者的业务能力和综合素质。

三、人大主导立法应"用好用足"人大自身立法权

自党的十八届四中全会倡导人大主导立法以来,来自社会各界的很多声音都不约而同地主张扩大人大的立法权,相应收缩政府的立法权,认为如此"一扩一限",才能保障人大主导立法。这些主张有一定道理,如果人大的立法权不够大,甚至立法权限还不如政府,这当然会影响人大主导立法。

与此同时,我们认为,人大主导立法所依托的立法权限是否能够满足人大主导立法的需要,此问题固然很重要,但是,人大自身现有立法权的行使情况如何,也需要关注。换言之,一个值得反思的问题是:如果人大自身并没有"用好用足"法定的立法权,立法权的行使处于空转状态,那么脱离实际地谈给人大扩权和重申人大主导立法,意义又有多大呢?

正如周旺生教授所指出的:"从表现形式上说,立法权限范围,指通过立法权的行使,可以制定哪些规范性法文件,是可以立宪,还是可以立法,还是可以制定法规、规章或其他规范性法文件。从运作过程来说,立法权限范围,指能否就某事项或某种法的形式行使提案、审议、表决、公布权,或是能行使其中哪一方面的立法权。"[①] 就我国人大主导立法所涉及的两大主要立法主体即人大及其常委会与同级政府而言,它们所享有和能够行使的立宪、制定法律、法规、规章的立法权以及具体行权过程中所能行使的提案、审议、表决权,基本上都是依据明确、有章可循的,关键是依法依程序贯彻落实的问题。换言之,确定立法权范围后,不去行使职权,立法权即使给得再多,也是没有意义的,而且是背离当初确定立法权限之初衷的。"之所以要确定立法权限范围,有助于使立法者尽职尽责,促使立法者对自己权限范围的事尽心尽力去做,也有防止不尽职守的作用。"[②]

鉴于此,我们认为,人大主导立法,很重要的一点,就是在立法权限法定化且明确的情况下,人大及其常委会应发挥主动性积极性,"用好用足"自身的立

[①②] 周旺生:《立法论》,北京大学出版社1994年版,第342页。

法权,倘若有权而不作为,则本身就是对人大主导立法应有之义的背离。

就地方人大主导立法来说,如果有立法权的地方人大及其常委会在自身权限范围内没有"用足用好"立法权,没有发挥好地方立法的应有作用(例如忽视通过立法积极引领和促进改革开放以及保障本地经济社会发展,又如在地方性法规制定过程中不重视行使或怠于行使立项环节、起草环节、审议环节上的立法权),不注意"用实用尽"立法权限,那就有立法权被闲置和立法不作为之嫌。

因此,"用好用足地方立法权乃地方所需,国家所望"。① 如果结合"人大主导立法"提出的背景,就更能理解地方人大及其常委会"用好用足"自身立法权限、推进"人大主导立法"的现实意义了。因为,从时间上看,正是一些地方在立法实践中率先提出"人大主导立法"概念,受到全国人大常委会关注和重视,从而也被党的十八届四中全会决定所肯定,并最终被2015年修改的《立法法》吸纳。

在我国《立法法》将人大主导立法明确为法定要求之后,当前需要思考的一个问题是:如何让作为主导方的各级人大与其常委会齐头并进地发挥主导作用,而不是让长期以来人大常委会唱独角戏的模式得以继续或持续下去?从应然上说,人大主导立法不等于人大常委会主导立法。从实然上看,之所以"人大主导立法=人大常委会主导立法"成为一种常态,与各级人民代表大会立法权的未充分行使,是直接相关的。因此,尽量激活人民代表大会的立法权,将是做实人大主导立法的一个努力方向。

从中央层面看,自2000年九届全国人大三次会议通过我国立法法以来,在每年一度的"两会"期间,全国人民代表大会都有立法任务安排,相继制定或修改了宪法、选举法、物权法、企业所得税法、刑事诉讼法等关乎经济社会发展全局、关系公民基本权利的基本法律。近年来,全国人民代表大会的立法成就有目共睹,先后修改了立法法和制定了民法典。这些基本法律,因其特别重要,尽管数量不多,但由全国人民代表大会审议通过,充分落实了全国人大的法定立法权。因为,无论是根据2000年我国立法法的规定,还是根据2015年修改后的我国立法法的规定,制定和修改刑事、民事、国家机构和其他的基本法律,是全国人民代表大会的立法权范围,正是通过制定和修改以上这些关乎全民利益的基本法律,全国人民代表大会"用好用足"了自身立法权。因此,就中央层面的人大主导立法而言,全国人民代表大会及其常务委员会在主导立法中齐头并进的局面已形成,需要解决的问题是如何明确基本法律和非基本法律(或称一般法律)的界限,即如何为全国人大和全国人大常委会制定法律可涉及的事项作出事先归

---

① 李步云主编:《立法法研究》,湖南人民出版社1998年版,第101页。

类，属于基本法律的由全国人民代表大会依照自身权限制定，其他的则由全国人大常委会制定。

再从地方层面看，与中央层面形成鲜明对比的是，地方人大主导立法事实上已经等同于地方人大常委会立法。从党的十八大召开之前的情况来看，从我国大多数地方的人民代表大会立法权闲置空转的事实情况看，当前急需激活地方人民代表大会立法的活力，发挥其作用。要找出可与之前提到的北京、上海、天津市人民代表大会行使立法权相比拟的例子，确有难度，至少这样的例子在省级人大层面是屈指可数的。目前在公开的官方媒体上能够读到的报道是湖北省和安徽省人民代表大会的立法工作探索。

2013年初，通过广泛征集社会意见，湖北省人大常委会将《湖北省水污染防治条例》列入正式立法项目和全年重点工作计划。2013年9月，湖北省政府常务会议审议通过《湖北省水污染防治条例（草案）》送审稿，提交湖北省人大常委会审议。随后，湖北省人大常委会对草案进行了三次审议。2014年1月，湖北省人大常委会决定将草案提交湖北省十二届人大二次会议进行审议表决。为何该草案要提请"四审"，即经三次省人大常委会会议审议后还要提请代表大会审议表决？这是因为，该草案规定的水污染防治有关内容是事关湖北经济社会发展的重大事项，而我国《立法法》已明确，规定本行政区域特别重大事项的地方性法规，应当由人民代表大会审议通过。因此，涉及湖北经济社会发展重大事项的地方性法规，其立法权限属于湖北省人民代表大会。随后，《湖北省水污染防治条例》由湖北省第十二届人民代表大会第二次会议于2014年1月22日通过，并于2014年7月1日起施行。《湖北省水污染防治条例》成为湖北省人民代表大会审议通过的首部地方性法规。①

在2014年召开的安徽省人大会议上，该省14个代表团516名人大代表提出86件与防治大气污染相关的议案和建议，反映出全省人民群众对大气污染治理的迫切要求。《安徽省大气污染防治条例（草案）》从2014年3月开始起草，历经安徽省人大常委会三次审议，不断加以修改和完善。期间，向社会征求起草和修改意见400多条，吸纳300余条。经过四次审议修改，《安徽省大气污染防治条例》于2015年2月在安徽省十二届人大四次会议上获得高票通过。《安徽省大气污染防治条例》的制定，是安徽省人民代表大会8年来首次行使地方性法规立法权，也是落实省人民代表大会立法主导权的一次有益探索。②

以上所列举的北京市、上海市、天津市、湖北省、安徽省等省市的省级人民

---

① 刘志月：《湖北人大"四审"地方水污染防治条例》，载于《法制日报》2014年1月21日，第3版。
② 《〈安徽省大气污染防治条例〉高票表决通过》，http://news.xinmin.cn，2017年4月15日访问。

代表大会在行使人大主导立法权的过程中,将我国《立法法》所明确的"规定本行政区域特别重大事项的地方性法规,应当由人民代表大会会议通过"的法定要求,转化为了现实。今后,需要常态化地激活各地人民代表大会立法,要求人大"用好用足"自身立法权。

四、人大主导立法应"抓大放小"

党的十八届四中全会提出"人大主导立法",主要针对的是长期以来政府部门主导立法所带来的部门利益法制化、争权诿责等弊端。基于此,从立法权行使角度看,有立法权的人大及其常委会主导立法,应重在把握几个重要立法环节或是阶段的主导,这是"抓大";同时也要让政府在自身法定权限内发挥配合作用,这就是"放小"。也就是说,有立法权的人大及其常委会重在立项、审议等环节充分行使立法主导权,而放手让政府部门在立法起草等政府具有工作优势的环节发挥基础性依托作用,两者的权力行使相辅相成、和谐相处、各得其所,这样更有利于人大主导立法在各个阶段发挥其预期作用。

以下从人大在立法准备阶段的主导、立法起草阶段的主导、从法案到法的阶段的主导角度作出详细论述。

(一)立法准备阶段的主导

立法准备阶段,是人大主导立法过程的开始环节。人大及其常委会要在立法过程中发挥主导作用,从立法准备阶段包括立法规划阶段开始,就要积极行使主导权。

2015年修改后的我国《立法法》第五十二条规定:"全国人民代表大会常务委员会通过立法规划、年度立法计划等形式,加强对立法工作的统筹安排。"该法第六十六条还明确规定:"国务院年度立法计划中的法律项目应当与全国人民代表大会常务委员会的立法规划和年度立法计划相衔接。"我国《立法法》修改后的这些新规定,一个重要作用就是将人大对制订立法规划、立法计划的主导权予以法律化、法定化了。

我国的立法规划、立法计划作为人大主导立法工作的一个体现,是与党对立法的领导分不开的,是党领导下人大主导立法过程中一个具有中国特色的成功探索。改革开放以来,我国之所以能分阶段制定出一大批法律法规,并最终形成中国特色社会主义法律体系,与在党的正确领导下由人大常委会主导编制立法规划、立法计划,是分不开的。

而中国在共产党的领导下制定的规划具有长远性、战略性,具有强大的社会整合功能，能集中力量办大事。在党的领导下通过人大主导立法规划，推动形成中国特色社会主义法律体系就是一个典型的例子。不像西方国家多党轮流执政所带来的执政党政策和计划的短期化，在中国共产党长期执政和领导下我国人大编制立法规划、立法计划，是一项长期的战略性的安排，有利于在立法的起始阶段就有条不紊地作出统筹安排。我国人大通过主导编制立法规划和立法计划，也有助于在立法准备阶段把握立法的主导权，减少政府部门主导立法带来的弊端。

总之，在我国《立法法》作出修改，将人大对立法规划、计划的主导权予以法律化后，人大的立法主导权应从立法规划阶段就要积极行使而不得懈怠，打好基础关。

（二）立法起草阶段的主导

在立法起草阶段，人大主导立法涉及与政府部门的关系，需要辩证地看待两者的关系及主导权行使问题。

对于重要法律的起草，新修改的我国《立法法》第五十三条规定："全国人民代表大会有关的专门委员会、常务委员会工作机构应当提前参与有关方面的法律草案起草工作；综合性、全局性、基础性的重要法律草案，可以由有关的专门委员会或者常务委员会工作机构组织起草。"该规定针对的是重要立法的起草，将立法草案起草的主导角色由政府部门转移到人大有关机构。

对于重要的地方性法规的起草，也应秉持我国《立法法》这一规定，由人大自身组织起草，行使好起草阶段的主导权。值得关注的是，近年来，一些地方人大积极探索"重要的法规由人大自己组织起草"，以充分体现和保证人大对法规起草的主导。[①]

对于为数众多、不是非由人大自己组织起草不可的地方性法规，可以积极发挥政府部门起草法规的基础性依托作用，人大主导权的行使可以相应"放小"，以便更好地"抓大"。因为，人大在立法起草阶段的主导，并不等于要事无巨细地包揽法规起草任务。反过来说，由政府职能部门来起草自身管理领域的地方性法规草案，在专业性、可操作性上更有优势，起草者也更了解实际情况。

因此，对于一般性地方性法规草案的起草，人大主导权的行使可在"放小"上积极探索，并且可以与政府部门起草活动形成互动。例如，人大常委会法工委及相关专委会通过跟踪了解法规起草进展、法规重要条款设计，指导政府部门开

[①] 例如，近年来，广东省人大及其常委会每年约出台 15 个地方性法规，其中有 3~5 部重要的法规都是由省人大法工委、专门委员会起草的。该数据系 2016 年 11 月及此后的后续调研中，课题组赴广东省人大常委会走访调研所得。

展起草和论证工作。人大主导立法可以在行权的空间上适当放权给政府部门。如果事无巨细地大包大揽,反而可能会弱化人大对立法的主导权。

(三) 从法案到法的阶段的主导

从法案到法的阶段,人大主导立法主要体现在立法项目推进和审议环节中立法权的行使上。

首先是立法项目推进环节的主导。在立法项目推进方面,此前人大的主导作用发挥得有限,对承担立法项目起草任务的政府部门的主导影响有限。并不少见的是,原预期作为年度立法计划项目的立法项目,因为政府部门起草工作的拖延,前一年度的立法项目拖到了下一年,甚至不了了之。从机制完善上看,对于每一立法项目的推进,人大主导权的行使应在流程和时间节点上得到体现,进而对政府立法起草形成倒逼态势。例如,由人大拟定立法项目推进年度工作计划、明确任务分工及相应时间节点,在这些时间节点结束之前政府部门要积极作为。这是人大行使主导权可以行使权能的空间。就具体立法项目推进而言,在落实政府部门履职的时间节点上,可以由人大根据该项目的重要性、轻重缓急而灵活调整。

其次是立法审议环节的主导。如果说发挥政府部门在立法起草环节的基础性依托作用是"放小",发挥政府部门在立法论证、立法草案完善环节的作用也是"放小",那么,人大对立法审议环节的主导就是"抓大",应该牢牢把握,充分行使自身的立法主导权。因为,每一部法案审议质量的高低,都与人大的主导把关密切相关,它也决定了该法案将以什么样的品质和质量进入到法案表决阶段,影响到法案能否通过以及该法案实施后的效果和社会评价。毋庸讳言,当前,我国地方立法过程中的法案审议仍存在立法权行使不力等问题。

一是法案审议的重点不够明确具体。地方人大常委会虽然普遍采用"二审三表决"的程序,有时针对重要的法规案,也会适时采用"三审制"的审议程序,但并未明确每一次审议的重点和分工。有关法规或议事程序应该在机制上明确各个审议阶段的权限行使方式:在"一审"时,侧重审议法规草案的指导思想、主要原则和整体框架,并要求有关主体结合"一审"提出的意见,通过各种形式征求社会公众意见;在"二审"时,侧重听取有关专门委员会的审查意见和政府部门的报告,围绕重点和难点问题继续审议,形成草案修改稿,发给有关方面征求意见;在"三审"时,形成法规草案建议表决稿,审议后对草案建议表决稿进行表决。

二是法案审议的辩论程序和整体合议欠缺。在我国人大立法实践中,对于审议中遇到的重点难点问题,常见的是采用查阅书面材料审议法案的做法。因为立法涉及各种利益的博弈和平衡,需要不同意见的交锋,然后由人大择优采纳,转化为法案中的相关规定。为此，可以探索引入审议法案的辩论程序和机制，这有助于通过商谈式民主，充分阐明利益相关方对重点难点问题的主张，最大限度地形成共识。因此，为使立法审议中能发挥好人大主导作用，应当完善审议的方式。例如，在法案审议过程中，引入辩论交锋环节，集思广益、以理服人、形成最大公约数。这是人大主导立法权今后可以探索的行权空间。

五、人大主导立法应体现"寓监督于服务之中"

（一）"寓监督于服务之中"的内涵

自从党的十八届四中全会提出人大主导立法概念以来，人大主导立法渐成各方热词，也在人大和政府及司法机关的关系磨合中逐渐扩大了共识。但是，人大主导立法的预期效应并未立竿见影地显现，这应该是受综合因素影响的结果。对此，我们认为，除了上文分析的有立法权的人大及其常委会需要"用好用足自身立法权"和"抓大放小"这两大保障，还需要"寓监督于服务之中"这一保障，在加强立法监督上有所为、推进和保障"人大主导立法"。

"人大主导立法"的实现，并不是仅仅通过拥有立法权的人大及其常委会依靠自身积极立法，并在立法准备、起草、审议、表决等重要环节发挥主导作用，就能顺理成章地实现的。这当然是很重要的，但人大也需要通过加强对政府立法、"两高"司法解释的监督，对违法越权的立法或"准立法"行为"说不"。这就是"寓监督于服务之中"，即"寓人大的立法监督于服务人大主导立法乃至法治中国建设之中"。在这方面，人大立法监督主导权的权限和行权空间亟待得到激活与拓展。

人大的立法监督服务于人大主导立法，监督的目的是为了更好地保障人大主导立法。监督与服务是发挥人大主导作用这一目标相辅相成的两个方面。从某种程度上说，之所以长期以来政府立法"争权诿责"、"两高"司法解释演变为"准立法"，与人大及其常委会的疏于监督、监督不到位都是相关的。

人大通过依法依职权开展监督，把人大立法监督和服务人大主导立法有机地结合在一起，有利于保障人大主导立法顺利推进，有助于更好地为法治中国建设服务。从这个角度说，人大主导立法监督之职权是否"用好用足"，也影响到人大主导立法的成效，因此今后应该充分激活人大主导立法监督的权能。

（二）人大主导立法应加强对政府立法的监督

长期以来，之所以社会各界存在"政府实际上在主导立法、政府立法成为部门利益法律化的工具"等结论,跟人大立法监督职权闲置,对政府违规越权立法监督不力,是有直接关系的。孟德斯鸠曾说过:"一切有权力的人都容易滥用权力,这是万古不易的一条经验。"孟德斯鸠进而强调:"要防止滥用权力,就必须以权力约束权力。"① 就政府立法争权诿责等滥用权力行为而言,要防止政府滥用立法权力,也必须以人大的立法监督权来约束政府立法权力的行使。

2015 年修改的我国《立法法》对国务院及其所属部委、设区的市以上地方人民政府的规章制定权,作了一些约束性限制性的规定,这也是回应"人大主导立法"的一个体现。例如,我国《立法法》第八十条规定:"没有法律或者国务院的行政法规、决定、命令的依据,部门规章不得设定减损公民、法人和其他组织权利或者增加其义务的规范,不得增加本部门的权力或者减少本部门的法定职责"。又如,该法第八十二条规定:"没有法律、行政法规、地方性法规的依据,地方政府规章不得设定减损公民、法人和其他组织权利或者增加其义务的规范"。这些新的规定,实际上赋予了人大面对政府违法越权滥用立法权时,开展立法监督所必需的"尚方宝剑"。这是我国《立法法》修改值得肯定的一面。与此同时,修改后的我国《立法法》也存在如下两点不足之处。

一是针对"税收法定"监督的不足。我国《立法法》修改后明确规定,税收事项只能制定法律。而在此前,绝大多数税收事项是国务院通过制定行政法规来调整的。这一做法的依据源于 1985 年出台的《全国人民代表大会关于授权国务院在经济体制改革和对外开放方面可以制定暂行的规定或者条例的决定》,该决定授权国务院对于有关经济体制改革和对外开放方面的问题,包括税收方面的问题,必要时可以根据宪法,在同有关法律和全国人民代表大会及其常务委员会的有关决定的基本原则不相抵触的前提下,制定暂行的规定或者条例。后来税收立法的发展状况是:全国有 18 个税种,除个人所得税、企业所得税、车船税外,其他 15 个税种都授权国务院来立法;换言之,在 18 个税种中,除个人所得税法、企业所得税法、车船税法已制定法律进行依法征收,其他税收都是依据国务院制定的条例或暂行条例加以征收,如表 2-4 所示。②

---

① [法]孟德斯鸠著,张雁深译:《论法的精神》(上册),商务印书馆 1961 年版,第 154 页。
② 2015 年《立法法》修改后,全国人大常委会加快了制定税收法律的进程,先后制定出台了《环境保护税法》(2016 年 12 月 25 日第十二届全国人大常委会第二十五次会议通过)、《船舶吨税法》(2017 年 12 月 27 日第十二届全国人大常委会第三十一次会议通过)、《烟叶税法》(2017 年 12 月 27 日第十二届全国人大常委会第三十一次会议通过)、《车辆购置税法》(2018 年 12 月 29 日第十三届全国人大常委会第七次会议通过)、《耕地占用税法》(2018 年 12 月 29 日第十三届全国人大常委会第七次会议通过);截至 2018 年 12 月 31 日,我国现行征收的 18 个税种中,有 8 个税种已经出台了税收法律。

表 2-4　　　　　　中国税收法律一览（1978~2018年）

序号	法律名称	颁布时间	制定主体	效力状况
1	个人所得税法	1980年9月10日	全国人大	有效（7次修改）
2	中外合资经营企业所得税法	1980年9月10日	全国人大	失效（1次修改）
3	外国企业所得税法	1981年12月13日	全国人大	失效
4	外商投资企业和外国企业所得税法	1991年4月9日	全国人大	失效
5	税收征收管理法	1992年9月4日	全国人大常委会	有效（4次修改）
6	企业所得税法	2007年3月16日	全国人大	有效（2次修改）
7	车船税法	2011年2月25日	全国人大常委会	有效
8	环境保护税法	2016年12月25日	全国人大常委会	有效（1次修改）
9	船舶吨税法	2017年12月27日	全国人大常委会	有效（1次修改）
10	烟叶税法	2017年12月27日	全国人大常委会	有效
11	车辆购置税法	2018年12月29日	全国人大常委会	2019年7月1日起施行
12	耕地占用税法	2018年12月29日	全国人大常委会	2019年9月1日起施行

在我国《立法法》将"税收法定"要求纳入后，落实税收法定有了计划和时间表：凡开征新税的，要由全国人大及其常委会制定税收法律；凡要对现行税收条例进行修改的，一般都要上升为法律；其他的税收条例，区别轻重缓急，逐步地上升为法律；总的目标是到2020年前全面落实税收法定原则。据此可见：到2020年前，全国人大在改革开放初期对国务院制定税收立法的授权决定仍然有效，国务院仍然可以制定暂行的税收规定或者条例。与此相应，如果到2020年前国务院制定了税收条例，虽然有违税收法定，也会冲击人大主导立法，但在立法监督上却存在一个盲区，主要需依靠国务院自律的方式接轨"税收法定"要求。

二是针对"红头文件"监督的不足。我国《立法法》规范的是"法"，包括全国人大及其常委会制定的法律、国务院行政法规、国务院部门规章、地方立法机关制定的地方性法规、地方政府制定的规章。换言之，我国《立法法》只能管到"规章"层次，而政府制发的数量众多的"红头文件"，层次低于规章，只是政府部门发布的具有立法性质的规范性文件，其可以是省政府一级的，也可以是市县甚至乡镇一级的。政府"红头文件"不仅数量比较多，而且所规定的内容也比较乱。因为没有严格的法律程序限制,所以政府"红头文件"的制发,随意性很强,并且实际上还调整着公民的权利和义务关系,说它是"准立法"并不为过。"还有的地方长官意志变身为政府文件,随意侵犯公民合法权益,在当地造成尖锐的社会矛盾。"① 据此,党的十八届四中全会决定提出:"把所有规范性文件纳入备案审查范围,依法撤销和纠正违宪违法的规范性文件,禁止地方制发带有立法性质的文件。"因此,如何落实党的十八届四中全会对政府"红头文件"的立法监督,人大在主导立法过程中通过有关专门委员会和常委会工作机构对"红头文件"进行主动审查的依据是否明确和充分,这些问题也是今后人大对政府立法或"准立法"进行监督所需解决的。

(三)人大主导立法应加强对司法解释的监督

除了应当加强人大对政府立法的监督以外,我国以最高人民法院和最高人民检察院为代表的司法机关所出台的大量司法解释,起到了"准立法"的作用,在司法实践中得到广泛应用,在显示自身必要性的同时,也带来不少令社会各界诟病的弊端,对其同样需要在人大主导立法过程中加强监督。

虽然全国人大常委会有法律解释的权力,但因某些原因自身很少行使该项权力,其他有法律解释请求权的主体一般也很少向全国人大提出释法要求,长此以往,就造成这样一种现状:"两高"为了司法办案的需要,进行着大量的解释。例如,各级法院在作出判决时,法律规定的具体含义并不明确,或者法律制定后出现新的情况,而人大主导立法或主导法律解释又姗姗来迟,就只好先通过司法解释这一"准立法"解决审判工作的现实所需。

规范"两高"司法解释、禁止"两高"以外的主体行使司法解释权,加强对这类"准立法"的监督,确有必要。从实践中已经产生的弊端看,一些司法解释越权规定本该由法律作出规范的事项,"两高"关于同类事项的司法解释曾因相互冲突而造成适用困惑,加上地方司法机关的"准司法解释"较杂乱且不公开,对这些司法解释所扮演的"准立法"角色,长期以来缺乏有效监督、影响法制统一。

有鉴于此,新修改的我国《立法法》加强了监督,明确规定:"最高人民法院、最高人民检察院作出的属于审判、检察工作中具体应用法律的解释,应当主要针对具体的法律条文,并符合立法的目的、原则和原意;最高人民法院、最高人民检察院以外的审判机关和检察机关,不得作出具体应用法律的解释"。再从实际监督工作的情况看,近年来,全国人大常委会法工委加大了立法监督力度,

---

① 信春鹰:《地方立法权与国家治理体系和治理能力建设》,载于《地方立法研究》2016 年第 1 期。

推出了新举措:"积极做好法规、司法解释主动审查研究工作,对 32 件新制定的行政法规、司法解释逐件进行审查"。①

以上这些加强对司法解释监督的新规定和新举措,无疑为人大主导立法包括主导法律解释提供了积极保障,然而,为了更好地促进以法治思维和法治方式解决社会纠纷和矛盾,今后仍然有待全国人大常委会常态化地行使对法律解释的主导权,增强人大主导立法的"良法"保障,增强人大主导立法的及时性、系统性、针对性、有效性。

六、人大主导立法应健全各项工作机制

党的十八届四中全会提出,要"健全有立法权的人大主导立法工作的体制机制,发挥人大及其常委会在立法工作中的主导作用"。其中,前文所阐述的"加强和改进党对立法工作的领导"与"加强人大自身立法能力建设"这两个方面主要解决的是人大主导立法的体制问题。与此同时,还应健全人大主导立法的各项工作机制,以保证人大全过程主导立法。就此而言,主要有以下几点:

第一,健全立项机制。正如有学者指出的,把握立项的主动权是人大主导立法的首要环节,因为它在很大程度上决定着"人大将立什么法"这一重要问题。但是,由于人大立法项目的确定主要是通过制定五年立法规划和年度立法计划的形式来进行的,而在立法规划和立法计划的制订过程中,人大的主导权却旁落,以至于政府报什么立法项目,人大就立什么法。

因此,要采取有效措施,强化人大在立法规划和立法计划制订过程中的主导性与权威性,避免立法规划权旁落:首先,人大相关专门委员会和人大常委会工作机构不仅要提出人大自己的立法项目,还要广泛发动社会各界提出立法建议,扩大立法选项的范围,防止立法选项受政府单方面的牵制;其次,人大要紧紧抓住制定立法规划和立法计划的决策权,加强对立项工作的统筹安排,制定科学的立项标准,并严格按照立项标准,对包括政府及其主管部门在内的各方面提出的立法项目进行严格把关;再次,要加强立项工作的民主性,通过公布立法规划和立法计划草案、举行听证会、召开座谈会和论证会等途径,征求各方面意见,防止领导个人意志、个别主管部门、少数利益群体左右立法选项的确定;最后,要完善立法规划和立法计划制订与实施过程中的协调机制,特别是要增强人大常委会的协调能力,在各方面发生冲突和矛盾时,人大常委会主要领导应出面协调。

---

① 李适时:《牢固树立"四个意识",坚决贯彻落实党中央决策部署,加快推进重点领域立法》,载于《中国人大》2017 年第 3 期。

健全立项机制，实际上也就是要加强人大的立项主导，努力改变政府部门提什么人大就审什么的模式，由被动"等米下锅"转变为主动"点菜上桌"，① 或主动"选米下锅"。②

第二，健全起草机制。法律、法规的草案决定着立法的"原貌"，因此，法律、法规的起草是人大主导立法的基础环节。虽然人大制定的法律、法规，其草案主要是由政府主管部门起草并不能直接得出"政府主导人大立法"的结论，但在实际的立法过程中，在很多情况下，政府主管部门恰恰是利用其起草法律、法规草案的"便利"，将本部门的利益"植入"法律、法规草案之中。这本身就说明我国的立法起草机制有进一步予以完善之必要。就此而言，首先，要建立更有利于人大发挥立法主导作用的起草分工方案，适当增加人大起草法律、法规草案的比重，特别是综合性、全局性、基础性的重要法律草案，应当由人大有关专门委员会或者人大常委会工作机构组织起草；其次，要创新法律、法规草案的起草模式，推行法律、法规草案起草小组制度，形成"立法工作者、实际工作者、专家学者"三方面相结合的起草模式，形成互补互促的法律、法规起草格局；再次，要拓展法律、法规草案的起草渠道，探索委托第三方起草法律、法规草案，特别是对于那些专业性较强的法律、法规草案，可以吸收相关领域的专家学者参与起草，或者委托专家学者、教学科研单位、社会组织起草；最后，对于那些由政府主管部门负责起草的法律、法规草案，人大有关的专门委员会或者常委会工作机构应提前介入和参与，并做好"把关"工作。

第三，健全审议机制。法案审议的过程，也就是对提案人所提出的法案是否符合社会发展需要，立法条件是否具备，法案本身是否科学、合理、可行，与其他法律是否协调等一系列的政策性、合法性、技术性问题，由立法机关的组成人员直接发表意见，进行最后阶段的可行性论证、修改、补充和完善的过程。法案审议的质量如何，直接关系到法案以何种形式和内容进入随后的法案表决阶段，关系到法案能否获得通过以及通过后实施的社会效果。从相关制度及其运行的实际状况来看，我国立法过程中的法案审议存在的问题主要有：法案审议的规范化不够；法案审议的重点不明确；法案审议的要素不完整；法案审议的方式不完善；法案审议的合议性不强；法案审议的时间很有限；等等。③ 这些问题的存在

---

① 李适时：《关于发挥人大在立法中的主导作用——第二十次全国地方立法研讨会小结讲话（摘要）》，载于《法制日报》2014年9月30日，第3版。

② 云南省人大常委会研究室：《发挥人大立法主导作用的认识和思考》，载于全国人民代表大会常务委员会办公厅、中国人民代表大会制度理论研究会编：《庆祝全国人民代表大会成立60周年理论研讨会文集》（上册），中国民主法制出版社2015年版，第408页。

③ 易有禄：《立法权正当行使的控制机制研究》，中国人民大学出版社2011年版，第340~343页。

直接影响着法律、法规审议的质量，并在很大程度上影响了人大立法主导作用的发挥。

因此，必须采取有效措施改进我国的法案审议工作：首先，要加强审议制度建设，提高法案审议的规范化；其次，要明确各审议的内容，确保法案审议循序渐进；① 再次，要采用审议表决机制，固定审议的阶段性成果；② 再其次，要改进法案审议方式，增强法案审议的公开性；③ 最后，要适当延长人民代表大会及其常委会的会期，保证法案审议的时间。就人大常委会会议而言，应创造条件，将现行的两个月开一次例会的做法，改为一个月开一次例会。

第四，健全表决机制。表决法案是立法过程中最重要的一个环节，直接关系到法案能否获得通过而成为法。我国立法过程中的法案表决在表决观念、表决规则及表决方式上均存在不少问题，这不仅使表决程序难以实现其应有的"过滤"和"淘汰"功能，而且影响到人大立法主导作用的发挥。首先，在表决观念方面，形成了以"通过"代替"表决"的立法程序观念，以至法案一旦交付表决，其通过率几乎接近100%，只有极个别法案因未达法定的赞成票票数而未获通过。④ 必须摒弃此种错误观念，还法案表决程序以应有的独立地位。其次，在表决规则方面，人大常委会的出席法定人数要求偏低以至表决结果有时因缺席人数过多而失真，人大及其常委会通过法案采用的应到基数制计票基准存在"缺席效应"和降低议决效率等不足。⑤ 应提高人大常委会会议出席法定人数的比例要求至2/3，并将人大及其常委会通过法案的法定人数的计票基准改为出席会议基数

---

① 就此，可以考虑借鉴国外议会的"三读会制"，界定不同审次的间隔期限以及每次审议的重点内容，进一步完善"三审制度"。参见易有禄：《立法权正当行使的控制机制研究》，中国人民大学出版社2011年版，第345页。

② 在我国立法实践中，表决在法案审议阶段基本上是弃之不用的，在整个立法过程中，只有法案表决阶段的表决，没有审议阶段的表决。具体而言，应从以下几方面完善法案审议中的表决机制：首先，明确表决适用的范围；其次，明确表决适用的对象，对于法案审议过程中的下列事项都应当通过表决来予以决定，而不再由主席团或委员长（主任）会议决定：法案的再次审议、延期审议、中（终）止审议、立法文件和审议会议的不公开，法案审议期间的撤回法案以及立法修正案的表决等；最后，设定表决回避的限制性规定，即当代表或常委会组成人员与表决事项有直接利害关系时应当回避，不得参与表决。

③ 首先，应当制定辩论规则，在法案审议的各个单元引入辩论方式；其次，对于重要法案，尤其是存在较大争议的重要法案，至少应当在常委会审议中采用逐条审议的方式；再次，应当进一步增强人大及其常委会、专门委员会审议法案的公开性，在公开的方式上可以考虑采用允许公民旁听有关会议、允许媒体进行报道和实况转播以及公布会议记录等。

④ 由于向人大及其常委会提出的法案中，有相当部分是作为政府提案提出的，由此一来，就使得"政府提出什么法案，人大及其常委会就通过什么法案"，成为我国立法实践中一种常见的"景象"。

⑤ 采用这种计票基准，必然将缺席者和弃权者预先划入反对者的行列，这不仅容易造成在缺席者和弃权者人数较多情况下的"双重隐性"投票，而且使弃权者的意愿无法得到真实的反映。

制,以及细化人大及其常委会通过法案的比例规则。① 最后,在表决方式方面,法案表决方式的规范形态过于简单和笼统,且存在诸多不明确且易生歧义之处;实践中采用的举手表决和电子表决器表决不利于公众了解表决者的表决意向并监督其表决行为;表决方式比较单一,对于委托表决和逐步表决两种表决方式未予以规定。② 为此,应当确立公开表决原则,细化表决方式制度;引入委托表决方式,建立委托表决制度;推广逐步表决方式,完善逐步表决制度。③

第五,健全参与机制。人大主导立法并非人大"一家立法",更不是完全由人大有关专门委员会和常委会工作机构来进行的"关门立法"。要实现人大主导立法,恰恰需要各方的积极参与。正如张德江同志在 2015 年 9 月 7 日召开的第二十一次地方立法研讨会上的讲话中指出的,社会各方对立法工作的积极参与是人大发挥主导作用的力量源泉。

广义的立法参与,既包括普通公众的参与,也包括相关领域专家的参与,还包括人大代表的参与。在普通公众的参与方面,要进一步拓展和规范其参与立法的途径,健全法律、法规草案公开征求意见、立法听证会、基层立法联系点、旁听人大会议等公众参与立法的形式和渠道,健全公众意见采纳情况反馈机制;提高公众参与立法的能力,给不同利益主体以尽量公平的表达机会,使不同主体的利益和要求能得以公平竞争,尤其是对于弱势群体利益的表达要给予更多的关照。在专家学者的参与方面,要认真总结专家学者参与立法的经验教训,重点解决专家学者参与立法中存在的形式单一、来源狭窄、深度不够、意见针对性不强等问题,充分发挥其参与立法的应有作用;搭建多层次、多维度、多形式的参与平台,建立健全专家库制度,并对专家库成员进行分类;探索专家学者到立法机关挂职机制,建设立法智库、立法研究基地,增加委托专家学者起草法律、法规草案的数量。

在人大代表的参与方面,要保证每届人大有若干法律、法规案提请人民代表大会审议通过,保障代表直接行使立法权力,参与讨论决定国家或地方重大制度设计;重视代表依法联名提出的立法议案,将其办理与立法工作紧密结合起来;拓展代表参与立法的渠道,创新代表参与立法的形式,邀请相关代表参与立法起草、论证、调研、审议等活动,认真听取和吸收代表提出的意见建议。

---

① 即在改采出席会议基数制的前提下,确立弃权票达到一定数量时表决结果无效择日另行表决的制度。例如,规定人大及其常委会表决法案时,如弃权票达到一定比例(1/4 或 1/3),表决结果无效,择日另行表决。这样,就可以在一定程度上克服到基数制和出席会议基数制均具有的将弃权者简单地列入反对者行列之弊端。

② 2015 年修改后的《立法法》第四十一条规定的"单独表决"只是逐步表决的一种形式,而非全部。

③ 易有禄:《立法权正当行使的控制机制研究》,中国人民大学出版社 2011 年版,第 360~362 页。

第三章

中国立法体制中的政府立法问题研究

在我国立法体制中，政府是一个重要的立法主体，从国务院制定的行政法规，到国务院部门制定的部门规章，再到地方政府制定的政府规章，无论是中央立法还是地方立法，都有政府的立法空间。就地方立法而言，2015年3月15日《中华人民共和国立法法》（以下简称《立法法》）修改后，其第八十二条对地方政府规章的立法权限进行了重大调整，主要是增加了第五款和第六款两项规定，特别是第六款关于不得对相对人设定增加义务或减损权利的规定，对地方政府规章的立法权限形成了很大的制约。在地方政府规章立法权限受限，而地方立法需求仍不断增长的新形势下，地方政府规章的立法无疑会面临一定的发展困境。在此背景下，关于如何论证政府立法存在的正当性基础，如何科学规范地界定政府规章的立法权限，如何正视政府立法的困境并探索其在新时代的发展出路等问题的探讨，便成为当前我国理论界和实务部门所面临的一项具有重要意义的理论研究工作和实践命题。在这种背景下，课题组对我国立法体制下的政府立法问题展开立法理论和实证相结合的研究，以期服务依法行政、助益依法治国。

本章主要从以下十个方面进行分析探讨，梳理相关理论与实践问题，并提出完善化建议。一是政府立法的基本理论；二是我国政府立法的历史回顾；三是政府立法应遵循的原则；四是中央层面的政府立法研究；五是地方层面的政府立法研究；六是面向政府的授权立法；七是政府立法与公共政策；八是完善国家层面政府立法的相关建议；九是完善地方政府立法的相关建议；十是关于公共政策制定的相关建议；等等。以下作出分述。

第一节 政府立法的基本理论

一、政府立法相关概念的演变与界定

相对于政府立法而言,法学理论研究和政府实务工作中最早使用的是"行政立法"的概念。行政立法有广义和狭义之分。广义的行政立法泛指制定行政法规范的行为。[1] 狭义的行政立法是指"行政机关根据法定权限并按法定程序制定和发布行政法规和行政规章的行为"。[2] 广义的行政立法只关注法律规范的性质,而不论制定主体的性质如何。狭义的行政立法同时关注法律规范的性质和制定主体的性质。对于政府立法这一概念而言,党的十八届四中全会决定内容中有"政府立法"的提法。

其实,政府立法还是行政立法?这不是一个概念上的差别,更不是在玩文字游戏,而是一种理念上的差异。政府有没有立法权?尤其是地方政府和国务院部门有没有立法权?该不该给其立法权?这是个长期争论未休的问题。在进入新时期即改革开放的初期,主流观点认为,立法是人大的权力,政府不具有立法权,政府制定规章不是立法行为,不具有法律效力。因此,《行政诉讼法》也不把规章作为法院审判的依据,只是在尚未制定法律、法规,只有规章的情形下,法院将其作为参考的依据。也因此,"政府立法"的提法也一直被质疑,很长一段时期内,基本不用政府立法的概念,而是用了"行政立法"的概念。

对行政立法的含义,学界也有不同的认知。刘莘教授概括了四种观点:一是行政立法指行政性法律。如涉及全国人大立法的层面,在党的决议中"加强行政立法"以及人们常说的人民代表大会进行行政立法,这一概念强调的是其内容的行政性,是相对于刑事立法、民事立法、经济立法而言的。二是行政立法指制定行政法,即指人民代表大会和行政机关制定行政管理的法律规范的活动。这一概念是从实质内容来界定的,其范围就是通常讲的行政法的渊源,即包括构成行政法渊源的所有法律文件在内,比第一种概念更广义。三是行政立法指行政机关"立法",这是从主体的角度来界定的,即所有行政机关制定的具有普遍约束力的

---

[1] 应松年等主编:《行政法学总论》,工人出版社1985年版,第266页。
[2] 叶必丰:《行政法与行政诉讼法》,高等教育出版社2007年版,第59页。

规范性文件的活动，包括制定行政法规和规章，也包括非正式的行政立法形式——其他行政规范性文件的制定。四是行政立法指行政法规和规章的制定，即排除了没有立法权的行政机关制定其他行政规范性文件的行为。这是最为狭义的行政立法定义。①

在国务院的相关文件里，则用了另一个概念——"制度建设"，回避了政府立法和行政立法的提法，其内涵包括了制定行政法规、部门规章、政府规章，以及其他行政管理类规范性文件，其实质是以制度制定者的行政主体性为划分标准的，与刘莘教授所概括的第三种定义相似。

在《立法法》起草过程中，关于规章应不应该纳入《立法法》调整范围，也是个激烈争论和博弈的问题。最后，行政部门用数据证明，现实行政管理主要是依据部门规章和地方政府规章，若不承认其立法性质和效力，将严重影响行政执法的现有秩序，从而证明了其纳入《立法法》的必要性，所以，最终，《立法法》还是将规章纳入了该法调整范围，并作了专门的规定。但是，对政府应不应该有立法权的理念之争并没有因此而结束。如在2011年吴邦国委员长宣布形成中国特色社会主义法律体系的表述中，是由法律、行政法规、地方性法规三个层次的法律规范构成中国特色社会主义法律体系，而未提到规章；又如，新修订的《行政诉讼法》，仍然保留了规章作为审判的参考而不是依据的表述。这些都表明，对于政府的立法权问题，仍是个未形成共识的问题。

但是，党的十八届四中全会《决定》中，第一次明确提出了"政府立法"②的概念，而且是在完善立法体制的专门部分中予以表述的。同时还赋予了设区的市人大和政府具有立法权。这应该被视为一次明显的进步，即承认政府具有一定的立法权。

政府立法应该等同于狭义的行政立法。我们可以从如下几个方面理解政府立法的概念：

首先，政府立法的主体是享有立法权限的各级人民政府，不包括国家权力机关和国家司法机关。国家权力机关制定行政法律规范的行为不在我们所讨论的政府立法之列。根据《宪法》第八十九条、《国务院组织法》第十条、《地方各级人民代表大会和地方各级人民政府组织法》（以下简称《地方组织法》）第六十条和《立法法》第六十五条、第八十条和第八十二条的规定，只有下列主体才享有政府立法的权限：国务院及其各部、委员会、中国人民银行、审计署和具有行

---

① 刘莘：《行政立法原理与实务》，中国法制出版社2014年版，第1~2页。
② 《中共中央关于全面推进依法治国若干重大问题的决定》中提出："加强和改进政府立法制度建设，完善行政法规章制定程序，完善公众参与政府立法机制。重要行政管理法律法规由政府法制机构组织起草。"

政管理职能的直属机构，省、自治区、直辖市和设区的市的人民政府。

其次，政府立法是根据法定权限和法定程序制定的。关于政府立法的权限，《宪法》《地方组织法》《立法法》及其他法律都进行了相关规定，其中，国务院及其各部、委员会、中国人民银行、审计署和具有行政管理职能的直属机构的立法权限来源于《宪法》的规定，省、自治区、直辖市和较大的市的人民政府的立法权限来源于《地方组织法》的规定，其他设区的市的人民政府的立法权限来源于《立法法》的规定。同时，上述政府立法的权限范围主要是由《立法法》进行了规定。政府立法除了职权立法外，还有一部分属于授权立法，主要由法律、行政法规或授权决议对政府立法进行授权。关于政府立法的制定程序，主要由《立法法》《行政法规制定程序条例》《规章制定程序条例》《法规规章备案条例》等进行规定。没有法定立法权限或非按法定程序进行的活动，都不能称之为政府立法。

最后，政府立法的最终表现形式是行政法规、部门规章和地方政府规章。其中，行政法规是国务院根据宪法和法律，按照法定权限和程序制定的政治、经济、教育、科技、文化、外事等各类法规的总称。部门规章是国务院各部、委员会、中国人民银行、审计署和具有行政管理职能的直属机构根据法律和国务院的行政法规、决定、命令，在本部门权限范围内按照规定程序制定的规范性文件的总称。地方政府规章是指省、自治区、直辖市以及设区的市的人民政府根据法律、行政法规、地方性法规，在法定权限范围内按照规定程序所制定的普遍适用于本地区行政管理工作的规范性文件的总称。除上述三种形式的法律文件外，上述主体制定的其他规范性文件都不属于政府立法的范畴。

二、关于政府立法权的学说辨析

对于立法权的理解，在国外政治学、立法学和宪法学中，历来有结构主义和功能主义两种解释方法间的争议。[①] 依据结构主义解释，即在分权学说意义上的解释，立法权主要是一种政体结构、政府职能划分的结果，它是与国家行政权、司法权相对应的一种国家权力。根据结构主义的观点，当人们使用立法权概念时，往往是指代作为立法机关的议会；立法是立法机关的职能，立法权是立法机关的职权，因此，只有由立法机关行使的权力，才是"立法权"。而按照功能主义的解释，对立法权的认定不考虑主体在国家政体中的定位，而主要着眼于权力主体是否行使"立法"职能，或者是否拥有"立法"职权。按照这种理解，立

---

① 李林：《走向宪政的立法》，法律出版社2003年版，第24~27页。

法权只能通过具体权力主体来行使,权力主体是否具有立法功能是判断它有无立法权的根本标准,如果没有立法功能,无论是否叫作"立法机关",都不能认为它的权力就是立法权。正是基于这种解释,行政机关制定的行政法规、发布政府命令的行为,属于行使立法职能或职权;法院作出司法解释、法官裁决案件的行为,具有立法职能的性质;其他社会自治组织创制自治条例、规章等,也是行使立法职能或者职权,所有这些权力,都是"立法权"。[1]

在我国法学和政治学研究的语言使用习惯中,"立法"的概念主要是在创制和修改行为规则的功能意义上使用,也就是倾向于功能主义的解释,所以才有"政府立法""行政立法"之说。而"立法权"的概念则是在结构及功能两种意义上同时使用的,其中,宪法和立法学者更多的是从结构主义意义上使用立法权;而行政法学者更多的是从功能主义意义上使用立法权。至于"立法机关"的概念,一般都是从政体分权的结构意义上使用的。

关于政府能不能行使立法职权,已经由多数法治国家的立法实践所解决,结论是政府能够行使立法职权。需要探讨的问题就是政府立法行为的法律性质,换言之,行政机关的立法权与立法机关的立法权之间的关系如何。对于这个问题,学界主要存在两种观点:一种是行政行为说,另一种是立法行为说。

(一) 行政行为说

行政行为说认为,政府立法"是行政机关运用行政权所作的一种行政行为。当然,这种行政行为是一种抽象行政行为,所形成的法律关系也是一种抽象行政法律关系"。[2] 行政行为说从结构主义的逻辑起点出发,将分权理论作为研究政府立法的前提,"因为只有构成权力结构体系的各单元之间具有一定的相对独立性,我们才有可能去把握结构各单元之间相互独立存在的地位及其相互作用的关系,也正因为政体具有结构性,构成这种结构的权力又是可以分割的,立法权概念才得以孕育而生"。[3] 从这个意义上看,在实行分权制的国家政体结构中,国家权力分为三种:立法权、行政权和司法权。其中,立法权由作为立法机关的议会行使,行政权由作为执行机关的政府行使,司法权由作为裁判机关的法院行使。在结构主义看来,在政体结构中,行使立法权的主体只能有一个,就是立法机关。虽然行政机关也行使一定的立法职能,但它行使的权力只能是"行政权",而不可能是立法权。换句话说,政府立法的性质只能是一种行政行为,而非立法

---

[1] 王保民:《现代国家政府立法角色研究》,法律出版社2015年版,第10~11页。
[2] 叶必丰:《行政法与行政诉讼法》,高等教育出版社2007年版,第61页。
[3] 吴大英、任允正、李林:《比较立法制度》,群众出版社1992年版,第261页。

行为。

　　持有此种观点的学者经常引用洛克和孟德斯鸠的思想进行论证。洛克认为，"如果没有得到公众所选举和委派的立法机关的批准，任何人的任何命令，无论采取什么形式或以任何权力做后盾，都不具有法律效力和强制力。因为如果没有这个最高权力，法律就不能具有其成为法律所绝对必需的条件，即社会的同意。除非基于他们所授予的权威，没有人能享有对社会制定法律的权力"。① 孟德斯鸠认为，"当立法权与行政权集中在同一个人或同一个机关之手，自由便不复存在了；因为人们将要害怕这个国王或议会制定暴虐的法律，并暴虐地执行这个法律。"②

　　行政行为说又分为两派：一派是职权立法说，另一派是授权立法说。

　　职权立法说认为，一个行为的性质取决于作出该行为的权力性质。行政机关"源于宪法和组织法的立法权是它的固有职权，是行政权的固有组成部分，运用这种职权所进行的立法就是职权立法。"③ 无论如何，行政机关依法所具有的公权力，都是一种行政权，运用行政权制定行政法规和规章的活动，尽管在程序和结果上具有立法性，但不仅从主体和职能上，而且从权力性质上看，都是一种行政行为。④ 目前，职权立法说仍然是行政法学上的通说。⑤

　　授权立法说认为，立法权本属于立法机关，但是由于行政管理事务的日益繁多，立法专业性、技术性和适应性的特点越来越明显，使立法机关难以胜任所有的立法活动，进而委托行政机关行使部分立法权。其中，基于宪法、宪法相关法和组织法授权所进行的政府立法，是一般授权立法，又称普遍授权立法；基于单行法律、法规或授权决议针对特定立法事项进行的政府立法，是特别授权立法。该立法说认为，授权立法的主体是行政主体，授权立法所调整的对象是行政事务及与行政事务密切相关的事务，根本目的是实现行政职能，因而政府立法是授权立法，是一种抽象行政行为。⑥

（二）立法行为说

　　立法行为说立足于功能主义理论对立法权进行理解。功能主义一般不考虑政体结构体系中的权力分配问题，而是着眼于立法、行政和司法三种功能的协调，

---

① ［英］洛克著，叶启芳、瞿菊农译：《政府论》（下篇），商务印书馆1986年版，第82页。
② ［法］孟德斯鸠著，张雁深译：《论法的精神》（上册），商务印书馆1961年版，第153页。
③ 应松年主编：《行政法学新论》，中国方正出版社1999年版，第204页。
④ 姜明安主编：《行政法与行政诉讼法》，北京大学出版社、高等教育出版社2007年版，第207页。
⑤ 叶必丰：《行政法与行政诉讼法》，高等教育出版社2007年版，第62页。
⑥ 罗豪才主编：《行政法学》，北京大学出版社1996年版，第145页。

认为只有上述三种功能充分协调地发挥作用，政体结构体系才能正常运行下去。按照功能主义的解释，对立法权的认定不应以权力主体在国家政体中的定位作为标准，而是要依据权力主体的权能来进行判断。功能主义不以权力的主体作为权力划分依据，而是以权力具有的功能本身作为划分依据。功能主义着眼于权力主体是否行使立法职能，或者是否拥有立法职权作为判断某行为是否是立法行为的标准，而不考虑权力主体在政体机构中的性质。在这种逻辑背景下，行政机关制定行政法规和规章的行为，当然属于行使其立法职能或立法职权的行为，这些立法职能和立法职权，就是功能主义意义上的立法权。

　　有学者认为，如果按照功能主义的理论对立法权进行解释，会得出这样一个结论：除了代议机关是立法机关外，执行机关和司法机关也可以是立法机关，这必然会产生否定分权理论的风险。课题组认为，作为两种不同的对立法权的认知方法，结构主义和功能主义都有其可取之处。但是，结构主义忽视了随着社会的发展和文明的进步，其他合法主体与代议主体分享立法权的事实。19世纪末，"立法国已走到转折点：立法在本质上已受到限缩，对于公共生活之范畴，也只以大原则来规定，以免陷于烦琐之中"，① 由议会主导的"立法国"逐渐向由政府主导的"行政国"转变。这一转变的显著特征在于，政府不但拥有行政权，而且还拥有一定的立法权和司法权。这一转变的标志性事件就是美国于1887年成立的第一个联邦独立管理机构——"州际商业委员会"，被率先授予广泛的规章制定权。自此，行政权力开始突破结构主义传统的限制性原则，这一举措在其他国家也先后得以确立。直至目前，虽然世界各国都在纷纷限缩政府职能，建设"有限政府"以取代"全能政府"，但是政府的立法职能仍因其承担的繁重社会管理事务而有必要继续存在。对此，著名行政法学者韦德曾说："传统的观点认为，行政立法是一个不得不予以容忍的祸害，它对于分权是一种不幸而又不可避免的破坏。然而，这是个过时的观点，因为，实际上，问题的关键在于行政立法在实践当中是不可缺少的，而不在于理论上难以使其合理化。……立法与行政之间所存在的只是一个模糊的界限，想当然地以为它们是两种形式上根本不同的权力的看法是错误的。它们之间的有些主要区别是明显的。但是，企图在两者之间划出一个清晰的界线（正如可以较为容易地界定司法权从而使其明确区别于立法权和行政权一样），则是比较早期的政治学理论中的一个因不切实际而无法实现的宿愿"。②

　　本书认为，政府分享一部分立法权，并不会带来对分权理论的破坏。不论是

---

① 陈新民：《公法学札记》，中国政法大学出版社2001年版，第26页。
② [英] 威廉·韦德著，徐炳等译：《行政法》，中国大百科全书出版社1997年版，第558页。

职权立法也好，授权立法也罢，都是对分权理论的一种坚持。因为，政府立法相对于议会立法而言，只是一种附属立法，其从属于议会所制定的法律。政府立法必须遵循不抵触原则，必须在其法定权限范围内立法，否则立法无效。

三、政府立法权的世界视野考察

政府该不该有立法权？如果考察一下世界法制史，就不难发现，事实上，世界法制史的发展轨迹也证实，现代法治国家，尤其是成文法国家，都有一个从限制或者不承认政府立法权到大量授权政府立法的过程。

在世界立法史上，从19世纪开始，一度经历了"议会至上"或"议会中心主义"阶段，议会是宪政体系的头脑和心脏，享有高度的独立性，拥有极为广泛和强大的立法权和监督权。以致有人认为，"除了不能使男人变成女人和使女人变成男人以外，议会无所不能"。[1] 但进入20世纪特别是第二次世界大战以后，各国政坛逐渐产生"立法部门衰微""行政部门优越"的现象。[2] "立法部门的名声和道德权威……正在大多数国家逐渐衰退。"这是曾对近代民主政治寄予期望并作出高度评价的詹姆斯·布赖斯（James Bryce）于20世纪初在其名著《现代民主政治》中对议会以及议会政治所表示的担忧。[3] 与之相反的是行政权力的扩张和行政机关主导议会立法的现象逐渐凸显。行政影响力不限于向立法者提出建议和接受来自立法机关的法案，它能够并且经常在立法过程中的各个阶段发挥作用。一个很重要的原因，是社会分工的细化和专业化，使立法的技术性和专业性要求越来越高，议会立法机关的人力和能力都无法适应这种立法需求，需要得到行政部门完成前期的立法起草，或者授权给具有专业管理能力的政府及其部门进行立法。这种现象在各国十分普遍，使议会立法对政府的依赖有日益加深的趋势。从目前来看，一般法治国家，政府立法的数量都占了绝对多数，都在80%～90%。即使像美国这样的国家，国会的立法工作离开政府的前期准备也难以启动，50%～80%的法案是由行政机关起草并在总统的影响与领导下由国会通过的。在英国，立法长期由内阁主导，议会审议的法案3/4是政府提出的公法案。在法国，"在法律和条例的关系上，条例是汪洋大海，法律是大海中的几个孤岛"。[4] 我国的立法现状也是与此一致的。可以说，政府不仅有立法权，而且

---

[1] ［英］埃弗尔·詹宁斯著，蓬勃译：《英国议会》，商务印书馆1959年版，第2页。
[2] ［日］深濑忠一等著，许介鳞译：《议会立法过程之比较研究》，台北正中书局1991年版，第353页。
[3] 王保民：《现代国家政府立法角色研究》，法律出版社2015年版，第3页。
[4] 王名扬：《法国行政法》，中国政法大学出版社1988年版，第142页。

是立法数量的主要贡献者,这是法治国家的普遍规律。

通观世界上的法治国家,政府参与立法的途径和方法主要有:(1)政府拥有法定的立法参与权。在美国,实际上总统和国会分享了联邦的立法权,总统作为行使行政权的代表,拥有立法建议权,总统依据宪法第 2 条第 3 款规定,可以通过向国会提交国情咨文、国家预算咨文、年度经济报告等形式,行使立法建议的权力;拥有法案签署权及立法否决权,依次达到影响和制约立法决策、制定政策的目的;拥有副总统的"承认权"和"最后表决权";拥有国会特别会议的召集权。在英国,政府的立法参与权包括:立法提案权,内阁和部长可以向议会提出政府法案;控制议会审议法案的议程,英国下议院的立法议程由内阁成员担任的立法委员会负责编制,从而掌握了议会立法的时间表;拥有终止讨论或者限制讨论法案的动议权,政府经常利用此议程来抵制或者拖延议会的立法。在法国,按照宪法的规定,政府享有优先权的立法提案权;政府直接控制议会立法议程的一系列权力;总统拥有将议会通过的法律提交复议,将重要的法律提交人民复决的权力;总统有将议会通过的法案交宪法委员会审查的权力;政府有采取紧急处分的权力等。(2)政府通过其执政或者参政的议会党团控制立法。议会党团的主要功能是把本党或联盟党的议员联合成一个整体,了解本党议员的动态,协调他们的立场和行动,决定在议会立法及有关活动中应采取的态度和投票事宜,以贯彻本党的纲领、路线和政策,维护本党的利益。执政党的议会党团和任务就是保证本党的政府地位的稳固和各项法案获得通过。(3)政府通过其技术信息优势影响立法。"由于行政官员们事实上垄断了设计实际政策方案所需的技术专长,也垄断了有关现行政策缺点的大部分情报,因而他们获得了拟定决策议事日程的主要的影响力。"[1] 于是议会立法对来自行政部门的技术官僚的依赖在各国都日益加深。(4)政府进行授权立法和制定行政规章,现代法治国家政府不仅接受授权立法,而且还在不同程度上享有制定行政规章或行政命令的权力。解释性的行政法规已经成为整个法律创制过程中的一环,不管授权与否,结果是"短法律长规章"(美国罗宾语,Edward L. Rubin)[2] 成了现代立法的真实写照。(5)政府或国家元首的紧急命令权,现代法治国家的宪法大都规定,在国家有非常紧急状态发生时,政府或国家元首享有发布具有法律效力的或停止执行宪法条款的紧急命令权。(6)政治策略的运用。现代法治国家政府还利用其享有的非立法性权力和各种政治策略,如组阁任命权、政府游说、政治交易、操纵公众舆论等手段,影响议会立法。

---

[1] [美] 小 G. 宾厄姆・鲍威尔、加布里埃尔・A. 阿尔蒙德著,曹沛霖等译:《比较政治学:体系、过程和政策》,上海译文出版社 1987 年版,第 324 页。

[2] 王保民:《现代国家政府立法角色研究》,法律出版社 2015 年版,第 58 页。

四、政府立法在我国立法体制中的定位

与当今世界普遍存在的三种立法体制（即单一的立法体制、复合的立法体制、制衡的立法体制）相比，中国现行的立法体制独具特色，不属于上述任何一种立法体制。原因主要体现在如下三个方面：其一，我国的立法权并不是由一个政权机关甚至个人行使，因而不属于严格意义上的单一立法体制。其二，我国的立法权由两个以上的国家机关行使，即我国存在多种立法权，包括法律的立法权、行政法规的立法权、地方性法规的立法权，这些立法权分别由不同层级的国家机关行使，而不是同一个立法权简单地由几个平级的国家机关行使，因此这种立法体制也不属于复合的立法体制。其三，我国立法体制也不属于制衡的立法体制。因为其并不是建立在立法、行政、司法三大国家权力既相互分立又相互制约的基础之上的，我国国家主席和政府总理都由全国人大产生，国家主席是根据全国人大的决定公布法律，国家总理则没有批准或否决全国人大立法的权力，而国务院制定的行政法规不得与全国人大制定的法律相抵触，地方性法规不得与法律和行政法规相抵触，全国人大有权撤销与法律相抵触的行政法规和地方性法规，这些表明了中国立法体制内部的统一关系、从属关系和监督关系，而不是相互制衡的关系。

综上所述，中国现行的立法体制是具有中国特色的立法体制，被概括为"一元两级多层次"模式。所谓"一元"是指我国为单一制法治国家，国家实行法制统一，全国只有一个法律体系，即中国特色社会主义法律体系。在我国，对重要领域的立法权实行法律保留制度，在国外又称为国会保留制度。法律保留制度的确立基于以下三个"必要性"：其一，有利于保证立法民主，"维护国家的统一和国内市场的统一"。其二，对全国人大及其常委会与国务院的立法权限进行划分，有利于"国务院更好地通过制定行政法规行使行政管理职权"。其三，对全国人大及其常委会与地方立法机关的立法权限进行划分，有利于"调动（地方）立法的主动性和积极性，加快地方法制建设的步伐，从而更好地依法管理好地方事务"。[1] 因此，也有学者认为，法律保留制度在我国具有双重功能——既规范国务院和地方立法机关的行为、维护全国人大及其常委会的立法权威，又保障国务院和地方立法机关适度的制度创设空间。[2]

---

[1] 张春生主编：《中华人民共和国立法法释义》，法律出版社2000年版，第29~30页。
[2] 林彦：《中央地方立法权限划分——以询问答复为中心的考察》，载于中国政法大学中德法学院主编：《立法权限划分——中德比较》，中国政法大学出版社2015年版，第2页。

所谓"两级",是指我国立法权分为中央立法权和地方立法权两级。从立法权限划分的角度上看:它是中央的统一领导和一定程度的地方分权的立法权限划分体制。一方面,最重要的立法权即制定宪法的权力和制定法律的权力,归中央享有,且中央在整个立法体制中处于领导地位。制定宪法的权力和制定法律的权力只能由最高国家权力机关及其常设机关行使,地方没有此项权力,其他任何机关也没有这项权力。行政法规、地方性法规都不得与宪法和法律相抵触。另一方面,国家的整个立法权,由中央和地方两级的多个主体享有。这也是中国现行立法体制最主要的特征。因而中国两级的立法体制并不能与美国的两级制立法模式画等号。

所谓"多层次",是指立法权的分权,主要表现为多层并存和多类结合两个特征。所谓多层并存,是指由全国人大及其常委会制定国家法律,由国务院及其所属部门分别制定行政法规和部门规章,而一般地方的国家权力机关和相关政府部门制定地方性法规和地方政府规章。全国人大及其常委会、国务院及其所属部门、一般地方的有关国家权力机关和政府作为立法主体,它们的立法以及它们所制定的规范性法文件的效力有着层级之差别,这些不同层级的立法和规范性法律文件并存于现行的中国立法体制中。所谓多类结合,即上述立法及规范性法律文件、民族自治地方的立法及其自治法规,以及经济特区和中国港澳特别行政区的立法及其规范性法律文件,在类别上存在差别。

从上述对我国立法模式的分析中可见,无论是国家中央层面上的立法权,还是地方各个层次的立法权,都存在着政府立法,政府立法不仅在两级和多层次中有着明确的定位,也是一元立法体制中有机的不可分割的一部分,是中国特色社会主义法律体系的重要组成部分。

五、我国政府参与立法的主要途径

在我国,政府的立法参与权,与其他法治国家既有相似的,也有不同的。具体有下列几个途径:(1)拥有法定的立法参与权,这种法定立法权在两种意义上存在:一是相对独立的立法权,如直接制定特定形式的法——行政法规、规章;二是非独立、附属性的立法权,如在制定法律、法规的过程中,通过行使提案权来实现其立法意图。在后一种情况下,政府仍可以通过多种途径和形式参与立法,如提出立法建议、参与制定立法规划和计划、起草草案、优先的立法提案权、就法案中的问题向立法机关作出解释和说明、全过程参与立法的讨论和修改等。[①](2)政府通过执政党和具有兼职人大代表身份的政府官员影响人大立法。

---

① 王爱声:《立法过程:制度选择的进路》,中国人民大学出版社2009年版,第106页。

此外，人大开会时，政府的许多负责人还有列席会议的传统，因而也能间接地影响人大立法的通过。(3) 政府及其部门通过信息和专业技术优势影响立法进程，这与各国的情况相似。(4) 向国务院和地方政府进行授权立法，参与超出其立法权限的领域的立法。(5) 行使法律的行政解释权，指国务院及其主管部门针对其依法行政过程中所遇到的不属于审判和检察工作中的具体应用问题所进行的法律解释，也即我国的法律解释权事实上主要流入政府主管部门的职权范围。(6) 行使行政法规和规章的解释权，这是制定机关的一种有权解释。

需要指出的是，立法中的部门利益协调与矫正，是政府立法实践中的难题。立法本身是一个权利和义务的配置过程，对于有立法参与权的团体和个人就有将自己利益合法化的机会，尤其是拥有公权力的政府部门。有一种流行的观点，认为现在政府立法存在着严重的"部门立法"或通过立法把"部门利益法制化"的倾向。仔细分析，行政部门参与立法有5种途径：参与法律起草、参与行政法规起草、向地方人大提交法规草案、制定国务院部门规章、制定地方政府规章。从立法程序机制来看，能直接形成部门利益法制化而不受制约的只有部门规章，其他4种途径都有相应的制约环节和机制，即人大的审议机制和政府常务会议，能对明显的部门利益进行矫正。所以，立法中的"部门利益法制化"有些被夸大了。但部门立法合法化的问题也是需要正视的客观现实。部门之间的利益和权力打架或扯皮会影响立法的进程。

对此，首先，要严格限制国务院部门制定规章的立法冲动。按照《立法法》的规定，部门规章没有立法专属权，它的立法权限被严格限制在对法律和行政法规的实施性细化方面，且只有在国务院明确授权（决定、命令）的情况下，才可以在本部门的权限范围内享有创制立法权，也正因为这样，已认可其有行政法规相似的效力。按此标准，目前国务院各部门制定的规章，很多是自我授权，是违反《立法法》的，这也成为地方行政部门之间"依法打架"的渊源。基于此，依法限制部门规章的行政行为设定权，既有法理方面的依据，也有现实方面的需求。其次，在政府内部建立有效的立法协调机制，可借鉴法国的部际协调委员会制度，确保在部门之间的利益和矛盾未协调好之前，不予出台立法。再次，改变以部门为单位立专门法的传统，多以管理领域为单位进行综合性立法。最后，充分发挥法制机构履行合法性审查的功能，将合法性审查这一"应然"制度落地、做实。必要时，启动党的十八届四中全会《决定》所赋予的权力：重要行政管理法规、规章由政府法制机构组织起草（国务院机构改革后由司法部有关机构组织起草）。

第二节 我国政府立法的历史回顾

从我国立法体制的历史变迁来看，政府立法始终伴随着演变和发展，其中也有起伏甚至挫折，但总体上是在实践中不断进步完善的。大致可以分为四个阶段：

一、《共同纲领》时期：议行合一

1949年9月中国人民政治协商会议第一届全体会议通过了《中国人民政治协商会议共同纲领》（以下简称《共同纲领》），它是新中国法制史上第一个比较完备的新民主主义性质的宪法性文件。《共同纲领》和第一届全国政协全体会议通过的《中华人民共和国中央人民政府组织法》，确立了新中国的国体、政体，同时也确立了我国当时的立法体制。《中华人民共和国中央人民政府组织法》规定：中央人民政府委员会依据《共同纲领》，有权制定并解释国家的法律，颁布法令，并监督其执行。政务院根据并为执行《共同纲领》、国家的法律、法令和中央人民政府委员会规定的施政方针，有权颁发决议和命令，并审查其执行。

1949年12月，政务院公布了《大行政区人民政府委员会组织通则》（以下简称《组织通则》），该《组织通则》规定：各大行政区人民政府委员会根据并为执行《共同纲领》、国家的法律、法令、中央人民政府委员会规定的施政方针和政务院颁发的决议和命令，有权对所属各省市转发政务院的决议和命令，并在其职权范围内颁发决议和命令，并审查其执行。有权拟定与地方政务有关之暂行法令条例，报告政务院批准或备案。

1950年1月政务院公布的《省人民政府组织通则》规定：省人民政府委员会在中央人民政府政务院或大行政区人民政府委员会直接领导下，有权拟定与省政有关的暂行法令条例，报告主管大行政区人民政府转请中央人民政府政务院批准或备案。

1950年1月政务院公布的《市人民政府组织通则》规定：市人民政府委员会在其上级政府领导之下，有权拟定与市政有关的暂行法令条例，报告上级人民政府批准施行。

1950年1月政务院公布的《县人民政府组织通则》规定：县人民政府委员会在省人民政府委员会领导之下，有权拟定与县政有关的单行法规送省人民政府批准或备案。

中央人民政府于 1952 年 8 月公布的《中华人民共和国民族区域自治实施纲要》规定：各民族自治区自治机关在中央人民政府和上级人民政府法令所规定的范围内，依其自治权限，制定本自治区单行法规，呈报上级人民政府批准。凡经各级地方人民政府核准的各民族自治区单行法规，均须呈报中央人民政府政务院备案。

《共同纲领》和上述法规规定，构建了中华人民共和国成立初期的立法体制。主要有下列特点：一是具有过渡性特征，当时我国人民代表大会制度还没有建立，立法权由政府享有，属于议行合一的体制；二是中央与地方分享立法权的格局开始形成，并呈现出多层次、立法权限相对分散的状态；三是民族地区自治立法开始确立。四是对地方立法权有严格的权限和程序限制，需要报请中央人民政府或者上级人民政府批准或者备案才能生效。有学者把这一时期概括为：法定由中央集中行使而实际由中央到地方多级主体分散行使立法权力的时期。[①]

究其原因，在新中国成立初期，全国范围内不少地方军事行动尚未完全结束，选举产生人民代表大会行使立法权的条件尚不具备，当时采取在中央由中央人民政府行使中央立法权，在地方由县级以上地方各级人民政府委员会行使地方立法权，这种中央和地方两级和县级以上多层次的立法体制是恰当的。同时，我国地域辽阔，各地区政治、经济和文化等发展很不平衡，采取在中央对地方的法规在呈报上级政府批准、备案制度上，作了严格规定。这样既能使地方立法从实际情况出发，适应各地区的实际需要，有利于当时国民经济获得恢复和发展，又能有效地维护和保障全国法制协调和统一，有利于加快法制建设进程。[②]

这一时期，我国法制建设处于初创阶段，立法体制也属于构建阶段。历史证明，这一时期，我们在法制的理论和实践上都进行了积极的探索，为我国法制建设提供了有益的经验，也奠定了良好的基础。

二、五四宪法时期：全国人大单独行使国家立法权

1954 年 9 月，中华人民共和国第一届全国人民代表大会第一次会议通过《中华人民共和国宪法》（俗称"五四宪法"），这是我国的第一部完备意义上的

[①] 徐向华：《中国立法关系论》，浙江人民出版社 1999 年版，第 9 页。
[②] 李培传：《论立法》，中国法制出版社 2013 年版，第 167 页。

宪法。当然，"五四宪法"是以《共同纲领》为基础的，但又在《共同纲领》的基础上有发展。它全面确立了国家政治、经济、文化和社会的基本制度，巩固和发展了新中国成立以来在政治、经济、文化和社会等方面取得的新成果，并规定了过渡时期国家的根本任务，体现了广大人民群众建设社会主义的共同愿望。

"五四宪法"对新中国成立初期的立法体制作了重大改变，即将中央和地方两级多层次立法体制改变为立法权集于中央的一级立法体制。"五四宪法"规定："全国人民代表大会是行使国家立法权的唯一机关。"全国人民代表大会"修改宪法；制定法律；监督宪法的实施"；全国人大常委会有权解释法律和制定法令。国务院是最高国家权力机关的执行机关，是最高国家行政机关，有权"根据宪法、法律和法令，规定行政措施，发布决议和命令，并且审查这些决议和命令的实施情况"。"地方各级人民代表大会都是地方国家权力机关。""地方各级人民代表大会依照法律规定的权限通过并发布决议。""自治区、自治州、自治县的自治机关可以依照当地民族的政治、经济和文化的特点，制定自治条例和单行条例，报请全国人民代表大会常务委员会批准。民族乡的人民代表大会可以依照法律规定的权限采取适合民族特点的具体措施。"

"五四宪法"规定由全国人民代表大会唯一地行使国家立法权，这一规定有一个重大背景，即中华人民共和国成立前一直处于半殖民地的分裂状态，大小军阀割据了地方政权，国家实际上没有形成统一的法制。新中国成立后，为了维护国家的统一，必须实行法制上的统一。正是出于这种考虑，宪法将国家立法权高度集中于全国人民代表大会，这在当时是有必要的。

但客观地说，"五四宪法"将立法权集中到全国人民代表大会，使立法权过于集中而很难适应我国经济社会发展的实际需要。同时，由于全国人民代表大会每年举行一次，会期较短而且还有其他审议内容，致使国家急需的一些法律难以适时制定出台，立法工作难以适应国家政治、经济、文化和社会生活的实际需要，矛盾逐渐突出。因此，一届全国人大二次会议于 1955 年 7 月通过关于授权全国人大常委会制定单行法规的决议，明确："第一次全国人民代表大会第二次会议认为，随着社会主义建设和社会主义改造事业的发展，国家急需制定各项法律，以适应国家建设和国家工作的要求。在全国人民代表大会闭会期间，有些部分性质的法律，不可避免地急需常委会通过施行。为此，特依照中华人民共和国宪法第三十一条第十九项的规定，授权常务委员会依照宪法的精神，根据实际的需要，适时地制定部分性质的法律，即单行法规"。这一授权决定，使全国人大常委会有权根据国家和经济社会生活发展的实际需要制定单行法规，这在一定程度上缓解了国家立法不适应我国政治、经济、文化和社会生活发展实际需要的矛盾。

但是，由于立法权高度集中的结果，造成立法不适应国家和经济社会生活实际需要的矛盾仍然存在。所以，二届全国人大一次会议于1959年4月通过决议，明确："为了适应社会主义改造和社会主义建设事业发展的需要，大会授权常务委员会，在全国人民代表大会闭会期间，根据实际情况的发展和工作的需要，对现行法律中一些已经不适用的条文，适时地加以修改，作出新的规定"。

全国人大的上述两次授权决定，使全国人大常委会享有了部分立法权。

一方面，1975年宪法和1978年宪法都没有规定"全国人民代表大会是行使国家立法权的唯一机关"，但是，关于国家立法权的规定与"五四宪法"的规定基本相同。因此，这两部宪法都未改变我国的立法体制。另一方面，在"文化大革命"之后，这一时期并非处于真正的法治状态，而是处于无法的状态，立法权也基本被虚置，所以，研究分析"文革"时期的立法权也没有实际意义。

三、改革开放时期：调动中央和地方两个立法积极性

党的十一届三中全会，在深刻总结历史经验和教训的基础上，重新确立了党的实事求是的思想路线，把全国工作重心转移到以经济建设为中心的社会主义现代化建设上来，提出了发展社会主义民主，健全社会主义法制的基本方针，提出了"有法可依、有法必依、执法必严、违法必究"的法制十六字方针。从此，我国进入了一个以改革开放为主旋律的新的历史时期，同时也开始了我国现代法治的新进程。面对新的时代使命和事业发展，原来的立法体制显然不适应改革开放和现代化事业发展的需要，对立法权集中在中央的状况，客观上提出了改变的需求。

1979年11月29日，五届人大常委会通过的《关于中华人民共和国建国以来制定的法律、法令效力问题的决议》决定："从一九四九年十月一日建国以来，前中央人民政府制定、批准的法律、法令；从一九五四年九月二十日第一届全国人民代表大会第一次会议制定中华人民共和国宪法以来，全国人民代表大会和全国人民代表大会常务委员会制定批准的法律、法令，除了同第五届全国人大制定的宪法、法律和第五届全国人大常委会制定、批准的法令相抵触的以外，继续有效"。从此，一大批法律、法规得以恢复执行，最典型的为恢复执行由国务院于1957年制定的《治安管理处罚条例》，对维护当时百废待兴的社会治安、惩治违法行为起到了巨大作用。

1979年7月，五届全国人大第二次会议通过了《中华人民共和国地方各级人民代表大会和地方各级人民政府组织法》，该法第六条规定："省、自治区、直辖市的人民代表大会根据本行政区域的具体情况和实际需要，在和国家宪法、法

律、政策、法令、政令不抵触的前提下，可以制定和颁布地方性法规，并报全国人民代表大会常务委员会和国务院备案"。第二十七条规定："省、自治区、直辖市的人民代表大会常务委员会在本级人民代表大会闭会期间，根据本行政区域的具体情况和实际需要，在和国家宪法、法律、政策、法令、政令不抵触的前提下，可以制定和颁布地方性法规，并报全国人民代表大会常务委员会和国务院备案。"从此，省、自治区、直辖市的人大及其常委会拥有了制定地方性法规的权力，我国开始确立中央和地方双层立法架构。

1982年2月，五届人大常委会第二十二次会议通过《关于国务院机构改革的决议》，明确规定了各级各部的职数、年龄和文化结构，并将国务院各部门由100个精简为61个。

1982年11月，五届全国人大第五次会议上，通过并颁布了"八二宪法"。"八二宪法"是对"五四宪法"的继承和发展。"八二宪法"修改草案对国家机构做了许多重要的新规定："在中央的统一领导下，加强地方政权的建设，县级以上的地方各级人大设立常委会，省、直辖市的人大和它的常委会有权制定和颁布地方性法规。"

这一新的思想在宪法修改中得到了具体体现。"八二宪法"第一百条规定："省、直辖市的人民代表大会和他们的常务委员会，在不同宪法、法律、行政法规相抵触的前提下，可以制定地方性法规，报全国人民代表大会常务委员会备案。"第一百一十六条规定："民族自治地方的人民代表大会有权依照当地民族的政治、经济和文化的特点，制定自治条例和单行条例。自治区的自治条例的单行条例，报全国人民代表大会常务委员会批准后生效。自治州、自治县的自治条例和单行条例，报省或者自治区人民代表大会常务委员会批准后生效，并报全国人民代表大会常务委员会备案。"这是第一次将地方立法权在宪法中予以明确，其中得到授权的主体是省、直辖市的人大及其常委会；自治区、自治州、自治县的人大有权制定自治条例和单行条例。与1979年7月的地方组织法稍有不同的是自治区只限于人大制定自治条例和单行条例。《宪法》同时规定，国务院有权根据宪法和法律制定行政法规，发布决定和命令。同时对国务院和地方人民政府的权力作出了规定。这标志着我国立法机关与行政机关之间的立法权限开始逐渐明确。10日，通过了《国务院组织法》，《国务院组织法》规定各部委实行部长、主任负责制，可以依法制定规章。自此，国务院及其各部委制定行政法规、部门规章有了法定依据。

1982年12月，五届全国人大第五次会议通过关于修改《中华人民共和国地方各级人民代表大会和地方各级人民政府组织法》的若干规定的决议，对地方组织法作了修改。其中，第二十七条增加一款作为第二款："省、自治区的人民政府所在地的市和经国务院批准的较大的市的人民代表大会常务委员会，可以拟定本市需要的地方性法规草案，报请省、自治区的人民代表大会常务委员会审议制定，并报全国人民代表大会常务委员会和国务院备案"。第三十五条第（一）项最后增加："省、自治区、直辖市以及省、自治区的人民政府所在地的市和经国务院批准的较大的市的人民政府，还可以根据法律和国务院的行政法规制定规章。"这样，省政府所在地和较大的市的人民政府分别拥有了政府规章的制定权。

1986年12月，六届全国人大常委会第十八次会议通过修改《中华人民共和国地方各级人民代表大会和地方各级人民政府组织法》，第七条新增第二款规定："省、自治区的人民政府所在地的市和经国务院批准的较大的市的人民代表大会根据本市的具体情况和实际需要，在不同宪法、法律、行政法规和本省、自治区的地方性法规相抵触的前提下，可以制定地方性法规，报省、自治区的人民代表大会常务委员会批准后施行，并由省、自治区的人民代表大会常务委员会报全国人民代表大会常务委员会和国务院备案"。第三十八条第二款修改为："省、自治区的人民政府所在地的市和经国务院批准的较大的市的人民代表大会常务委员会，在本级人民代表大会闭会期间，根据本市的具体情况和实际需要，在不同宪法、法律、行政法规和本省、自治区的地方性法规相抵触的前提下，可以制定地方性法规，报省、自治区的人民代表大会常务委员会批准后施行，并由省、自治区的人民代表大会常务委员会报全国人民代表大会常务委员会和国务院备案。"自此，省政府所在地和较大的市的人大及其常委会直接拥有了地方性法规的制定权。

1995年2月，八届全国人大常委会第十二次会议通过修改《中华人民共和国地方各级人民代表大会和地方各级人民政府组织法》的决定，第六十条规定："省、自治区、直辖市的人民政府可以根据法律、行政法规和本省、自治区、直辖市的地方性法规，制定规章，报国务院和本级人民代表大会常务委员会备案。省、自治区的人民政府所在地的市和经国务院批准的较大的市的人民政府，可以根据法律、行政法规和本省、自治区的地方性法规，制定规章，报国务院和省、自治区的人民代表大会常务委员会备案。依照前款规定制定规章，须经各该级政府常务会议或者全体会议讨论决定"。自此，在法律、行政法规之外，地方性法规也成为同级和下级政府制定规章的上位法。

在这一时期，以国务院名义出台的行政法规（现在仍然有效的）共有221部，调整范围涉及国家管理的各方面。其中，有的行政法规被废止，相关规范内容上升为基本法律，如在国务院于1957年制定的《治安管理处罚条例》的基础上，第六届全国人大常委会于1986年9月通过了《治安管理处罚条例》。行政救济制度得以确立,《行政诉讼法》(1989年4月)①、《行政复议条例》(1990年12月)相继出台。《行政诉讼法》明确了人民法院审理行政案件以行政法规为审理依据,并可以参照执行国务院部、委根据法律和国务院的行政法规、决定、命令制定和发布的规章。同时,行政立法规范也得到了进一步完善,例如颁布了《行政法规制定程序暂行条例》(1987年4月)、《法规规章备案规定》(1990年2月),对行政法规的规划起草、审定、发布、备案等都作出了明确规定。

四、《立法法》出台后时期：立法工作全面法制化

2000年3月,九届全国人大第三次会议通过《中华人民共和国立法法》,对立法工作作了全面的规范,标志着立法工作进入了一个新阶段。

《立法法》第六十五条规定:"经济特区所在地的省、市的人民代表大会及其常务委员会根据全国人民代表大会的授权决定,制定法规,在经济特区范围内实施。"自此,对经济特区的特别授权立法作出了明确、统一的规定。

《立法法》第六十六条规定:"民族自治地区的人民代表大会有权依照当地民族的政治、经济和文化的特点,制定自治条例和单行条例。自治区的自治条例和单行条例,报全国人民代表大会常务委员会批准后生效。自治州、自治县的自治条例和单行条例,报省、自治区、直辖市的人民代表大会常务委员会批准后生效。自治条例和单行条例可以依照当地民族的特点,对法律和行政法规的规定作出变通规定,但不得违背法律或者行政法规的基本原则,不得对宪法和民族区域自治法的规定以及其他有关法律、行政法规专门就民族自治地方所作的规定作出变通规定。"虽然民族自治地区制定自治条例和单行条例的授权在"八二宪法"中就有了规定,但立法法进一步明确其可以对法律、行政法规作出变通规定,并规定了变通规定的边界和权限。这是立法法新的内容。

《立法法》第六十七条规定:"规定本行政区域特别重大事项的地方性法规,应当由人民代表大会通过。"表面上看,省、直辖市的人大,在"八二宪法"中就已授权制定地方性法规。而《立法法》的此项规定,其实是对实际工作中地方人大基本由常委会承担立法,而人民代表大会直接立法较少的现状而提出的一种纠正意见。

《立法法》的颁布实施,使政府立法权限的划分得以明晰,2000年3月颁布的《立法法》规定,行政法规由国务院制定,各部委制定部门规章,地方政府规章由省、自治区、直辖市和较大的市人民政府制定。《立法法》第七十三条规定:

---

① 本报告以下所涉及的法律、法规,以及决定等内容后面括号中的时间,均代表其通过的日期。

"地方政府规章可以就下列事项作出规定：（一）为执行法律、行政法规、地方性法规的规定需要制定规章的事项；（二）属于本行政区域的具体行政管理事项。"关于规章是否纳入立法法调整范畴，在立法法起草过程中是个极具争议的问题。最终立法法还是将其纳入了调整范畴，即承认了制定规章是立法行为，其具有法律效力，并对规章立法权的范围作了具体界定。这也是立法法的一个进步。

《立法法》颁布实施之后，立法的民主性和科学性得到进一步加强，政府立法程序更加规范，此后相继出台了《行政法规制定程序条例》（2001年11月）、《规章制定程序条例》（2001年11月）、《法规规章备案条例》（2001年12月）。在这一时期，我国更加注重出台规范政府共同行为的法律和法规。1996年10月1日实施的《行政处罚法》，标志着我国进入全面依法行政的新阶段。此后，为贯彻落实依法治国基本方略，坚持执政为民，建设法治政府的迫切需要，提高各级人民政府及其工作部门依法办事的能力和水平，强化行政执法监督，国务院还先后发布了《关于全面推进依法行政的决定》（1999年11月）、《全面推进依法行政实施纲要》（2004年4月）。而2004年7月1日实施的《行政许可法》进一步对政府审批权的行使作出了严格规定；2012年1月1日实施的《行政强制法》也对行政强制权有所规范。行政救济制度得到进一步的完善，先后出台了《行政复议法》（1999年4月）和《行政复议法实施条例》（2007年5月）。在专门法律的规范内容中，逐渐凸显出政府信息公开及限制政府行政权力的立法理念。为规范政府自身行为，提高政府工作透明度，2007年4月颁布了《政府信息公开条例》。此外，在280多部规定公开的法律、行政法规中，涉及政府信息公开的就有80多部。

2015年3月，十二届全国人大第三次会议通过《关于修改〈中华人民共和国立法法〉的决定》，其中第七十二条第二款规定："设区的市的人民代表大会及其常务委员会根据本市的具体情况和实际需要，在不同宪法、法律、行政法规和本省、自治区的地方性法规相抵触的前提下，可以对城乡建设与管理、环境保护、历史文化保护等方面的事项制定地方性法规，法律对设区的市制定地方性法规的事项另有规定的，从其规定。设区的市的地方性法规须报省、自治区的人民代表大会常务委员会批准后施行"。第八十二条第三款规定："设区的市、自治州的人民政府根据本条第一款、第二款制定地方政府规章，限于城乡建设与管理、环境保护、历史文化保护等方面的事项。已经制定的地方政府规章，涉及上述事项范围以外的，继续有效。"从此，全国所有设区的市的人大及其常委会和政府都拥有了立法权，但其权限只限于城乡建设与管理、环境保护和历史文化保护等三个领域。

第三节 政府立法应遵循的原则

立法应当遵循哪些基本原则？目前并没有标准的答案，不同的学者根据各自的认识和体验，有不同的概括。对于政府立法的原则，更是缺乏必要的研究和统一的标准。我们认为，政府立法应当遵循一般立法的基本原则，即遵照宪法原则、法制统一原则、立法为民原则、公平公正公开原则、立改废释并举原则。同时，对于地方立法，还应遵循一些特定的原则。

一、遵照宪法原则

宪法是国家的根本大法，具有最高的法律效力，一切法律、法规、规章和其他规范性文件都不得同宪法相抵触。在法理学中将宪法称为母法，其他法律称作子法。在立法文本起草中，要充分体现宪法作为母法的统帅地位，在立法中使宪法的原则和精神得以适用和体现，还要善于从宪法中寻找立法政策和依据。所以，遵照宪法，不是一个立法的方法问题，而是一个重要的原则问题。

遵照宪法原则的实质是权利保护原则，因为宪法明确宣示保护公民的基本权利，强调国家权力的有限操作性和对公民权利的有限妨碍性。宪法保障公民享有的个体自主和法律上的自由权利，保障其直接参与国家管理的权利，保障其所保留的自然权利不被侵犯。违反宪法所赋予和保障的这些公民权利，都可能构成违宪立法，需要得到及时纠正。党的十八届四中全会《决定》指出："宪法是党和人民意志的集中体现，是通过科学民主程序形成的根本法。坚持依法治国首先要坚持依宪治国，坚持依法执政首先要坚持依宪执政。"并强调，"任何组织和个人都必须尊重宪法法律权威，都必须在宪法法律范围内活动，都必须依照宪法法律行使权力或权利、履行职责或义务，都不得超越宪法法律的特权"。

对于遵照宪法的重要性，习近平总书记在党的十八届四中全会的《决定》说明中指出："法治权威能不能树立起来，首先看宪法有没有权威。必须把宣传和树立宪法权威作为全面推进依法治国的重大事项抓紧抓好，切实在宪法实施和监督上下功夫"。为此，《决定》提出了五项工作和机制：一是要完善全国人大及其常委会宪法监督制度。全国人大及其常委会是我国的宪法实施与监督机构，需要进一步履行其对宪法实施情况的监督职责。二是要健全宪法解释程序机制。从目前的情况看，立法解释机制虚置是个不争的事实，与此相应的宪法解释机制也未健全，也是不争的事实。三是加强对违宪立法和制定规则行为的监督，依法撤销和纠正违宪违法的立法事项和规范性文件。虽然我们没有明确"违宪审查"的提法，但从现行《立法法》第九十九条、一百条的规定来看，是有违宪审查机制的，其启动的主体可以是有立法建议权的相关主体，如国务院、中央军事委员会、最高人民法院、最高人民检察院和各省、自治区、直辖市的人民代表大会常务委员会，也可以是其他国家机关、社会团体、企业事业单位以及公民，其主体是非常宽泛的。这是我国社会主义民主与法治建设的又一体现。问题是如何将这一重要的纠错机制启动和运用起来。四是将每年12月4日定为国家宪法日，在全社会普遍开展宪法教育，弘扬宪法精神。五是建立宪法宣誓制度，凡经人大及其常委会选举或者决定任命的国家工作人员正式就职时公开向宪法宣誓，这也是世界大多数有成文宪法的国家普遍采用的一种制度。上述五项机制中，前三项都与立法工作有关。可见，政府立法不能违背宪法和法律，应当遵循宪法精神和原则，这是十分重要的一项原则。

二、法制统一原则

中国特色社会主义的法律体系是中国特色社会主义制度的重要组成部分。党的十八大报告在政治体制改革部分里明确提出，要"更加注重发挥法治在国家治理和社会管理中的重要作用，维护国家法制统一、尊严、权威，保证人民依法享有广泛权利和自由"。《宪法》第五十八条规定，全国人大和常委会行使国家立法权。第八十五条规定，中华人民共和国国务院，即中央人民政府，是最高国家权力机关的执行机关，是最高国家行政机关。第八十九条规定，国务院根据宪法和法律，规定行政措施，制定行政法规，发布决定和命令；并统一领导各部委工作和全国性行政工作，表明中国是个单一制的法治国家。在中国，只有一个法律体系，地方不存在自己的"法律体系"。所以，维护国家的法制统一、尊严和权威是立法工作的基本前提。

法制统一性原则具有两个层次的含义：一是外部规范的统一，即法律体系的规则系统性。位阶低的法律规范不能与位阶高的法律规范相抵触、相冲突、相矛盾。在形式上，法律规范之间要协调、和谐，在内容上，要符合、体现法律规范所要实现的价值和目的。二是政治责任的统一，即立法的内容要与立法部门作为一个政治责任主体的定位和职责相一致，要承担起国家发展使命的任务。

遵循法制统一原则，需要防止两种倾向：一是要在地方立法中防止地方保护主义；二是在行业或者政府部门立法中防止行业保护主义和部门保护主义。从历史的眼光看，在我国，地方保护主义有着深刻的历史根源，即2 000多年来封建社会地方割据留下的"诸侯经济"及其影响，以及"为官一任，造福一方"的传统政绩观带来的影响；也有体制原因，包括现行的财政、税收体制在一定程度上强化了"行政区经济"，激励市场分割行为的利益驱动功能。事权、财权与人事权的不同步、不匹配也激发了地方保护主义的产生，出现了"上有政策，下有对策""看见红灯绕道走"等破坏法制统一的行为。对于政府部门保护主义和行业保护主义，在立法实践中也是经常面临的问题，一些政府部门利用其立法起草建议权，有意无意地把部门的利益通过立法变成法定权利，使部门利益合法化。党的十八届四中全会提出人大主导立法，提出要建立由全国人大相关专门委员会、全国人大常委会法制工作委员会组织有关部门参与起草综合性、基础性、全局性的重要法律草案制度；要求重要行政管理法律法规由政府法制机构组织起草。目的都是为了克服和防止政府部门利益法制化的弊端继续出现。

三、立法为民原则

立法的根本目的就是为了解放和发展社会生产力，为了国强民富，为民造福，为实现人的全面发展创造条件。因此，立法要以人民为中心，要以人为本，立法为民，这是由我国政权性质和中国特色社会主义本质决定的。

人民是依法治国的主体和力量源泉。社会主义民主政治的本质要求是人民当家做主。社会主义法治的本质就是人民民主的制度化、法律化。我国的宪法和法律都应当是党的正确主张和人民共同意志的统一。因此，立法必须坚持全心全意为人民服务的宗旨，增强民主立法意识，把维护最广大人民群众的根本利益作为根本原则。党的十八届四中全会《决定》强调："要恪守以民为本、立法为民理念，贯彻社会主义核心价值观，使每一项立法都符合宪法精神、反映人民意志，得到人民拥护。""必须坚持法治建设为了人民、依靠人民、造福人民、保护人民，以保障人民根本权益为出发点和落脚点，保证人们依法享有广泛的权利和自由、承担应尽的义务，维护社会公平正义，促进共同富裕。"

立法以保障人的基本权利和人的自由为目的和价值，以人的权利为出发点和归宿。立法为民首先表现在通过立法确认和规定与特定社会发展阶段相适应的广泛的人的自由和权利。一般来讲，如果立法以保障人权和基本自由为取向（即体现"权利本位"），把权利保障放在优先位置来考虑和对待的，就是一种民主性的立法；反之则为非民主的立法。正如郭道晖先生所言："法律体系是一个门类齐全、纲目相济的有机的统一整体。其结构要件，不只体现在形式上有一大批法律法规，而在于其思想内容上能反映人民的共同意志与利益，体现民主、自由与法治精神。其中，宪政立法是其核心与首脑；人权与公民权利是激活体系的血脉。"[1]

立法以人民为中心，立法为了人民，也要依靠人民，因此在立法活动中需要坚持群众路线。在我国的立法体制中，人民群众不应只是法律法规的被动接受者，而应是立法的有序参与者，立法不应是有关公权力部门之间的权力利益的分配与再分配，而应反映人民群众的共同意志和根本利益。法律规范从实践中来，就应该从群众中来，应该是群众实践经验的科学总结。所以，立法过程中，特别要注意倾听基层、社区群众的意见，开门立法的主要对象应该是基层群众，人大代表也应该倾听选民的意见，作为参与立法发表意见的民意基础。人大组织在社区、居委会、村委会设立立法基层联系点，更是立法为民的具体制度体现。

四、公正、公平、公开原则

党的十八届四中全会《决定》明确提出："要把公正、公平、公开原则贯穿立法全过程。"公平与正义，是人类社会的共同理想，是我国人民历来尊崇的重要社会生活理念，是社会主义国家制度建设的重要价值追求，是构架社会主义和谐社会的基石。公平与正义，是要尊重和保障人民的基本权利，在自由平等的条件下，为人们创造全面发展的机会。

公平即平等保护，是法的普遍价值，所谓"法律面前人人平等"是法治的核心理念之一。公平即平等原则最根本的意义是"恣意的禁止"，不得将与"事物本质"不相关因素纳入考虑，作为差别对待的基准。从法律专业的视角看，公平原则是民法的一项基本原则，它要求当事人在民事活动中以社会公平的理念指导各自的行为、平衡各方的利益，要求以社会正义、公平的理念来处理纠纷。立法中应当遵循公平原则来确定各方的权利和义务。公平原则强调任何经营者在市场经济中，都必须以市场交易规则为准则，享受公平合理的对待，其既不享有任何特权，也不履行任何不公平的义务，而是保持权利与义务相一致。这就是法治中的"经济人"理性。立法中对公民、法人和其他组织基本权利与义务的设置，都应当遵循这一公平原则。公平即平等原则是当今商品经济规律的属性，在当代不同国家不同阶级属性的人类社会，固然其阶级性质

---

[1] 于兆波：《立法决策论》，北京大学出版社2005年版，第3页。

有别，但在不同的民事法律制度上，相同的一点都是把平等原则作为立法的指导思想和调整社会关系的基本方针。

公正可以解读出两层含义，即公平与正义。公平是平等保护，正义则是倾斜保护。因此，从逻辑的严密性来说，公平与公正不应该在一个层面上并列表述，但基于约定俗成和已有的用语习惯，即所谓"三公"原则，保留了公正的表述，但其内涵与正义相同。法律创制中的正义有两种形态：实体的正义和程序的正义。实体的正义体现在立法上，就是要一视同仁，没有偏私，公道正直，"同样情况同样处理"，既无特权也无歧视；对特殊的弱势群体则要倾斜保护，并通过"法律适用面前人人平等"的理念实现这种倾斜保护。具体则因立法领域的不同而有不同的内涵和外延。程序的正义则体现为立法过程中的一切形式方面。按照道格拉斯（Douglas）的权威性解释："公正程序乃是'正当过程'的首要含义。"① 每一个符合正义要求的立法结果的产生，都须经历一个复杂的过程，并通过一定的程序实现。公正的结果要求立法过程必须具有正当性，正当性的立法过程的核心是正当立法程序。有学者试图对正当立法程序的基本含义作出概括，表现为三个方面：一是相关主体应有的程序性权力或权利是否在立法程序制度上给予确认和保障；二是相关的法律程序或程序法对立法运作行为是否具有相应的控制力；三是程序的效率性机制是否建立在公平、合理的基础之上，以确保立法价值的实现。②

政府立法过程的公开则是立法民主的应有之义。"没有公开则无所谓正义。"③ 立法的公开性有两层含义：一是要求立法过程应有较高的公开化程度，向社会公众和利害关系人公开，包括信息公开、议事公开、听证公开、表决公开、结果公开等，实现公众的知情权；二是要求立法运作过程接受社会公众的监督，通过公开程序，允许旁听、报道和评论，由人民来判断立法者所实施的程序和行为是否符合正当性的要求。衡量一个立法过程是否符合正当性的一个指标是看其可参与性。可参与性要求立法者认真对待参与者的主体性。凡是接受程序结果的法律主体均有平等的参与权。这种参与权首先表现为知情权的满足，这就是立法公开性原则的逻辑起点。大体来说，政府立法过程中的公众参与的基本途径有三种：（1）通过参与政府的任选，如担任政府的法律顾问来参与立法，这是一种间接的参与方式；（2）通过提出一般建议的方式参与政府立法，即通过提出立法需求、立项请求的方式参与立法的启动；（3）通过法定途径直接参与政府立法

---

① 季卫东：《法律程序的意义——对中国法制建设的另一种思考》，中国法制出版社2004年版，第10页。
② 王爱声：《立法过程：制度选择的进路》，中国人民大学出版社2009年版，第158页。
③ ［美］伯尔曼著，梁治平译：《法律与宗教》，生活·读书·新知三联书店1990年版，第48页。

的审议过程,如听证会、座谈会、论证会、重大利益调整咨询会等,陈述自己的看法,在这种场合,保障参与权就是保障他们在相同条件下获得相关信息并有相同的机会表达其利益主张和观点。(4) 通过政府设立的基层立法联系点的途径,直接参与立法过程。在政府立法过程中,可参与性越强,立法的公正性就越值得信赖。

五、立改废释并举原则

立法本应立足经济社会现实朝前看,使制定出的法律规范既具有可行性,又具有前瞻性。但立法的习惯思维方式总是朝后看,为的是要与以前制定的法律规定保持衔接和一致。这样的立法思维习惯往往制约和限制了立法的方向和格局,影响立法的深入发展和立法质量的提高。所以需要解放思想,探索立法的内在规律和发展趋势,创新立法理念,不断丰富立法理论和实践。

制定法律规范与修改法律规范应当并重,即应放在同等重要的位置。这一原则的确立和实施,对我国法律制度建设具有重要的意义和实际作用。经过长期的探索和思考,我们终于找到立法活动中立改废整体联动的办法。2009年6月,吴邦国委员长在十一届全国人大常委会第九次会议闭幕会上强调指出:"今后在制定和修改法律过程中,对可能出现与其他法律规定不一致、不衔接的问题,应当同时对相关法律规定一并作出修改,以保证法律体系的和谐统一"。[①] 全国人大的立法原则同样适用于政府立法。

当法律规范已不适应现实需要,出现适用主体变化、适用的条件已经改变、管理主体已经消失等情形,连修改都无必要时,应当及时废止。

法律解释也是非常重要的立法机制。对法律解释目前有两种制度,一种是中国的制度,即法律解释等同于立法解释,虽然从现实来看,目前国家的有关规定将法律解释分为立法解释、行政解释、司法解释。但若仔细分析,这三种解释都属于立法解释性质,即都是对抽象规则的解释。另一种是域外法治国家普遍运用的法律解释制度,除立法者有解释权外,还赋予了法律实施者,即行政执法者和法官以法律解释权。当然,其法律解释权不是立法解释,也不是应用性解释,而是一种建立在描述性解释基础上的裁量性解释,即在理解法律基础上的法律,从而实现两个功能:其一,是进一步明确成文法的内容,把粗线条的、操作性较差的法条编织成较为精密的法网;其二,是进一步补充成文法

[①] 《进一步加强和改进立法工作 确保到2010年法律体系形成》,载于《人民日报》2009年6月28日,第1版。

律，避免法律之间的冲突。不管是立法解释还是裁量性的解释，都是立法机制的一部分。

第四节　中央层面的政府立法研究

国家立法权"是由最高国家立法机关，以整个国家的名义所行使的，用来调整最基本的、带全局性的社会关系的，在立法权体系中居于最高地位的一种立法权。"[1] 我国是单一制法制国家，实行一元两级多层次的立法体制，其中的两级即中央与地方两级。国家的立法权也是多层次的，包括立法机关的立法权和行政机关的立法权，立法机关的立法权分为全国人大的立法权和全国人大常委会的立法权；行政机关的立法权分为国务院制定行政法规的立法权和国务院部门制定部门规章的立法权。以上所有这些都属于中央立法范畴。

一、国务院的立法权

按照现有法律授权，国务院的立法权主要有下列几项：

（1）制定行政法规。国务院可以制定行政法规，是1982年宪法在立法体制方面的一项重要改革。此后的国务院组织法和立法法都予以明确。行政法规是国务院为领导和管理国家各项行政工作，根据宪法和法律，按照《行政法规制定程序条例》的规定而制定的政治、经济、教育、科技、文化、外事等各类法规的总称。《立法法》第六十五条规定：国务院根据宪法和法律，制定行政法规。行政法规可以就下列事项作出规定：（一）为执行法律的规定需要制定行政法规的事项；（二）《宪法》第八十九条规定的国务院行政管理职权的事项。

对上述行政管理职权的事项，有两点需要明确：一是行政法规规范的事项仅限于属于行政管理的事项，凡不属于行政管理职权范畴的事项，如刑法、审判和检察制度、诉讼程序方面的事项，行政法规不得规定。二是凡是属于全国人大及其常委会专属立法权的事项，应当制定法律，而不得制定行政法规。如确需制定行政法规，必须经过全国人大或其常委会的授权，即授权立法。这一点是对宪法原意的进一步明确。从实际情况看，除制定法律外，属于国务院行政管理职权范围内的问题，有许多需要制定的行政法规。

---

[1] 周旺生主编：《立法学》，法律出版社2000年版，第271页。

(2) 提出法律议案权。《宪法》第八十九条规定：国务院有权"向全国人民代表大会或者全国人民代表大会常务委员会提出议案"。国务院依据宪法赋予的这项权力，根据国家政治、经济、文化和社会生活发展的实际需要和可能，拟定法律（草案），按照法定程序适时地向全国人大及其常委会提出法律议案，提请审议，是符合国情和实际需要的。当然，对于提案权是否属于立法权，可能会存在争议。但从广义的立法权而言，提案权应当是立法权范畴的概念。

(3) 行政法规解释权。行政法规条文本身需要进一步明确界限或者作出补充规定的，由国务院负责解释。具体操作程序是：由国务院法制机构研究拟订行政法规的解释草案，报国务院同意后，由国务院公布或者由国务院授权有关部门公布。

二、行政法规的立法权限界定

（一）行政法规的立法权限及其范围

《立法法》第六十五条规定："国务院根据宪法和法律，制定行政法规。行政法规可以就下列事项作出规定：（一）为执行法律的规定需要制定行政法规的事项；（二）《宪法》第八十九条规定的国务院行政管理职权的事项。应当由全国人民代表大会及其常务委员会制定法律的事项，国务院根据全国人民代表大会及其常务委员会的授权决定先制定的行政法规，经过实践检验，制定法律的条件成熟时，国务院应当及时提请全国人民代表大会及其常务委员会制定法律。"从该条规定可见，国务院行政法规的立法权限包括三个方面：

第一是为执行法律而制定行政法规，此项属于实施性政府立法的范畴。实施性政府立法是指行政机关为了执行法律而制定实施性的法规、规章的立法活动。这种立法往往不直接创制新的实体权利、义务而仅具有执行性。

第二是在其行政管理职权范围内制定行政法规，此项属于自主性政府立法的范畴。《宪法》第八十九条规定国务院享有18项职权。其中首项职权即是制定行政法规和实施其他抽象行政行为。而末位第18项职权则是经全国人大及其常委会的授权而获得的职权，国务院行使这种授权的主要表现形式就是下面要阐述的授权立法。国务院的其他17项职权可概括为：（1）规定各部委的任务和职责，统一领导各部委和地方各级国家行政机关的工作，规定中央和省级国家行政机关的职权划分，审定行政机关的编制和依法任免、培训、考核和奖惩行政人员；（2）编制和执行国民经济和社会发展计划和国家财政预算；（3）领导和管理经济工作和城乡建设；（4）领导和管理教育、科学、文化、卫生、体育和计划生育工作；（5）领导和管理民政、公安、司法行政和监察工作；（6）管理对外事务、同外国缔结条约和协定；（7）领导和管理国防建设事业，决定省的部分地区进入紧急状态；（8）领导和管理民族事务、保障少数民族的平等权利和民族自治地方的自治权利，保护华侨的正当权利和利益，保护归侨和侨眷的合法权利和利益；（9）省的区域划分和批准自治州、自治县、市的建制和区域划分。在上述职权范围内，国务院可以自主地制定相应的行政法规。

第三是经全国人大及其常委会授权，就全国人大及其常委会的立法事项先行制定行政法规，此项属于先行性政府立法的范畴。《立法法》第八条列举了只能由全国人大及其常委会制定法律的事项，主要包括：涉及国家主权，国家机关的职权，民族区域自治、特别行政区、基层群众自主制度，犯罪与刑法，对公民政治权利的剥夺、限制人身自由的强制措施和处罚，对非国有财产的征收，司法、民事和经济基本制度。从宏观上说，这些事项都是有关国家重大的、基本的社会关系。同时，根据《立法法》第九条的规定，在国务院可以先行制定行政法规的事项中，不包括有关犯罪和刑罚、对公民政治权利的剥夺和限制人身自由的强制措施和处罚、司法制度等事项。

（二）行政法规的行政行为设定权

行政法规拥有除法律专属立法权以外的几乎所有的行政行为设定权。一是行政处罚的设定权。行政法规可以设定除限制人身自由以外的警告、罚款、没收违法收入和非法财物、责令停产停业、暂扣或吊销许可证和执照五种行政处罚；还与法律一样拥有设定其他种类行政处罚的权力。二是行政许可设定权。在法律尚未制定的情况下，行政法规有权设定所有六种类型的行政许可；此外，国务院在必要时，可以采用发布决定的方式设定行政许可。三是行政强制设定权。尚未制定法律，且属于国务院行政管理职权事项的，行政法规可以设定除限制公民人身自由、冻结存款或汇款以外的所有行政强制措施，既可以设定查封场所、设施或者财务与扣押财物两类行政强制措施，还可以设定法律保留外的其他行政强制措施；但无权设定行政强制执行。

三、行政法规的效力位阶

制定行政法规是宪法赋予国务院的一项重要职权，也是国务院推进改革开放，实现国家管理职能的重要手段和方式。现行《宪法》第八十九条第 1 项明确将"根据宪法和法律制定行政法规"作为国务院的职权之一。这也反映出行政法规的法律位阶低于宪法和法律。此外，《立法法》第八十八条第二款规定："行政法规的效力高于地方性法规、规章"。可见，行政法规在法律位阶上，仅次于宪法、法律而高于地方性法规、规章。在行政诉讼中，行政法规是人民法院审理行政案件的依据，具有司法适用性。

四、行政法规与地方性法规的关系

有学者指出，在我国的现行法律制度中，行政法规与地方性法规两者之间的关系主要表现为以下三类关系：（1）上位法与下位法的关系。可以说，这一位阶的确定源于宪法的相关内容，在宪法中，以禁止"抵触"的字样规定了地方性法规对行政法规的依附关系。宪法规定地方性法规不得与行政法规相抵触，实际上就是确认两者之间存在着法律位阶关系，即行政法规为上位法，地方性法规为下位法，或许正以此为据，《立法法》明确规定：行政法规的效力高于地方性法规。甚至《最高人民法院关于适用〈中华人民共和国合同法〉若干问题的解释》（1999年12月19日发布）第四条还规定："合同法实施以后，人民法院确认合同无效的应当以全国人大及其常委会制定的法律和国务院制定的行政法规为依据，不得以地方性法规、行政规章为依据。"这不仅是上、下位阶的适用顺序不同，更是用上位阶法来直接否定下位阶法存在的必要性；（2）"母法"与"子法"的关系。自然，地方性立法本身即具有依附性与自主性两重特征，前者主要是指地方立法主要是为了贯彻中央立法的具体内容；后者则是地方性法规固有的立法权限，例如《立法法》规定，"属于地方性事务需要制定地方性法规的事项"，地方性法规可以作出规定。不仅如此，《立法法》还同时规定，除《立法法》第八条规定的事项之外，"其他事项国家尚未制定法律或者行政法规的，省、自治区、直辖市和较大的市根据本地方的具体情况和实际需要，可以先制定地方性法规"。然而，在涉及两者之间的关系范围内，地方性法规的存在则只是为了"执行法律、行政法规的规定"。从这个意义上说，行政法规既是制定地方性法规的根据，也是衡量地方性法规合法性的标尺；（3）制定主体上的行政隶属关系。承认行政法规高于地方性法规，实际上也就是肯定国务院的权力高于省、自治区、直辖市人大的权力。这些内容在《立法法》中规定得更为明显：一是备案制度。根据《立法法》的规定，省级人大及其常委会制定的地方性法规，"报全国人民代表大会常务委员会和国务院备案"，国务院俨然成为省级人大的"上级机关"；二是审查制度。《立法法》规定："地方性法规与部门规章之间对同一事项的规定不一致，不能确定如何适用时，由国务院提出意见，国务院认为应当适用地方性法规的，应当决定在该地方适用地方性法规的规定；认为应当适用部门规章的，应当提请全国人民代表大会常务委员会裁决。"根据该条款的内容，国务院既有权对地方性法规进行与规章是否相吻合的审查，也有权将地方性法规交由全国人大常委会裁决。①

规定行政法规的效力高于地方性法规，在立法实践及制度设定上也造成了诸多矛盾。有学者从以下几个方面对这个问题进行了分析：

（1）根据《立法法》的规定，行政法规的效力高于国务院各部、委员会、中国人民银行、审计署和具有行政管理职能的直属机构制定的部门规章，同时行政法规的效力又高于地方性法规，因此，根据法律位阶的层级性原理，显然可以得出一个简单的推论：部门规章与地方性法规的效力相等，即两者处于同一个位阶之上。然而，按照《立法法》第八十条、第八十二条的规定，地方性法规的效力高于本级和下级地方政府的规章，而地方政府规章在效力上与部门规章的效力等同，显然，《立法法》在处理这一问题上的规定是相互矛盾的。不仅如此，在上述引证的《立法法》的规定，竟然出现了部门规章可与地方性法规相抗衡并需要由国务院来作出裁决的情形，这不啻承认部门规章的效力甚至还可能在地方性法规之上。

（2）如果说行政法规的效力高于地方性法规，按照同样的理由与同样的逻辑，显然可以作出推论：省、自治区人民政府制定的地方规章高于较大的市的人民代表大会及其常务委员会制定的地方性法规（比如说浙江省人民政府的规章高于宁波市人大及其常委会制定的地方性法规），然而，《立法法》对此却没有肯认，而是规定："省、自治区的人民代表大会常务委员会在对报请批准的较大的市的地方性法规进行审查时，发现其同本省、自治区的人民政府的规章相抵触的，应当作出处理决定"。作出这样的规定，据全国人大常委会法工委人员的解释，也曾有个反复的过程：在《立法法》制定过程中，曾有一种意见认为，较大的市作为省、自治区的下级地方政权，其制定的地方性法规不得同省、自治区的规章相抵触。考虑到较大的市制定的地方性法规是经省、自治区人大常委会批准的，因此，其法律的效力应同省、自治区的地方性法规相同，因此，不宜要求较大的市的地方性法规不得同省、自治区规章相抵触。然而明显的是，较大的市的地方性法规与省级人民政府规章，其形式就恰如省级地方性法规与行政法规间的关系，一个要求不得抵触，另一个要求可另行处理，两者之间难以平衡。

（3）如前所述，承认行政法规高于地方性法规，实质上就是承认国务院的地位高于省级人大，因而国务院有权领导地方人大，因而合理的结论也就是：国务院应当有权撤销与行政法规相抵触的地方性法规。然而，根据《立法法》的规定，行政法规与地方性法规的撤销权均属于全国人大常委会。这也说明：（1）两

---

① 胡玉鸿：《试论法律位阶划分的标准》，载于《中国法学》2004 年第 3 期。

种法规的直接监督机关均为全国人大常委会；在省级地方性法规之上的规范性法律文件为法律而非行政法规。（2）位阶的层级相连性也决定了在一个规范性文件之上，不能既有甲法规是其上一位阶的法律文件，又有乙法规是其上一位阶的法律文件这种情形，否则将导致法律位阶本身的不确定。也就是说，如果承认地方性法规的上一位阶的法律文件为全国人大及其常委会制定的法律，那么行政法规就不是其上一位阶的法律文件；如果说行政法规是地方性法规的上位法，那么就意味着法律与地方性法规之间尚隔着一层位阶关系，因而判定地方性法规违宪的重要依据就是违反行政法规的规定，而作为行政法规的制定主体国务院就可以对此类地方性法规予以撤销。然而，根据宪法及《立法法》的规定，并不能得出这样的结论。

当然，在我国现行的立法体制下，也的确存在一种行政法规高于地方性法规的情况，这就是国务院根据全国人大及其常委会的授权，制定规范性法律文件的情形。并且这类规范主要涉及人民的权利和义务，而并非有关行政机构内部运作的规范性文件制定。例如，根据全国人大常委会《关于授权国务院改革工商税制发布有关税收条例草案试行的决定》，国务院制定了《城市维护建设税暂行条例》《事业单位奖金税暂行规定》等一系列税收征收规范性文件。除这种"一揽子"授权的情形之外，还有一种情况，即全国人大及其常委会在单行法律中，授权国务院制定实施细则或补充规定，例如国务院发布的《中华人民共和国水污染防治法实施细则》即根据《中华人民共和国水污染防治法》第六十一条的规定而制定。这类法规学术界称之为"授权性法规"。由于这类法规来源于最高国家权力机关的明文授权，具有"准法律"的性质，因而其地位高于一般的行政法规，也居于地方性法规之上。但除此之外，地方性法规与行政法规之间不存在位阶上的高低关系，两者同属法律之下的第三层级的规范性法律文件。[①]

本书认为，虽然有些困惑，但是在当前自上而下全力推进改革的大环境下，地方性法规对于行政法规的效力层级仍然需要最大程度的尊重与依据。

五、国务院部门的规章制定权

《宪法》第九十条第2款规定：国务院各部、各委员会根据法律和国务院的行政法规、决定、命令，在本部门的权限内，发布命令、指示和规章。

《立法法》第八十条进一步明确，国务院各部、委员会、中国人民银行、审计署和具有行政管理职能的直属机构，可以根据法律和国务院的行政法规、决

[①] 胡玉鸿：《试论法律位阶划分的标准》，载于《中国法学》2004年第3期。

定、命令，在本部门的权限范围内，制定规章。习惯称为"部门规章"。

关于部门规章，需要注意以下几点：一是，《立法法》将宪法赋予国务院部、委的立法权，扩大到了中国人民银行、审计署和"具有行政管理职能的直属机构"，包括中国证监会、中国银监会、中国保监会、中国气象局、中国地震局等。这是在立法实践中很长一段时间内被争论的问题，《立法法》的规定可谓是定纷止争。二是，部门规章的性质属于实施性立法，即部门规章制定的根据是法律和国务院的行政法规、决定和命令，其规定的事项应当属于执行法律或者国务院的行政法规、决定、命令的事项，言下之意，部门规章没有立法创制权。《立法法》在 2015 年修改时对此又作了强调，明确"没有法律或者国务院的行政法规、决定、命令的依据，部门规章不得设定减损公民、法人和其他组织权利或者增加其义务的规范，不得增加本部门的权力或者减少本部门的法定职责"。三是，国务院部门可以制定联合规章，根据《立法法》第八十一条的规定，涉及两个以上国务院部门职权范围的事项，应当提请国务院制定行政法规或者由国务院有关部门联合制定规章，这是一项特别的规定。实践中，各地都在探索区域间的立法协作，如长三角地区、珠三角地区、环渤海地区、东北三省等，都已有区域立法协作的机制，也希望国家能赋予省级政府间有制定联合规章的权力，但《立法法》并未授权，只授权国务院部门之间可以联合制定规章。

六、部门规章与地方性法规、政府规章的关系

《立法法》界定了部门规章和地方政府规章的法律位阶关系，根据《立法法》的规定，部门规章与地方政府规章之间具有同等效力，在各自的权限范围内施行。当部门规章与地方政府规章之间对同一事项的规定不一致时，由国务院裁决。从我国的行政级别看，国务院各部门与省级人民政府是同级的，因此，我们可以理解为，部门规章与省级政府规章的效力是同级的。

但是，有关部门规章与地方性法规的法律位阶关系，学界对此有不同的观点，有人认为，地方性法规是权力机关制定的，部门规章是行政机关制定的，因此地方性法规的效力应当高于部门规章；也有人认为，地方性法规是人民法院审理案件的依据，而部门规章只是人民法院审理案件的参照，因此地方性法规的效力高于部门规章。课题组认为，第一，地方性法规和部门规章的制定主体分属不同的系统，虽然地方性法规是地方国家权力机关制定的，而部门规章是行政机关制定的，但是地方性法规仅在本行政区域内适用，而部门规章负责管理全国范围内某个领域的行政事务。这种权力体系呈"条块分割"的状态，例如，财政部与某省级人大之间是分割的，不存在交叉性和可比性。因此，不能因为地方性法规

归属权力系统而简单认定地方性法规的效力高于部门规章。第二，虽然在行政诉讼中地方性法规是人民法院审理案件的依据，而部门规章只能参照适用，这也只能说明两者在司法适用中的效力问题，不能说明两者在调整社会关系中的法律位阶高低。《立法法》对于如何处理二者在适用过程中的冲突，作出了规定，即：地方性法规与部门规章之间对同一事项的规定不一致，不能确定如何适用时，由国务院提出意见，国务院认为应当适用地方性法规的，应当决定在该地方适用地方性法规的规定；认为应当适用部门规章的，应当提请全国人民代表大会常务委员会裁决。

第五节 地方层面的政府立法研究

一、地方立法的三原则

在《立法法》确立了地方立法权后，对于地方立法应遵循什么原则，有过许多讨论和探索，各地经过积极的各有特色的实践和探索，最后，由全国人大总结出地方立法立足于"不抵触、有特色、可操作"的共识。① 其中，不抵触是前提，有特色是核心，可操作是关键。

（一）不抵触

地方立法的"不抵触"原则是指"制定地方性法规、政府规章要与宪法、法律、行政法规不相矛盾、不相冲突、不相违背。它是确立地方立法权限的基本原则，也是地方立法中讨论最多、最难把握的原则"。② "不抵触"原则是由1979年制定的《地方各级人民代表大会和地方各级人民政府组织法》确立的，③《立法法》再次对该原则进行了明确和肯定。这表明，地方立法与中央立法相比较，

---

① 谢天放等：《地方立法特色研究》，载于上海行政法制研究所编：《地方立法的理论与实务（2005—2006年研究报告集）》，法律出版社2007年版，第72页。
② 谢天放等：《我国地方立法的演变与展望》，载于上海行政法制研究所编：《地方立法的理论与实务（2005—2006年研究报告集）》，法律出版社2007年版，第46页。
③ 1979年的《地方组织法》第六条规定："省、自治区、直辖市的人民代表大会根据本行政区域的具体情况和实际需要，在和国家宪法、法律、政策、法令、政令不抵触的前提下，可以制订和颁布地方性法规，并报全国人民代表大会常务委员会和国务院备案。"

既有合法性，其效力又低于中央立法。这是当代中国地方立法的主要特点，这一特点是由我国单一制国家政体的性质所决定的，体现了宪法所规定的"中央与地方的国家机构职权的划分，遵循在中央的统一领导下，充分发挥地方的主动性、积极性的原则"。

郭道晖先生认为，"不抵触"原则是维护法制统一的最低标准，不抵触既包括直接的不抵触，也包括间接的不抵触。具体标准主要是："（1）不作出与宪法、法律、行政法规基本精神、原则、具体规定相反或相违背的规定；（2）不超越法律、行政法规所赋予的有关设定行政处罚、收费、许可行为的权限；（3）不规定有关分割国内市场，搞地方保护主义的内容；（4）不规定国家的基本政治制度、经济制度、司法制度及其基本程序。"①

对于不抵触原则，原上海市人大法制委主任谢天放认为可以分为三个层次理解："一是不得同宪法、法律、行政法规的具体条文的内容相抵触（法条不抵触）；二是不得同宪法、法律、行政法规的立法精神、基本原则相抵触（法意不抵触）；三是不能超越宪法、法律授予地方人大的立法权限（法权不抵触）。"②

而作为权威解释部门的全国人大法工委对"抵触"情形是这么解释的："（1）上位法有明确规定，与上位法的规定相反的；（2）虽然不是与上位法的规定相反，但旨在抵消上位法的规定的，即搞'上有政策下有对策的'；（3）上位法没有明确规定，与上位法的立法目的和立法精神相反的；（4）违反了《立法法》关于立法权限的规定，越权立法的；（5）下位法超出上位法规定的处罚的种类和幅度的。"③

地方立法如何遵循"不抵触"原则，我们认为需把握以下几点：一是地方立法要坚持国家法制统一的原则，即对《立法法》第八条所明确的法律保留的立法事项，地方立法不能涉及，或者不能作出与上位法相反的规定。二是对于不明确属于法律保留的事项，也不明确属于地方性事务的，应认定为是中央与地方共有立法权的领域。在此领域，法律、行政法规已经作出规定的，地方立法可以制订实施性立法，结合本地实际，细化和补充国家规定，使之更具有操作性，但不能与中央立法的目的相违背、相冲突；法律、行政法规尚未作出明确规定的，地方可以先行立法予以规范，进行探索，但也不能违背上位法的立法目的和立法精神，而是要促进中央立法意图的实现。三是对国家法律、行政法规的实体性的规定（涉及权限和职责），地方立法不能与之相抵触；但对于程序性规定，只要是

---

① 郭道晖主编：《当代中国立法》，中国民主法制出版社1998年版，第951~952页。
② 谢天放等：《地方立法特色研究》，载于上海行政法制研究所编《地方立法的理论与实务（2005—2006年研究报告集）》，法律出版社2007年版，第76页。
③ 张春生主编：《中华人民共和国立法法释义》，法律出版社2000年版，第249页。

有利于高效和便民的，可以作出不一致的变通规定，但不能作出不利于相对人的变通。四是当国家法律、行政法规所规定的事项，在地方客观上难以实施的，地方立法中应当在坚持"法意不抵触"和"法权不抵触"的前提下，按照"可操作"的原则进行补充与完善，这时，简单地遵循"法条不抵触"原则会过于僵化而无法实现立法目标和价值，所以应当慎用"法条不抵触"原则。

如何正确认识"不抵触"原则，我们认为需要划清几条界线：第一，不抵触并不意味着不可以突破。不能理解为"在不超出宪法、法律、行政法规规定范围的前提下"的意思。对上位法有漏洞或缺失的部分进行立法的补充就是突破，但只要其并不与法律、行政法规的立法原则、精神、价值相背离，就不构成相抵触。补充只是一种必要的扩张性立法，是地方立法应有的一部分空间。第二，不抵触也并不意味着下位法要与上位法完全保持一致，不能理解为"根据……"或者"与……相一致"的意思，否则就变成照抄上位法，没有地方立法任何空间了。如从地方实践的特殊需要，对上位法作必要的限缩性立法，虽然不一致，但也不构成抵触。第三，不抵触更不意味着不能细化，地方立法要完成将国家立法在本地落地的使命，理所当然地要结合本地实际进行细化，解决可操作性问题。

有学者提醒，如果对不抵触的理解过于严格，将很可能导致地方立法丧失"活性"，变成中央立法的"附庸"。所以，"地方立法到底在什么范围构成或者不构成对中央立法的抵触，要从保持全国的统一性与地方的主动性、积极性两个层面来考虑"。[①] 这种提醒无疑是中肯的，是具有积极价值的。

那么，怎么来判断地方立法与中央立法是否抵触呢？有学者设计出如下几个步骤：首先，明确地方立法对同一事实，作出了何种超出了中央立法的规定；其次，通过解释，明确相关中央立法的整体性或者具体条款的立法目的。特别是要明确有关目的是否只涉及一个法益，还是体现为对具有内在张力的不同法益之间作出了一个平衡；最后，判断有关地方立法是否妨碍中央立法目的的实现。[②] 这不失为一个可行的方法。另一个可行的检验方法可以借鉴美国的做法：美国《宪法》第6条规定，当州法不能够和联邦法律同时得到遵守的时候，则适用联邦法律，州法无效。也就是说，当行为人遵守根据中央立法履行义务或者行使权力，必然违反地方立法所规定义务的，则有关地方立法构成与中央立法相抵触。

[①] 王锴：《论地方立法权》，载于中国政法大学中德法学院主编《立法权限划分——中德比较》，中国政法大学出版社2015年版，第116页。

[②] 谢立斌：《地方立法与中央立法相抵触情形的认定》，载于中国政法大学中德法学院主编：《立法权限划分——中德比较》，中国政法大学出版社2015年版，第139页。

(二) 有特色

"地方特色"的提法始于20世纪90年代初。1992年唐孝葵主编的《地方立法比较研究》一书中提出了地方立法要体现地方特色。① 在此之前，对地方立法要体现地方特色的要求，更多是理论上的逻辑演绎：1979年7月，全国人大主管立法工作的副委员长彭真同志指出地方立法的根据是各地的具体情况和实际需要。② 其内涵是要求地方立法要从地方的实际出发，制定具有自己特色的地方性法规。在20世纪80年代和90年代，地方立法的主要使命是加快立法步伐，完备法制建设，但在立法步伐加快的发展过程中，在立法数量激增的过程中，地方立法特色却失落了。针对20世纪90年代地方立法在快速发展中出现的一些无序和冲突现象，立法理论界认为迫切需要解决的是中央和地方立法权限的合理分配问题，提出的地方立法特色主要也是从地方立法权限的视角，将地方立法特色理解为地方立法特性的从属概念——与国家立法相对应的从属性、相对独立性。③

进入21世纪以后，随着中国特色社会主义法律体系的逐步形成，在各层级立法不断提高立法质量的大背景下，地方立法体现地方特色的需求得以再现，并成为评价地方立法质量的重要标准。2001年，李鹏同志第一次提出了地方立法要体现"地方特色"的要求；④ 2002年，全国人大常委会工作报告明确指出，"地方特色"就是"从本地的具体情况和实际需要出发，需要规定什么就规定什么，使地方性法规有针对性和可操作性，真正对地方的改革、发展、稳定工作起到促进和保障作用。"2003年，吴邦国同志在全国人大常委会立法工作会议上的讲话进一步丰富了地方特色的内容，赋予了地方特色新的时代内涵。2004年，王兆国同志在全国地方立法研讨会上的讲话指出，地方特色是"地方立法的基础，并将是否体现地方特色作为衡量一部地方性法规质量高低的重要标准"。⑤

目前，对地方立法特色的内涵的认识有三种观点，分别为：创新论，主张地方立法应当强调制度设计的创新性，通过创新制度设计来确立制度的优势，并把制度优势固化为地方特色；针对论，认为地方特色越突出，地方立法的针对性就

---

① 唐孝葵主编：《地方立法比较研究》，中国民主法制出版社1992年版，第60页。
② 中共中央文献编辑委员会：《彭真文选》，人民出版社1991年版，第387页。
③ 李步云、汪永清主编：《中国立法的基本理论和制度》，中国法制出版社1997年版，第222页。
④ 李鹏：《加强立法工作，建立有中国特色社会主义法律体系》，载于辽宁省人大法制委员会编《地方立法研究文选》（第1期）。
⑤ 王兆国：《加强地方立法工作 提高地方立法质量——王兆国副委员长在内蒙古召开的第十次全国地方立法研讨会上的讲话》，载于《中国人大》2004年第16期。

越强，地方特色与针对性是成正相关的关系；地域论，即地方立法的本土化，主张从地域边界理解地方特色，在地方立法排除非本地因素，主张内容的独有性，即"内容只有本地需要"。①

从内容而言，"地方特色"有三种不同的含义："一是本地化。在执行国家法律、行政法规时，地方立法根据本地的实际情况作出具体规定。这种本地实际情况主要是各地的差异性状况。二是独有性。地方自主立法是对地方性事务的调整，地方性事务是指地方特有的事务，一般说来，不需要或者在可预见的时期内不需要由国家立法来统一规定的事务。三是时代精神。地方特色具有时代精神，处于改革的转轨时期和社会转型期的地方立法，在内容上必须反映时代特点。不同改革时期，不同发展阶段，地方立法所要调整的对象不一样，面临的问题不一样，制度安排应该是稳定和创新的协调"。② 谢天放认为，正确认识地方立法的空间，是找准地方立法特色空间的基础。"地方立法权限与地方立法需求的众多交集点，将是地方立法特色的空间。这给地方立法提出了更高的要求，要求改变以往完整性或体系性的立法思维，找准地方立法的针对性，制定出来的法规才能解决本地的实际问题。"③

如何体现"地方特色"？周旺生教授强调：一是地方立法能够充分反映本地区的经济、政治、法制、文化、风俗、民情等对立法调整的需求程度，能够适合本地区的实际情况；二是地方立法要有较强的、具体的针对性，注意解决并能解决本地突出的而中央立法权没有或不宜解决的问题，把制定地方规范性文件同解决本地的实际问题结合起来。④

为了保证地方立法的特色，需要防止发生下列问题：一是防止地方保护主义或本位主义的毛病作祟，切忌把从实际出发原则变为本位主义的代名词。二是避免地方立法与国家立法的趋同性，片面追求与国家立法的配套和衔接，一味追求立法体例的完整性，而导致核心制度的设计缺乏针对性。三是避免不必要的照抄、重复上位法，或者转抄其他地方的立法，看不出本地与异地在经济社会方面的差异。四是既不要抵触，又不要越权，不能强调体现地方特色而超越地方立法主体的职权范围。

---

① 谢天放 等：《地方立法特色研究》，载于上海行政法制研究所编：《地方立法的理论与实务（2005—2006年研究报告集）》，法律出版社2007年版，第73～74页。

② 谢天放 等：《我国地方立法的演变与展望》，载于上海行政法制研究所编：《地方立法的理论与实务（2005—2006年研究报告集）》，法律出版社2007年版，第58页。

③ 谢天放 等：《地方立法特色研究》，载于上海行政法制研究所编：《地方立法的理论与实务（2005—2006年研究报告集）》，法律出版社2007年版，第77页。

④ 周旺生主编：《立法学》，法律出版社2000年版，第376页。

（三）可操作

有学者把立法质量定义为："法律法规能够反映客观规律，并且具有可操作性，能够解决实际问题。"① 可操作性也就是立法的可行性，对于可行性，周旺生教授认为需要注意如下几点：一是所立之法要能为人所接受，法的规定，或所立所禁，能恰到好处或较为适当，不过分。二是所立之法要能为人所实行，要充分顾及所立之法有无能力、人力来较好地贯彻执行。三是所立之法要宽严适度，易于为人遵守。四是所立之法要与国情、地情、民情相吻合。②

地方立法在制度设计时，一般都注意到是否具有"可操作"，即可行性。但是，"从实践看，可操作有难操作与易操作之分，有操作成本高低之别。提高地方立法质量，一个聚焦点就是关注适应本地状况的可操作制度。可操作性作为制度设计实施上的考量，已被多数立法实务人员视为地方立法特色的内在构成要素。作为影响制度设计可操作性因素的社会认可度以及可执行力（本地的财力、执法队伍资源）等因素，也正是影响制度设计的内在变量"。③

如何做到地方立法的可操作性，课题组认为有几个视角：一是实现立法工作的精细化。党的十八届四中全会《中共中央关于全国推进依法治国若干重大问题的决定》也提出了"推进立法精细化"的新要求，这是对过往立法工作经验和教训的总结，是对立法规律最新的认识，也为地方立法的可操作性提供的法理依据。二是始终着眼于将国家统一的制度在本地落地。地方立法虽然有一部分纯粹的地方性事务，但总体而言是执行国家的统一立法，并结合本地实际加以细化和落地。可操作性从某种角度讲就是将国家较为原则性的立法规定进行细化，在本地实施中变得可操作。三是注重国际惯例的借鉴与扬弃。多年来的立法实践告诉我们：对国际惯例和做法，我们可以参照和借鉴，但全盘照抄的成功范例并不多。我们在立法中要知道同样事项国外是怎样的制度设计，其科学性如何，但并不能简单地照搬照抄，往往要完成一个本土化的转换才能成功。四是善待本地的"传统"与"习惯"，传统与习惯是自生自发于当地的社会秩序，更容易被当地民众所认可和遵守。如苏力教授所言："国家法律有国家强制力的支持，似乎容易得以有效贯彻；其实，真正能得到有效贯彻执行的法律，恰恰是那些与通行的习惯惯例相一致或相近的规定。"④ 作为内生于社会的自发秩序，可以说它们是人们反复博弈后形成的在日常生活中已经自觉遵循的"定式"。任何正式制度的

---

① 杨景宇：《加强地方立法工作，重在提高立法质量》，载于《法制日报》2005年3月10日版。
② 周旺生：《立法论》，北京大学出版社1994年版，第230~231页。
③ 上海行政法制研究所编：《地方立法的理论与实务》，法律出版社2007年版，第75页。
④ 苏力：《变法：法治建设及其本土资源》，载于《中国法学》1995年第3期。

设计和安排，都不能不考虑这些非正式的制度。①

二、地方政府的规章制定权

《立法法》第八十二条规定："省、自治区、直辖市和设区的市、自治州的人民政府，可以根据法律、行政法规和本省、自治区、直辖市的地方性法规，制定规章。"

地方政府规章可以就下列事项作出规定：（一）为执行法律、行政法规、地方性法规的规定需要制定规章的事项；（二）属于本行政区域的具体行政管理事项。与地方性法规的立法权限相比较，政府规章有两点不同：一是同为实施性立法，地方性法规可以对"需要根据本行政区域的实际情况作具体规定"，即有一定的自主立法空间，而政府规章实施性立法则没有任何创制性空间。二是地方性法规可以规定"地方性事务"，而地方政府规章只能规定属于"本行政区域的具体行政管理事项"，其自主立法权限小于地方性法规。当然，实践中，对于"地方性事务"与"具体行政管理事项"到底有哪些区别，并没有标准的答案，仍是见仁见智的。

在 2015 年修改的《立法法》，给了政府规章一个新的权限，即两年先行性立法权。《立法法》第八十二条第五款规定："应当制定地方性法规但条件尚不成熟的，因行政管理迫切需要，可以先制定地方政府规章。规章实施两年需要继续实施规章所规定的行政措施的，应当提请本届人民代表大会或者其常务委员会制定地方性法规。"实践中的问题是：先行性的规章的立法权限到底是适用地方性法规的立法权限还是限于政府规章的立法权限？若是后者，则这一授权没有实际意义；若是前者，那么视其为地方性法规的效力，其依据又何在？

实践中，关于政府规章有没有自主立法空间，仍是个极具争议的话题。一种观点认为，按照《立法法》第八十二条第二款第 2 项的规定，对于属于本行政区域的具体行政管理事项，地方政府仍可以自主立法。而另一种观点则依据《立法法》第八十二条第六款的规定："没有法律、行政法规、地方性法规的依据，地方政府规章不得设定减损公民、法人和其他组织权利或者增加其义务的规范。"从而认定政府规章已没有自主立法空间，只能严格遵守实施性立法的界限，不得增减相对人的权利和义务。这两种观点，孰是孰非？目前尚不得而知。

根据新修改的《立法法》，设区的市、自治州的政府同时得到授权，拥有了

---

① 上海行政法制研究所编：《地方立法的理论与实务（2005—2006 年研究报告集）》，法律出版社 2007 年版，第 85 页。

在城乡建设和管理、环境保护、历史文化保护等三个领域里的制定规章权;其起始时间与同级人大及其常委会确定的制定地方性法规的时间同步。也同样拥有先行制定两年政府规章,之后或者上升为地方性法规,或者自然失效。而省会城市、较大的市的政府也和同级人大及其常委会一样,从原来拥有与省级政府相同的立法权,缩小到也限于三个领域,只是认定原来已经制定的超出三个领域的政府规章继续有效。

三、地方政府立法的权限分析

地方政府规章以其量大、涉及面广等特点而成为我国法律体系的基础性组成部分。但是,地方政府立法存在的问题也很多,其中,立法权限划分中的模糊性就是突出问题之一。目前学界比较普遍的观点认为,《中华人民共和国宪法》《地方组织法》《立法法》《行政处罚法》《行政许可法》《行政强制法》等法律中都或多或少地为地方政府的立法权限提供了法律依据。通过梳理法律文本可以发现,地方政府立法权限在制度设计上缺乏宪法规范的支撑,《地方各级人民代表大会和地方各级人民政府组织法》(以下简称《地方组织法》)作为确定地方政府立法权限的最高法源,对其进行了原则性规定。《立法法》作为规范立法活动的专门法,对地方政府立法的权限进行了较为具体的规定,前面已作阐述。此外,《行政处罚法》《行政许可法》《行政强制法》等法律中关于行政行为设定权的规定涉及地方政府立法权限的范围问题。

(一)《宪法》的相关规定

现行《宪法》第一百零七条第一款规定:"县级以上地方各级人民政府依照法律规定的权限,管理本行政区域内的经济、教育、科学、文化、卫生、体育事业、城乡建设事业和财政、民政、公安、民族事务、司法行政、计划生育等行政工作,发布决定和命令,任免、培训、考核和奖惩行政工作人员。"该条款被认为是地方政府规章立法权限的宪法渊源,但是从条文内容上看,《宪法》只规定了地方各级人民政府可以在法律规定的权限范围内,就本行政区域内的管理事项发布"决定和命令",而并没有对地方人民政府制定政府规章的主体资格予以明确,也没有对地方政府规章的权限范围作出相关规定。解释意味着弄清楚文本的含义,基于此,我们可以通过法律解释学的方法对《宪法》的这一规定做出如下分析。

文义解释是法律解释的出发点,"立法者希望达到的具有决定性意义的调整目的必须首先在规范文义中寻找"。① 但是从《宪法》第一百零七条规定的文义本身来看，我们似乎读不出《宪法》赋予地方人民政府规章制定权的含义，而且从《宪法》的上下文中也无法获得相应的含义。

体系解释要求"对任何法律规范，只能按照它们在整个法律秩序的'内外体系'中的地位和功能切合实际地解释与适用"。② 运用体系解释的方法可以发现，《宪法》第八十九条第一项、第九十条第二款和第一百条分别对国务院制定行政法规、国务院各部委制定部门规章和省级人大及其常委会制定地方性法规有明确的表述。第八十九条第一项规定，国务院可以"根据宪法和法律，规定行政措施，制定行政法规，发布决定和命令"。第九十条第二款规定："各部、各委员会根据法律和国务院的行政法规、决定、命令，在本部门的权限内，发布命令、指示和规章。"第一百条规定："省、直辖市的人民代表大会及其常务委员会，在不同宪法、法律、行政法规相抵触的前提下，可以制定地方性法规，报全国人民代表大会常务委员会备案。"从以上几个条文的对比分析可见，对于国务院制定行政法规、国务院各部委制定部门规章和省级人大及其常委会制定地方性法规的权力都是明文规定的，而且在对国务院和国务院部委职权的规定中，制定行政法规/规章与发布决定、命令是并列表述的。因此，不论是从文义解释还是从体系解释的视角，都找不到《宪法》赋予地方人民政府规章制定权的立法意图，否则其完全可以像第八十九条、第九十条和第一百条那样，明确规定相关的地方人民政府可以在不同宪法、法律、行政法规、地方性法规相抵触的前提下，制定政府规章。从另一个角度看，虽然目前地方人民政府制定政府规章都是通过"发布命令"的方式完成的，但两者明显不能画等号，即《宪法》赋予地方人民政府发布命令的权力并不等于《宪法》赋予了地方人民政府制定规章的权力。

历史解释意味着"必须尝试研究社会与思想的初始状态与规范产生的历史，从而认识最初的调整意志与规范目的""准确的规范调整目的的产生历史常常能够给出较文义或体系地位更加可靠的答案"。③ 回顾1982年《宪法》制定的历史背景，当时正处在立法权力下放的初期。"十一届三中全会以后，我国开始从中央高度集权的政治体制向中央集权与地方分权结合的政治体制过渡。1979～1986年是地方立法的起步摸索阶段，地方立法活动不活跃。据统计：1954～1979年，中央立法文件为1 115件，而地方立法数量几乎为零；1981～1986年，国家制定法律79部，年均立法13.2部，22个省级人大及其常委会共制定地方性法规77

---

① ［德］伯恩·魏德士著，丁小春、吴越译：《法理学》，法律出版社2003年版，第323页。
② ［德］伯恩·魏德士著，丁小春、吴越译：《法理学》，法律出版社2003年版，第339页。
③ ［德］伯恩·魏德士著，丁小春、吴越译：《法理学》，法律出版社2003年版，第345页。

件，各省年均立法数量 0.85 件。"① 在各省地方性法规的年均立法数量都不足 1 件的背景下，《宪法》不考虑赋予地方人民政府规章制定权也就不足为奇了。

综上，从法律解释学的视角出发，我们可以得出这样的结论，《宪法》并没有授予地方人民政府制定政府规章的权力，因此不能将其视为地方政府立法权限的法律渊源。基于这一理由，课题组认为，学界在提及地方政府立法权限的渊源时，表述为"源于《宪法》和组织法的立法权"是不严谨的。

（二）《地方组织法》的相关规定

现行《地方组织法》是 1979 年颁布实施的，其间经历了多次修正。在 1982 年 12 月第五届全国人大五次会议对《地方组织法》进行的第一次修正中，增加了省级人民政府和较大的市的人民政府享有规章制定权的内容，具体规定为："省、自治区、直辖市以及省、自治区的人民政府所在地的市和经国务院批准的较大的市的人民政府，还可以根据法律和国务院的行政法规，制定规章"。现行《地方组织法》第六十条第一款规定："省、自治区、直辖市的人民政府可以根据法律、行政法规和本省、自治区、直辖市的地方性法规，制定规章，报国务院和本级人民代表大会常务委员会备案。省、自治区的人民政府所在地的市和经国务院批准的较大的市的人民政府，可以根据法律、行政法规和本省、自治区的地方性法规，制定规章，报国务院和省、自治区的人民代表大会常务委员会、人民政府以及本级人民代表大会常务委员会备案。"该条是《地方组织法》对地方政府立法权限的规定，它规定地方人民政府可以根据法律、行政法规、地方性法规制定规章，进而明确了地方人民政府作为政府规章制定主体的法律资格。但是总体而言，《地方组织法》的相关规定是比较抽象和原则的，其没有明确地方人民政府制定政府规章的具体权限范围，因此在实践立法操作中，无法把握哪些事项应当制定地方性法规，哪些事项可以制定地方政府规章。

《地方组织法》作为宪法性法律，是确定地方政府立法权限的最高法律渊源。由于《地方组织法》对地方政府立法权限的规定比较抽象和原则，使得学界对地方政府立法权限产生了两种不同的学说，一种是"根据说"，认为地方政府规章必须以法律和法规作为依据，如果法律和法规没有规定，就不得通过地方政府规章去规定，更不得为行政相对人设定义务。另一种是"职权说"，认为不能把地方政府规章的规范内容仅仅局限于将法律和法规的规定细则化，而应该将其视为特定行政机关的一种法定职权，不论这种职权是通过法律、法规授予的，还是由

---

① 崔卓兰、赵静波：《中央与地方立法权力关系的变迁》，载于《吉林大学社会科学学报》2007 年第 2 期。

宪法与组织法确认的，只要是在地方人民政府的职权范围内所制定的政府规章，就都认为是合法的。

（三）《立法法》的相关规定

2000年施行的《立法法》对地方政府立法权限做出了专门规定，并涉及了地方性法规和地方政府规章的权限划分问题。2015年修改后的《立法法》对地方政府的立法权限做出了较大调整，一方面扩大了享有地方政府立法权的主体范围，另一方面限缩了地方政府立法的权限范围。享有地方政府立法权的主体范围从49个较大的市扩展到了全部的284个设区的市以及东莞、中山、嘉峪关和三沙这四个不设区的市。同时，设区的市地方政府规章制定事项的范围受到了限制，被限定为"城乡建设与管理、环境保护、历史文化保护等方面的事项"。《立法法》对地方政府立法权限的规定集中在第八十二条，该条规定："省、自治区、直辖市和设区的市、自治州的人民政府，可以根据法律、行政法规和本省、自治区、直辖市的地方性法规，制定规章"。

地方政府规章可以就下列事项作出规定：（1）为执行法律、行政法规、地方性法规的规定需要制定规章的事项；（2）属于本行政区域的具体行政管理事项。

设区的市、自治州的人民政府根据本条第一款、第二款制定地方政府规章，限于城乡建设与管理、环境保护、历史文化保护等方面的事项。已经制定的地方政府规章，涉及上述事项范围以外的，继续有效。

除省、自治区的人民政府所在地的市，经济特区所在地的市和国务院已经批准的较大的市以外，其他设区的市、自治州的人民政府开始制定规章的时间，与本省、自治区人民代表大会常务委员会确定的本市、自治州开始制定地方性法规的时间同步。

应当制定地方性法规但条件尚不成熟的，因行政管理迫切需要，可以先制定地方政府规章。规章实施满两年需要继续实施规章所规定的行政措施的，应当提请本级人民代表大会或者其常务委员会制定地方性法规。

没有法律、行政法规、地方性法规的依据，地方政府规章不得设定减损公民、法人和其他组织权利或者增加其义务的规范。

该条第一款明确了地方政府规章的制定主体，即省、自治区、直辖市和设区的市、自治州的人民政府都是地方政府规章的制定主体。第二款明确了地方政府规章的事项范围，一是为执行法律、行政法规、地方性法规的规定需要制定规章的事项，即实施性立法事项；二是属于本行政区域的具体行政管理事项，即自主立法事项。第三款规定了设区的市、自治州人民政府规章制定权限的事项范围。第四款对除较大的市以外的其他设区的市开始制定规章的时间进行了安排。第五款是对地方政府规章设定临时性行政措施的规定。第六款是对地方政府立法权限的限制性规定。

可见,《立法法》对地方政府规章的制定主体、依据和权限范围的规定无疑比《地方组织法》更加具体更加细化。但是,其中有些条款应当如何理解还需要我们进行进一步的探讨。

第一,"具体行政管理事项"的范围不明确。第二款规定,地方人民政府可以对属于本行政区域的具体行政管理事项制定规章。但本行政区域的"具体行政管理事项"的范围包括哪些,没有明确规定。按照组织参与《立法法》修改工作的立法起草者的解读,公园、电影院等公共场所的管理规定,早市、夜市等市场的管理秩序和学校管理秩序规定等都属于本行政区域的具体行政管理事项,①这种观点是否妥当,课题组认为仍有待进一步论证。②

第二,制定先行性地方政府规章的条件比较模糊。第五款规定:"应当制定地方性法规但条件尚不成熟的,因行政管理迫切需要,可以先制定地方政府规章。"该规定的内容同样存在很多不明确的因素,如何认定"应当制定""条件尚不成熟""行政管理迫切需要"? 由何主体对上述情形进行认定,是由地方人大及其常委会认定,还是由地方人民政府自行认定?《立法法》也没有明确规定。

第三,减损权利、增设义务的规定存在问题。第六款规定:"没有法律、行政法规、地方性法规的依据,地方政府规章不得设定减损公民、法人和其他组织权利或者增加其义务的规范。"笔者认为,该条规定存在语言逻辑问题。在没有上位法依据的前提下,地方政府规章存在的应当是创设公民权利义务的行为,在有上位法依据的前提下,即上位法已经对公民的权利义务做出了规定的前提下,地方政府规章才存在增减权利义务的可能。

第四,设区的市的政府立法的权限过于狭窄。根据《立法法》第八十二条第三款的规定,设区的市的人民政府可以就为执行法律、行政法规、地方性法规的规定需要制定规章的事项、属于本行政区域的具体行政管理事项制定地方政府规章,但是范围仅限于三个方面,即城乡建设与管理、环境保护、历史文化保护。

---

① 武增主编:《中华人民共和国立法法解读》,中国法制出版社 2015 年版,第 304 页。
② 目前,有些地方是通过地方性法规来规范对公园等公共场所的管理,有些地方则是通过地方政府规章来管理。以对公园的规范管理为例,课题组通过检索"北大法宝法律数据库"发现,截至 2016 年 8 月 31 日,通过地方性法规对公园进行管理的有 42 件,如《云南省国家公园管理条例》(2016 年)、《安徽省森林公园管理条例》(2015 年)、《广东省森林公园管理条例》(2015 年)、《江西省森林公园管理条例》(2015 年)等。通过地方政府规章对公园进行管理的有 20 件,如《福建省森林公园管理办法》(2015 年)、《南宁市公园管理规定》(2015 年)、《无锡市公园管理办法》(2015 年)等。可见,通过地方性法规对公园进行规范管理的明显多于通过地方政府规章进行管理的。课题组认为,通过地方性法规对公园公共秩序进行管理更为妥当,因为这其中或多或少会涉及对游客行为的限制和约束,甚至会涉及到采取行政强制等手段和措施,而地方政府规章的立法权限有限,因此这部分内容不适合通过地方政府规章进行规范。

关于上述事项的具体范围，全国人大法律委员会《关于立法法修正案（草案）审议结果的报告》对此进行过说明："城乡建设与管理、环境保护、历史文化保护等方面的事项，范围是比较宽的。比如，从城乡建设与管理看，就包括城乡规划、基础设施建设、市政管理等；从环境保护看，按照环境保护法的规定，范围包括大气、水、海洋、土地、矿藏、森林、草原、湿地、野生生物、自然遗迹、人文遗迹等；从目前49个较大的市已制定的地方性法规涉及的领域看，修正案草案规定的范围基本上都可以涵盖。"① 该说明被学界视为对"城市建设与管理"的权威解读。此外，2015年12月24日印发的《中共中央国务院关于深入推进城市执法体制改革改进城市管理工作的指导意见》中进一步明确了"城市管理"的范围，该意见指出："城市管理的主要职责是市政管理、环境管理、交通管理、应急管理和城市规划实施管理等。具体实施范围包括：市政公用设施运行管理、市容环境卫生管理、园林绿化管理等方面的全部工作；市、县政府依法确定的，与城市管理密切相关，需要纳入统一管理的公共空间秩序管理、违法建设治理、环境保护管理、交通管理、应急管理等方面的部分工作"。通过上述文件可以看出，城乡建设与管理的范畴可以涵盖公共设施建设与管理、公共秩序、交通环境、应急管理等事项。

在立法实践中，设区的市政府立法对上述三类事项特别是城市建设和管理事项，基本上都按照扩大解释的思路进行立法活动，把整个行政法规范的范畴都纳入城市建设和管理事项中。例如，苏州市人民政府制定的2017年政府规章立法计划，包括修订《苏州市人口与计划生育办法》《苏州市燃气管理办法》，同时将《苏州市防雷减灾管理办法（修改）》《苏州市知名商标认定和保护办法（修改）》列为预备项目。② 苏州市人民政府将人口和计划生育、商标认定和保护也归为城市建设和管理事项，属于明显的对"城市建设和管理事项"的扩大解释。课题组认为，立法权限范围的划分，主要目的是为了科学而合理地确定立法事项的不同归属，确定各类立法主体在整个立法权限体制中的地位和相互关系。《立法法》规定上述三类事项的目的是对设区的市的政府立法范围进行适当限制，对于这三类事项之外的事项，应当由法律、行政法规或者省级地方性法规进行立法规范。这种扩大解释是否合理，应当在多大范围内进行扩大解释，直接关系到《立法法》的立法初衷能否实现，也关系到设区的市的人民政府是否能够合法有效地运用好地方政府立法权。因此，全国人大常委会应当适时对此进行解释，同

---

① 《第十二届全国人民代表大会法律委员会关于〈中华人民共和国立法法修正案（草案）〉审议结果的报告》，中国人大网，http：//www.npc.gov.cn/wxzl/gongbao/201809/07/。
② 《苏州市政府立法计划公布　制定规章保护古镇》，人民网，http：//js.people.com.cn/n2/2017/0217/c360305-29732374.html，2018年12月10日。

时列举哪些事项不属于上述三个事项的范畴。

四、《行政处罚法》《行政许可法》《行政强制法》中的行政行为设定权

《行政处罚法》《行政许可法》《行政强制法》并称为行政法"三部曲",在行政法律体系中占据重要地位。这三部法律都对地方政府规章的行政行为设定权进行了规定。探讨地方政府规章的行政行为设定权对于我们研究地方政府规章的立法权限问题具有非常重要的意义,因为如果一个法律文件没有行政行为(主要是行政处罚行为、行政许可行为和行政强制行为)的设定权,那么,这个法律文件在很大程度上就失去了其制定的意义。如果说,《立法法》通过确定地方政府规章的调整范围从而达到限定其立法权限的目的,那么,行政法"三部曲"则是通过确定地方政府规章的调整手段从而达到限定其立法权限的目的。调整范围和调整手段的双重限制共同成就了地方政府规章"有限立法权"的现有格局。因此,在讨论《立法法》的专门规定之外,我们还有必要对这三部法律中的相关内容展开探讨。

《行政处罚法》第十三条规定:"省、自治区、直辖市人民政府和省、自治区人民政府所在地的市人民政府以及经国务院批准的较大的市人民政府制定的规章可以在法律、法规规定的给予行政处罚的行为、种类和幅度的范围内作出具体规定。尚未制定法律、法规的,前款规定的人民政府制定的规章对违反行政管理秩序的行为,可以设定警告或者一定数量罚款的行政处罚。罚款的限额由省、自治区、直辖市人民代表大会常务委员会规定。"该条第一款是关于地方政府规章对行政处罚的实施性规定,第二款是关于地方政府规章对行政处罚的创制性规定,即地方政府规章在一定条件下可以设定警告或一定数量罚款的行政处罚。第二款涉及对行政相对人权利的减损和义务的增加,与《立法法》的规定存在明显的不一致。根据《立法法》第九十二条的规定,同一机关制定的法律,特别规定与一般规定不一致的,适用特别规定;新的规定与旧的规定不一致的,适用新的规定。很明显,《立法法》与《行政处罚法》都是全国人大通过的,属于同一机关制定,须适用新法优于旧法的规则。因此,根据《立法法》第八十二条第六款的规定,地方政府规章在一般情况下无权设定行政处罚,根据第八十二条第五款规定临时性行政措施的情况除外。

《行政许可法》第十五条规定:"本法第十二条所列事项,尚未制定法律、行政法规的,地方性法规可以设定行政许可;尚未制定法律、行政法规和地方性法规的,因行政管理的需要,确需立即实施行政许可的,省、自治区、直辖市人

民政府规章可以设定临时性的行政许可。临时性的行政许可实施满一年需要继续实施的，应当提请本级人民代表大会及其常务委员会制定地方性法规。地方性法规和省、自治区、直辖市人民政府规章，不得设定应当由国家统一确定的公民、法人或者其他组织的资格、资质的行政许可；不得设定企业或者其他组织的设立登记及其前置性行政许可。其设定的行政许可，不得限制其他地区的个人或者企业到本地区从事生产经营和提供服务，不得限制其他地区的商品进入本地区市场。"该条第一款规定了地方政府规章对临时性行政许可的设定权，第二款对地方政府规章等法律文件设定行政许可的事项范围进行了限制。可见，《行政许可法》对地方政府规章设定行政许可的权限设置了诸多前提条件，即必须是在上位法没有设定行政许可，而基于行政管理的现实情况确需立即实施某项行政许可的，地方政府规章得设定为期一年的临时性许可，且该临时许可的事项不得是应当由国家统一确定资格、资质类许可，也不得是社会组织的设立登记及其前置性行政许可，同时也不得通过设定行政许可进行地方垄断。

《行政强制法》第十条第四款规定："法律、法规以外的其他规范性文件不得设定行政强制措施。"该条明确规定了地方政府规章没有行政强制措施的设定权。

通过对上述三部行政法律的文本分析可见，地方政府规章的行政行为设定权（行政处罚、行政许可、行政强制）是极其有限的，即，地方政府规章目前无权设定行政处罚[①]（规定两年期临时行政措施除外）和行政强制措施，仅有权设定一定事项范围的一年期临时性行政许可，这在很大程度上架空了地方政府基于当地行政管理的需要而制定地方政府规章的权力。正如有学者所言，"从行政处罚法到行政强制法的立法理念的变化来看，立法者一直在缩小法律对于规章授权的范围，这就使得规章制定的上位法依据逐渐被压缩在极为狭小的空间内，行政机关试图通过规章的制定以实现对公共资源的配置、环境污染的治理以及城市管理等在将来都会变得寸步难行"。[②]

通过比较可见（见表3-1），在这三部法律所涉及的权限方面，地方性法规和地方政府规章的边界是比较清晰的。

[①] 根据《行政处罚法》第十三条的规定，地方政府规章"可以设定警告或者一定数量罚款的行政处罚"。而根据《立法法》第八十二条第六款的规定，地方政府规章在没有上位法依据的情况下，不得设定减损行政相对人权利或增加其义务的规范。课题组认为，根据新法优于旧法的原则，《立法法》的规定实际上是限制了地方政府规章设定罚款的权限。

[②] 苏峰：《规章限权性规范的内在冲突及其消解——兼评新〈立法法〉第80条和82条》，载于《公民与法》2015年第10期。

表 3-1　　地方性法规和地方政府规章在三部法律中的权限范围比较

	地方性法规的设定权	地方政府规章设定权
行政处罚法	地方性法规可以设定除限制人身自由、吊销企业营业执照以外的行政处罚 法律、行政法规对违法行为已经作出行政处罚规定，地方性法规需要作出具体规定的，必须在法律、行政法规规定的给予行政处罚的行为、种类和幅度的范围内规定（《行政处罚法》第十一条）	省、自治区、直辖市人民政府和省、自治区人民政府所在地的市人民政府以及经国务院批准的较大的市人民政府制定的规章可以在法律、法规规定的给予行政处罚的行为、种类和幅度的范围内作出具体规定 尚未制定法律、法规的，前款规定的人民政府制定的规章对违反行政管理秩序的行为，可以设定警告或者一定数量罚款的行政处罚。罚款的限额由省、自治区、直辖市人民代表大会常务委员会规定（《行政处罚法》第十三条）
行政许可法	本法第十二条所列事项，尚未制定法律、行政法规的，地方性法规可以设定行政许可（《行政许可法》第十五条）	本法第十二条所列事项，尚未制定法律、行政法规和地方性法规的，因行政管理的需要，确需立即实施行政许可的，省、自治区、直辖市人民政府规章可以设定临时性的行政许可。临时性的行政许可实施满一年需要继续实施的，应当提请本级人民代表大会及其常务委员会制定地方性法规（《行政许可法》第十五条）
行政强制法	尚未制定法律、行政法规，且属于地方性事务的，地方性法规可以设定本法第九条第二项、第三项的行政强制措施（《行政强制法》第十条第三款）	法律、法规以外的其他规范性文件不得设定行政强制措施（《行政强制法》第十条第四款）

由于行政处罚、行政许可、行政强制是日常行政管理活动中涉及行政相对人权利减损、义务增加相对常见的三种事项，因此从上述三部法律对地方性法规、地方政府规章的行政处罚、行政许可、行政强制设定权的规定可见，法律将地方性法规和地方政府规章的相应设定范围作了明确划分，其总的价值取向就是严格限制地方政府规章在上述三个事项上的设定权。

由于《行政处罚法》制定时间较早，所以其在涉及地方政府规章减损行政相对人权利、增加行政相对人义务方面，仍然留有一定的余地，但这个缺口在新修改的《立法法》中得到了填补,《立法法》明确规定在没有法律、行政法规、地方性法规的依据的前提下,地方政府规章不得设定减损行政相对人权利或者增加其义务的规范,从而限定了地方政府规章的行政处罚设定权。授权立法亦称委托立法或委任立法,是指依法享有立法权的主体根据经济社会发展的具体情况和实际需要,在其权限范围内通过一定的形式,授权给有关国家机关根据授权要求开展的立法活动。通俗地说,授权立法,是有权立法的主体将自己的立法权,通过授权的方式,赋予没有此立法权限的主体从事超出其立法权限的立法活动。

五、政府规章与地方性法规的权限比较分析

从我国整体的立法体系和框架来说,构建我国地方政府立法权限的法律规范制度,主要需要解决两个方面的问题:一是在法律、地方性法规与地方政府规章立法之间的立法权限划分;二是行政系统内部各级人民政府制定的政府规章的权限划分。其中,地方政府规章与地方性法规的权限划分是重中之重,它涉及同级人大及其常委会与人民政府的权限划分。地方性法规的制定归属于我国的立法系统,其立法行为本身是国家立法权在地方的体现,是地方意志在不与宪法、法律相抵触的前提下的一种表达,其性质属于立法行为。因此,地方性法规在实施性、自主性和先行性立法领域都有"完整"的制定权,其"首要任务是以立法的形式创制性地解决应由地方自己解决的问题,以及在国家立法普适性之下不可能有针对性或有效解决的本地实际问题"。[①] 而地方政府规章的制定归属于我国的行政系统,是行政权在行使过程中依行政程序展开的,是地方行政意志在遵守宪法、法律、行政法规和地方性法规的基础上的体现,其性质属于行政行为。[②] 因此,地方政府规章在实施性、自主性和先行性立法领域的制定权均是"有限"的。这个问题从小的方面说关系到地方人大和地方政府这两大地方治理主体的权限划分,从大的方面说关系到地方治理体系和治理能力的现代化。研究这个问题,对于进一步厘清地方政府立法的权限范围和权限边界、做好地方政府规章与地方性法规之间的衔接等方面,都有十分重要的意义。

---

① 谢天放等:《地方立法特色研究》,载于《政府法制研究》2006 年第 5 期。
② 通常认为,行政机关制定政府规章的行为是行政立法,是行政机关运用行政权所进行的一种抽象行政行为。罗豪才主编:《中国行政法教程》,人民法院出版社 1996 年版,第 141 页;罗豪才主编:《行政法学》,北京大学出版社 1996 年版,第 145 页;叶必丰著:《行政法与行政诉讼法》,高等教育出版社 2007 年版,第 61 页。

《立法法》第七十三条规定了地方性法规的权限，该条规定：

地方性法规可以就下列事项作出规定：（1）为执行法律、行政法规的规定，需要根据本行政区域的实际情况作具体规定的事项；（2）属于地方性事务需要制定地方性法规的事项。

本法第八条规定的事项外，其他事项国家尚未制定法律或者行政法规的，省、自治区、直辖市和设区的市、自治州根据本地方的具体情况和实际需要，可以先制定地方性法规。在国家制定的法律或者行政法规生效后，地方性法规同法律或者行政法规相抵触的规定无效，制定机关应当及时予以修改或者废止。

设区的市、自治州根据本条第一款、第二款制定地方性法规，限于本法第七十二条第二款规定的事项。

地方性法规，对上位法已经明确规定的内容，一般不作重复性规定。

通过对《立法法》第七十三条和第八十二条的对比，可以看出地方政府规章和地方性法规在权限范围方面，不论是实施性立法，还是自主性和先行性立法，都有着明显不同的表述（见表3-2）。但是在实践操作中，要想准确把握和区分两者的权限范围仍然面临不小的困难。

表3-2　《立法法》中地方政府规章与地方性法规的权限范围对比

	地方性法规	地方政府规章
实施性立法	为执行法律、行政法规的规定，需要根据本行政区域的实际情况作具体规定的事项	根据法律、行政法规和本省、自治区、直辖市的地方性法规，就下列事项作出规定：为执行法律、行政法规、地方性法规的规定需要制定规章的事项
自主性立法	属于地方性事务需要制定地方性法规的事项	根据法律、行政法规和本省、自治区、直辖市的地方性法规，就下列事项作出规定：属于本行政区域的具体行政管理事项
先行性立法	除本法第八条规定的事项外，其他事项国家尚未制定法律或者行政法规的，根据本地方的具体情况和实际需要，可以先制定地方性法规	应当制定地方性法规但条件尚不成熟的，因行政管理迫切需要，可以先制定地方政府规章。规章实施满两年需要继续实施规章所规定的行政措施的，应当提请本级人民代表大会或者其常务委员会制定地方性法规

在实施性立法方面,《立法法》规定,地方性法规可以对"为执行法律、行政法规的规定,需要根据本行政区域的实际情况作具体规定的事项"进行立法;①地方政府规章可以对"为执行法律、行政法规、地方性法规的规定需要制定规章的事项"进行立法。②很明显,《立法法》强调了地方性法规在实施上位法过程中,可以"根据本行政区域的实际情况"制定,而政府规章则严格限定在对上位法的实施性细化方面。相较地方性法规而言,地方政府规章的立法空间要小很多。至于在实施上位法的过程中,哪些情况下需要制定地方性法规,哪些情况下需要制定地方政府规章,《立法法》并没有明确。对此,有观点认为实践过程中可以分为四种情况:"第一种情况,法律有明确授权的,地方就应当严格按照法律或行政法规的授权进行,即上位法授权地方人大可以制定实施细则、实施办法的,则由地方人大制定地方性法规;上位法授权地方政府可以制定实施细则、实施办法的,则由地方政府制定规章。……第二种情况,法律同时授权地方人大和地方政府的,则既可由地方人大制定地方性法规,也可由政府制定规章。……第三种情况,法律没有明确授权但需要从本地实际出发对有关法律规定进行细化、具体化的,原则上应当由地方人大制定地方性法规。第四种情况,国务院制定的行政法规,为保证其执行,一般应由地方政府制定规章;如果地方人大认为必要,也可制定地方性法规"。③

课题组赞同上述观点,在遵循上述思路的基础上,对于不属于中央专属立法的事项,在国家层面尚未立法而地方根据本地区经济社会发展情况需要进行创制性立法时,原则上应当制定地方性法规;地方人大认为有必要授权地方人民政府先行制定政府规章的,也可以授权地方人民政府制定地方政府规章。

在自主性立法方面,《立法法》对地方性法规和地方政府规章的权限只在形式上进行了简单的划分。《立法法》规定,地方性法规可以对"属于地方性事务需要制定地方性法规的事项"进行立法;④地方政府规章可以对"属于本行政区域的具体行政管理事项"进行立法。⑤从条文规定可见,地方性法规和地方政府规章在自主性立法的权限方面,最主要的区别就是立法事项的不同,一个是"地方性事务",另一个是"具体行政管理事项"。正确理解"地方性事务"与"具体行政管理事项"的概念是区分地方性法规和地方政府规章立法权限的重要因素。但《立法法》并没有对什么是地方性事务,什么是具体行政管理事项进行进

---

① 《立法法》第七十三条第一款第一项。
② 《立法法》第八十二条第二款第一项。
③ 河北省人大常委会研究室:《地方性法规与政府规章立法权限研究》,载于《人大研究》2007年第3期。
④ 《立法法》第七十三条第一款第二项。
⑤ 《立法法》第八十二条第二款第二项。

一步的明确规定。按照组织参与《立法法》修改工作的立法起草者的解读，"地方性事务"是"与全国性的事务相对应的，是指具有地方特色的事务，一般来说，不需要或在可预见的时期内不需要由全国制定法律、行政法规来作出统一规定"。①"在宪法和地方组织法规定的职权范围内，属于具体行政管理事项，省、自治区、直辖市和设区的市、自治州的人民政府可以制定规章。"②但这一解读仍然没有明确两者的区别或事项边界。课题组认为，"地方性事务"和"具体行政管理事项"所规范的主体和调整的内容都是一致的，即规范的主体都是公民、法人、其他社会组织以及政府机关；调整的内容也都涉及本行政区域内的政治、经济、教育、科学、文化、卫生、环境和资源保护、民政、民族等事务，而且"具体行政管理事项"应当包含在"地方性事务"的范围内。这就导致地方性法规与地方政府规章的权限范围在自主性立法方面很难作出明晰的划分。

在先行性立法方面，《立法法》规定，除第八条规定的事项外，对于国家尚未制定法律或者行政法规的其他事项，可以根据本地方的具体情况和实际需要，先制定地方性法规。对于地方政府规章而言，条件则要苛刻得多，即："应当制定地方性法规但条件尚不成熟的，因行政管理迫切需要，可以先制定地方政府规章。规章实施满两年需要继续实施规章所规定的行政措施的，应当提请本级人民代表大会或者其常务委员会制定地方性法规"。

可见，地方性法规在先行性立法方面的权限是"完整"的，它不受情势限制，也没有实施时限的要求，只需遵守不抵触原则。而地方政府规章在先行性立法方面的权限是"有限"的，一方面它必须是在制定地方性法规的条件尚不成熟，且行政管理又迫切需要采取相应措施的前提下进行。由于地方政府规章的制定周期短于地方性法规，所以在这种情势下，得以先行制定地方政府规章。另一方面，先行性地方政府规章的实施时限是有要求的，即仅能实施两年，两年期满后，临时性行政措施自然失效，若仍需继续实施其所规定的临时性行政措施的，则必须制定地方性法规。

需要说明的是，尽管《立法法》分别对自主性立法和先行性立法进行了规定，但是通过对我国各地立法实践的考察，即使我们根据《立法法》起草者将地方性事务界定为具有地方特色事务的理论作为判断标准，实践中也无法按照"地方特色"的标准对地方性事务与非地方性事务进行确切的区分，进而也就无法对自主性立法和先行性立法进行清晰的边界划定。基于此，本课题组建议在研究中可以将自主性立法和先行性立法合二为一，对现行立法统一按照实施性立法和创

---

① 武增主编：《中华人民共和国立法法解读》，中国法制出版社2015年版，第270页。
② 武增主编：《中华人民共和国立法法解读》，中国法制出版社2015年版，第304页。

制性立法的分类标准展开梳理和探讨。

第六节 面向政府的授权立法

一、授权立法的概念

对于授权立法的概念，学界有不同的界定。

王名扬认为，"授权立法又称次级立法，是指行政机关根据议会授权制定的各种行政管理法规"。[①] 这种观点认为，授权立法的授权主体是立法机关，被授权主体是行政机关，各种行政管理法规的立法权均可以授权。

许崇德等认为，"授权立法是指行政机关依据特定法律的授权，或者依据国家权力机关或上级行政机关通过专门决议的委托，制定的规范性文件"。[②] 该观点与王名扬教授观点的不同之处在于，扩大了授权主体的范围，即授权主体不仅包括国家权力机关，还包括被授权主体的上级行政机关。

周旺生认为，"授权立法又称委任立法、委托立法，是指有关国家机关依据有权立法的国家机关通过授权规定等形式的授权法，在授权范围内进行的立法活动"。[③] 这种观点认为有权立法的国家机关均可成为授权主体，同时强调了授权立法须在授权法的规定范围内进行。

李步云等认为，"授权立法就是指一个立法主体将自己享有的立法权授予另一个能够承担立法责任的机关，该机关根据授权要求所进行的立法活动。如果从名词意义上界定，授权立法就是指被授权机关根据授权制定的具有规范性效力的文件"。[④] 这一观点分别从动词意义和名词意义对授权立法作了界定，强调被授权机关是能承担立法责任的机关。

综合学界对授权立法的上述界定，授权立法的授权主体可以是立法机关，也可以是有立法权的行政机关；被授权主体须是能够承担立法责任[⑤]的国家机关；

[①] 王名扬：《英国行政法》，中国政法大学出版社1987年版，第108页。
[②] 许崇德、皮纯协主编：《新中国行政法学研究综述》，法律出版社1991年版，第207页。
[③] 周旺生：《立法学》，法律出版社1998年版，第367页。
[④] 李步云、汪永清主编：《中国立法的基本理论和制度》，中国法制出版社1998年版，第306页。
[⑤] 这里的立法责任是从广义的角度而言的，即制定影响公民权利义务、具有普遍约束力的规范性文件的责任。

授权立法须在授权范围内进行。

二、授权立法的域外模式

授权立法是许多法治国家采用的一种立法方式,但基于各国的不同国情和文化传统,授权立法的具体形式和内涵也有不同。

(一) 英国

现代意义上的授权立法是19世纪前半叶开始的英国经济和社会改革的产物。由于政府立法任务的加重,以及议会立法不可能应对出现的大量问题,使英国议会不得不将自己的部分立法权授出。1833年通过的英国现代第一部工厂法作出授权,根据该法的规定,任命巡视员制定命令和规章,并且规定,违反就此制定的命令和规章者将被判处刑罚。19世纪末的英国,将立法权授予中央政府部门及其他公共机构的现象有了巨大的增长,根据需要而零星授权的现象显著增加。1893年的规章出版法试图控制中央政府部门的权力增殖,该法创造了一个概念——"成文法的规则和命令",并要求公开出版这些规范性文件。此处的成文法的规则和命令,就是与议会的法律相对应的行政机关通过授权立法而形成的成文法律规范,属于与议会立法并列的两个成文法渊源之一。[①]

第一次世界大战爆发前后,又一次导致了立法权向政府的大量转移。国家处于紧急状态成为人们接受授权理论的主要原因。由于对立法授权问题没有作出令人满意的解释,因此在第一次世界大战后,人们对授权立法问题产生了敌视态度。当人们承认战争时期或紧急情况下的广泛授权时,他们对于和平时期的授权范围和数量提出了疑问。第二次世界大战爆发后,英国议会再次授予行政机关大量的立法权。此时,人们对授权立法提出疑问,对议会广泛授权的行为提出了强烈批评,要求议会对授权立法加强监督控制。在这种情况下,议会于1946年制定了《法定条规法》,该法对法定条规的含义、提交议会的程序、出版公布等问题作出了具体规定。通过制度的完善,使授权立法存在的问题得以解决,并最大限度地发挥授权立法的作用。[②]

目前,英国的授权立法主要通过如下四种途径来实现:其一,行政立法性文件。在现代立法中,赋予大臣的权利主要是通过大臣或者部门条例以及法令来实现的,称之为行政立法性文件汇编。其二,枢密院令。有些特殊权力与宪法问题

[①] 张越:《英国行政法》,中国政法大学出版社2004年版,第560~561页。
[②] 陈伯礼:《授权立法研究》,法律出版社2000年版,第45~48页。

相关，它们特别重要，例如宣布进入紧急状态的权力，这是赋予枢密院会议的权力。实际上，这些权力属于枢密院的内阁成员通过枢密院令的方式行使。其三，地方权力机构的地方性法规。这些法规是由地方权力机构根据议会法的授权范围，在征得相关大臣同意之后制定的。其四，最高法院和郡法院规则。这些是由规则委员会制定的，规则委员会是根据法律规定而组建的，目的在于为法院实务和程序制定相应的规则。规则委员会由法官和资深法律职业人员组成。①

（二）美国

美国是实行三权分立与制衡的典型国家，立法权由且仅由国会行使的观念长期处于统治地位。美国宪法明确规定，立法权由参议院和众议院组成的国会行使，行政权由总统行使。在上述观念的支配下，美国进行授权立法就显得十分不易。从美国宪法中的语言来看，不能把授权理论看成是绝对的、无条件的原则。最高法院在1904年巴特菲尔德（Buttfield）诉斯特拉纳汉（Stranahan）中，第一次使用了这一现代授权理论。在1928年的一个案件中，最高法院把这一原则提炼为：许可的授权必须包含一个"行政机构应当遵守的明确的原则"。然而，美国早期的司法判决在解释授权理论时，表现出一种不妥协的观点。美国联邦最高法院最初主要是通过三个标准来审查国会授权的合法性："第一，确认事实。最高法院认为如果外国对美国产品征收关税，而国会授予总统提高关税的权力，这种授权只是授予行政机关确定议会立法生效对象的权力，只是确认事实而已，并非给予总统授权立法权。国会不得将立法权授予总统是美国宪法的基本原则。第二，决定标准。1904年，联邦最高法院在巴特菲尔德诉斯特拉纳汉一案中认为，国会授权给财政部长建立进口茶叶的等级区分制度，这种行为只是决定标准而非授予立法权，因为国会已经确立了一个主要标准，要求行政机关依此标准而行之。第三，补充细节。在1911年的美国诉格里莫（Grimaud）一案中，联邦最高法院认为，国会授权农业部长制定规则，以保护国家森林，只是授权其去履行概括条款，以达到补充细节的目的，而非立法授权。"② 但是事实上，在上述案件中，行政机关不只是发现事实或提供细节，而是行使了实质性的政策判断权。此后，司法审查的重点逐步转移到审查立法机关是否具体制定了充分标准，以限制行政部门的自由裁量权范围上。

纵观美国早期授权理论的发展可知，最高法院从来没有基于授权原因而判定

---

① ［英］丹尼斯·基南著，陈宇、刘坤轮译：《史密斯和基南英国法》（上），法律出版社2008年版，第309页。

② 陈伯礼：《授权立法研究》，法律出版社2000年版，第50~52页。

议会批准向行政机构授权的行为无效。然而在 20 世纪 30 年代，美国出现了大量的行政独立机构，这些行政机构被授予宽泛的权力以管理经济。为解决严重的经济危机，有些管理型法律因此类授权而被拙劣地设计、起草、实施。

进入 20 世纪 70 年代以后，在美国，法院是否应当宣布宽泛授权违宪的问题再次引起人们的关注。1970 年《行业安全健康法》第 6 条第 2 款第 5 项授权劳工部长发布规则，要求雇主以"适宜的"方式保障工人的安全，以避免工作场所有毒物质对工人的伤害。劳工部长随后发布了一项规章，要求企业采用花费高昂的方法来减少工人接触苯的机会。在对 1980 年的一个案件的审理中，最高法院撤销了该规章。四名法官认为，该规章没达到法律要求的调查结果。另一名法官伦奎斯特（Rehnquist）则认为，《行业安全健康法》的授权违宪，因为法律中所谓要求采用"适宜的"方法的规定，只是一种幻想。实质是议会不愿意以法律来对此问题作出规定，因此把这种困难问题交给了行政部门。而解决这种带有政治性分歧的政策问题，是立法机关的任务。美国一些评论家认为，伦奎斯特法官关于议会放弃立法权的看法，其实是议会的一种普遍做法，因此法院应当利用授权理论宣布某些规章无效。只有通过程序控制和实质控制，授权理论的基本目标才能够得以实现。①

（三）德国

1945 年德国无条件投降后，建立了联邦德国政府。1949 年 5 月联邦德国制宪会议通过了《德意志联邦共和国基本法》（以下简称《基本法》），这部《基本法》是一部临时性的宪法，其以魏玛宪法为蓝本起草，是魏玛宪法的修订，它吸取了希特勒滥用魏玛宪法有关授权立法规定的教训。《基本法》对授权立法问题作了严格的规定，德国授权立法具有下列特点：②

第一，以无立法权力为前提。其他某些国家把授权立法等同于政府立法，但德国学者不接受这种观点。他们认为授权立法是相对于固有立法而言的。行政机关基于固有职权所作的立法，不属于授权立法。在联邦德国，行政机关及其机构制定的两种规范不需要经过议会的授权：一是命令，它是指行政机关用来调控行政内部事务的规范；二是特别法规，它是指特定行政机关制定的与国防、中小学、大学和公共事业相联的规范。上述规定的制定不属于授权立法。只有议会授权行政机关等制定的法律才属于授权立法。

第二，明确区分将立法职权委托于行政机关即政府部门行使与委托自治机构

---

① 陈伯礼：《授权立法研究》，法律出版社 2000 年版，第 56 页。
② 陈伯礼：《授权立法研究》，法律出版社 2000 年版，第 61~63 页。

行使之间的不同。联邦德国授权立法中的被授权机关不限于行政机关，还包括自治组织。授权给行政机关的立法所形成的文件称为"法规"；授权给自治组织的立法所形成的规范性文件成为"规章"，以区别于"法规"。

第三，授权立法权有基本法总设定，有法律具体实施。德国的行政立法权和授权自治立法权都来自于1949年《基本法》的设定，《基本法》第80条第1项规定，联邦政府、联邦部长或州政府根据法律授权，有权颁布法规。但这并不是说，行政机关可以直接依据《基本法》实施授权立法。它们还有赖于具体法律的具体授权，即由具体法律说明授权立法的目的、内容、范围等以后，授权立法方能正式实施。这意味着，法规必须有法律基础。

第四，对授权立法的限制较为严格。联邦德国在对授权立法的限制上，要求比英国更为严格。在英国，至少理论上还可以认为，立法机关无论在什么范围，都可以将自己的立法权授予行政机关行使。联邦德国《基本法》没有将一切立法权力明确地赋予立法机关，相反地，却规定了对于立法机关可以授权的立法权的限制，除来自于宪法的规定外，还表现在行政机关或自治组织行使授权立法时所受到的程序上的制约。此外，联邦德国的授权立法还受到一定程度的司法控制。

三、我国的授权立法实践

我国1954年宪法规定："全国人民代表大会是行使国家立法权的唯一机关"，行使"修改宪法、制定法律、监督宪法的实施"等职权；全国人大常委会行使"解释法律、制定法令"等职权，但法令并不是法律。所以，广义的理解，立法权只有全国人大拥有，其他的主体所拥有的立法权都属于通过授权立法取得的，包括全国人大常委会的立法权。

"五四宪法"所确立的立法体制和立法权限，在实践中首先遇到了不适应社会需要的问题。因为全国人大每年只举行一次会议，而且会议主题一般都是讨论和决定国家经济社会建设事项，会期也相对较短，因此，其立法节奏难以适应经济社会发展的需要。所以，1955年7月，第一届全国人大第二次会议作出《关于授权常务委员会制定单行法规的决议》，决议指出："随着社会主义建设和社会主义改造事业的进展，国家急需制定各项法律，以适应国家建设和国家工作的要求。在全国人民代表大会闭会期间，有些部分性质的法律，不可避免地急需常务委员会通过施行。为此，特依照中华人民共和国宪法第三十一条第十九项的规定，授权常务委员会依照宪法的精神、根据实际的需要，适时地制定部分性质的法律，即单行法规。"这被视为新中国成立后最高国家权力机关第一次授权立法。自此，全国人大常委会依照全国人大授权决定，获得了制定单行法规的权力，但仍无权修改全国人大制定的法律。1959年4月，第二届全国人大第一次会议再次通过决议，授权全国人大常委会在全国人大闭会期间，根据情况的发展和工作的需要，对现行法律中已经不适用的条文，适时地加以修改，作出新的规定。这意味着全国人大常委会拥有了修改法律的权力。当然也有学者认为，新中国成立之初出现的这种立法授权，是全国人大对人大常委会的授权，只是一种内部授权，而非授权立法意义上的外部授权。①

现在所讲的授权立法，一般已排除全国人大常委会作为授权立法对象的情形，即在狭义上的授权立法，主要是指全国人大及其常委会授权国务院、地方人大及其常委会、地方人民政府，以及经济特区、民族地区、特别行政区超出其应有权限的立法权。这里，全国人大常委会已经成为一个授权主体。此外，授权立法还包括国务院授权部委和地方政府制定实施细则、实施办法的行为；地方人大授权地方政府制定实施细则和实施办法的行为。

1984年9月，第六届全国人大常委会第七次会议作出《关于授权国务院改革工商税制发布有关税收条例草案施行的决定》，决定指出："根据国务院的建议，决定授权国务院在实施国营企业利改税和改革工商税制的过程中，拟订有关税收条例，以草案形式发布施行，再根据施行的经验加以修订，提请全国人民代表大会常务委员会审议。国务院发布试行的以上税收条例草案，不适用于中外合资经营企业和外资企业"。1985年4月，六届全国人大第三次会议通过《关于授权国务院在经济体制改革和对外开放方面可以制定暂行的规定或者条例的决定》。决定指出："为了保障经济体制改革和对外开放工作的顺利进行，第六届全国人民代表大会第三次会议决定：授权国务院对于有关经济体制改革和对外开放方面的问题，必要时可以根据宪法，在同有关法律和全国人民代表大会及其常务委员会的有关决定的基本原则不相抵触的前提下，制定暂行的规定或者条例，颁布实施，并报全国人民代表大会常务委员会备案。经过实践检验，条件成熟时由全国人民代表大会或者全国人民代表大会常务委员会制定法律。"自此，开创了全国人大及其常委会授权国务院立法的先例。之所以要授权国务院进行立法，原全国人大常委会委员长彭真同志作了说明，相关立法条件还不成熟，但不成熟就不立法也不利于开展改革和工作，"国务院是最高国家权力机关的执行机关，是最高国家行政机关，是管方针、政策的，特别是管方针、政策执行的，由它制定暂行的规定或者条例，比较好，可以使工作有章可循，有条不紊地进行"。②

---

① 刘莘主编：《行政立法原理与实务》，中国法制出版社2014年版，第108页。
② 彭真：《论新时期的社会主义民主与法制建设》，中央文献出版社1989年版，第265页。

2000年的《立法法》则对授权立法作了系统全面的规范。其中既有对国务院的普遍授权规定，又有对经济特区、民族自治区域的特别授权立法规定。

四、面向政府授权立法的必要性

授权立法是现代法治国家普遍实施的一种立法制度，已成为现代议会经常采用的举措。也就是说，如果没有授权立法，国家就将难以保证立法能够完全适应社会生活的需要，进而难以维持社会生活的正常有效运转。通观世界各国的授权立法，其原因主要有以下四个方面：

第一，议会会期的压力。如果议会想自己制定所有的法律，立法机器将会崩溃，除非对现行的审查议案的程序进行激烈的变革。将立法权授予某一执掌公共服务的政府部门自然就消除了产生立法修正案的必要。虽然许多成文法律文件都提交议会，但只有其中的一小部分能够产生需要议会花费非常小的比例的时间来加以考虑的问题。事实上，议会对于提交到议会的法律性文件中的绝大多数是不进行实质性审查的，而只是保留审查的权力而已，而且即使是审查也只是花费非常有限的时间，仅占其会期的很少比例。

第二，立法涉及的实体问题的技术性。现代立法中，立法的核心问题或者实体问题往往涉及复杂的技术性因素，面对这些技术性问题进行立法，需要先征求专家及利益群体的意见。将立法权授予行政部门将便于实施这种咨询活动。法律议案通常被视为秘密文件，其文本直到提交议会讨论并一读时才予以公开。而在准备授权立法时则不会因这种秘密的习惯而影响立法的进程。同时这也有助于避免成文法律文件中出现过于专业性的、只有相关方面的专家才容易理解的规定。

第三，立法灵活性的需要。当一项新的公共政策创立时，很难预见其运行过程中可能产生的操作上的困难，也不可能频繁地求助议会的立法修正案来满足某一项公共政策开始实施后所产生的调整和需要。授权立法则可以满足这种要求。以英国为例，当社会负担费或者人头税根据1988年的地方政府财政法开始征收后，仅在1989~1991年间，有关政府部门就至少制定了47项规章。但尽管有如此大规模的授权立法的权力的行使，仍不能避免该法沦于失败。但授权立法，给了行政机关相当的自由裁量权，以决定相关法律何时付诸实施的恰当时机，所以仍不失为非常实用的立法技术和行政管理手段。

第四，紧急状态。在国家处于紧急状态的时候，政府可能会需要采取快速行动并超出自己通常所拥有的权力。许多国家的成文宪法都包括有关紧急状态时的规定，其中的重要内容之一就是暂时中止平时对于个人自由所设置的保障。如在英国，1920年的紧急权力法，赋予了行政当局在某些紧急情势下进行立法，这种立法要接受议会的事后监督。①

五、授权立法的类型与特征

授权立法具有下列主要特征：

其一，主体的特定性。也就是说，无论是授权主体还是被授权（受权）主体都具有特定性。授权立法的主体应当具备三个条件：一是授权主体应当是依法享有法定立法权的国家机关；二是授权主体在国家法律体系中的层级应当高于被授权主体的层级；三是授权主体向被授权机关授予的权力应当属于其法定职权立法事项范围内的权力。只有具备了这三个条件，才具备授权立法主体资格。与此相应的受权主体也具有特定性。受权主体也应当具备两个条件：一是受权主体应当是具有完成授权立法项目能力的国家机关；二是受权主体必须是该立法项目完成后的组织实施或者监督机关。

其二，主体的转换性。在授权立法中，授权主体与受权主体是会角色转换的。除全国人大外，在不同的法律关系下，同一个国家机关，在此项授权立法中是授权主体，在另一项授权立法中可能会变成受权主体。如国务院在与全国人大及其常委会的立法关系中，可能是个受权主体，而在地方政府的立法活动中，可能就是授权主体。当然，这种转换性并不意味着可以将被授权的立法权予以转授，而是将自己所拥有的立法权予以授权。

其三，性质的从属性。因为被授权立法的机关原本不享有行使该项立法权，使得其在获得该项立法权之后，必然地要受到法定条件的约束和限制。但这种从属性并不否定其仍具有相对独立性，当被授权主体依法获得该项立法权后，可以以自己的名义行使立法权；在立法过程中可以根据具体实际情况独立自主地进行立法活动；立法的成果可以在其管辖范围内有效施行，不受非法干扰。

授权立法类型是授权机关向被授权机关授出立法权力的种类。总结我国的立法实践，授权立法可以分为三种类型，即普遍授权、特别授权和专项授权。

（一）普遍授权

根据宪法、宪法性法律如立法法、组织法所进行的授权立法一般称为普遍授权立法。《立法法》明确的授权国务院对法律专属立法权的事项先于法律制定行政法规，便属于普遍授权。对此，在《立法法》起草过程中，有不同意见的讨论。一种意见认为，随着民主与法制的发展，应当由法律规定的事项，就要由全

---

① 张越：《英国行政法》，中国政法大学出版社2004年版，第562~563页。

国人大及其常委会进行立法,而不应授权给国务院先行制定行政法规。为什么全国人大制定法律的条件不成熟,国务院制定行政法规的条件就成熟了?法律和行政法规都是在全国范围内实施的法律规范,它们面对的情况是一致的,成熟或者不成熟的标准如何界定?另一种意见认为,授权立法的存在是必要的,但必须对授权的条件、目的和范围作出规定。

关于授权立法,另一个被关注的问题是:《立法法》为什么不对地方人大作普遍授权立法的规定?即将法律专属立法权的事项交由地方人大进行先行性立法。事实上,在《立法法》起草过程中,有些地方也确实提出过这类授权立法的需求,立法机关经过研究论证后没有采纳。

普遍授权还有一种体现方式,是在基本法律中,对某项权限作出"批发"而不实行"零售"。如《行政强制法》中规定的行政机关自行执行程序,就是一种普遍授权,即行政机关无需特别法的规定,直接依据《行政强制法》的规定就可以执行,其中分别规定了催告制度、中止执行程序和终结执行程序、执行回转制度、执行和解制度、人性化执行规定、金钱给付义务的执行、代履行等程序,这意味着,行政机关的自行执行程序,只要符合《行政强执法》规定的条件,就可以按照该法执行。这类普遍授权的价值是通过"批发"而减少了立法成本,提高了执法的效率。

(二) 特别授权

根据最高权力机关专门的授权决定所进行的授权立法称为特别授权立法。特别授权立法最初表现为授权主体经过法定程序,以决定或者决议的形式向受权主体进行的立法授权。前文中所提到的第六届全国人大常委会授权国务院为改革工商税制而发布有关税收的试行条例、第六届全国人大授权国务院对有关经济体制改革和对外开放领域的问题制定暂行规定或条例的决定,均属于这类特别授权立法。

《立法法》颁布后,特别授权立法还表现为《立法法》中明确规定,可以通过决定或决议授权特定立法主体对国家法律、法规和其他上位法作变通规定。

2000年制定的《立法法》第六十三条规定:"经济特区所在地的省、市人民代表大会及其常务委员会根据全国人民代表大会的授权决定,制定法规,在经济特区范围内实施。"其实,对经济特区的授权立法,在《立法法》实行之前就已通过专门的决议和决定分别实施了。

1981年11月,第五届全国人大常委会第十二次会议通过决议,授权广东省、福建省人大及其常委会按照该省经济特区具体情况和实际需要,制定经济特区的各项单行经济法规,并报全国人大常委会和国务院备案。

1988年4月,第七届全国第一次会议通过建立海南经济特区的决议,授权海南省人大及其常委会制定法规,在海南经济特区实施,并报全国人大常委会和国务院备案。

1992年7月,第七届全国人大常委会第二十六次会议,根据七届全国人大第二次会议决定,授权深圳市人大及其常委会制定法规,在深圳经济特区实施,同时授权深圳市人民政府制定规章,在深圳市经济特区实施。

1994年3月,第八届全国人大第二次会议通过决议,授权厦门市人大及其常委会制定法规,在厦门市经济特区实施,同时授权厦门市人民政府制定规章,在厦门市经济特区实施。

1996年3月,第八届全国人大第四次会议通过决议,授权汕头市和珠海市人大及其常委会制定法规,在各自的经济特区实施,同时授权汕头市和珠海市人民政府制定规章,在各自的经济特区实施。

至此,五个经济特区都通过特别授权,拥有了制定地方性法规和政府规章的立法权。其中的变化是,深圳、厦门、汕头、珠海四个经济特区先是由省人大及其常委会制定单行法规,在经济特区实施;再到直接授权四个市的人大及其常委会和政府制定法规和规章;立法的范围也从单纯的经济法规到全部的地方有权立法领域。《立法法》只是把已经在实施的特别授权立法加以肯定和统一。

据悉,在《立法法》起草过程中,对经济特区要不要授权立法,是有不同意见的,有主张取消经济特区立法权的;也有主张不仅不能取消,而且还要加强的,建议经济特区的法规可以变通法律、行政法规的规定。即便主张保留经济特区授权立法的,对经济特区的授权范围也有不同意见,一种主张应当限于对经济体制改革和对外开放方面的事项;另一种意见则认为这与全国人大及其常委会已有的授权不一致,缩小了范围,不妥当。立法机关经过论证后认为,根据实际情况,保留对经济特区的授权立法是必要的。至于特区法规是否可以对法律、行政法规作出变通,没有具体明确。这样,既能适应现在需要有些变通的情况,也为今后的发展变化,留下了空间和余地。

民族区域的立法也是特别授权立法的另一种形式。《立法法》第七十五条规定:"民族自治地方的人民代表大会有权依照当地民族的政治、经济和文化的特点,制定自治条例和单行条例。自治区的自治条例和单行条例,报全国人民代表大会常务委员会批准后生效。自治州、自治县的自治条例和单行条例,报省、自治区、直辖市的人民代表大会常务委员会批准后生效。"

民族自治区域的授权立法,有三个特点:一是明确了法规的名称或者形式,即制定自治条例或单行条例;二是只授权给自治区人大,而不授权给人大常委会和政府;三是明确可以作出变通规定。《立法法》第七十五条第二款规定:"自治条例和单行条例可以依照当地民族的特点,对法律和行政法规和规定作出变通规定,但不得违背法律或者行政法规的基本原则,不得对宪法和民族区域自治法的规定以及其他有关法律行政法规专门就民族自治地方所作的规定作出变通规定。"

此外,对特别行政区的立法授权(如香港特别行政区、澳门特别行政区)也应当视为一种特别授权立法。

(三) 专项授权

专项授权,也被称为法条授权立法,是指立法机关在其制定的法律法规中,利用其中某一条款,将某些立法权授予有关机关的立法制度。法条授权立法具有一定的灵活性,也是最为常见的一种授权立法方式。法条授权立法,意味着在一部法律文本中,可以就某一事项,设定法条,向某一被授权机关作出授权立法规定,也可以就多个事项,向一个或多个被授权主体做出授权立法的规定。例如,《税收征收法管理法》第九十三条规定:"国务院根据本法制定实施细则",这是全国人大常委会授权国务院立法的情形。又如,《失业保险条例》第三十二条规定:"省、自治区、直辖市人民政府根据当地实际情况,可以决定本条例适用于本行政区域内的社会团体及其专职人员、民办非企业单位及其职工、有雇工的城镇个体工商户及其雇工"。这是国务院授权地方人民政府立法的情形。还如,《上海市职业教育条例》第二十六条第三款规定:"本市设立高等职业教育专项经费。专项经费的具体数额及使用办法,由市人民政府另行规定"。这是地方性法规授权同级人民政府立法的情形。

实践中,专项授权立法存在着几个值得关注的问题:一是授权立法是否需要有限制条件?对于在何种条件下,立法主体才能将自己的立法权授予其他主体的问题,法律包括《立法法》并没有明确说明。刘莘教授主张,在下列情形下,才可以授权立法:立法尚且缺乏必要的经验积累,需要试验田进行试验立法;立法内容单一,并且需要专业知识的事项;立法主体时间不够,且授权其他主体立法并无不妥;非统一标准事项。[①] 二是对授权立法缺乏程序规范与控制,被授权主体完成立法的时间要求不够严格,较少专项授权立法中要求同步实施,使授权立法的实施与法律文本的实施并不同步,影响法制的统一性。而《立法法》第六十二条规定:"法律规定明确要求有关国家机关对专门事项作出配套的具体规定的,有关国家机关应当自法律施行之日起一年内作出规定,法律对配套的具体规定制定期限另有规定的,从其规定。有关国家机关未能在期限内作出配套的具体规定

---

① 刘莘主编:《行政立法原理与实务》,中国法制出版社2014年版,第112页。

的,应当向全国人民代表大会常务委员会说明情况。"其实是间接认可了法条授权立法可以不同步实施的现实。这给实践带来了不少问题。三是被授权主体经常是多个而不是一个,通常的表述是由某部门会同其他多个部门制定,造成部门之间依法扯皮,影响授权立法的及时出台。四是授权立法的法律文本层级不够明确,一般只表述"作出规定"或者"另行制定",不明确是制定法规还是规章,实践中部门或政府经常通过制定行政规范性文件的方式,代替立法行为。而按照现在的相关规定,规范性文件一般不得增设权利或者义务,所以无法承担授权立法的使命。上述这些问题都是需要认真研究并加以解决的。

六、立法授权主体与被授权主体

授权立法中的授权主体是指有权将自己的立法权授予其他主体的机关。授权主体的范围如何,目前仍是一个众说纷纭的问题。要回答这个问题,首先需要明确什么是立法权,因为享有立法权是成为授权主体的前提。全国人大常委会法制工作委员会国家法室在《中华人民共和国立法法解读》中认为,根据《立法法》的规定,[①] 只有全国人大及其常委会才能成为授权主体。理由是:"根据宪法规定,全国人大及其常委会行使国家立法权,它可以派生出其他立法权。而行政法规、地方性法规、政府规章等的制定权不是国家立法权,其本身是国家授予的,不具有派生出其他立法权的功能,不能授权其他机关行使立法权。因此,国务院、省级人大及其常委会、国务院各部门和有关地方政府,不能成为授权主体。"[②] 而有一些学者则认为,立法权是一个综合性的权力体系。就立法权的层级而言,既有国家立法权即中央立法权,又有地方立法权。[③] 地方立法权是地方国家权力机关的固有职权,具备自主性与完整性;其并非是国家立法权的一种派生,而是与代议机关性质密切相关,根植于自身权力机关属性的一种国家权力。符合开展授权立法活动的职权要件要求。[④] 此外,除了人大具有立法权外,政府也有立法权。[⑤]

本书认为,我国授权立法的授权主体除了立法机关之外,也应包括部分行政

---

① 根据《立法法》第九条的规定,其所指的授权立法仅指全国人大及其常委会对专属立法权范围内的事项作出决定,授权国务院制定行政法规的活动。
② 全国人大常委会法制工作委员会国家法室主编:《中华人民共和国立法法解读》,中国法制出版社2015年版,第65页。
③⑤ 陈伯礼:《授权立法研究》,法律出版社2000年版,第113页。
④ 周宇骏:《论地方国家权力机关的授权立法:问题与理据》,载于《福建师范大学学报(哲学社会科学版)》2017年第2期。

机关。尽管《立法法》仅规定了最高立法机关可以进行授权立法,①但并未就国务院及其他行政机关、地方立法机关是否可以进行授权立法做出规定。根据《宪法》或《立法法》的规定,国务院及其各部委、省级人民政府、设区的市的人民政府有权制定行政法规或者规章。这一规定实际上为最高权力机关以外的机关成为授权主体提供了可能。在实践操作中,面对地方的特殊立法需求,授权主体的范围早已突破了全国人大及其常委会。国务院、地方权力机关甚至地方人民政府授权其他机关进行立法的现象比比皆是。正如有学者所说:"在中国国情下,授权立法权仅仅来源于最高国家权力机关是不够的……如果地方国家权力机关也有权将其职权立法权授予地方行政机关,这样不仅可以减轻地方权力机关的立法负担,而且能使需要立法调整的问题得到及时地调整。"②

授权立法中所称的被授权主体是指接受授权机关的授权而有权行使授权立法权的机关。③ 在目前我国的授权立法实践中,何种主体可以成为被授权主体并没有达成共识,也没有形成统一的操作规范。美国学者桑顿在《立法起草》一书中认为,"在考虑立法授权的妥当性时,一个重要的问题是,被授权机关对立法机关应当具备的承担责任的能力范围,因此,立法权只能在特殊情况下,授予部门以下的机关,在这种特殊情况下,法律应当规定其他充分的控制手段,或者把这种权力限制于管理性或程序性等非实质事项"。④

七、对授权立法的限制

一是严格遵循授权目的。授权立法,根据不同的目的,可以分为三种:一类是先行性立法,即对面上立法条件不够成熟的事项,通过授权立法先行先试,普遍授权具有这类特点;另一类是变通性立法,即对特定区域授权可以对国家的法律、行政法规或者其他上位法作变通规定,经济特区、民族自治区域的特别授权立法便属此类;还有一类是实施性立法,即将上位法的某项制度作出具体的细化和补充规定,使之更具有操作性,专项授权立法大多属于这类性质。

二是不得超越授权范围。授权立法的范围,严格地说,已超出受权主体应有的立法权限,因此,一旦超越其授权范围进行立法,便会构成违法。所以,《立

---

① 《立法法》第九条规定:"本法第八条规定的事项尚未制定法律的,全国人民代表大会及其常务委员会有权作出决定,授权国务院可以根据实际需要,对其中的部分事项先制定行政法规,但是有关犯罪和刑罚、对公民政治权利的剥夺和限制人身自由的强制措施和处罚、司法制度等事项除外。"

② 宋方青:《中国授权立法新规制之评析》,载于《政治与法律》2001年第4期。

③ 陈伯礼:《授权立法研究》,法律出版社2000年版,第141页。

④ G. C. Thornton: Legislative Drafting, Third edition, Lexis Law Publishing, 1987, p256.

法法》第十条明确:"授权决定应当明确授权的目的、事项、范围、期限以及被授权机关实施授权决定应当遵循的原则等"。

三是不得转授立法权。授权立法具有严肃性,被授权机关应当严格按照授权决定行使被授予的权力,不能将该项立法授权向其他机关转授。

四是授权立法的及时终止。《立法法》第十条第二款规定:"授权的期限不得超过五年,但是授权决定另有规定的除外。"第十一条规定:"授权立法事项,经过实践检验,制定法律的条件成熟时,由全国人民代表大会及其常务委员会及时制定法律。法律制定后,相应立法事项的授权终止。"可见,授权立法具有明显的时效性,是有期限的立法行为,要及时地上升法律文本的层级,并及时终止授权立法。

八、授权立法情形实证分析

目前,在我国的授权立法实践中,按照授权主体和被授权主体的不同,授权立法主要存在如下情形:

(一) 全国人大及其常委会的授权

具体包括以下三种情形:(1) 全国人大对其常委会的授权。例如,新中国制定的前三部宪法均规定只有全国人民代表大会才享有立法权。在这三部宪法效力存续期间,全国人大曾三次授予其常委会立法权。(2) 对国务院的授权。例如,2013年第十二届全国人民代表大会常务委员会第四次会议通过了《全国人民代表大会常务委员会关于授权国务院在中国(上海)自由贸易试验区暂时调整有关法律规定的行政审批的决定》(以下简称《决定》),该《决定》授权国务院在上海外高桥保税区、上海外高桥保税物流园区、洋山保税港区和上海浦东机场综合保税区基础上设立的中国(上海)自由贸易试验区内,对国家规定实施准入特别管理措施之外的外商投资,暂时调整《中华人民共和国外资企业法》《中华人民共和国中外合资经营企业法》和《中华人民共和国中外合作经营企业法》规定的有关行政审批。(3) 对国务院组成部门的授权。例如,《居民身份证法》(2004年)第十二条第二款规定:"公民在申请领取、换领、补领居民身份证期间,急需使用居民身份证的,可以申请领取临时居民身份证,公安机关应当按照规定及时予以办理。具体办法由国务院公安部门规定"。(4) 对省级人民政府的授权。例如,《环境影响评价法》(2003年)第三十六条规定:"省、自治区、直辖市人民政府可以根据本地的实际情况,要求对本辖区的县级人民政府编制的规划进行环境影响评价。具体办法由省、自治区、直辖市参照本法第二章的规定制定"。（5）对经济特区所在的省市人大和政府的授权。1992年授权深圳市人民政府制定规章并在经济特区实施；1994年授权厦门市人大及其常委会、厦门市政府分别制定地方性法规和地方政府规章在经济特区组织实施。1996年授权汕头市和珠海市人民政府制定地方政府规章在经济特区组织实施。（6）对其他组织的授权。例如，《学位条例》（2004年）第十九条规定："本条例的实施办法，由国务院学位委员会制定，报国务院批准"。《工会法》（2001年）第五十六条规定："中华全国总工会会同有关国家机关制定机关工会实施本法的具体办法。"

（二）国务院的授权

具体包括以下三种情形：（1）对其组成部门的授权。例如，《道路交通安全法实施条例》（2004年）第一百一十二条第二款规定："入境的境外机动车申请临时通行号牌、行驶证以及境外人员申请机动车驾驶许可的条件、考试办法由国务院公安部门规定"。（2）对地方人民政府的授权。例如，《国家科学技术奖励条例》（2003年）第二十五条第二款规定："省、自治区、直辖市人民政府可以设立一项省级科学技术奖。具体办法由省、自治区、直辖市人民政府规定，报国务院科学技术行政部门备案"。（3）对地方人民政府组成部门的授权。例如，《铁路运输安全保护条例》（2005年）第八十一条规定："道路运输管理机构依照本条例发放经营许可证件和车辆营运证，可以收取工本费。工本费的具体收费标准由省、自治区、直辖市人民政府财政部门、价格主管部门会同同级交通主管部门核定"。

（三）国务院组成部门的授权

（1）对地方人民政府的授权。例如，公安部、民政部发布的《公安机关人民警察抚恤办法》（1996年）第三十五条规定："对伤亡人民警察及其家属的优待，由各省、自治区、直辖市人民政府根据本地区实际情况制定具体办法"。（2）对地方人民政府组成部门的授权。例如，公安部发布的《公安机关督察条例实施办法》（2001年）第五十二条规定："各省、自治区、直辖市公安厅、局督察机构负责管辖范围内的公安边防、消防、警卫部队的警务督察工作，并结合本地实际情况，制定具体实施办法"。

（四）地方立法机关向同级或下级政府的授权

例如，《上海市市容环境卫生管理条例》第六十二条规定："本市城市化地区以外的其他区域的市容环境卫生管理，由市人民政府参照本条例另行制定管理办法"。再如，上海市人大常委会发布的《上海市人大常务委员会关于促进和保障浦东新区综合配套改革试点工作的决定》（2007年）规定："在坚持国家法制统一原则和本市地方性法规基本原则的前提下，市人民政府和浦东新区人民政府可以就浦东新区综合配套改革制定相关文件在浦东新区先行先试……浦东新区人民代表大会及其常务委员会可以就推进浦东新区综合配套改革试点工作作出相关决议、决定。"

（五）地方人民政府向本级政府部门授权

如《湖北省鼓励外商投资优惠办法》第十九条规定："省计划委员会、经济委员会、财政厅、劳动人事厅、土地管理局、税务局和有关银行可根据本办法对有关问题做出规定，报省政府备案。"

从上述授权立法实践中可以发现，我国授权主体和被授权主体的范围都很大，其中存在的问题主要包括如下两点：第一，有些被授权主体是没有立法权的主体。例如，中华全国总工会、国务院学位委员会分别被授权制定《工会法》和《学位条例》的实施办法。由于这些社会组织并没有立法权，因此，它们根据授权制定的文件的性质、效力就很难界定。第二，有些授权立法过程中跨越的层级过多。例如，国务院直接对地方人民政府组成部门进行授权。

本书认为，今后在被授权主体的范围问题上，应当明确被授权主体的范围。此外，在授权立法过程中，授权主体与被授权主体之间的层级跨度不宜过大，这一来关系到被授权主体能否承担授权立法所带来的相应法律责任，二来有可能会影响到国家政策的公正性。

第七节 政府立法与公共政策

公共政策与立法有着内在的关系。一般法治国家，在法律体系之外，都还有公共政策的运用，并作为对法律体系的有机补充和延伸。一方面，公共政策必须在国家的法律框架内进行，以法律作为准绳；另一方面，公共政策又必须善于面对不断变化的新情况和新问题，适时提出应对新形势的政策主张，为矫正和修改不合时宜的法律奠定基础。有的理论则将公共政策作为法律体系的有机组成部分。

一、公共政策的特点与定位

所谓公共政策，是指政府及其部门或行政机构，运用其行政管理职能来规范、引导经济法人实体、市场主体和个人的行为，以及有效调动和利用社会经济资源，实现公平与效率目标的决定或主张。就性质而言，公共政策是一种政治决策，而不是法律规范。关于公共政策与立法的关系，有必要介绍一下美国法学家罗纳德·M. 德沃金（Ronald M. Dworkin）的"规则—原则—政策"理论。在他的思想中，法律体系中不单有规则，更有"原则"（principles，也可译作原理）和"政策"（policies）。德沃金指出："当法律工作者就法律权利和义务（特别是疑难案件中最棘手的权利和义务）问题进行推理或辩论时，他们使用的标准不是规则，而是原则、政策和其他。"① 在德沃金眼里，"原则"和"政策"相对于规则而言属于同一个层次，但两者同时又有着明显区别。他所说的"原则"源于政治社会生活的道德向度，反映正义和公平的标准，关乎个人和团体的权利。原则"应该得到遵守，并不是因为它将促进或者保证被认为合乎需要的经济、政治或者社会形式，而是因为它是公平、正义的要求，或者是其他道德层面的要求。"② "政策"则是涉及社会性、集体性的目标或目的的一种政治决定，"它们规定一个必须实现的目标，一般是关于社会的某些经济、政治或者社会问题的改善"。③ 可见，德沃金所认知的公共政策与我们基于中国的实践所形成的认知并无二致。

而原则和政策两者的差别性则是十分明显的：公共政策决策的政治性、目的的暂时性、功利性，与原则的法理性、长远性和普遍性，是一种明显的互补关系。原则要求一律，即要求同样情况适用的一致性，而公共政策更多的承认差别性，立足于解决现实发生的急需化解的矛盾和问题。当然，政策经过一段时间的推行，若是被证明是适用的，可以通过立法变成规则，也可以被认定为一种新的原则。也就是说，政策与规则和原则三者在一定条件下是可以相互转换的。

对于公共政策在法律体系中的作用，不少法学家都有共识。最具时代感觉的美国法学家昂格尔（H. M. Unger）就认为：政策导向的法律推理以强调公正性和社会责任性的广义标准为特征。对法律形式主义的反叛似乎是不可避免的并且是有益的。④

---

① 转引自张文显：《二十世纪西方法哲学思潮研究》，法律出版社1996年版，第381页。
②③ [美] 罗纳德·德沃金著，信春鹰、吴玉章译：《认真对待权利》，中国大百科全书出版社1998年版，第41页。
④ [美] 哈罗德·J. 伯尔曼著，贺卫方等译：《法律与革命——西方法律传统的形成》，中国大百科全书出版社1993年版，第47页。

二、公共政策的国际视野考察

世界各国的历史实践表明,除了法律规范以外,公共政策已经成为调控市场经济和社会发展所不可或缺的一个关键性因素。而且,社会经济的发展程度越高,国家宏观调控的重要性越明显,公共政策的作用和影响就越大。

非常著名的是20世纪30年代,面对经济"大萧条"而产生的经济社会问题,美国罗斯福总统制定出台的"罗斯福新政",是公共政策制定与实施的成功典范。第二次世界大战以后,西方国家在城市发展、住宅建设、科技、教育、就业、卫生等领域出台了大量的公共政策措施和计划,以适应第二次世界大战后社会经济高速发展的客观需要。到了20世纪60至70年代,西方发达国家为解决当时面临的各种严重的经济和社会问题,又一次实施了规模空前的公共政策干预。此外,为了提高公共政策的有效干预,还开展了公共政策评估。到了20世纪80年代之后,西方发达国家开展了声势浩大的行政改革运动,其改革的精髓在于注重结果和产出、实行绩效管理、增强公共部门的责任、追求效率,等等,这些改革也都是以公共政策为载体的。

美国经济和社会发展的实践证明,公共政策选择与经济体制类型之间有着十分紧密的内在联系,在公共政策的制定和决策过程中必须切实处理好与立法、与市场经济、与社会发展的关系。在美国的市场经济中,一方面是日益成熟和发达的市场运作,另一方面则是日益扩张的政府活动与公共政策效应。这种"共生"现象的产生与发展以及双向性构成了美国制定公共政策的一大特点。

三、公共政策制定需考量的因素

在公共政策的制定过程中,需要考虑与现有立法之间的关系,处理好政府的公共政策调控与市场调节的关系,需要平衡公共政策的效率与公平之间的关系,还要处理好公共政策的灵活性与稳定性之间的冲突。

(一) 与现有立法的关系

公共政策既不同于立法规范,从某种角度来说,总难免要突破现有法律规范,是对现行法律体系的一种必要的"反叛"(昂格尔语),但又不能与现行法律规范和立法精神明显抵触,需要守住法制统一的底线。这是公共政策制定中的一个难点,需要把握好分寸,平衡好与现行法律规范之间的关系,使公共政策在法律体系的总体框架内适度自主的运行。

（二）公共政策调节与市场调节的关系

公共政策制定中的一个重要方面，是以市场经济发展为基础制定公共政策，成熟的市场经济国家，一般都采取"市场机制＋政府调控"的模式，即：把市场作为资源配置的基础，同时又基于市场作用的局限性而适当运用政府的调控和干预。美国是这样，中国也是这样，即所谓"看不见的手"和"看得见的手"两手抓。正因此，市场配置与政策调节的关系，成为决定一国经济运行状况和资源配置效率的关键性因素。一方面，政府适度有效的宏观经济调控和公共政策选择，对于维持一国经济的可持续发展和形成较强的市场竞争能力都是必不可少的；另一方面，政策调节始终以弥补市场缺陷为出发点，以市场机制正常、有效发挥作用作为归宿。在市场经济条件下，市场始终是资源配置的基础，包括公共政策制定在内的政府活动，不能破坏这个基础，而只能在市场对资源配置作用有效发挥的过程中起促进、补充作用。换句话说，公共政策以市场机制正常发挥作用作为底线，而不能代替市场的功能。

（三）效率与公平的关系

公共政策是以效率与公平为目标的。在效率目标方面，在现代国家治理过程中，从根本上来说，政府公共政策对提高效率的作用和影响来自于市场失灵所造成的效率干扰和效率损失。例如，垄断企业可以通过调高价格达到赚取高额利润的目的；企业污染空气或者倾倒有害废物的行为，致使在与其他同行业企业的竞争中取得不当优势；由于公共产品、公共服务提供的不充分，致使投资者缺乏必要的基础性条件和生产经营环境，等等。这些都会带来社会生产和消费的效率低下。矫正此类弊端只能发挥政府这只"看得见的手"，即用公共政策的手段来进行调节。在公平目标方面，自由放任的市场经济必然会产生高度不平等的收入和消费差距。市场机制解决的主要是效率的问题，而政府行为则侧重于解决社会公平的问题。社会公众对不公平的承受能力是有一定限度的，超出限度就会造成严重的社会对立甚至社会秩序的混乱。因此，公共政策所要追求的目标就在于保持效率的同时促进公平。其中，前者是经济运行的基本问题，后者是社会运行的基本问题，两者是融为一体的，共同构成了经济运行的环境系统。在中国，对这两者的关系表述是：坚持效率优先，更加注重社会公平。

（四）公共政策稳定性与动态性的关系

完善而有效的公共政策必须保持政策的动态性、可变性与连续性、稳定性的统一。一方面，公共政策相对于法律而言，具有灵活性、动态性、针对性的特性，因而是"可变的"；另一方面，公共政策也需要保持相对稳定，具有连续性，不能"朝令夕改"。因此政策主要是解决那些不能由市场或不宜由市场去解决的难题，立足于弥补和矫正市场缺陷乃至失灵的部分，从而实现市场资源配置与政府宏观调控的最佳结合。为此，在公共政策制定与实施过程中，面对新老政策过渡阶段的政策适用竞合时，需要遵循"信赖保护原则"，即新的公共政策出台对相对人不利的，应当遵循"法不溯及既往"的原则；当新政策对相对人有利的，应当遵循"法不溯及既往的例外"原则，做出对相对人有利的决定。这是公共政策稳定性、连续性的具体制度体现。

四、我国公共政策的历史沿革

在中华人民共和国成立以后相当长一个时期内，公共政策是主要的治国理政的方式和依据。直到党的十一届三中全会开始现代法治的进程后，公共政策才开始逐步退居二线，但自始至终没有退出历史舞台，而是与法律规范相配套，成为治国理政的一种不可或缺的方式。在迈入现代法治阶段即构建中国特色社会主义法律体系后，文件治国的传统才被依法治国的理念所替代，但这个过程并不平坦。大致经历了五个阶段：

（一）主要的社会管理依据阶段（党的十一届三中全会以前）

从新中国成立到党的十一届三中全会之前，以红头文件为载体的公共政策是国家治理的主要依据。1954年制定了《宪法》，但仍不完善；而"文革"的十年更是对法律规范以严重的冲击。

（二）双轨制阶段（1978年12月~1990年《行政诉讼法》实施）

改革开放以后，尤其是20世纪80年代初，我国社会主义现代化建设进入新时期，要求"党的政策要经过国家的形式而成为国家的政策，并且要把实践中证明是正确的政策用法律的形式固定下来""从依靠政策办事，逐步过渡到不仅依靠政策，还要建立、健全法制，依法办事。"[①] 这是当时对政策与法律关系的最经典的解读。所谓双轨制，是指我们已开始依据法制治国，但法律体系处于刚刚初建阶段，还不能成为治国理政的主要依据，所以需要经历一个从依靠政策办

[①] "1984年3月彭真同志在省、自治区、直辖市人大常委会负责同志座谈会上的讲话"，参见顾昂然著：《新中国民主法制建设》，法律出版社2002年版，第143页。

事，到既依靠政策办事，又依法办事的特殊阶段。这一阶段经过了十多年。

（三）配套性文件阶段（1990~2000年《立法法》实施）

《行政诉讼法》的实施是我国依法行政的真正起点，因为政府从此开始当被告，开始确立守法的理念。但行政诉讼法并未承认规章的法律效力，只是在没有法律、法规的情况下作为审判的参考依据。在此前提下，以规范性文件为载体的公共政策更不具有法律效力。因此，公共政策开始降格或淡化，成为法律、法规、规章的配套性文件，只是对法律、法规、规章的实施性细化，公共政策不再具有独立性，不再有依政策办事的空间。

（四）严格控制阶段（2000~2006年）

《立法法》的颁布，肯定了规章作为立法范畴的地位，但也因此，规范性文件并不具有立法性质而失去了其制度创制的空间。这一阶段，在法制的框架内，基本不承认公共政策的合法地位。对公共政策的态度是严格控制，似乎要取消公共政策的存在空间，需要进入告别公共政策的时代了。

（五）分类规范阶段（2006年以后）

转折点是2006年，深圳在促进改革与创新的地方立法中，率先提出了规范性文件能否创制改革类举措的问题，他们经过论证，在地方立法中认定，在国家没有制定法律、法规的领域，可以制定规范性文件，将地方的改革举措加以固定。这是全国第一家重新提出制定改革类公共政策的地方实践。之后是上海浦东新区，在国务院授权浦东新区进行综合配套改革之后，也提出了在授权改革领域能否突破现有法律规范，制定公共政策的问题。最终，各方形成共识：因改革需要而制定的公共政策具有合法性，可以突破现有的法律规定。自此，对公共政策和立法重新进入了分类规范的阶段。这是在否定之后的再否定，重新承认公共政策存在的必要性和不可替代性。

五、我国公共政策的类型与特点

作为对法律规范的一种补充，公共政策在我国实际上还有很多的运用领域，有的是传统的领域，有的则是在依法治国、依法行政背景下新涉及的领域，概括起来有五类：

（一）调控类公共政策具有市场型特点

现代市场经济条件下，政府主要运用法律手段对社会经济生活和社会经济秩序进行管理和规范。但是，由于法律规范所能涉及的范围总是有限的，其条款也只能是原则性的，因而，需要某种更为灵活同时又较为规范的方式对法律的有限性进行弥补或调节，这就为调控类公共经济政策带来了需求，奠定了基础。如控制房价无序上涨而出台的"国十条""国八条""国五条"等政策，就属于此类公共政策，其实施不仅可以解决政府在某些无法可依情况下的被动与无奈，而且可以在变幻莫测的市场、经济变动和某些社会冲突中，大幅度增强政府的宏观经济调控能力。调控类公共政策涉及市场监管、资源利用与环境保护等多种事项，主要包括本行政区域内的经济布局、产业结构调整、产业发展、国企改革、国有资产处置等重大发展战略的确定和调整；市场准入条件、特种行业管理、政府定价和调整；土地、矿藏、水流、森林、山岭、荒地、滩涂、海域等自然资源开发利用和生态环境保护政策的制定与调整等。

（二）公共服务类政策具有均等化特性

公共服务类政策涉及包括城市基本设施建设、住宅建设、交通管理等城乡建设事项；社会治安、基层民主法制建设、民政、宗教等社会管理事项；劳动就业、社会保障、科技教育、文化卫生等基本公共服务政策；社会分配调节、居民住房、公共交通、旧城区改造、"菜篮子工程"等重大民生项目的确定和调整；科技教育、文化体育、公共卫生、人口计生等社会事业建设方案的确定和调整。这类公共政策决策直接涉及人民群众的切身利益，是社会普遍关注的热点和社会矛盾的焦点。

（三）改革类公共政策具有创新性特点

大的包括制定国家或者一个行政区域的经济体制改革、行政管理体制改革、财政体制改革等重大政策；小的如高速公路节假日免费政策。改革类公共政策在法治的大背景下，需要以必要的授权为前提，因为，改革意味着在此阶段，该领域或者该地区有权暂时脱离法律体系，进行"先行先试"，所以拿到"尚方宝剑"是必要的前提。也就是说，我们已经进入到授权改革时代，其实质含义是改革要在法治的大框架内进行，而不能"天马行空"，随意往来。

(四) 历史遗留类公共政策具有历史性特点

这类公共政策主要是解决历史上遗留下来尚未彻底解决的问题。这类公共政策在我国一直未中断过，如私房落政、户籍落政等。之所以将其纳入公共政策范畴，是因为对这类落实政策的问题，从未纳入过法治轨道，不属于行政复议和行政诉讼的救济范围，一直是按照"特事特办"的理念单独予以解决的。

(五) 临时性公共政策具有探索性特点

这类公共政策的"吃螃蟹者"是北京市政府，在迎接 2008 年奥运会的过程中，他们面临行政执法手段不够的现实难题，而单独为北京奥运而专门制定法律或行政法规又不太可能，而地方性法规所拥有的立法权限又难以适应需求。在此背景下，经过专家论证，出台了一种临时性行政管理措施的公共政策，只在迎接北京奥运会期间适用，而规定的内容则超出了地方性法规的立法权限。之后的上海迎接 2010 年的世博会、广州迎接亚运会，都参照运用了北京的经验，采取临时性行政管理措施的公共政策。实践证明，这一探索是成功的。

六、公共政策与规范性文件

公共政策与规范性文件其实是有很多交集的，在依法行政背景下，规范性文件是公共政策的主要载体。公共政策则是规范性文件中的一种类型，即改革类规范性文件，其他还有实施类规范性文件、解释类规范性文件等。

改革类的规范性文件因其拥有制度创新的空间，而成为规范性文件中制定和审查难度最高的一种，也往往会成为规范性文件不规范的"重灾区"，并成为政府"朝令夕改"的"示范区"。因此，对公共政策的合法性合理性论证和审查，其实是以对规范性文件的合法性合理性审查为依托的。从某种角度讲，两者是合二为一的。

七、公共政策的评估与立法

美国哈佛大学肯尼迪政府学院的史蒂文·凯尔曼教授（Steven Kelman）提出了公共政策评价的两个标准："一个标准是，政策制定过程是否趋向于产生良好的公共政策。另一个标准是，政策制定过程对于我们，作为人，怎样看自己以及怎样做人是否产生积极的影响。"[①] 前者是一个实体性的标准，即是否产生一个良好的结果，后者则是程序性的标准，即过程是否体现公正并具有良好的影响力。

（一）公共政策评估的域外考察

公共政策评估作为一个专业领域的实际工作，是20世纪初伴随着现代科学方法的发展以及政策研究的广泛运用而产生和发展起来的。第二次世界大战后，伴随着发达国家公共政策的大量制定，评估的各种社会研究方法逐步发展成熟，提高了公共政策评估的有效性和可靠性。80年代后，随着计算机技术的应用，公共政策评估获得了最为迅速的发展。90年代以来，公共政策评估得到了越来越多国家和国际组织的重视，联合国、世界银行、经济合作发展组织（OECD）等国际组织都开展了公共政策评估工作。

美国在20世纪50年代实行绩效预算之后，受重塑政府运动和新公共管理运动的影响，几乎每一届政府都在前任的基础上提出新的政府绩效评估法案。例如，尼克松总统在任时，实行目标管理，并于1973年颁布了《联邦政府生产率测定方案》；卡特总统上任后则开始推行零基预算；里根与老布什时期则倡导全面质量管理。克林顿政府于1993年出台了《政府绩效与结果法案》。2002年小布什政府颁布了《项目评估定级工具》。2003年9月，制定了《政策规定绩效分析》文件，其对实施公共政策绩效评估工作进行了比较系统和全面的规定。2011年1月，奥巴马总统签署了《政府绩效与结果现代化法案》。总体而言，美国的公共政策评估主要包括三个方面的内容：一是政策的必要性分析；二是政策的合法性分析；三是对公共政策的执行效果分析。评估的主要方法是成本效益分析，通过成本效益分析为决策者提供最有效率的方案，即提供能够产生最大社会净收益的方案；对于那些不能以货币计算损益的情况，则利用定性分析方法。同时，政策评估的整个过程充分体现公开、透明原则。

法国的公共政策评估分为中央部门和地方政府两种类型，其中，中央部门的评估主体一般为国家级的评估机构。地方政府的公共政策评估方式主要有三种：一是评估专员，5万人口以上的城市一般采用此方式；二是评估处，省级政府采取此方式；三是集体评估机构，大区评估采取此方式。法国的公共政策评估具有明确的法律保障。法国政府1985年颁布法令，规定国家级的计划、项目如果未经政策评估则不能启动，进而从法律上确立了政策评估的地位。同时，法国赋予了评估机构一定的权力，在评估过程中如果报告人认为有必要，可以组织向新闻

---

① ［美］史蒂文·凯尔曼著，商正译：《制定公共政策》，商务印书馆1990年版，第179页。

媒体开放的听证会,并将听证会的小结作为报告的附件体现在报告中,报告将直接作为公共政策的立法讨论和预算参考。此外,评估人员需要具备一定的资格,并在评估中承担一定的法律责任。法国2002年成立了全国评估委员会,该委员会负责领导跨部门的评估工作。评估报告一旦确定,被评估机构必须根据评估报告的建议采取措施,并向有关的政府主管部门报告采取措施的情况。

日本的政府政策评估系统以部门的自我评估为基础。总务省主要是对各部门的自我评估进行指导并对评估报告进行检查,同时还负责开展涉及广泛议题的跨部门的评估活动。政策评估是日本行政改革的核心部分,也是日本政府绩效评估的主要内容。日本的地方自治体于20世纪90年代率先引入了政府评估制度。1997年12月,桥本龙太郎在中央政府引入了"再评估制度",该制度要求与公共事业有关的六省厅必须对所有公共事业开展政府评估。2001年,日本颁布《政府政策评估法案》,该法案规定了政策的基本事项,主要包括三个方面:一是政府各部门必须适时把握相关政策的效果,从必要性、效率性和有效性等角度开展自我评估,并在相应的政策制定中反映评估结果;二是在遵守关于政府总体政策评估的基本方针的基础上,各部门需要制订中期基本计划和年度实施计划,并将政策评估结果编制成评估报告向社会进行公布;三是为确保政策评估的统一性、综合性和客观性,总务省负责每年对政府各部门的政策进行评估,向国会提交年度政策评估报告书并向社会公布。目前,中央政府部门和地方政府都普遍开展政策评估。除自我评估外,日本还根据需要委托第三方机构进行外部评估,目前很多地方都由这类外部评估机构提供评估服务。

韩国是较早开展公共政策评估的国家之一,并将公共政策评估纳入政府绩效评估体系中。早在20世纪60年代,韩国政府就开始对公共政策和项目进行评估,当时的评估主要集中在投入和产出的测量上。80~90年代中期,政府绩效评估侧重于对公共政策和项目的效率及效益的测定方面。金大中执政后,着手改革传统的政府绩效评估制度,发展出一套以公共政策绩效评估为重点的新评估体系。2001年,韩国颁布了《政策评估框架法案》,该法案详细规定了政策评估原则、评估主体、评估类型、评估程序、评估结果的使用和公开等内容,对于政策评估制度的广泛推行起到了极大的推动作用。政策评估的主要内容有三方面:一是政策评估;二是政策实施能力的评估;三是公民、客户对政府服务和政策实施的满意度调查。2006年4月,韩国政府实施《政府业务评估基本法》,使原先分散且重复的各种评估制度合为一体,从而确立起一体化的政府绩效评估制度。

(二) 中国公共政策的评估制度

客观而言,中国在建立健全科学民主决策机制的过程中,不同程度地存在着重事前、事中而轻事后的问题，公共政策决策执行的跟踪反馈机制相对薄弱。因此，国务院于2004年发布的《关于全面推进依法行政实施纲要》中提出，要建立决策跟踪反馈制度。国务院2008年发布的《关于加强市县政府依法行政的决定》则进一步要求，"建立重大行政决策实施情况后评价制度。市县政府及其部门做出的重大行政决策实施后，要通过抽样检查、跟踪调查、评估等方式，及时发现并纠正决策存在的问题，减少决策失误造成的损失"。① 目前，对包括公共政策在内的重大行政决策进行后评估已经成为确保行政决策实施效果的重要措施。

关于公共政策评估时间的确定，由于不同决策事项实施效果的反映周期有所不同，组织实施难度也有所不同，因此对评估时间不宜进行"一刀切"的规定。公共政策后评估的时间可以在做出政策决策时一并确定，也可以在政策决策实施一段时间后，根据实际需要确定。

关于公共政策评估主体的确定，具体承担评估任务的机构可以由决策机关根据实际情况在下列主体中进行选择确定：一是决策机关自身。由决策机关自行组织评估的优点在于：决策机关对决策本身有着较为透彻的认识和把握，并且对重大决策事项的执行往往具有指导、检查、督办、协调的职能，在权威性和信息反馈渠道方面具有优势，可以为决策提出调整和修正建议提供更为便利的条件。由决策机关自行组织评估的缺点在于：对专业性问题的了解可能不深，信息来源多依赖于行政部门，不可避免会受其影响。二是负责内部监督的机关或机构。由负责内部监督的机关或机构组织评估的优点在于：监督机关一般具备比较成熟的监督评价系统，且立场比较客观公正。缺点在于：监督机关在专业知识方面可能比较欠缺，对决策的背景、目的、措施设定的考虑等可能了解不够深入。三是决策执行机关。由决策执行机关组织评估的优点在于：执行机关对决策执行的真实情况最为熟悉，容易及时发现问题，降低评估成本、提高评估效率。缺点在于：由于执行机关往往与决策事项存在一定的利害关系，因此有可能难以完全做到客观公正。四是社会专业评估机构。由社会专业评估机构组织评估的优点在于：具备成熟的评估技术，评估地位较中立，更有利于客观反映政策实施的实际情况。缺点在于：可能对决策的背景、目的、措施设定的考虑以及一些专业性问题和实际操作状况了解不够，进而可能影响评估的效果。鉴于各类评估机构均有其自身的优缺点，因此，决策机关实践中可以选择两个或者两个以上的评估机构协作开展评估，以发挥不同评估机构的各自优势。

---

① 《国务院关于加强市县政府依法行政的决定》，中央人民政府官网，http://www.gov.cn/zwgk/2008-06/18/content_1020629.htm，访问日期2018年9月20日。

为使公共政策评估的启动有机制保障，作为公共政策载体的行政规范性文件实行"有效期"制度，即"日落条款"是个好的制度设计。目前大多数省级政府都对规范性文件实行有效期制度，如上海将规范性文件的有效期分为三类：一般规范性文件不超过 5 年；实施类规范性文件最长不超过 10 年；试行、暂行的规范性文件不超过 2 年。

（三）公共政策上升为立法

在我国现有制度框架下，公共政策并不是法律体系的有机组成部分，只是对法律体系在实践中的一种补充和优化。但从价值取向上，并不鼓励公共政策游离于法律体系和法律规则之外，而是要有机的联系与衔接。这种联系体现为两个方面：一是在法律体系相对稳定的基础上，公共政策着重体现其灵活性、调控性的功能，作为法律规则的补充。调控类、公共服务类、改革类的公共政策都具有这种性质；二是在实践一段时间，被证明为有效、可行的公共政策，通过立法上升为法律性规范，在面上推广，或将其固化。

第八节　完善国家层面政府立法的相关建议

自新中国成立尤其是党的十一届三中全会以来，我国政府立法建设取得了一系列成就。但是，在结构体系、立法权限划分、立法程序等方面也存在一些问题。课题组在对这些建议进行分类梳理及分析的基础上，试图提出一些下一步政府立法体系建设完善的建议。

一、有效解决现阶段的立法权限问题

（一）按照《立法法》严格界定政府立法的权限划分

《立法法》颁布实施之前，由于对中央与地方、立法机关与行政机关之间立法权限划分不明确，有相当数量的法律规范性文件，是在立法权限不清的背景下，为适应当时社会管理的需要制定。例如，由于专属立法权没有明确，行政法规规定了一些本应由法律规定的内容。又如，现行政府立法结构不合理，行政法类所占比重小。再比如部门规章创制性的问题。《立法法》颁布实施，确立了我

国的基本立法体制，根据其中对立法权限划分的规定，现行的行政法规、部门规章，有相当数量需要通过清理上升、废止或者修订。并且，对于关注民生、生态文明、和谐社会建设等方面的内容应当及时完善。

在《立法法》颁布实施前，由于国家立法制度不健全，对于国家专属立法权没有明确规定，对于法律与行政法规、部门规章等之间的权限划分没有明确界定，因此，所制定的行政法规中，对于民事、商事、经济等方面的事项都有涉及。《立法法》颁布实施后，明确了行政法规可以规定的内容。行政法规可以就下列事项作出规定：（一）为执行法律的规定需要制定行政法规的事项；（二）宪法第八十九条规定的国务院行政管理职权的事项。并且在第八条中规定，关乎民事基本制度，基本经济制度以及财政、税收、海关、金融和外贸的基本制度，以及诉讼和仲裁制度等的事项，只能由法律制定。①

根据《立法法》的精神，宪法类、民法商法类、刑法、诉讼和仲裁类法规都不适宜纳入政府立法当中，经济法类，对于基本经济制度也不应当由行政法规规定。政府立法所能包括的只有行政法类、行政程序法类、微观经济和社会法类行政法规。因此，建议国家对于现有的行政法规应当进行及时清理，采取上升、修订、废止等措施，并在今后的行政立法中确立相应的原则，使现行政府立法在结构上得到优化。如1982年1月21日公布的《劳动教养试行办法》，违背了《宪法》第三十七条关于人权保护以及《立法法》第八条关于立法权限的规定，相关制度已于2013年废止，该办法应当适时废止。再如1993年4月22日以国务院令公布的《股票发行与交易管理暂行条例》，是对于金融基本制度的规定，应属法律保留事项。

（二）完善授权立法制度

我国法律体系中的授权立法，分为普遍授权立法、特别授权立法和专项授权立法三种。《立法法》第九条规定："本法第八条规定的事项尚未制定法律的，全国人民代表大会及其常务委员会有权作出决定，授权国务院可以根据实际需要，对其中的部分事项先制定行政法规，但是有关犯罪和刑罚、对公民政治权利的剥夺和限制人身自由的强制措施和处罚、司法制度等事项除外。"即是普遍授

---

① 《中华人民共和国立法法》第八条，下列事项只能制定法律：（一）国家主权的事项；（二）各级人民代表大会、人民政府、人民法院和人民检察院的产生、组织和职权；（三）民族区域自治制度、特别行政区制度、基层群众自治制度；（四）犯罪和刑罚；（五）对公民政治权利的剥夺、限制人身自由的强制措施和处罚；（六）对非国有财产的征收；（七）基本民事制度；（八）基本经济制度以及财政、税收、海关、金融和外贸的基本制度；（九）诉讼和仲裁制度；（十）必须由全国人民代表大会及其常委会制定法律的其他事项。

权立法的一种。根据此规定，一些本应由法律规定，而国家尚未制定法律的事项，全国人大及其常委会可以通过宪法性法律、组织法等授权立法的形式，授权国务院先制定行政法规，待条件成熟后，再上升为法律。由于国家立法资源的有限，和空白领域需要法律调整的紧迫性，使授权立法成为出台过渡性措施，对一些领域进行及时调整的有效措施。实践中，在《立法法》颁布实施之前，作为国家最高权力机关的全国人大及其常委会，对国务院的特别授权立法曾经有过三次。①《立法法》颁布实施后，授权立法运用较少。当前，我国处于深化改革的时期，在和谐社会、科学发展观、公平正义建设等方面，对立法都提出了新要求。在不可能都及时出台法律的情况下，可以通过完善授权立法，通过先出台行政法规，使一些新的社会领域，有可以依据的基本规范，而不是无据可循。具体的，一是对于已有法律，可以通过特别授权方式，由国务院制定行政法规，对其中的改革事项和管理予以规范；二是对于暂无法律调整的，可以通过普遍授权或者专项授权方式，解决法律调整空白的问题；三是为保证授权立法的严肃性，应当在经授权所立的行政法规中，通过规定落日条款，使其在达到一定期限后自动失效；四是对一些暂行或者试行规定，应当明确暂行或者试行的期限，如最长不得超过五年。事实上，在这次法规清理中也反映了这个问题，有大量20世纪90年代甚至80年代的暂行或者试行规定，由于缺少失效条款，到现在仍然在被适用。社会各界对这些规定也提出了相当多的意见。对这些暂行或者试行规定，应当及时清理，能够上升为法律的，及时上升；不能够上升的，建议废止、修改，或者确定失效，以保障授权立法的严肃性。

（三）规范部门规章创制性的问题

《立法法》第八十条规定："部门规章规定的事项应当属于执行法律或者国务院的行政法规、决定、命令的事项。"该条款的规定，明确了部门规章只能是实施性规定的性质。而实践中，仍有大量部门规章制定于《立法法》出台之前，属于创制性规定，超出上位法规定的事项范围，甚至规定上位法未规定的事项。因此，有必要对部门规章进行梳理，需要上升的及时上升为行政法规。要创制部门规章，必须由国务院决定或者命令授权制定。无原则性规定和授权，不能随便创制。

---

① 第一次是1983年，授权国务院修改和补充关于安置老弱病残干部暂行办法和关于工人退休退职暂行办法；第二次是1984年，授权国务院制定和发布税收暂行条例；第三次是1985年，授权国务院制定有关经济改革和对外开放方面的暂行规定和条例。

二、完善开门立法的相关制度

近些年,随着依法治国、法治政府建设的推进和不断深化,民主立法、开门立法成为新时期法治建设的热点。[①] 民主法制建设,很重要的一方面,就是在立法过程中充分听取民意,将群众意见反映到立法决策中去。行政法规由国家最高行政机关制定,在横向上,涵盖了国家行政管理的方方面面;纵向上,在全国范围内适用。再加上规定事项一般都较为具体,关乎民生。因此,在立法过程中是否发扬民主、关注民意,可以说决定了行政法规是切实可行,还是一纸空文的关键。

事实上,在国家立法中,已有条款体现了对行政法规制定程序民主化的关注。[②] 对于行政立法应当深入基层调查研究、听取意见,召开论证会、听证会,部门间协调等都有一些规定。但总体来说,开门立法程序不完善,制度不健全仍然是我国行政立法的现状。例如,对于送审稿直接涉及公民、法人及其他组织切身利益,从而有必要举行听证会,并没有认定的程序性要求。实践中,都是由起草机关自己决定是否召开。而且根据现有的规定,即使直接涉及,国务院法制机构也可以选择不召开。再比如,行政法规送审稿在地方征求意见,往往时间过短,除去公文流转的必要时间,真正落实到征求意见环节,经常只有不到一个星

[①] 2002年1月,我国政府有关部门第一次举行全国性的行政决策听证会,至今各地举行的各类听证会达数千次。2005年7月,《物权法(草案)》向社会公布征求意见;2005年9月,全国人大常委会举行历史上首次立法听证会,就《个人所得税法》修改听取社会建议;2006年3月,《劳动合同法(草案)》也向社会公布征求意见。具体内容见《理论热点连载十二:由开门立法谈起》,2006年9月25日,人民网,http://theory.people.com.cn/GB/40557/68689/70875/4853009.html。

[②] 《立法法》第六十七条:"行政法规在起草过程中,应当广泛听取有关机关、组织和公民的意见。听取意见可以采取座谈会、论证会、听证会等多种形式。"

《行政法规制定程序条例》第十九条:"国务院法制机构应当将行政法规送审稿或者行政法规送审稿涉及的主要问题发送国务院有关部门、地方人民政府、有关组织和专家征求意见。国务院有关部门、地方人民政府反馈的书面意见,应当加盖本单位或者本单位办公厅(室)印章。重要的行政法规送审稿,经报国务院同意,向社会公布,征求意见。"

第二十条:"国务院法制机构应当就行政法规送审稿涉及的主要问题,深入基层进行实地调查研究,听取基层有关机关、组织和公民的意见。"

第二十一条:"行政法规送审稿涉及重大、疑难问题的,国务院法制机构应当召开由有关单位、专家参加的座谈会、论证会,听取意见,研究论证。"

第二十二条:"行政法规送审稿直接涉及公民、法人或者其他组织的切身利益的,国务院法制机构可以举行听证会,听取有关机关、组织和公民的意见。"

第二十三条:"国务院有关部门对行政法规送审稿涉及的主要制度、方针政策、管理体制、权限分工等有不同意见的,国务院法制机构应当进行协调,力求达成一致意见;不能达成一致意见的,应当将争议的主要问题、有关部门的意见以及国务院法制机构的意见报国务院决定。"

期的时间,在这么短的时间内,要了解一部规范性法律文件的立法背景、制度架构、文字表达等,并结合本地实际提出合理有据并具有可操作性的建议,不是一件容易的事情。其结果就是,由于时间所限,地方政府相关部门只能经常提出相对粗糙的意见,而无法进行深入的论证。

针对诸如此类的问题,课题组建议,政府立法下一步应当着力于完善开门立法的程序,使民主立法、开门立法有制度上的保障。具体来说:

(一) 完善社会公众参与立法的机制

制定与群众利益密切相关的法规规章原则上要公开听取意见。要逐步完善公开听取意见的程序和方法,扩大征求意见的范围,拓宽公众参与的渠道,延长公开征求意见的时间,探索行政法规草案征求意见的时机,增强政府立法工作的透明度;要建立专家库,注意听取和尊重专家的意见,切实做到真听专家的意见,听真专家的意见,听专家真的意见;要逐步建立和完善公众参与的反馈和互动机制,通过答记者问、说明、网上回帖等形式及时向社会反馈意见吸纳情况,保护和引导公众参与的积极性。对于行政法规起草稿通过网络、报刊面向公众征求意见过程中形成的建议,要有反馈制度。采纳了哪些意见,未采纳哪些意见,及未采纳的理由,要有书面的报告。一方面,国务院要向全国人大就报告内容作说明;另一方面,要向社会进行公开反馈。要确保有序参加,不能一哄而起,切实做到正确引导,防止炒作。

(二) 立法建议稿的多元化

立法建议稿,可以就一个文本,可以就几项制度,甚至可以就几个条文提出,不必拘泥于形式。立法建议稿可以由不同的利益群体提出,如行业协会、律师协会等。还可以探索委托没有利益关系的,有一定专业知识的专业机构提供立法建议稿。同时把握两个结合:一个是中央与地方积极性相结合。二是地方实务部门建议稿与中央研究机构的学者建议稿相结合。目前国务院就一些法规征求意见时,已经探索了这种做法,也取得了比较好的效果。建议进一步扩大范围,使实践部门和理论部门、中央与地方的意见很好地交叉汇总,良性博弈。

(三) 扩大立法听证范围

对涉及民众权利或者公共利益的立法,都能举行听证会,征询民意;可以就整个法规文本组织听证,也可以就一个事项一项制度进行事项听证。立法听证,除国家层面召开听证会外,可以授权地方组织举行,以便最大范围的收集民意。

听证会结果要公布。听证程序的规范,是保证这一制度切实有效的重要因素。建议听证会记录对听证主体、听证参与人产生的过程等要素进行详细的记载,涉及部门之间、中央和地方之间有不同观点的,要重点记录。听证会纪录或者主要内容要以适当方式向社会公布。条件成熟时,也应当积极探索听证会电视直播的公开方式。

总体上,建议政府开门立法能够多层次、多元化展开,通过合理的程序设计,实现不同利益群体的正常博弈,以保障开门立法的有效性。

三、完善行政法规规章的清理和改、废、释制度

法制统一是我国法治建设应当遵循的一个基本原则。宪法在我国法律体系中处于根本大法的地位,因此,在尊重宪法的基础上,实现法制统一原则应当是我国政府立法建设的基本目标。要实现这个目标,需要建立一些基本制度保障。

(一)建立政府立法清理制度

2004年,国务院颁布的《全面推进依法行政实施纲要》中,提出了提高制度建设质量的若干要求。其中之一即,"建立和完善行政法规、规章修改、废止的工作制度和规章、规范性文件的定期清理制度。要适应完善社会主义市场经济体制、扩大对外开放和社会全面进步的需要,适时对现行行政法规、规章进行修改或者废止,切实解决法律规范之间的矛盾和冲突。"作为大陆法系国家,我国的法律规范性文件主要表现为成文法形式。成文法的滞后性是其本身固有的特性。再加上我们国家的法制建设是与改革同步,边改边立、边破边立是我国立法工作的基本特征。因此,要保证我们的立法与经济社会发展相同步,能适应社会发展要求,需要建立行政法规的清理制度,使法规清理法定化、常态化。

为保证政府立法的适时调整,减少行政法规与法律之间、行政法规之间、行政法规与规章之间的冲突,课题组认为,行政法规、规章清理制度的内容应主要包括以下几方面:一是明确清理范围。即行政法规以及具有行政法规效力的国务院决定和命令;国务院部门规章;地方政府规章;各级规范性文件参照清理。二是明确清理责任主体。依据"谁制定谁清理"的原则,确定由国务院作为行政法规的清理主体。三是明确清理的形式。重点确保即时清理、定期清理的实施。四是明确清理的内容。五是明确清理的基本程序。

(二)切实贯彻法定的备案审查制度

《中华人民共和国立法法》第九十九条规定,两类主体可以提出违宪审查的

要求。① 2005 年 12 月 16 日，第十届全国人大常委会第四十次委员长会议完成了对《行政法规、地方性法规、自治条例和单行条例、经济特区法规备案审查工作程序》（以下简称《法规备案审查工作程序》）的修订，并通过了《司法解释备案审查工作程序》。以上这些规定初步搭起了我国备案审查制度的框架。可以看出，在政府立法中的备案审查，有两种形式：一是行政法规向人大常委会备案；二是部门规章向国务院备案。

然而，如何将这些规定落到实处？审查过程是否公开？怎么保证公民的审查建议得到有效反馈？主动审查是否定期进行？这些都是需要在实践中进一步探索，并通过一定的制度的细化和建设来加以保障的。事实上，根据这次行政法规清理工作中社会各方建议的汇总，《公共场所卫生管理条例》《传染病防治法实施办法》《化妆品卫生监督条例》《幼儿园管理条例》4 部法规，由于存在歧视性条款，收到的修改建议达 582 条，占社会建议修改意见总条数的 50%以上。这集中反映了行政法规违宪审查的不及时、不到位。

法律的制定、实施、完善是个动态的而不是静态的过程，需要不断循环完善。随着改革的深化、形势的发展，要加强备案审查与清理工作，在备案审查与清理方式上，要注意及时审查与定期清理相结合；在备案审查与清理标准上，要合法性审查、合理性审查、协调性审查相结合；在备案审查与清理方法上，要行政机关自我评价与社会评估相结合，做到修改与废止并重，适时废止、修改、完善法规、规章，切实维护社会主义法制的统一、尊严和权威。

（三）完善立法成本效益分析机制

改革开放以来的40年，是我国经济持续快速增长，社会全面发展进步的40年。在这40年里，为适应社会管理以及公共服务的需要，我国从中央到地方都进行了大规模的立法，行政法规也不例外。伴随着大规模的立法，我国法律体系已基本形成，各项制度基本建立。当前立法中面临的主要矛盾不再是立新法的问题，而是如何提高所立之法的质量，使之更符合社会实际，更具有操作性的问题。

除现实的需要外，国家制度层面也对提高立法质量提出了一定要求。党的十

---

① 《中华人民共和国立法法》第九十九条第一款："国务院、中央军事委员会、最高人民法院、最高人民检察院和各省、自治区、直辖市的人民代表大会常务委员会认为行政法规、地方性法规、自治条例和单行条例同宪法或者法律相抵触的，可以向全国人民代表大会常务委员会书面提出进行审查的要求，由常务委员会工作机构分送有关的专门委员会进行审查、提出意见。"第二款："前款规定以外的其他国家机关和社会团体、企业事业组织以及公民认为行政法规、地方性法规、自治条例和单行条例同宪法或者法律相抵触的，可以向全国人民代表大会常务委员会书面提出进行审查的建议，由常务委员会工作机构进行研究，必要时，送有关的专门委员会进行审查、提出意见。"

六大报告中提出要"加强立法工作,提高立法质量"。2004年,国务院《实施纲要》提出了建立立法成本效益制度的要求,① 接下来颁布实施的《中华人民共和国行政许可法》,则明确了行政许可的定期评价制度。建立立法后的评估制度,着力于回头审视已立之法,可以通过评估对立法进行及时修正,使之更适应社会现实,与不断变化的经济、社会形势相契合。课题组认为,行政立法的后评估制度应当包括以下主要内容:一是明确评估类型。根据现行法律规定和已有工作实践,按照后评估制度的依据来源和实施评估的期间,大体上可以将立法后评估制度分为定期评估和非定期评估两种类型。二是明确评估主体。在实践中,可能承担这一角色的有很多,有立法机关、政府法制机构、执法机关(实施机关),或者是专业性的机构等。究竟哪一个主体是合法的主体,又是最适合当前我国的现实情况和法律体制的,需要进一步研究。三是明确评估基本程序。主要包括确定评估实施主体、制订工作方案、做好基础性资料收集、调查问卷设计、开展实证调查、形成评估报告等环节。四是明确评估指标体系。首先要建立评估指标体系的基本原则。然后确定被评估的内容,主要包括立法基本规范、具体行政行为、其他行政行为、专业管理制度等内容。再确定评估指标,主要是从合法性、合理性、实效性、技术性、协调性、专业性等角度进行评估。

既要分析立法成本效益,又要分析执法成本效益;既要分析守法成本,又要分析违法成本;既要注意立法预评估,也要注意立法后评估。当前特别要强调立法预评估,对一部法律法规的社会影响和作用、经济效益和社会效益,可能发挥的综合作用,应当进行充分的必要性和可行性论证,不仅要有传统的定性,也要借鉴定量分析的方法。通过预评估,最大限度地减少法律法规的实施对企业和人民群众带来的成本,最大限度地减轻企业和人民群众的负担。

(四)探索建立立法书面建议的评估制度

除新上位法颁布实施后的常态即时清理外,来自公众的书面建议也是启动行政法规即时清理工作的动因之一。随着经济社会发展,民众的公众参与意识和法治意识都在增强,对于现行法律、法规等的关注度也在提高,提出大量的修改、废止的书面建议是必然趋势。虽然包括人大代表、政协委员、司法部门、行政复议机关、公民、法人、新闻媒体等在内的广大公众和组织,以书面形式对行政法规、规章内容提出建议,制定机关应当给予重视。但由于书面建议是启动即时清理工作的动因之一,因此,立法机关应当对书面建议及时进行评估,对其内容作

---

① 国务院《全面推进依法行政实施纲要》第十七点:积极探索对政府立法项目尤其是经济立法项目的成本效益分析制度。政府立法不仅要考虑立法过程成本,还要研究其实施后的执法成本和社会成本。

出基本的判断，以确定问题是否存在，质疑是否有道理，从而决定是否启动即时清理和修订的工作机制。

（五）探索建立行政法规、规章的编纂制度

法律编纂是指对属于某一部门法或某类法律的全部规范性文件加以整理、补充、修改、甚至在新的基础上制定一部新的系统化的法律。因此，法律编纂并不是单纯的技术意义上的工作，而是制定法律的活动。这种法律编纂如果以制定法典为目标，就称为法典编纂。[①]

在行政法规、规章清理工作中，有时会碰到文本仅存在技术性问题的情况，如文字、标点差错，管理部门调整或者名称改变等。这类问题，目前在实践中通常的做法是走立法修订程序，最多作"打包处理"，浪费了很多的立法资源。实际上，对这类纯技术性问题，可以由制定机关的法制机构，参照编纂的权限与程序来简单处理。法律编纂是指对属于某一法律部门的全部规范性文件进行整理加工，编制成新的系统化的法律文件。这是国家的一项重要的立法活动。……由于法律编纂是一项重要立法活动，因而只能由一定的国家机关依其职权范围和法定程序进行。[②] 按照通常的行政法原理，编纂制度只限于中央立法权范围内。在我国的立法实际中，全国人大和国务院承担着法律和行政法规的编纂任务，但这并不是严格意义上的编纂行为。也就是说，我国尚未建立真正的法律编纂制度。目前，由地方法制机构实际行使的编纂是缺少法律授权，但却是清理工作中所需要的。应当通过立法机关的授权程序，明确编纂工作由行政法规、规章制定机关的同级法制机构承担，以减少立法成本、提高立法效率。授权后，行政法规、规章制定机关的法制机构拥有的编纂权具有如下特点：一是必须由行政法规、规章的制定机关作出编纂的授权；二是具体的编纂工作由行政法规、规章制定机关的同级法制机构承担；三是编纂的内容只能是对纯技术性方面的问题进行梳理，并根据清理意见对纯技术性的问题进行修改；四是经过编纂的行政法规、规章应当报上级法制机构及同级人大备案。目前可以授权行政法规、规章制定机关的法制机构通过编纂作出技术性处理的情形，课题组认为，主要有四种：一是用词与上位法不一致，但含义一致；二是管理部门调整或名称改变；三是文字差错；四是标点错误。

[①] 沈宗灵主编：《法理学》，北京大学出版社1994年版，第318页。
[②] 卢云主编：《法学基础理论》，中国政法大学出版社1994年版，第288~289页。

（六）完善立法解释、平衡立法解释与行政解释的关系

关于立法解释的定义，在我国没有统一界定，在学术界有狭义、中义、广义之分。狭义立法解释是专指国家最高权力机关对其制定的法律进行的解释；中义立法解释是指有权制定法律和地方性法规的中央和地方的国家机关的常设机关对法律、法规所作的解释；广义立法解释是指有关国家机关对其所制定的规范性法律文件进行的解释，或者授权其他国家机关进行的解释。1981 年 6 月 10 日，第五届全国人民代表大会常务委员会第十九次会议通过的《全国人民代表大会常务委员会关于加强法律解释工作的决议》（以下简称《决议》）确立了我国的法律解释体制。[1] 2001 年颁布实施的《行政法规制定程序条例》第三十一条第一款规定，"行政法规条文本身需要进一步明确界限或者作出补充规定的，由国务院解释。"《规章制定程序条例》第三十三条第一款规定，"规章解释权属于规章制定机关。"另外，在我国法律体系中还有一些授权解释条款。以行政法规为例，国务院《中华人民共和国归侨侨眷权益保护法实施办法》第三十条规定："本办法由国务院侨务办公室负责解释。"可以看出，广义立法解释概念最能涵盖实践中立法解释的现状。在大陆法系国家，立法解释的重要性是由成文法的滞后性、立法技术的局限、人理性的有限和社会生活的变动不居等决定的。立法解释的效力等同于被解释的规范性法律文件。[2] 甚至可以理解为立法的一部分。

具体到行政立法，根据目前的规定，国务院的法律解释权在两种情况下适用：一种是对其制定的行政法规本身需要明确界限或者补充规定所作的解释；另一种是对不属于审判和检察工作中的其他法律、法令如何具体应用问题的解释。前一种属于立法解释，后一种属于行政解释。尽管立法解释在行政立法过程中有非常重要的作用，但现实中行政立法解释数量非常之少。立法解释少，学理解释泛化，行政解释不规范，越权解释时有发生是我国法律解释的现状。尽管行政立法多是关于具体管理事项的规定，相对具体，但也难免有笼统、原则性的规定。因此，课题组建议，在行政立法方面，多出台立法解释，作为与立法修改和废止

---

[1] 《全国人民代表大会常务委员会关于加强法律解释工作的决议》："一、凡关于法律、法令条文本身需要进一步明确界限或作补充规定的，由全国人民代表大会常务委员会进行解释或用法令加以规定。二、凡属于法院审判工作中具体应用法律、法令的问题，由最高人民法院进行解释。凡属于检察院检察工作中具体应用法律、法令的问题，由最高人民检察院进行解释。最高人民法院和最高人民检察院的解释如果有原则性的分歧，报请全国人民代表大会常务委员会解释或决定。三、不属于审判和检察工作中的其他法律、法令如何具体应用的问题，由国务院及主管部门进行解释。四、凡属于地方性法规条文本身需要进一步明确界限或作补充规定的，由制定法规的省、自治区、直辖市人民代表大会常务委员会进行解释或作出规定。凡属于地方性法规如何具体应用的问题，由省、自治区、直辖市人民政府主管部门进行解释。"

[2] 《行政法规制定程序条例》第三十一条第三款："行政法规的解释与行政法规具有同等效力。"

并行使用的一种重要立法形式。通过立法解释，尽量对制度加以细化，对定义加以明确，减少学理解释的空间，也减少立法成本，提高立法效率，保障法律规范的连续性。同时，规范行政解释，平衡好行政立法解释与行政解释的数量，明确二者的界限，避免越界现象发生。

四、注重科学立法及提高立法质量

如前所述，立法要能反映社会现实，这是立法具有科学性、可操作性的基础。纵观我国法制发展的历程，是与改革同步的，改革开放是我国的基本国策。我国的改革是从经济到社会到政治体制的全面的、深入的改革，改革必然要产生这样那样的问题，有些是在改革过程中遗留下来的难点问题，反映了问题的典型性和民众的关注度；有些是在改革的深入推进中新产生的热点、焦点问题。这些热点、难点、焦点问题基本上反映着一个时代的脉搏。而行政立法作为与民众生活密切相关的立法，一定要围绕社会发展中的焦点、热点、难点进行，一定要能够体现这些问题。这样才能使所立之法紧扣社会现实，反映一个时代的特色。

（一）完善法律法规质量标准的衡量机制

立法是反映和表述规律，而不是创造规律，应当逐步建立衡量立法质量的标准体系，使立法在指导思想上切实贯彻科学发展观的基本要求，反映经济社会发展的基本规律，体现和维护最广大人民群众的根本利益，切实解决人民群众最关心、最重要、最现实的问题，维护社会主义法制统一；在立法技术上做到语言规范准确，逻辑清晰，结构合理，体系协调统一，增强法律法规的可操作性，能有效地调整社会生活中的各种利益关系。

（二）完善法律法规起草审查机制

要从全党全国工作大局出发，把握大势，科学安排立法项目，搞好立法规划和年度计划，充分发挥政府法制机构的主导作用。要完善办务会、司务会、处务会讨论审查法规制度，从法规办件的立项到具体制度的确立，尽量做到畅所欲言，集思广益。既要注意向社会公开征求意见，又要注意在机关内部公开，切实防止个人说了算，防止"塞私货"。提高立法质量要处理好立法质量和立法数量的关系，坚持好字当头，好中求快；处理好法律的稳定性和灵活性的关系，既不能朝令夕改，也不能片面强调稳定性；处理好政府立法和行业规范、道德规范的关系，克服法律工具论和法律万能论的思想，充分发挥习惯规则、道德规范、行业自律的约束引导作用；处理好立足国情和借鉴国外经验的关系，深刻认识中国法制的特点，坚决不能成为各国法律的试验田；处理好公平与效率的关系，在发展的基础上，坚持公平与效率相结合、更加注重公平的原则。

（三）完善立法协调机制

协调工作始终是一个困扰立法工作效率、影响立法工作质量的顽疾。虽然花费了大量的时间和精力，但在协调工作上反反复复，降低了立法效率，影响了立法质量，也妨碍了拿出更多的精力关注制度设计本身。在加快行政管理体制改革、加快服务型政府建设的进程中，要改变协调思路，创新协调方法，完善协调程序，逐步解决协调难的问题。在立法工作中，要勇于坚持原则，不能过于迁就部门利益，不能简单地强调协调一致，防止政府权力部门化、部门权力利益化、部门利益法制化。

（四）建立配套性文件的制定规范

配套性文件是法律、行政法规、地方性法规等得以实施的具体制度的规定。我国法律体系中，无论是中央立法还是地方立法，都有不少关于制定配套性文件的条款。由于配套性文件关涉一部立法中具体制度的设计，在时间上，应当是与相关立法同时颁布实施，或者稍有滞后。但实践中，由于没有制定规范和制度的约束，配套性文件的制定往往严重滞后。完全不制定的情况也比比皆是。如2003年10月28日颁布实施的《中华人民共和国道路交通安全法》（以下简称《道交法》），其中第十七条规定，"国家实行机动车第三者责任强制保险制度，设立道路交通事故社会救助基金。具体办法由国务院规定"。之后国务院授权保监会制定《机动车第三者责任强制保险条例》。但该条例在《道交法》出台后的一年多里都未能颁布实施，直到2006年3月21日才由国务院令发布，于2006年7月1日实施。由于该条例出台的严重滞后性，使《道交法》第七十六条中"机动车发生交通事故造成人身伤亡、财产损失的，由保险公司在机动车第三者责任强制保险责任限额范围内予以赔偿。"的规定基本无法实施。应该说，这是《道交法》第七十六条之所以引发诸多争议的一个重要原因。

配套性文件制定不及时，具体制度缺失，已经影响到我国法律、行政法规等的实施效果。具体到行政立法，课题组建议，应当确立配套性文件制定的基本规范：首先，应当尽量减少行政立法中关于制定配套性文件的条款。其次，明确制定配套性文件的性质，是权力还是义务。课题组认为制定配套性文件，应当只限于两种情形，即授权和规定义务。再次，明确制定发布的时限，对义务型的，原则上同步实施。最后，明确配套性文件的效力。

（五）探索创制软法

我国现有政府立法，仍然有浓厚的管制行政的痕迹，突出的表现即是，大量的文本仍然是命令型或者禁止型规范、违反行为和法律责任的三段论组合。事实上，在我国长期的立法实践中，包括行政立法在内，有法必有责似乎是一个不成文的惯例（《宪法》除外），立法机关习惯了用刚性的规则来保证所制定规范的遵守。对于促进法、保障法等现代意义上的软法却少有研究。而法律、法规、规章中没有明确法律责任条款的软法恰恰与我国新形势下，加强服务政府建设，和谐社会、民主法治建设的理念相契合。课题组建议，下一步行政立法应在注重刚性制度规范的同时，探索社会立法新规律，多创制一些软法，在关注民生、节约能源等方面，通过政府的行政鼓励、行政指导等措施，体现服务政府理念，以弥补行政立法给付行政规范的缺失。并通过探索立法规律和立法技术规范，给部门和地方做示范。

（六）从激情立法转向理性立法

近年来，随着我国法治建设进程的推进，依法治国理念的不断深入人心，公民民主法治意识的增强，社会对法治的需求日益高涨。突出表现为，对很多社会问题，都期待通过立法的方式解决。通过新闻媒体竞相播发的各类立法建议就让人应接不暇：例如，有记者出于对"公款吃喝每年消费 2 000 亿元的愤慨"，提交了《餐饮票据管理法》草案，希望通过立法制止公款吃喝，并"从根本上改变中国人社交的方式"。[①] 对此，法学界有学者评论说，我国已进入"激情立法"时期。

事实上，我国近几年的确处于密集立法时期，立法数量逐年攀升。一些重要的法律、行政法规等集中出台，地方性法规、政府规章的制定数量更是连年创新高，这里面多少会有"激情立法"的成分掺杂其中。应当说，"激情立法"反映了民众对于法治的信任，也体现了法律在社会中的重要作用。但是法的本质是管理社会的理性工具，过度立法与立法空白、滞后同样有害于法治建设。因此，课题组认为，崇尚法治要避免矫枉过正。在当前我国法律体系已基本确立，各个领域基本有法可依的法治建设背景下，应从"激情立法"转向"理性立法"，着力于通过既有规范性法律文件的及时修订、完善来实现社会调整、规范的目的。同时，课题组认为，理性不意味着一成不变，也不意味着为了追求稳定而放弃法律

[①] 丁伟：《"激情立法"的理性思考》，人民网，2016 年 2 月 7 日访问，http://theory.people.com.cn/GB/49150/491531。

的适时调整。以《道交法》第七十六条为例,2003年10月28日颁布实施的文本中,在这一条中,由于对机动车与非机动车驾驶人、行人之间发生交通事故的责任承担比例,没有明确界定,规定非常笼统。① 再加上配套性文件的缺失,在颁布实施后广受争议,实施遇到很大困难。2007年12月29日,全国人大常委会关于《道交法》的修改决定出台,在第七十六条中明确了交通事故双方责任分担的比例,以使其更有操作性。虽然只时隔四年,但课题组认为,理性立法的本质就是使制度设计更合理、更容易操作也更契合社会的价值导向。因此,当某一个领域出了问题后,立法者就要有及时修正的勇气。而不是为了追求稳定,让一个不合理的制度一成不变,这样不但不会维护法制的权威,反而是对其权威性的损害。

(七)完善政府法制研究合作机制

每年应当由各个法制司提出一、两件重要、急迫、带有共性的研究课题,由政府法制研究中心和相关法制司共同承担研究任务。同时,要注意借用外脑,充分运用时候科研机构、高等院校、国务院各部门以及地方政府法制机构的研究力量,加强政府法制工作理论研究。

五、协调好行政法规、部门规章与地方性法规的关系

我国作为单一制国家,地方的权力来自中央政府的授权。因此,要遵循法制统一原则。然而,法制统一并不等于立法权力全部上收。首先,从我国法制建设的历程来看,是先地方后中央的。这是我国法制发展的客观规律;其次,我国地大物博,地方经济社会发展极不均衡,在很多管理领域不适宜"一刀切";最后,为了限制地方滥用权力,是将地方立法权上收到中央,还是通过地方人大的监督,通过立法权监督行政权,以实行权力的制衡。哪种方式更符合宪政国家的特色?这是需要考虑的一个问题。立法权力上收只着重于中央对地方权力的制衡,而淡化、弱化了地方对中央权力的制衡。

---

① 《中华人民共和国道路交通安全法》(2003年10月28日颁布实施)第七十六条第一款:"机动车发生交通事故造成人身伤亡、财产损失的,由保险公司在机动车第三者责任强制保险责任限额范围内予以赔偿。超过责任限额的部分,按照下列方式承担赔偿责任:(一)机动车之间发生交通事故的,由有过错的一方承担责任;双方都有过错的,按照各自过错的比例分担责任。(二)机动车与非机动车驾驶人、行人之间发生交通事故的,由机动车一方承担责任;但是,有证据证明非机动车驾驶人、行人违反道路交通安全法律、法规,机动车驾驶人已经采取必要处置措施的,减轻机动车一方的责任。"第二款:"交通事故的损失是由非机动车驾驶人、行人故意造成的,机动车一方不承担责任。"

本书认为，通过立法权力上收来避免地方权力滥用、异化，并不是一个有效的途径，也不符合法制建设的客观规律。具体到行政法规建设，由于对地方情况摸不准，对基层情况的不明了，权力上收会给政府立法建设带来一定的难度，甚至可能造成一定的破坏。因此，在一些重要领域权力适当上收的背景下，也要给予地方应有的立法空间，确保调动中央和地方的积极性。

（一）适当扩大地方立法权限并给地方制度创新一定的空间

对于属于行政立法范畴，但由中央立法暂时不成熟的，应当授权或者允许地方先制定地方性法规和政府规章。对于属于中央和地方共享立法权的领域，应当明确哪些领域以国家立法为主，哪些领域以地方立法为主，哪些领域地方可以创新立法。关于地方性事务的界定，我们认为，只要是地方先产生的事务，新出现的事务，地方特有的事务，都属于地方性事务范畴。对于改革领域的立法，可以通过特别授权方式，如天津滨海新区，上海浦东新区的方式，扩大基层先行先试、自主创新的立法空间。

（二）积极探索区域立法协调

随着区域经济的发展，区域立法是近几年法制建设面临的新问题。当前政府立法中并没有关于区域立法的规定，在国家层面也没有协调的相关机制，目前地方只能靠自己协调解决问题。而区域立法由于牵涉地方利益，由地方自己协调成本高、难度大。建议探索建立区域立法的协调机制，在环保、交通、社会保障等跨行政区域特点显著的领域，能够纳入国家政府立法建设中，区域由相关省市达成的立法协议，以国务院批准或者发布的形式，予以保障。

（三）建立行政法规与地方性法规的协调平衡机制

在行政法规和地方性法规的关系上，由于行政法规效力位阶高于地方性法规，地方性法规在制定时，要遵循不抵触原则。[①] 同时《立法法》还规定了地方性法规的备案审查制度，规定省、自治区、直辖市的人民代表大会及其常务委员会制定的地方性法规，报全国人民代表大会常务委员会和国务院备案。因此实践中，当二者相抵触时，若地方性法规先于行政法规制定，国务院应及时启动对地方性法规的监督和修订机制。若地方性法规后于行政法规制定，则要及时启动备案审查机制。

---

① 《立法法》第七十二条：省、自治区、直辖市的人民代表大会及其常务委员会根据本行政区域的具体情况和实际需要，在不同宪法、法律、行政法规相抵触的前提下，可以制定地方性法规。

第九节 完善地方政府立法的相关建议

一、规范地方政府规章立法权限的行使

规范地方政府规章立法权限的行使，是保障地方政府规章健康发展的基础。在这一命题下，准确把握不抵触原则是保障地方政府规章立法权限依法行使的前提。而立法程序是否科学合理，直接关系着地方政府规章的民主性、科学性；立法主体是否严格依照既定程序立法，直接关系着地方政府规章的效力，因此完善地方政府规章的立法程序对于保障其立法权限的实现具有重要意义。此外，规章解释权作为地方人民政府的法定权力，是其立法权限的自然延伸，积极行使这项权力，发挥规章解释的优势作用，也是规范地方政府规章立法权限行使的应有之义。

（一）准确把握不抵触原则[①]

地方政府规章在制定过程中必须准确把握不抵触原则，这是保障地方政府规章立法权限依法行使的前提，也是解决地方立法特色的前提。在宪政的语境里，地方政府规章制定权必须依赖于法律规定的范畴，不得逾越法律的规定。《立法法》第八条[②]以列举方式确立了11项专属于全国人大及其常委会的立法事项，这些事项为国家法律保留事项。第九条[③]又将第八条所列举的11项事项进一步划

[①] 所谓"不同宪法、法律、行政法规相抵触"，是指"不得与宪法、法律、行政法规相冲突、相违背"。一是不得与宪法、法律、行政法规的具体条文的内容相冲突、相违背（即直接抵触）；二是不得与宪法、法律、行政法规的精神实质、基本原则相冲突、相违背（即间接抵触）。参见周旺生主编：《立法学》，法律出版社2000年版，第379页。

[②]《立法法》第八条规定："下列事项只能制定法律：（一）国家主权的事项；（二）各级人民代表大会、人民政府、人民法院和人民检察院的产生、组织和职权；（三）民族区域自治制度、特别行政区制度、基层群众自治制度；（四）犯罪和刑罚；（五）对公民政治权利的剥夺、限制人身自由的强制措施和处罚；（六）税种的设立、税率的确定和税收征收管理等税收基本制度；（七）对非国有财产的征收、征用；（八）民事基本制度；（九）基本经济制度以及财政、海关、金融和外贸的基本制度；（十）诉讼和仲裁制度；（十一）必须由全国人民代表大会及其常务委员会制定法律的其他事项。"

[③]《立法法》第九条规定："本法第八条规定的事项尚未制定法律的，全国人民代表大会及其常务委员会有权作出决定，授权国务院可以根据实际需要，对其中的部分事项先制定行政法规，但是有关犯罪和刑罚、对公民政治权利的剥夺和限制人身自由的强制措施和处罚、司法制度等事项除外。"

分为绝对的法律保留事项和相对的法律保留事项两种类型。其中，相对的法律保留事项授权立法的被授权主体仅限于国务院，地方人大及其常委会、地方人民政府等地方国家机关没有权限对国家法律的保留事项进行立法调整。

然而，《立法法》并没有明确列举地方性事务，导致中央与地方的立法权限划分存在一定的模糊地带，进而造成在立法实践中产生两种截然相反的局面：一种是过分强调地方特殊需要，忽视上位法规定，构成与中央立法的抵触；另一种是过分担心地方立法与中央立法抵触，从而忽视本地的实际立法需要，失去地方立法的灵魂和特色。而准确把握不抵触原则，不但有利于避免上述两种局面，而且有利于维持法律的规范效力，确保地方政府规章立法权限的合法有效行使。

（二）进一步完善地方政府规章的立法程序

无程序便无立法，正如有学者所说："无程序的民主只是偶然的民主，无程序的立法往往是专断或者幼稚的立法"。① 正义的法律制度必然是社会中的每个人参与其中的结果，"人们渴望在管理他们的、与他们的生活和命运息息相关的生活中听到他们自己的声音""如果支配社会成员的规则不是来自他们的参与，而是由外部或内部某种专制的力量强加于他们的，社会的道德品质必然受损，即使外加的决定是正确的"。② 现代法治国家都非常重视立法程序的设计和运行，公众参与已然成为地方立法实践中推进民主立法的重要程序性内容。"在政策和规范层面上，我们已经看到各种鼓励和推进公众参与的规定和宣示；在行动层面上，我们也已经看到各种各样的公众参与实践形式，例如听证会、讨论会、座谈会、公众评论等。"③ 然而，公众参与立法还存在很多不足之处。

例如，作为公众参与立法重要形式的立法听证，仍然存在很多令人诟病之处，较为突出的表现包括：在立法听证程序中，"不能到场的第三人是众多的，他们的代表性就成了问题，因此立法的事实性和合法性都打了折扣"；④ 持不同意见的听证会代表之间无法展开对抗论辩；立法者对听证代表意见的回应机制不完善；立法最终方案确定的必要性说明存在制度空白；等等。基于此，在今后完善地方政府规章的听证程序时，应当从立法听证信息的发布、听证人员的遴选、听证会辩论机制的引入、听证会笔录和听证报告的重新定位等方面入手，制定更加具体细化、更加有利于民情反映、民意表达的程序制度。

---

① 徐向华、林彦：《我国〈立法法〉的成功与不足》，载于《法学》2000 年第 6 期。
② ［美］科恩著，聂崇信等译：《论民主》商务印书馆 1988 年版，第 274～275 页。
③ 王锡锌：《公众参与：参与式民主的理论想象及制度实践》，载于《政治与法律》2008 年第 6 期。
④ William J. Keefe, Morris S. Ogul, The American Legislative Process: Congress and the States. Prentice Hall, 1993. P. 468.

（三）积极行使地方人民政府的规章解释权

"规则的解释是规则制定行为的自然延伸，是有权制定者的'自律'行为。"① 我国《规章制定程序条例》（2001 年）第三十三条第一款和第二款规定："规章解释权属于规章制定机关。规章有下列情况之一的，由制定机关解释：（一）规章的规定需要进一步明确具体含义的；（二）规章制定后出现新的情况，需要明确适用规章依据的。"该条明确了地方人民政府作为地方政府规章解释主体的法律地位以及启动规章解释权的情形。

然而，尽管理论界对法律解释学有一定的研究，但是，"法律解释学的理论并未结出实践的果实，转化为实务部门对法律解释制度的构建"。② 从改革开放以来地方政府的立法实践来看，地方人民政府的规章解释权一直处于"休眠"状态。值得我们关注的是，随着社会发展的日新月异，新的社会管理事务层出不穷，规章既有的规范对象、调整手段等都在发生巨大变化，在这种局面下，如何通过释法来适应社会的发展变化将是摆在立法者面前的重要课题。

本书认为，释法作为一种微观的法治实现方式，在应对法的相对稳定性和社会发展变化之间的矛盾方面，相较修法而言更加高效和灵活，同时，适时进行规章解释，也有利于规范规章的实施，降低行政执法主体自由裁量权的滥用风险。因此，地方人民政府应当适时完善地方政府规章解释制度，积极行使规章解释权。

关于规章解释权的分类，在全国人大第十九次常委会通过的《关于加强法律解释工作的决议》中有所规定，"凡属于地方性法规条文本身需要进一步明确界限或作补充规定的，由制定法规的省、自治区、直辖市人民代表大会常务委员会进行解释或作出规定。凡属于地方性法规如何具体应用的问题，由省、自治区、直辖市人民政府主管部门进行解释"。从该规定可见，"解释权分为立法解释和具体应用解释，立法机关拥有立法解释，具体应用解释包括司法解释和行政解释"。③

但是，该《解释决议》规定的具体应用解释，"无论是行政部门的还是司法部门的，都仅限于抽象的解释权，而不涉及具体法律实施环节，虽说被称为具体应用解释，但其性质其实仍属于准立法解释。……这与法治国家通行的将法律解释权主要运用于法律实施者对个案处理环节的制度安排存在明显的差异，而正是

---

① 郭道晖：《论国家立法权》，载于《中外法学》1994 年第 4 期。
② 刘平：《法律解释：良法善治的新机制》，上海人民出版社 2015 年版，第 19 页。
③ 刘平：《法律解释：良法善治的新机制》，上海人民出版社 2015 年版，第 217 页。

这种差异，使法律解释制度在我国长期滞后于法律实践的需求"。此外，《解释决议》"对国务院的行政法规、国务院部门和地方政府制定的规章的立法解释权未作交代，使实践产生较大混乱"。① 课题组此处所指的规章解释权，指的是规章实施过程中的解释权，而不是准立法解释权。在明确了定性问题的基础上，地方人民政府对规章解释权的实施路径应当是：第一，认定法律事实，这是进行规章解释的前提；第二，理解相关法律，即作法律"忠实的代理人"，准确解读立法者的原意，作为法律实施的依据；第三，发现法律与适用法律，对客观上存在的法律漏洞、不确定的法律概念作出正义的选择，运用比例原则、公序良俗判断等方法，进行"合理行政"；第四，得出法律结论，经过上述客观分析，得出合乎正义法律结论。

二、做好地方政府规章与地方性法规的衔接

本书在上文的研究中已指出，《立法法》第八十二条第三款规定，较大的市在《立法法》修改前制定的涉及城乡建设与管理、环境保护、历史文化保护三大领域之外的政府规章，继续有效。同时，第六款规定，没有上位法的依据，地方政府规章不得减损行政相对人权利或增加其义务。

随之而来的问题是，当此类规章出现不适应行政管理需求的情况时应当如何处理？是直接予以废止，还是进行修订？如果予以废止，可能不利于社会管理的一惯性，将是行政管理部门所不愿意接受的；如果进行修订，因为其超出了规章立法三大领域的范畴，因此修法行为必然是越权的；如果不予修订，则存在恶法继续有效的嫌疑。对此，《立法法》并没有给出解决方案。密尔曾说："法律的每个条款，必须在准确而富有远见地洞察到它对所有其他条款的效果的情况下制定，凡制定的法律必须能和以前存在的法律构成首尾一贯的整体。"② 课题组认为，为了维护法制统一，确保法律体系的和谐一致，有必要对现行的地方政府规章进行梳理，并针对现行地方政府规章中存在的超越立法权限的情形，探索与地方性法规相衔接的创制路径。

（一）政府规章创设权利义务情形下的衔接

在既有地方政府规章超越立法领域或创设权利义务的情况下，应当适时修改作为其上位法的地方性法规，专门制定相关条款对政府规章进行授权，从而使政

---

① 刘平：《法律解释：良法善治的新机制》，上海人民出版社2015年版，第217页。
② ［英］密尔著，汪瑄译：《代议制政府》，商务印书馆1984年版，第76页。

府规章获得合法性。在《立法法》修改前，有些较大市的人民政府可能已经制定了涉及三大领域之外的政府规章，或者政府规章中已经规定了涉及减损行政相对人权利或者增加其义务的条款。随着新修改的《立法法》的施行，必然要对此类规章做出处理。处理路径包括两种：一是作出废止决定，但这可能不利于法律规范的稳定性和社会管理的一贯性；二是修订作为该规章上位法的地方性法规，增加一条相应的授权条款并明确授权的边界，从而实现政府规章的合法性路径转变。课题组认为，这一路径是比较可行的选择。例如，《上海市食品安全信息追溯管理办法》[①] 关于食品追溯制度的有关规定增设了行政相对人的义务，超越了其立法权限。

（二）地方性法规制定专项授权条款情形下的衔接

地方人大或其常委会在制定地方性法规时，可以视社会管理的需要而设定特别授权性条款，将应当由其自身制定地方性法规的事项授予地方人民政府制定政府规章，由地方政府规章对该授权性条款进行实施性细化，即我们所称的法条授权。[②]

例如，《上海市道路交通管理条例》第十三条第二款规定："机动车号牌额度年发放量和发放办法由市计划委员会会同市公安交通管理部门和其他有关部门提出，报市人民政府批准后实施"。在该条款的授权下，上海市相关部门联合制定了《上海市私人自备车、二轮摩托车额度竞购办法（试行）》。虽然该竞购办法在法律位阶上不是政府规章，但是它开辟了一条路径，将本属地方性法规权限范围的事项，授权地方人民政府及其政府部门制定政府规章或行政规范性文件进行规制。

（三）政府规章先行规范地方性法规调整事项情形下的衔接

对属于地方性法规的调整事项，地方人大或其常委会可以视行政管理的需要，允许地方人民政府先行制定临时性政府规章。对此，《立法法》第八十二条

---

① 《上海市食品安全信息追溯管理办法》是在《立法法》修改后出台的，因此，其为行政相对人创设义务的规定可视为《立法法》第八十二条第五款规定的政府先行制定临时性规章的情形。尽管如此，《立法法》修改前出台的政府规章，其立法权限与地方性法规相衔接的创制路径与《上海市食品安全信息追溯管理办法》是统一的。

② 法条授权，是指立法机关或其他权力机关在其制定的法律法规中，运用其中某一条款，将某些立法权授予有关机关的授权。与法条授权相对的是特别授权，即立法机关通过作出特别规定，允许行政机关或者其他机关在其规定的权限范围内制定法规文件。如全国人大及其常委会对深圳、汕头和珠海等经济特区的授权。陈伯礼：《授权立法研究》，法律出版社2000年版，第31~32页。

第五款规定:"应当制定地方性法规但条件尚不成熟的,因行政管理迫切需要,可以先制定地方政府规章。规章实施满两年需要继续实施规章所规定的行政措施的,应当提请本级人民代表大会或者其常务委员会制定地方性法规"。例如,自贸区管理事项属于地方性法规的权限范围,但由于自贸区设立初期制定地方性法规的条件尚不成熟,同时,自贸区的行政管理又迫切需要法律依据,在这种情况下,上海市人民政府于 2013 年 9 月先行制定了《中国(上海)自由贸易试验区管理办法》。在地方性法规《中国(上海)自由贸易试验区条例》施行后,该临时性规章即废止。

三、扩大地方政府规章的立法权限

本书分析指出,基于复杂繁重的管理事务而产生的日益增长的立法权需求与地方政府规章立法权限限缩的现实成为地方政府立法活动中的一对主要矛盾,并将地方政府规章的立法权限推到了二律背反的境地。要摆脱这一困境,除了从自律的角度规范地方政府规章立法权限的行使、从解决当下实际问题的角度做好地方政府规章与地方性法规的权限衔接外,更重要的是要立足于长远发展,寻求地方政府规章立法权限的更大空间。

(一)扩大地方政府规章立法权限的必要性

党的十八届四中全会决定明确提出,要"实现立法和改革决策相衔接,做到重大改革于法有据、立法主动适应改革和经济社会发展需要"。这就要求在改革创新中必须坚持立法先行,发挥立法在改革中的推动和引领作用。这也意味着改革要有所突破,必须先进行法律的立改废,使改革与立法保持同步。由于改革通常并不适合在全国范围内普遍展开,而是更适合进行地区性的试点探索,且通常是在省或直辖市层面展开,取得成功经验后再在全国范围内进行复制推广。而地方的先行先试改革要求于法有据,由于高度依赖地方先行先试实践,"国务院显然没有经验和能力就先行先试中的有关相对法律保留事项先行制定行政法规"。[1]这就必然倒逼地方立法在缺乏上位法依据的背景下有所作为。因此,引领改革的立法通常不可能是全国性立法,而只能是地方立法。[2]

地方政府规章作为地方立法的重要组成部分,是政府推动制度创新的重要载体,在改革的先行先试中也有着充分发挥作用的空间。但是,由于立法权限划分

---

[1] 丁祖年:《对进一步优化立法权限配置的思考》,载于《法治研究》2015 年第 2 期。
[2] 这里的地方立法,不仅包括地方人大立法,也包括地方政府立法。

的限制，地方政府规章对很多领域的管理事项都无立法权限，且在没有上位法依据的情况下不能设定行政相对人的权利义务，因此不具备启动先行先试的制度条件。在这种现实背景下，地方政府要完成改革试点任务，做到立法与改革相衔接，争取更大的立法权限就具备现实必要性，进而使地方政府规章在改革的先行先试中发挥应有的作用。

（二）扩大地方政府规章立法权限的可行性

与同级地方性法规相对而言，地方政府规章的制定程序要简洁一些，更能适应改革创新对于效率的要求。正如日本学者所言："基于适当地应对多样化、复杂化的行政需要时，议会存在专门性、技术性能力上的局限；迅速应对不断变化的行政需要时，议会存在时间上的应对能力的局限，广泛地承认行政立法的现实必要性。"[①] 因此，从一定意义上讲，地方政府规章在引领改革的过程中具备得天独厚的优势。

此外，在针对地方性法规和地方政府规章法律地位的讨论中，我们基本上形成了认识上的惯性，即凡是影响行政相对人权利义务的事项，都应当制定地方性法规，而不应当制定地方政府规章；地方政府规章只要作出减损行政相对人权利、增加行政相对人义务的规定，其公正性就得不到保障。这些观点都是出于更好地保护公民权利的考虑，本是无可厚非的。但是，我们同样需要避免认识上的僵化。为提高地方治理的效率，在没有上位法依据的情况下，允许规章在一定范围内，在特殊情况下，对减损相对人权利和增加其义务的事项作出设定性的规定，也是值得考虑的。即地方政府规章尽管有作出损害行政相对人权利规定的可能性，但是，随着法治政府建设的不断加强，地方政府法治意识的不断提高，地方政府规章主观上克服自身不足的自律性和自觉性会越来越高，客观上损害行政相对人权利的情形会越来越少。基于此，扩大地方政府规章立法权限的设想是具备可行性的。

（三）扩大地方政府规章立法权限的路径

新《立法法》一方面赋予了设区的市的人民政府制定地方政府规章的权力，扩大了有权制定地方政府规章的主体的范围；另一方面规定地方政府规章在没有上位法依据的前提下不得设定权利义务，限缩了省级政府和较大的市的规章制定权限，致使其在面对日益旺盛的地方立法需求时，无法作为、无力作为。

本书认为，作为省级政府规章而言，其所调整的事项范围涵盖整个行政区划

[①] ［日］平冈久著，宇芳译：《行政立法与行政基准》，中国政法大学出版社2014年版，第5~6页。

内的政治、经济、教育、科学、文化、卫生、环境和资源保护、民政、民族等领域，其地位和作用远远大于设区的市的地方政府规章，因此，《立法法》关于地方政府规章在无上位法依据的情况下不得设定权利义务的规定"一刀切"地适用于所有层级的地方政府规章，显得不尽合理。况且，《行政处罚法》《行政许可法》《行政强制法》已经将地方政府规章的权限进行了严格限制，即使恢复了省级政府规章创设权利义务规范的立法权限，其影响行政相对人权利义务的能力也是极其有限的。

基于此，应当寻求扩大省级政府规章立法权限的路径。在今后《立法法》修订过程中，可以考虑区分省级政府规章和设区的市的政府规章的立法权限大小，恢复省级政府规章在没有上位法依据的情况下创设权利义务规范的权力。

应当看到，地方人大与地方政府之间，甚至中央与地方之间的立法权限划分问题需要结合具体的时空环境进行探讨，这永远都不是一个封闭的、一成不变的问题，而必然是一个在遵循合法性前提下与时俱进的问题，这也是立法适应社会发展的客观需要。

第四章

中国立法体制中中央与地方的立法权限划分问题研究

在任何一个现代法治国家，中央与地方的权力界定以及政治、经济和社会职能的划分，首先应该通过立法事权形式表现出来并加以制度化和规范化。中央与地方立法事权划分的实质，从根本上说就是建立在中央地方各自意志与利益的基础之上、以中央集权与地方分权为核心内容的主权国家内部纵向立法权划分。由此，国家意志和利益通过中央地方两级政权形式加以表达，国家法律和政策通过中央地方两级政权机关有效推行于全国。显而易见的是，中央地方立法权限划分是实现国家纵向权力划分的前提性环节，是形成和演绎其他诸多中央地方关系的基础。①

有鉴于此，本章的主要任务是梳理与归纳国外关于中央和地方立法权限划分的制度文本，总结中央和地方纵向立法事权划分的基本理念与模式、一般标准与方法，并且通过对我国宪法法律的文本分析，厘清当前我国中央和一般地方以及中央和特殊地方立法事权划分的主要特点与问题，并得出改革与完善我国中央和地方立法权限划分体制的基本思路。

---

① 本文所指"中央与地方立法事权划分"，在单一制国家通常是指中央和省或省级以下地方立法主体之间的权限划分。在联邦制国家，主要体现为联邦与各联邦成员（州、省、邦）之间的立法事权划分。

第一节　各国中央和地方立法权限划分的制度与经验

一、划分中央和地方立法事权的两种理念逻辑

从各国对中央与地方立法事权划分的理念来看，大致可以归纳为国家主义与契约主义两种类型。与此相应的是两种不同的立法事权划分模式以及介乎于二者之间的混合模式。从单一制国家来看，其整体体现的是一种典型的国家主义思维。即中央是国家的中央，地方是国家的地方。在中央地方立法事权划分上，表现为单一的主权者，即国家，以全体人民的名义对中央与地方进行立法授权，以及对中央与地方之间的立法事权进行划分。纵向立法事权划分上的国家主义，强调的是中央立法与地方立法的一体性与同构性、中央立法的优越性与地方立法的从属性以及中央对地方的单方统领与控制。

相较而言，契约主义理念的影响主要表现在联邦制国家关于联邦与联邦成员的立法事权划分中。其主要观点是，组成联邦的各州或省曾经是独立的国家。但为了共同的利益、在共同协商的基础上，各州通过制宪会议产生的联邦宪法而结合为一体。因此，是各州通过契约的形式建立联邦并赋予其以有限的权力。联邦权力实际上取决于联邦成员自下而上的授予。[1] 美国、瑞士、澳大利亚、阿根廷等国受到契约主义的影响，倾向于仅对联邦（中央）的专属立法事项作出规定，而将其他事项的立法权均保留给各联邦成员（地方）。[2] 在这些国家，除瑞士之

---

[1] 有学者认为，契约主义的中央与地方立法事权划分，主要是20世纪之前的联邦制国家的做法，即早期的联邦宪法关于联邦（中央）与联邦成员（地方）立法权的安排方式。20世纪之后，通常采取的是国家主义的划分方式。这似乎也反映了联邦制在20世纪之后所发生的一些变化，即更趋向于将联邦制国家的各个组成部分结合为更为紧密的整体，强调发挥联邦中央的主导性作用。［英］惠尔著，傅会仁等译：《联邦政府》，香港商务印书馆有限公司1991年版，第21~35页。

[2] 麦迪逊认为，美国宪法糅合了联邦性因素（契约性因素）和国家性因素。美国宪法在有关联邦与州的权限变动的规定上，既非完全联邦性，也非完全国家性。如果完全是国家性，则最高权力属于联邦大多数人民，这种权力可以随时进行修宪，对联邦与州的权限进行变动；如果完全是联邦性的，则每一个对州有约束力的变动都需要得到每一个州的同意才能生效。他的结论是，"拟议中的宪法严格说来既不是一部国家宪法，也不是一部联邦宪法，而是两者的结合。其基础是联邦性的不是国家性的；在政府的一般权力的来源方面，它部分是联邦性的，部分是国家性的；在行使这些权力方面，它是国家性的，不是联邦性的；在权力范围方面，它又是联邦性的，不是国家性的。最后，在修改权的方式方面，它既不完全是联邦性的，也不完全是国家性的"。［美］汉密尔顿、杰伊、麦迪逊著，程逢如、在汉、舒逊译：《联邦党人文集》，商务印书馆1995年版，第192~197页。

外,很少对各联邦成员进行"正面"的立法授权,而只有一些针对各联邦成员立法的禁止事项或限制性规定。显然,联邦宪法的主要意义在于确定联邦的职能、权限和组织方式从而对之加以控制和防范。各联邦成员的立法权似乎不是来自联邦宪法的规定,而是早于联邦宪法存在的。联邦宪法对之只是进行某种程度的"认可",而并非"授予"。联邦专属立法权几乎都是一些为维护国家得以存续以及维持国家政治、经济和社会生活的统一性所必需的"最低限度"立法权。更主要和具体的社会管理事务的立法权由联邦成员保留。

实践中,很多国家的中央地方立法事权划分都糅合了国家性和契约性双重因素。一些联邦制国家也深受国家主义分权理念的影响。例如,德国、俄罗斯、奥地利、印度、马来西亚等国,倾向于对联邦与各联邦成员的专属立法事项作出比较均衡的规定,即在这两级立法主体之间比较全面、详细地安排了全国的立法权力。大部分国家还对联邦与各联邦成员的共同立法事项也进行了明确的列举。在契约主义的分权型国家,联邦成员的立法权被称为是"保留"给它们的。但在国家主义的分权型国家,通常没有"保留"字眼。而且,一般会表述为"宪法未授予联邦的权力,联邦成员有权行使"。此外,由于受到国家主义影响的国家,不管是单一制国家还是联邦制国家,都强调中央对于地方立法的单方监督与控制。

国家主义与契约主义理念还深刻影响了各国中央地方立法事权的变动程序与方式。在契约主义分权型国家,有关中央地方立法事权划分的宪法和法律,有如中央与地方之间签署的一个"契约",必须经过双方的协商同意之后才可以进行变动。而在国家主义分权型国家,中央在立法事权变动过程中起着决定性作用。国家主义分权型的联邦制国家,在涉及联邦与联邦成员立法事权变动的问题上,需要二者的共同参与,但联邦占有绝对优势。例如,在巴西和马来西亚,联邦获得对立法事权划分进行变动如修宪的全部权力,而联邦成员没有参与其中并独自表达意见的权力和机会。换言之,联邦成员完全被排除在立法权限变动的过程之外。在这个问题上,这两个国家彻底摒弃了契约主义理念。

二、立法事权划分的主要模式

观察各国中央地方纵向层面的事权划分,依据其所遵循的"国家主义"与"契约主义"两种不同理念,实践中由此形成"代理型"(委托型)与"合作型"(合伙型)两种中央地方立法关系模型。"委托型"或"代理型"中央地方立法关系呈现出一种明显的"代理与被代理"性质。具体而言,地方立法权只是由地方以中央代理人的身份行使,最终各项立法权仍然属于中央。在这种自上而下"单向式"的立法权体系中,中央与地方的关系其实就类似于民法上的委托人与代理人的关系。由于地方立法权很大程度上源自中央的委托或授权,所以地方立法的主要使命是贯彻和执行中央的各项立法。

在"合作型"或"合伙型"中央地方立法关系中,地方在本质上被认为是地方在整个国家中的一种自我表现形式。地方也被看成是与中央在某些国家与社会治理事项上的合作者。因此,地方立法在某种程度上被赋予了不可替代的价值。在这种央地权力关系之下,央地立法事权划分具有合作性和"非对抗性"的特点。在"代理型"与"合作型"两种中央地方关系模型之下,各国纵向立法事权划分可以主要归结为"行政分工型"与"法定分权型"两种模式。

(一) 行政分工型

这种立法事权划分主要出现在单一集权制国家中。从地方立法权的来源来说,各项地方立法权源自中央的授权与分配。中央对地方各级立法起着决定性支配作用。从地方立法权的性质来说,地方立法在很大程度上只是中央立法的延伸和附属,而不是代表地方民众与中央对话和抗衡。在执行中央立法时,地方基本没有或完全没有自主权。未经中央委托和授权,地方不得擅自进行立法。中央拥有对地方立法的最终审查权和裁决权。

在这种立法事权划分之下,中央集权的国家能够向地方下放一部分权力,从而对各个地方的居民产生效力。"国家的大部分重要行政事务都由中央执掌,或是直接通过实地行政管理机构,或是通过专门性机构,也可能利用地方政府管理诸如教育或公路这样的事务,但它们都只不过是处于严格的中央控制之下的代理机构。"[1] 显然,地方很大程度上被看作是一个下级代理机构,甚至是"充其量也不过是一种使用方便的机制。"

在"代理型"或曰"委托型"央地关系结构之下,中央地方立法事权划分实质上是一种"分工性分权"。国家的立法主权由全国性的中央立法整体代表和统一行使,区域性的地方并不享有完整的立法主权。换言之,国家立法权属于整体意义上的中央,地方并未获得真正意义上的立法分权。地方立法权因中央的授权或默认而存在,地方立法权是中央立法权的"派生"权力。在中央与地方之间的立法事权划分,很大程度上只是一种国家立法权内部自上而下、类似于行政机关上下级之间的"分工"。地方立法的职能基于中央的委托、"代理"中央进行纯粹地方性立法事务,或仅仅是落实中央立法的各项规定、在中央立法的大框架之下提供更为具体细致的地方性公共服务方面的规制。

---

[1] [英]戴维·米勒著,邓正来等译:《布莱克维尔政治学百科全书》,中国政法大学出版社2002年版,第103页。

(二) 法定分权型

与"行政分工型"立法事权划分相对应的是一种"法定分权型"的划分模式。这种划分模式建立在"契约主义"的理论基础之上，其认识前提是深刻意识到"把中央—地方关系只是看作对立的两个方面是大错特错了。相反，所有国家的中央和地方政治机构都是相互渗透和支持的，它们共处在一个由许多部分组成的连续统一体中"。[①] 该模式主要出现在"合作型"中央地方关系之下的联邦制国家。其主要做法是，在中央与地方，以及不同地方之间，都在自己的法定权限范围内拥有专属立法权。地方立法权的范围不是由中央单方面加以决定的，而是基于宪法或法律规定而获得。中央不得随意增减地方的立法事权范围。这就保证了中央不得任意取消地方立法权或不公正对待地方立法权。而且，地方僭越中央立法权的可能性也变得极其渺茫。由此，国家的立法主权由中央与区域性的地方分享。

由上观之，"行政分工型"与"法定分权型"两种模式的主要区别在于：其一，中央地方立法事权划分是否有宪法或法律规定作为依据；其二，中央是否有权单方面对地方立法事权进行变动；其三，立法主权是否由中央和地方分享。我们发现，各国立法事权划分，不管是单一制还是联邦制国家，其实在某种意义上都是"国家主义"与"契约主义"两种理念共同作用的产物、不同程度带有"代理型"与"合作型"中央地方关系的特点。现实中，常常呈现"行政分工"与"法定分权"两种模式相互交融混合的状态。评价一个国家的中央地方立法事权划分属于"行政分工型"或者"法定分权型"，很大程度上只是强调其中某些特点更为主导和更为重要而言。

由此，我们可以得出这样的结论：世界上大部分国家关于中央地方立法事权的划分，并不能被简单地定性为纯粹的国家主义或绝对的契约主义，也不能把一个国家的纵向立法事权划分武断地归类为单一的"行政分工型"或"法定分权型"。各国常常采取的是"混合型"的立法事权划分模式，只是"国家主义"和"契约主义"的理论影响以及"行政分工"与"法定分权"的成分各占比重不同而已。很可能，在某些问题上体现的是国家主义色彩；而在另外的一些问题上表现出来的又是契约主义。

例如，美国宪法在联邦与州关系的制度设计上体现的是契约主义倾向，但又大量采用了国家主义的措辞。德国基本法在联邦与州的权限划分上是国家主义，

[①] [英] 戴维·米勒著，邓正来等译：《布莱克维尔政治学百科全书》，中国政法大学出版社 2002 年版，第 103 页。

但参议院"议院原则"又使其带有契约主义色彩。再如,阿根廷宪法在联邦与州立法权的规定方式上是契约主义的,但在权限变动问题上又是国家主义的。[1]

三、中央和地方立法权限的划分标准、方法与内部构成

不管是"行政分工型"还是"法定分权型"国家,都必须找到适当的中央地方立法事权划分的具体标准和方法。对于前者而言,必须明确哪些立法事项可以委托或授权给地方去行使?对于后者而言,必须以宪法或法律形式明确划分中央与地方立法事权的各自范围。哪些立法事项"宜属于中央",哪些"宜属于地方"?从各国立法实践来看,国家纵向立法事权的划分主要有以下三种标准:

(一)立法事权划分的标准

1. 立法所调整事务的性质或属性

孙中山先生早在1922年《中华民国建设之基础》中就强调要以"权"的性质作为分配中央和地方职权的标准,以尽时地之宜。他精辟地分析到:"权力之分配,不当以中央或地方为对象,而当以权之性质为对象。权之宜属中央者,属之中央可也;权之宜属地方者,属之地方可也。例如,军事、外交、宜统一不宜分歧,此权之宜属中央者也。教育、卫生随地方情况而异,此权之宜属地方者也。更分析以言,同一军事也,国防也固宜属于中央,然警备队之设施,岂中央所能代劳,是又宜属之地方矣。同一教育也,海滨之区宜侧重于水产,山谷之地宜侧重于矿业或林业,是固宜予地方以措置之自由,然学制及义务教育年限中央不能不为留一范围,是中央亦不能不过问教育事业矣。"[2] 1924年,在起草《国民政府建国大纲》时,孙中山系统阐述了其划分中央地方立法事权的"均权"标准与原则,即:"中央与地方之权限,采取均权制度。凡事务有全国一致之性质者,划归中央,有因地制宜之性质者,划归地方,不偏于中央集权或地方分权"。[3] 显然,孙中山主张以立法调整事务的性质作为划分中央地方立法事权的标准。他强调应该把立法事权调整的具体对象的性质而不是权力主体作为事权划分的依据。

无独有偶,美国1851年的"领港调控案"确立了联邦与州权划分的"库利原则"。其核心内容就是根据被调控事务的性质来确定联邦与各州事务的范围,

---

[1] 封丽霞:《中央与地方立法关系法治化研究》,北京大学出版社2008年版,第145~146页。
[2] 张金鉴:《行政学典范》,台湾"中国行政学会"1979年版,第247页。
[3] 辛向阳:《百年博弈——中国中央与地方关系100年》,山东人民出版社2000年版,第36页。

并以此为标准来划分联邦与各州权力。在此案判决中，科迪斯法官认为"当调控的性质要求国会行使其专有权力，它一定是被调控事务的性质要求国会的专有立法。……无论什么事务，只要它在性质上是全国性的或只允许单个统一系统或调控计划，它的性质就要求国会的专有立法"。① 简而言之，如果被调控事务的性质要求进行全国统一立法和调控，那么国会就拥有专属性、排他性立法权，各州议会不得染指该项立法权。这正如考克斯所言，"只要权力的对象在性质上是全国性或只允许单个统一系统调控规划，就要求国会的排他性立法"。② 对此，张千帆教授也提出，"要判断某事项应该通过中央立法还是地方立法加以规制，首先应该确定该事项的性质。对于纯属于地方性质的事项，应该由地方立法加以规制，中央立法不应干预。反之，对于纯属于全国性质的事项，应该由中央立法加以规制，地方立法不应阻扰"。③

2. 立法所调整事务的重要程度

以立法所调整的社会关系的内容，即立法所调整对象或事务的重要程度作为标准来对中央地方立法事权进行划分，毫无疑问有着强大的理论正当性与现实合理性。这是因为，立法权所调整的社会关系的内容，最终决定着立法权的性质与归属。立法所调整的诸多社会关系和社会事务纷繁复杂，包括全国性、基础性的基本政治制度、军事外交、公民基本权利义务等重要事务，也包括某些地方性、局部的经济文化管理、生产生活、公共管理等相对次要的事务。

将一些诸如国家主权、外交军事、国家机构组成与职权、公民基本权利义务等重要事项的立法权划归中央，亦是各国立法体制的通例。之所以要把最重要的一类事务的立法规制权交给中央立法主体，主要是因为中央各项立法机制与程序更为完善和严格、立法者素质也更高、立法质量更有保障，而且还更能受到全国性关注与民众监督。在立法民主与监督机制尚不完善的情况下，如果把一些事关全局、影响国计民生的重要事项的立法权下放到地方，那么这些立法权就极有可能被滥用，从而有可能导致地方以合法形式侵犯公民基本权利，而且这类侵犯有可能因其影响的局部性、个别性和地方性而逃脱出人们的视线。当然，按照立法所调整事务的重要程度来对中央地方立法权限进行划分，实际上是地方立法完全从属于中央立法的典型单一制国家立法思维的体现。在立法实践中，这种划分标准容易引起一系列难以解决的问题。"尤其是地方政府必须被允许采用它认为最有效的手段，来维持地方秩序并保护公共利益。如果按照重要程度来划分职权，

---

① 张千帆：《西方宪政体系》（上册·美国宪法），中国政法大学出版社 2004 年版，第 161 页。
② ［美］阿奇博尔德·考克斯著，田雷译：《法院与宪法》，北京大学出版社 2006 年版，第 35 页。
③ 张千帆：《流浪乞讨与管制——从贫困救助看中央与地方权限的界定》，载于《法学研究》2004 年第 3 期。

那么就必然会在某些情况下导致不便。"①

3. 立法所调整事务的影响范围

在国家政权架构中，中央与地方各自关注的事务与利益并非整齐划一。中央关注全国性事务和国家整体利益，地方更关注的是本地事务与地方利益。中央的自身地位决定了其应该是国家利益的代表者、实现者而并非某个地方利益的决策者、维护者。因此，涉及全国人民根本利益、影响范围波及国家整体的立法事务，只能由中央立法加以规制。而对于影响范围仅限于地方、地方更为熟悉了解的事务则应该由地方立法来解决。只有在地方根本不能或难以进行有效规制的全国性事务上，中央立法才应发挥绝对的"主导性"。但对于地方能解决好而且相较于中央更容易解决的纯粹地方性事务，中央立法应保持一定距离与克制。就此，严复先生也曾主张以立法权的影响范围以及立法事项是否有关全局作为中央地方事权划分的标准。即，"盖此广土众民，夫既为一国矣，则事之利害，必有关于全体者。又以天时地利人情物产之各殊，必有系于分地者。系其分地者，每最繁剧，而其事又中央之所不必问也。故法每予之以自治之权，使有事得自行其便，惟事设全体，而宜为一律者，则受令于中央之政府"。②

美国在1824年的"航运垄断案"中以司法判决形式最终确立"跨地区事项应归属联邦中央政府"的原则，联邦由此获得对"州际贸易事项"进行立法规制的绝对权力。这实际上明确了将事项"影响范围"或"外部性程度"作为划分联邦与各州立法事权的基本标准。换言之，"那些可以由地方分别提供的事务，由各州内的政府处理。那些需要共同关心的事务，不能由各州分别处理，则要根据共存运作的原则由优先的全国政府处理"。③ 但是，当地方立法的调控事项超越本地范围之外以至于影响其他地方利益或有损于全国性利益、产生"外部效应"或"外溢效应"的时候，中央立法就有必要对之加以调整和干预。

4. 立法的调整机制与方法

如果仅以立法所调整事务的性质或属性、影响范围或重要程度作为标准来对中央地方立法事权进行划分还是远远不够的。这是因为，它无法解释一种立法权可以调整性质不同、范围不一的社会关系和社会事务，也无法解释同一种社会关系需要由不同层次的立法权加以调整的立法现象。因此，中央地方立法事权划分，还需要将立法调整机制与方法作为一个殊为重要的辅助标准。从单一制国家的立法实践来看，凡属于以刑罚、人身自由罚，以及以刑事责任作为调整方法的

---

① 张千帆：《宪法学导论——原理与应用》，法律出版社2004年版，第263页。
② 卢云昆编：《社会剧变与规范重建：严复文选》，上海远东出版社1994年版，第210页。
③ [美]文森特·奥斯特罗姆著，毛寿龙译：《复合共和制的政治理论》，上海三联书店1999年版，第7页。

立法事项，原则上应划归中央立法事权范围；而地方立法事项，主要是以财产罚、民事责任作为其主要调整方法，而且处罚程度较为轻微。例如，我国《立法法》规定，有关犯罪与刑罚、对公民政治权利的剥夺和限制人身自由的强制措施和处罚，只能由全国人大及其常委会制定法律。换言之，这些立法事权为中央专属，地方不得涉足。

从其他国家的立法实践来看，以英国为例，地方细则规定的罚金数量不得超过50英镑。① 日本地方自治法虽然赋予了地方制定"罚则"的权力，但这种罚则的标准绝对不能与作为国家法律的刑法相提并论。日本地方自治法将地方制定罚则的标准定为：两年以下有期徒刑或10万日元以下的罚金、拘留、科料（日本财产刑的一种，数额为5~1 000日元）或没收。而且，日本的地方立法虽然有权设定罚则，但判定是否违反地方立法的有关规定以及如何适用罚则的权限却是由国家设在地方的司法机关依据全国统一的刑事诉讼法规定的程序来进行判定的。②

（二）立法事权划分的方法

从应然层面来说，各个国家应当尽量将立法事权划分为二，即中央立法事权与地方立法事权。但是，从实然层面来说，中央地方立法事权在实践中不可能做到一清二楚地"两分"。这是因为，实践中存在着诸多中央地方的"共有立法权"或"交叉立法权"。有时候还会出现中央地方立法事权的"未尽事宜"，需要对"剩余立法事权"进行分配。显然，中央立法事权与地方立法事权常常处于"交叉"状态而并非"平行"状态。中央与地方在行使立法权过程中并不是在"井水不犯河水""非此即彼"的理想状况下自行运作。由此，各国关于中央地方立法事权的基本划分，以及对于中央与地方立法"交叉地带"或"未尽事宜"的技术处理，主要有"二分法""三分法"与"四分法"等形式。

1. 二分法

单一制国家大多采取"二分法"。即，将全部立法事项一分为二，即中央立法事项与地方立法事项。对于中央与地方共同立法事项未作明确列举，对剩余立法事项也未作涉及。虽然对于中央与地方的立法交叉事项作了一些原则性规定，但这些"交叉事项"以及"剩余立法事项"原则上均属于中央立法事项的范围。中央立法的触角几乎遍及地方生活的各个角落，几乎每一部地方立法中也都能找

---

① 林征译：《英国的立法制度》，引自李步云主编：《立法法研究》，湖南人民出版社1998年版，第513~514页。

② 张庆华译：《日本的地方立法》，引自李步云主编：《立法法研究》，湖南人民出版社1998年版，第548~549页。

到中央立法的影子。地方之所以拥有立法权，一方面是为了满足执行中央立法而根据本地实际情况作出具体规定的需要，另一方面是为了更好地履行中央管理职能而针对一些纯粹地方性的事务进行立法。因此，在某种意义上，与其说"二分法"划分的是中央立法事项与地方立法事项，倒不如说它划分的是中央专属立法事项以及中央、地方共同立法事项。

在"二分法"国家，难以看出哪些事项应当由地方自主进行立法而无须中央的特殊授权？哪些事项的立法权必须地方化？也难以看出哪些事项应当由中央委托给地方立法，即只有经过中央委托之后才可以进行立法。其中央地方立法事权划分的典型特点是：第一，大部分立法事项是以一种"平面切割"的方式层层下达；第二，不同层级立法主体之间立法事项的重合部分较多，各自立法的侧重点不太分明，呈现出明显的"职责同构"倾向；第三，在立法事项上，强调纵向的"上传下达"和"对口"。显然，这种划分方式虽然被称之为"二分法"，但实际上中央与地方立法事项并没有做到"一分为二"和"泾渭分明"。相反，实践中还会常常引起中央地方立法事权的边界模糊与职责混乱。

2. 三分法

联邦制国家多采取"三分法"。即，将全部立法事项分为联邦（中央）专属立法事项、联邦与各联邦成员共同立法事项以及联邦成员的剩余立法事项。通常对前二者采取明确列举的方式，对后者采取含糊概括的方式。"这种划分方法对于联邦国家与实行地方立法分权的国家来说具有普遍意义，因为这三者构成立法事项的整体，在外延上是周到的"，而且这种表述"在宪法之中更符合思维的严密逻辑"。[①] 从理论上说，依据"三分法"，中央与地方立法事权的范围比较清晰。首先，中央专属立法事项只能由中央进行立法规制。即使中央尚未进行立法，地方除非获得中央的特别授权，亦不得立法。其次，中央与地方共有立法事项应以中央立法为主、地方立法为辅，但中央享有立法优先权、地方立法不得与之相抵触。最后，剩余立法事项划归给地方，地方就拥有立法自主权。换言之，地方只要不与宪法和中央立法相抵触就可以自行立法。

3. 四分法

加拿大、印度、马来西亚等联邦制国家采取更为细致的"四分法"。即，将全部立法事项分为联邦（中央）专属立法事项、各联邦成员（地方）专属立法事项、联邦与各联邦成员共同立法事项、剩余立法事项。对前二者采取明确列举的方式，对于第三者大多也采取明确列举的方式，如印度、加拿大、马来西亚等，而对于剩余事项则通常采取含糊概括的方式。依据"四分法"，中央与地方

[①] 陈端洪：《划分地方立法权限几个问题的探讨》，载于《法商研究》1994年第3期，第25~28页。

的立法事权范围更加清晰。第一，中央专属立法事项只能由中央加以立法调整。地方除非获得中央的特别授权，不得对之进行立法。第二，地方专属立法事项原则上只能由地方单独加以立法调整，中央立法亦不得随意僭越和涵盖。① 第三，中央与地方共有立法事项应确立中央立法的优先性和权威性。② 第四，在剩余立法事项的划归上，加拿大、印度是将其划归给联邦中央，马来西亚则是划归各州。这也就解决了剩余立法事项的最终归属问题，尽可能地避免立法实践中剩余事项的立法混乱。

（三）立法事权的内部构成

从各国立法实践来看，根据立法事项的性质或属性、重要程度、影响范围和调整方法等综合性标准，以及"二分法""三分法""四分法"等多种划分方法，通常可以把国家纵向立法事权划分为中央立法事项、地方立法事项、中央与地方共同立法事项以及剩余立法事项。

1. 中央专属立法事项

中央专属立法事项主要包括三方面内容：一是为维护国家共同体的存在所必需的事项；二是维护一个国家基本的政治生活、经济生活和社会生活统一性与和谐性所必需的事项；三是超越一个地方的辖区范围，涉及两个或两个以上地方的权限和利益，以及涉及中央与地方关系调整的事项。从另一个角度来说，由中央立法加以规范的事项，应当限于必须以国家的整体名义进行立法规制而确实不必考虑地方的特殊性和差异性，以及从立法的宗旨出发不能考虑地方的特殊性和差异性的立法事项。

---

① 中央也可以就地方专属立法事项进行立法。例如，印度宪法规定，如果联邦议会经出席表决议员的2/3多数通过决议，基于国家利益有权针对各邦专属立法事项制定法律。联邦议会还有权对印度境内不属于任何邦的地区就任何事项制定法律，即使该事项属于地方专属立法的范围亦无妨碍。而且，联邦议会在实施紧急状态时，有权为全国或任何部地区就地方专属立法事项制定法律。从宪法规定来看，加拿大联邦对联邦成员立法的控制程度最高。加拿大联邦在一个省的法案通过的一年之内，有权对之加以否认；由联邦任命的省督可以保留该省的某项法案等待联邦的批准，而联邦的缄默或拒绝批准会使法案夭折。[法]诺埃尔·伯努瓦、德·奥诺里奥著，辜勤华译：《加拿大和魁北克之间的宪法争端》，载于《外国法译丛》1985年第4期。马来西亚宪法第76条也规定，联邦议会为履行同其他国家所缔结的任何条约、协约或约定，或为履行联邦为其成员国的国际组织的任何决议；为促成两州或多州间的法律的统一；应任何州立法议会的请求，有权就州管辖的任何事项制定法律。但是，马来西亚联邦议会为促成两州或多州间法律的统一，以及应州立法议会的请求所制定的法律须经州立法机关立法采纳，始能在该州生效。

② 加拿大《1867年宪法法案》（1982年统一本）规定，即使各省已就共同立法事项进行了地方立法，但加拿大议会就任何此类法律中任何事项进行立法的权力不得被限制；而且，加拿大议会可随时就此类事项进行立法，各省立法当且仅当它不与加拿大议会立法相抵触时才生效。印度宪法第254条规定，如果邦议会法律中的任何规定与联邦议会在权限范围内制定的法律发生抵触，联邦议会制定的法律无论邦议会法律或上述现行法律制定以前或制定以后，一概有效；而邦议会的法律中发生抵触的部分应属无效。

具体言之，中央立法事项通常包括：国家主权、国防外交、缔结条约以及国籍等国家对外主权基本职能事项；国家机构设置、组织与职权划分以及活动的基本原则与程序；国家基本政治、经济、文化制度。例如，国家代议机关、选举、国旗国歌国徽、军事武器、地方自治、民族制度以及全国性的财政、统计、会计审计、预算、关税、金融、土地、货币、票据、对外贸易、铁路航空、邮政电信、国家奖励和荣誉、度量衡、语言文字、时间标准制度等；刑事、民事基本制度。例如，犯罪与刑罚、出生与死亡、身份与法定能力、物权与债权、婚姻与继承、著作权与专利权制度等；维护司法统一方面的制度。即，全国性法院（检察院）的产生与组织、法官（检察官）的任命、刑事诉讼和民事诉讼程序、刑事执行制度、仲裁制度、公证制度等；公民的基本权利与义务。即，公民的选举与被选举权、宗教信仰、言论与结社、罢工、就业、受教育、工资薪金等方面的制度；涉及两个或两个以上地方（跨越省界或州界）且由单个地方无力解决的立法事项。通常表现为国内商品流通、人口迁徙、交通运输等影响范围超出某特定地方的事项。

2. 地方专属立法事项

与中央立法相比，由地方立法加以规范的事项范围比较模糊和概括，而且单一制与联邦制国家的规定大相径庭、内容迥异。在单一制国家，地方立法权、行政权和司法权的权限范围及相互关系，以及地方政权机关的产生、组成和活动原则等一般都属于中央立法事项的范围；在联邦制国家，这些事项的立法权则划归为各个地方。通常而言，由地方立法加以解决的事项，从性质上说应是全国统一立法不可能涉及或不宜涉及，但又有必要以"因地制宜"和"因地而异"的立法形式加以调整的事项。从各国立法实践来看，地方立法事项主要涉及：地方治安、警察与消防等方面的事项；环境保护与公共设施，如市政规划与道路建设、桥梁、河流、港口、矿山、水库、输水管道、供电、供水与煤气、污水与垃圾处理、地方环境与资源保护等方面的事项；地方经济与公共财政，如地方税收、手工业、旅游业、农业、林业和渔业、企业待遇等方面的事项；公共福利，如公共慈善、卫生保健、医疗救护、社会保障、教育与职业培训、剧院、图书馆、博物馆、体育与娱乐设施等方面的事项。

3. 中央与地方共同立法事项

从各国关于中央地方立法事权划分的制度文本来看，中央立法事项与地方立法事项的"两分法"在实践中不可能做到一清二楚。这是因为，在许多事项的立法权上，中央与地方是共有的，是交叉行使的。这种中央地方立法事权的交叉地带，或者说是中央与地方可以"并行立法"的"灰色地带"，就是我们通常所说的中央与地方"共同立法事项"或"并行立法事项"。

各国设定中央与地方"共有立法事项",大致是出于以下考虑:第一,不管是中央立法权事项,还是地方立法权事项,都不可能进行穷尽式列举;第二,在立法实践中,有些事项确有必要既实行中央立法的规制,又借助于地方立法的辅助;既有必要强调全国一致的性质,又有必要强调各地方的特殊性;第三,对于共有立法事项,如果中央暂时放弃立法的话,地方就可以进行先行立法或试验立法,以满足现实的立法需求并为将来的中央立法准备条件;第四,对于共有立法事项,中央有随时立法之权力,而且地方法如与之抵触即无效,因此将无碍于中央立法权威。

在单一制国家,通常不对中央与地方共同立法事项进行明确列举,而是采取一种比较原则和概括的形式来对此类事项加以表述。这主要表现为三种形式:(1)在与宪法和相关法律不抵触的前提下,地方出于执行中央立法的目的可以进行立法;(2)如果中央尚未就其某些专属事项进行立法,地方可以先行立法,但在中央立法出台之后,地方立法与之相抵触者无效;(3)中央专门授权地方就某些中央立法事项行使立法权。就联邦制国家来看,通常要对中央与地方共同立法事项采取明确列举的形式加以规定。①

各国在中央与地方共有立法权的效力区分上,不管是单一制国家还是联邦制国家,都确立了中央"优先"或"优占"原则。简言之,即中央高于地方、地方立法不得与中央立法相抵触,以及以中央为主、地方为辅的原则。在单一制国家,就同一事项的地方立法权从效力等级和适用范围上均低于中央立法,如与中央立法的规定相违背则自动无效。在联邦制国家,例如美国宪法第6条确立了"联邦法是最高法"原则,即"本宪法和依本宪法所制定的合众国法律,以及根据合众国的权力已缔结或将缔结的一切条约,都是全国的最高法律;每个州的法官都应受其约束,即使州的宪法和法律中有与之相抵触的内容。"俄罗斯宪法第76条规定,俄罗斯联邦各主体就共同管辖对象颁布法律和其他规范性文件,必须以联邦法律为根据。俄罗斯联邦各主体就与联邦共同管辖对象颁布的法律和其他规范性文件,不得与联邦法律相抵触。德国基本法第75条规定,只有在联邦立法有明文授权并在其授权范围内,各州才能与联邦并行立法。州只能在联邦确

---

① 例如,美国宪法规定的联邦与州共有立法事项有:征税、借款;设立银行和公司;设立法院;在各自权限范围内制定和实施法律;为公共目的征用财产;举办公共福利。就征税权为例,各种税收分属各级政府征收。但州无权征收关税,联邦无权征收不动产税,二者都不可以对对方的设施征税。德国基本法规定的联邦与州共有立法权包括:出生死亡与结婚登记、结社与集会、公共福利、各州的国籍、劳动教育、防止滥用经济权力、农林业生产、不动产买卖、公路交通、工资年薪等25个事项。俄罗斯宪法规定属于联邦与各联邦主体共同管辖的事项包括占有、使用和处分土地和其他自然资源、国有财产、医疗卫生、抵御自然灾难和流行病、行政诉讼、劳动、家庭、住宅、土地水源、森林矿藏、环境保护、法院律师公证、国际联系和对外经济联系共14类。

定的"框架性"立法和"基准"立法范围之内就具体问题进行立法。

许多国家在关于中央地方立法事权划分的条文中,通常都设有一个"弹性条款",将一些未尽事宜囊括其中。这些"未尽事宜"就是通常所说的"剩余立法事项"。它既不属于中央专属立法事项的范围,也不属于地方专属立法事项的范围。一般是指,立法者由于各种主观或客观局限性而尚未发现的立法事项,或者是目前还没有出现、但将来有可能发生的一些无法预计的立法事项。将这些"剩余立法事项"划归中央还是地方,往往体现了一个国家中央地方立法事权划分的基本理念。在单一制国家,通常没有对剩余立法事项进行规定。如果中央没有就某一事项作出授权,那么就视地方无权就此事项行使立法权。即使在理论上也存在中央与地方立法的"未尽事宜",那么这些"事宜"的立法权当然应划归为中央。从这个意义上可以说,单一制国家在很大程度上不存在将剩余立法事项进行重新划分的问题。在联邦制国家,有些将剩余立法事项划归给联邦成员。如美国宪法第10条修正案规定"宪法未授予合众国、也未禁止各州行使的权力,由各州保留,或由人民保留"。还有些国家将剩余立法事项划归给联邦中央。如加拿大《1867年宪法法案》将剩余事项的立法权划归联邦中央。印度宪法也将剩余立法事项划归给印度联邦。

第二节 新中国成立以来中央与地方立法关系的历史发展

一个国家在不同的历史时期,中央与地方立法关系各不相同。其根本的原因在于不同的时空条件下存在不同的社会经济生活,以及由此决定和影响不同的政治、法律和文化环境。中国是一个地域广阔的超级大国,也是一个人口众多的多民族国家。自从进入有完整的国家结构形式的政治社会以来,各个历史时期都无法回避中央与地方的关系问题。[①] 两千多年以来,中国政治制度史在相当程度上可以说就是一部纷纭复杂、丰富多彩的处理中央与地方关系的历史。对此,有学者总结到,"中央与地方的关系横穿中国五千年的文明史,一部中国史就是处理

[①] 著名史学家吕思勉认为,中国传统社会完整的国家结构形成于秦朝;在秦朝之前存在的一直是一个多元而分散的社会,而且,时间愈古,这种分散性和多元性就越强。因此,可以说,只是在秦朝才实现了对以前多元和分散的社会的整合,形成了较为完整的国家结构。对后世产生重大影响的中央与地方关系也是在这个时候才得以形成。吕思勉:《中国制度史》,上海教育出版社1985年版,第410页。类似观点见林尚立:《国内政府间关系》,浙江人民出版社1998年版,第265页。

中央与地方关系的历史。"① 当中央与地方关系比较均衡、协调时，中国社会的发展就比较强盛；反之，当中央地方矛盾重重、相互对峙时，中国社会的发展就会严重受阻。

一、改革开放之前中央与地方立法关系的历史演变

新中国的成立是我国中央与地方立法关系发生革命性转折的起点。1949 年以来，我国在社会主义国家制度建构的道路上进行了艰辛的探索。从中华人民共和国成立初期确立的苏联模式到建立社会主义市场经济体制和社会主义法治国家，此间几多曲折。其间，中央与地方立法权限划分也发生了阶段性的历史转变。

（一）中华人民共和国成立之初的中央与地方立法关系：从分权走向集权

1. 中华人民共和国成立初期影响中央地方关系的政治与社会背景因素

1949 年之后，如何建构和协调中央与地方关系，作为巩固国家政权的首要问题摆在新生的人民政权面前。对当时刚刚执政的中国共产党来说，健全政权体系、巩固新生政权的主要任务就是要使国家政权能有效地从中央延伸至地方，从而实现有效的国家管理和社会控制。中华人民共和国成立之初的社会背景因素对当时的国家结构形式和立法体制格局产生了十分重要的影响，它使"全国统一"与"中央集权"成为这段时期中央与地方立法关系的主调。这些背景因素也是新生的国家政权选择和构建中央与地方立法关系的历史前提和现实基础。它们主要表现为：

首先，鸦片战争后的一百多年来，中国一直缺乏能形成稳定的社会基本制度框架的政治力量，社会整合面临严重困难，长期处于孙中山先生所形容的"一盘散沙"状态。近代中国一百多年的民主主义革命主要就是围绕"建立一个独立统一的现代国家"这个基本命题展开。② 用费正清先生的话来说就是：由接连不断的军阀混战、革命、日本入侵等所促成的普通人民对政治的参与，极大地复兴了统一的理想。"中国的传统表明，只有一个统一的中央政府才能提供和平。""由于'中国人民站起来了'，它就必须是一个在中央政权统治下的政治实体。"③ 因

---

① 辛向阳：《大国诸侯——中国中央与地方关系之结》，中国社会出版社 1995 年版，第 20~21 页。
② 许纪霖、陈达凯主编：《中国现代化史》，上海三联书店 1995 年版，第 9 页。
③ [美] 费正清、麦克法夸尔著，王建朗等译：《剑桥中华人民共和国史》（1949—1965），上海人民出版社 1990 年版，第 22、24 页。

此，中国共产党在取得国家政权之后，首先要结束自清朝末年以来的国家分裂状态，保证社会的稳定与秩序，实现国家统一和社会整合，这是当时新生政权的第一要务，也是当时的大势所趋。

其次，中国共产党还要在巩固新政权的基础上加速进行工业化，实现富国强兵的民族主义和现代化目标。在一个规模巨大、底子又差、经济资源稀缺的落后国家，以国家名义对经济及各种社会资源实行全面控制就成为一个非常重要的前提。因为只有这样，才能确保将有限的资源用于保家卫国和发展经济。在此过程中，苏联模式对于新中国的"示范"作用是非常强大的。在中国共产党成为执政党之后，尊崇苏联为"老大哥"，以苏联为榜样，效仿甚至照搬了苏联的中央高度集权领导体制，逐渐形成和确立了中国特色的中央高度集权的政治体制。

再次，新生的人民政权还面临着西方国家的国际性封锁以及颠覆活动所形成的强大的压力。对此，周恩来对新中国为什么不实行联邦制这个问题的解释，就很能说明问题。他说："任何民族都是有自决权的，这是毫无疑问的事。但是今天帝国主义者又想分裂我们的西藏、台湾甚至新疆，在这种情况下，我们希望各民族不要听帝国主义者的挑拨。为了这一点，我们国家的名称，叫中华人民共和国，而不叫联邦。"[①]

最后，中华人民共和国成立之初，中国共产党对于中央与地方结构形式的构造，还受到革命战争时期高度集权的军事领导体制的深刻影响。中国共产党在艰难的战争时局和残酷的生存环境之下，要想取得革命的胜利，就必须集中其管辖区内所有的资源用于革命斗争，建立起统一的领导。在特殊的历史条件下，加强中央对各解放区的集中统一领导成为决定生死存亡的重大问题。新政权刚刚建立之时，党的中心任务由夺取政权转变为巩固和建设政权，但高度集中、统一指挥的军事组织思维模式和领导体制已经在运行方式和社会动员方面形成一定的"范式"。在缺乏执政经验和组织资源的历史条件下，新生的政权仍然沿用这套"范式"，依靠战争环境下形成的高度集权的组织形式和领导体制来实现对全社会的政治控制。[②] 这必然对中国共产党在中华人民共和国成立之后中央与地方关系处理问题上产生了深刻的影响。

由上观之，我们完全有理由这样说，历史上源远流长的"大一统"的中央高度集权传统，经历了长期战乱的中国社会对于国家统一的强烈渴望，中国人民强烈的"现代化发展冲动"，中华人民共和国成立前长期的高度集权的革命政权建设实践，以及当时严峻的政治任务和恶劣的国际环境，决定了中国共产党在中华

---

① 《周恩来统一战线文选》，人民出版社1984年版，第139~140页。
② [美]费正清、麦克法夸尔，王建朗等译：《剑桥中华人民共和国史》（1949—1965），上海人民出版社1990年版，第73~84页。

人民共和国成立之后必然在联邦制和单一制之间选择单一制的国家结构形式，也必然会以中央集权为主导来构建新中国的中央与地方立法体制。这也决定了，在改革开放之前的 30 年，除了中华人民共和国成立之初的 3 年，其他大部分时期不管是经济体制还是政治体制，以及中央与地方关系，都体现出中央高度集权和全国总体控制这两个最基本的特征。

2. 1949~1952 年：大区分权政治格局下的立法体制

在中华人民共和国成立最初 3 年，立法权的行使具有主体多元和权力分散的特点。在中央一级，享有立法权的主体是中国人民政治协商会议、中央人民政府委员会和政务院。其中，在普选的全国人民代表大会召开之前，中国人民政治协商会议全体会议代行全国人民代表大会职权，享有制定或修改中国人民政治协商会议组织法、共同纲领以及中央人民政府组织法等立法权。根据政治协商会议通过的中央人民政府组织法，中央人民政府委员会依据共同纲领享有以下立法权：制定并解释国家法律，颁布法令并监督其执行；废除或修改政务院发布的与国家法律、法令相抵触的决议和命令；批准或者修改、废除与外国订立的条约和协定。政务院有权颁布决议和命令，并审查其执行；有权废除或者修改各委、部、会、院、署、行和各级政府与国家的法律、法令和政务院的决议、命令相抵触的决议和命令；有权向中央人民政府提出议案。

从中央与地方立法权划分的层面分析，1949 年颁布的起临时宪法作用的《中国人民政治协商会议共同纲领》第十六条规定："中央人民政府与地方人民政府间职权的划分，应按照各项事务的性质，由中央人民政府委员会以法令加以规定，使之既利于国家统一，又利于因地制宜"。这实际确定了中华人民共和国成立初期我国在立法体制上实行中央集权与地方分权相结合的原则。在当时，享有地方立法权的主体包括：大行政区的人民政府，省人民政府，直辖市、大行政区辖市和省辖市人民政府，县人民政府，以及民族自治地方的自治机关。

在这段历史时期，大行政区立法是中央立法与地方立法之间的中介和沟通桥梁。大行政区可以说是当时特殊历史时期的产物。在中华人民共和国成立初期，国家政权尚未完全巩固，全国各地经济生活差异极大。在这种情形之下，全国被划分为东北、华北、西北、西南、中南、华东六个大行政区。各行政区基本上依据解放战争中各野战军的作战区域和所解放的领土区域，保持了战争年代大区的相对独立性。这六个大行政区既是该区所辖省市高一级的地方政权机关，又是中央人民政府政务院的代表机关，享有广泛的立法、行政和人事权力，与此同时肩负着管理当地经济事务、统一财经工作的主要责任。中央对省级地方的领导也必须经过大区这一级，这在很大程度上树立和提升了党中央的权威，是新生的国家政权对中央与地方关系进行的一种探索。

在中央政府尚未对全国形成完整的调控体系的历史条件下，位于"省"之上的大区政府对地方具有非常强的控制力，大区立法在稳定社会、巩固新生政权方面起到了重要的作用。根据1949年中央人民政府政务院（以下简称"政务院"）制定的《大行政区人民政府委员会组织通则》，大行政区人民政府有权拟定与地方政务有关的暂行法令条例，报政务院批准或备案。在大行政区之下，根据1950年政务院制定的《省、市、县人民政府组织通则》，省人民政府有权拟定与本省政务有关的暂行法令条例，报主管大行政区人民政府转请政务院批准或备案。直辖市、大行政区辖市和省辖市人民政府，有权拟定与本市政有关的暂行条例，报上级人民政府批准。县人民政府有权拟定与县政有关的单行法规，报请省人民政府批准或备案。根据《中华人民共和国民族区域自治实施纲要》，各民族自治区的自治机关在中央人民政府和上级人民政府法令所规定的范围内，依其自治权限，可以制定本自治地方的单行法规，报上两级人民政府核准并报政务院备案。

出于中华人民共和国成立之初形势的需要，立法权被分配到多个中央和地方主体手中。之所以采取这种立法体制，"完全基于当时新老解放区的情况差别悬殊而确立的。对新解放的地区，不论其为省级或县级，都有必要给予立法规的权力，以便因地制宜地实行各项改革，建立民主政权，恢复和发展国民经济"。[①] 在这种中央与地方立法关系模式下，中央与地方的立法积极性都得以提高，立法的速度和效率也大大加快，满足了当时的新生政权对于秩序与规范的需要。[②]

3. 1953～1957年：中央立法权的高度集中

经过社会主义改造之后，我国基本确立了苏联模式的高度集权的政经一体化体制架构。表现在制度上，就是政治、经济体制的中央高度集权，地方各项权力迅速汇聚到中央。1952年底，随着抗美援朝的基本结束和国民经济恢复任务的完成，为了强化全国统一与集中，中央决定改变大行政区的设置与职能。各大区不再作为一级地方政府，只是中央派驻各区的代表机关，其职能大大萎缩，机构也大大精简。为便于中央直接领导省市，中央于1954年作出撤销大区一级行政机构的决定。[③] 同时，中央政府机构的数量大大增加，职能也快速扩大。1953年

---

① 张善恭：《立法学原理》，上海社会科学院出版社1991年版，第99页。

② 据统计，1950～1953年，中央立法共435件，年均立法109件。全国各地的地方立法也开展得相当活跃。其中，浙江从1950～1953年，共制定暂行法令条例和单行法规653件，年均立法163件；内蒙古从1950～1954年，制定各种规范性文件368件，年均立法73.5件；上海从1950～1954年，制定暂行法令条例和单行法规799件，年均立法159件。引自吴大英等：《中国社会主义立法问题》，群众出版社1984年版，第36、241页。

③ 1954年6月19日，中央人民政府第三十二次会议决定，撤销大行政区，大行政区一级的地方立法权也随之撤销。随着大区的改制和撤销，原各区的主要领导人调往中央，担任重要职务。与此同时，党中央的权威和地位逐渐形成。

底,政务院的部门由35个增加至42个。随着我国"一五"计划的逐步展开,到"一五"末期时,政务院的部门增加至81个。各部门对各自职能所辖单位进行垂直领导,"一竿子插到底"和"上面千条线,底下一根针"的高度一体化的政治经济体制逐渐形成。这种政治格局直接决定了该时期中央与地方立法关系的格局。

1954年9月20日,新中国制定了第一部宪法。① 新宪法第二十二条规定:"全国人民代表大会是行使国家立法权的唯一机关,有权修改宪法和制定法律。全国人大常委会有权解释法律和制定法令。"从宪法规定来看,1954年宪法没有规定中央和地方国家机构的职权划分,并删去了政治协商会议共同纲领所规定的相关内容。地方各级人民代表大会依照法律规定的权限通过和发布决议,但无权立法,地方人大也没有常务工作机构。② 新宪法仅保留了民族自治地方的立法权。新宪法还规定,国务院即中央人民政府,是最高国家权力机关的执行机关,统一领导全国地方各级人民委员会即地方人民政府。地方各级人民政府,都是国务院领导下的国家行政机关,都服从国务院。这从宪法上确认了中央政府的高度权威,但新宪法并没有赋予行政机关立法权。

1955年第一届全国人大第二次会议通过《关于授权常务委员会制定单行法规的决议》,把享有国家立法权的范围扩大到全国人大常委会。之所以要进行以上授权,是因为:"随着社会主义建设和社会主义改造事业的进展,国家急需制定各项法律,以适应国家建设和国家工作的要求。在全国人民代表大会闭会期间,有些部分性质的法律,不可避免地急需常务委员会通过实施。为此,……授权常务委员会依照宪法的精神、根据实际需要,适时地制定部分性质的法律即单行法规"。③ 1959年,第二届全国人大第一次会议作出以下授权:即全国人大常委会在全国人大闭会期间根据情况的发展和工作的需要,有权修改现行法律中已

---

① 截至1951年10月,新中国成立两周年之际,全国28个省中有27个省、全部8个省级行署、154个市中有146个市、2 068个县中有2 038个县,召开了人民代表大会。到1952年,除中国台湾之外,全国所有省、市、县、区、乡都召开了人民代表会议。这些为第一届全国人民代表大会的召开准备了条件,也为1954年宪法对中央与地方立法关系作出新的调整和规定奠定了基础。引自何泌:《中华人民共和国史》,高等教育出版社1997年版,第28页。

② 这一时期中央与地方立法关系格局的形成,在很大程度上也是在当时极端贫穷落后的国情之下追求苏联社会主义体制模式的结果。苏联是第一个社会主义国家,它的高度集权的政治、经济体制,自然成为当时新中国仿效的榜样。毛泽东当时曾说:"我国宪法规定,地方没有立法权,立法权集中在全国人民代表大会。这一条也是学苏联的。因为起草宪法的时候,我曾经问过一些同志,是不是应该这么写,据说苏联是这样,有些资本主义国家也是这样。"参见辛向阳:《百年博弈——中国中央与地方关系100年》,山东人民出版社2000年版,第182~184页。1986年,邓小平在接见波兰统一工人党中央第一书记、国务委员会主席雅鲁泽尔斯基时说:"我们两家的政治体制都是从苏联模式来的。看来苏联也不是很成功"。引自薄贵利:《中央与地方关系研究》,吉林大学出版社1991年版,第111页。

③ 《中华人民共和国第一届全国人民代表大会第二次会议汇刊》,第995页。引自李林《走向宪政的立法》,法律出版社2003年版,第192~193页。

经不适用的条文。民族自治地方的自治机关有权制定自治条例和单行条例，报全国人大常委会批准。除此之外，大行政区时期的省、市、县地方立法权实际上被取消。

（二）1958~1978年："中央集权"与"地方分权"的循环

随着社会主义实践的发展，在我国这样一个各地经济、文化差异极大，经济规模不断扩大的超大型国家，中央高度集权体制的弊病渐渐显现。我国"一五"末期，党中央开始尝试着向地方分权。在20世纪50年代中后期和70年代初期，中央曾有过两次大规模向地方放权的实践，但最终都以中央重新收权告终，陷入"中央收权"与"向地方放权"的循环状态。中央与地方关系无法走出"一统就死，一死就叫，一叫就放，一放就乱"的怪圈。①

1956年4月，毛泽东发表《论十大关系》，指出："在我们这样一个国家，应该发挥中央与地方两个积极性。应当在巩固中央统一领导的前提之下，给地方更多的独立权，让地方办更多的事情"。② 伦敦大学施拉姆教授对这一时期毛泽东的中央与地方关系理论进行了独特的研究。他认为："归根到底，毛继续强调的是国家作为一个整体的内聚力与效率的极端重要性，而且重视在规定的范围内的分散和基层的积极性""尽管毛一直强调一个高度集权的国家，但他在1956年最为关切的是扩大地方权威，因为他当时考虑的是现存的集权程度已经达到自我拆台的地步。"③ 在1956年的中央政治局会议上，毛泽东还有这样一番讲话，下级与上级的关系就像是老鼠见了猫一样。好像魂都吓跑了，许多事情不敢说。要解决好猫与老鼠的关系，就应当解决好中央集权与分权的关系。但是，有效的中央集权怎样与适当的地方分权相结合呢？施拉姆教授认为，"以毛的观点，这个问题与纵向的双重领导有不解之缘"。④

1956年9月，刘少奇在党的八大报告中指出：目前国家工作中的一个重要问题，是"必须适当地调整中央与地方的行政管理权限"。周恩来在我国"二五"计划报告中提出了划分中央与地方权限的7条原则。⑤ 1957年陈云起草了关于改

---

① 张文富：《中央与地方关系50年略考：体制变迁的视角》，载于《新乡师范高等专科学校学报》2003年第4期，第43~45页；辛向阳《百年博弈——中国中央与地方关系100年》，山东人民出版社2000年版，第174~175页。
② 《毛泽东选集》（第5卷），人民出版社1977年版，第275~276页。
③ ［美］R.麦克法夸尔、费正清著，谢亮生等译：《剑桥中华人民共和国史》（1966—1982），中国社会科学出版社1998年版，第10页。
④ ［美］R.麦克法夸尔、费正清，谢亮生等译：《剑桥中华人民共和国史》（1966—1982），中国社会科学出版社1998年版，第11~14页。
⑤ 辛向阳：《大国诸侯——中国中央与地方关系之结》，中国社会出版社1995年版，第282页。

进工业管理体制、商业管理体制、财政管理体制三个文件，进一步落实向地方分权的主张，正式规定了向地方下放权力的原则、措施和具体步骤。在1958年"大跃进"之后，放权改革以一种政治运动的形式进行，在狂热的政治气氛之下走向了极端，企业管理权、计划权、物质分配权、基建投资权等大幅度迅速下放。各地随意提高经济计划指标，争相上马基建项目，投资极度升温。时间不长，国民经济开始出现比例失调，经济秩序出现混乱，物资匮乏，浪费严重，生产建设出现盲目性和无政府状态，人民生活水平下降严重。从1961年起，中央不得不把各项权力重新收回，反对地方分散和各自为政，强调"一刀切"和"全国一盘棋"。1969年党的九大之后，中央要求各地建立独立作战的工业体系，建立所谓"工业省"，扩大了地方的财政、计划管理、物资分配、价格管理和人事任免方面的权限。但由于中央权力下放过多，地方搞"大而全""小而全"，盲目生产、管理混乱、重复建设的现象普遍存在。在"文化大革命"结束后，中央又开始收权，加强对铁路、民航、邮电等部门的统一管理，把一些重点企业收归中央统一管理，上收了部分财政、税收和物资管理权，并将整个经济管理体制的改革提上议事日程。①

在这段时期，中央地方立法关系的发展也是一波三折、大起大落。毛泽东强调要扩大地方自主权，充分发挥地方立法的积极性。他认为，美国的州可以立法，州的立法甚至可以和联邦宪法打架，比如宪法上并没有剥夺黑人权利这一条，但有的州的法律就有这一条。似乎财政和税收方面，州和州的立法都不统一。美国这个国家发展很快，它只有一百多年就发展起来了，这个问题很值得注意。他对欧美分权体制十分称道。在与埃德加·斯诺的一次谈话中，毛泽东说要学美国那样把权力分配给各个州，让地方有一些自主权。他说："看起来，我们也要扩大一点地方的权力。地方的权力过小，对社会主义建设不利。"②

这段历史时期，中央与地方关系经历了"两上两下""集权"与"分权"的反复与循环，但从整个的基调来看，中央与地方立法关系一直带有较强的中央化和集权化倾向，是坚持以中央集权为主导的。具体表现在中央与地方立法权限的划分上，1975年宪法和1978年宪法仍然沿袭1954年宪法关于立法权的规定，即只有中央有立法权，地方没有任何正式意义上的立法权。这一状况一直持续到1979年第五届人大二次会议通过《地方组织法》，授予省级人大及其常委会地方性法规制定权为止。这种中央高度集权的立法权限划分体制，虽然保证了中央对全国各项事业的集中统一领导，维护国家立法的高度统一，但在相当长历史时期

---

① 薄贵利：《中央与地方关系研究》，吉林大学出版社1991年版，第105~106、108~110页。
② 辛向阳：《百年博弈——中国中央与地方关系100年》，山东人民出版社2000年版，第182~184页。

限制了地方立法的积极性。据不完全统计，1954～1979年，包括各种意见、办法、命令、决议、决定、通知、报告、答复在内的中央立法共计1 115件，年均59件。这大大少于中华人民共和国成立初期的立法数量。同时，一般地方因无立法权所以记录为零。① 民族自治地方虽获得了地方立法权，但"除了1955年至1958年有暂时的繁荣以外，也留下了一段长长的空白岁月，这不能不说是一个难以弥补的遗憾"。②

二、改革开放之后的中央与地方立法关系：逐步走向制度分权

改革开放之前，我国中央与地方关系一直呈现出强烈的"非制度化"色彩，两者的权限划分缺乏明晰的制度界定与保障。中央与地方关系，往往不是中央集权过多，限制了地方的积极性，就是地方分权过多，削弱了必要的集中统一。在1979年之后，我国中央与地方关系开始进入规范化分权阶段，中央与地方立法权限划分也进入常规的制度建设时期。

（一）1979～1991年：地方获得立法分权

我国改革开放的过程在某种意义上就是一个计划经济体制向市场经济体制过渡及政治与经济日渐分离的过程。市场经济的内在品格与运作方式必然要求对高度集权模式之下形成的中央地方立法关系进行合理的改革与完善。邓小平在1980年就指出："过去在中央与地方之间分过几次权，但每次都没有涉及党与政府、经济组织、群众团体等等之间如何划分职权范围的问题。"③ 这为改革开放之后的中央与地方关系改革确定了方向：即，向地方分权不应局限于以往的行政性分权，更应当进行经济性分权；中央与地方的分权，不仅意味着中央政府与地方政府的分权，也意味着党中央与政府、经济组织、群众团体等之间的分权。在政治与经济大分离的社会大背景之下，中央与地方关系发生了一系列重大变化：

在经济建设方面，中央统一管理的"条条专政"逐步弱化，大部分经济活动被放开，国家指令性计划的范围大幅度缩小。1992年，财政体制实行"包干

---

① 吴大英等：《中国社会主义立法问题》，群众出版社1984年版，第241页。
② 吴大华：《中国50年民族法制建设的回顾与前瞻》，引自张晋藩主编：《20世纪中国法制的回顾与前瞻》，中国政法大学出版社2002年版，第131页。
③ 《邓小平文选》（第2卷），人民出版社1994年版，第329页。

制"，改"一灶吃饭"为"分灶吃饭"，实行收入包干，地方财政收入占全国财政总收入的比重不断增加。① 在基建投资方面，地方审批权限大幅度提高，地方投资成为国内投资的主体。地方在外贸、税收等方面的权限也大大扩大。② 另外，中央还决定在一些具备特殊优势的地方建立经济特区，开放沿海沿边城市。这个时期中央向地方分权，表现在政治、法律制度上，就是进行党政职能分开，权力下放，给予地方立法权，中央高度集权的单一立法模式被打破。随着地方人民代表大会制度的建立与完善，地方立法的积极性和创新性被逐渐调动起来。

1979年7月，第五届全国人大第二次会议通过《中华人民共和国地方各级人民代表大会和地方各级人民政府组织法》（以下简称《地方组织法》），规定县级以上地方的各级人民代表大会设立常务委员会，规定省、自治区、直辖市的人民代表大会及其常委会，根据本行政区域的具体情况和实际需要，在与国家宪法、法律、政策、法令、政令不抵触的前提下，可以制定和颁布地方性法规，并报全国人大常委会和国务院备案。彭真在这次会议上作了《关于七个法律草案的说明》，对上述相关法律条文进行了解释："根据中共中央和毛泽东同志多次强调要扩大地方权力，发挥中央和地方两个积极性的思想，按照我国的实际情况和长期以来进行政治、经济、文化改革和建设的经验，这次提出的草案，规定省、自治区、直辖市人民代表大会及其常务委员会根据本行政区域的具体情况和实际需要，在和国家宪法、法律、政策、法令、政令不抵触的前提下，可以制定和颁布地方性法规"。③ 1982年宪法第一次以宪法形式明确规定了中央与地方国家机构职权划分的总原则，即遵循在中央的统一领导下，充分发挥地方的主动性、积极性原则。1982年宪法突破了过去的单一立法体制，确立了中央与地方两级立法主体，奠定了中央与地方分享立法权的宪法基础。

（二）1992~2000年：地方立法的主体与形式日渐多元

自1979年《地方组织法》赋予地方立法权以来，向地方分权一直是中国立法体制发展的总方向和大致趋势。1992年邓小平南方谈话之后，中国社会改革的市场化趋向已明确。在建设社会主义市场经济体制的目标召唤之下，党的第十四届三中全会提出建立"产权明晰、权责分明、自主经营、自负盈亏"的现代企业制度；1994年财税体制开始实行中央与地方的分税制，初步建立中央与地方的财政分配关系。这些都为中央与地方立法关系的改革与完善创造了良好的外部

---

① 张文富：《中央与地方关系50年略考：体制变迁的视角》，载于《新乡师范高等专科学校学报》2003年第4期，第43~45页。
② 王绍光、胡鞍钢：《中国国家能力报告》，辽宁人民出版社1993年版，第50页。
③ 彭真：《论新时期的社会主义民主与法制建设》，中央文献出版社1989年版，第4页。

条件。

　　这段时期，中央向地方下放立法权的步伐加快了，地方立法权的范围进一步扩大，形式也越加多样，立法主体呈分散和多元化趋势。正如有的学者评价说，这一时期"立法体制变化的重要轨迹之一便是奉行强化、鼓励地方立法的立法权分配政策"。① 改革开放之后，我国中央与地方立法关系已形成一种"梯度分权"格局，即在注重各地差异性的基础上，有步骤、非均衡、因地制宜地下放立法权。这一时期，立法权的下放具有渐进性、多样化的特点，一般地方、民族自治地方、经济特区、特别行政区等不同地方享有不同级别和范围的立法权，不同的地方立法处于不同的位阶。这种做法克服了以往分权各地实行"一刀切"和"统收统放"的弊端，有利于地方合理利用本地优势因地制宜地进行决策，使地方立法自主权真正落到实处。

　　中国自实行对外开放以来，决定首先在一些沿海地区划出一定区域，实施发展对外贸易、吸引外资和开展对外经济合作、技术交流的特殊政策。自1979年以来，我国陆续设立深圳、珠海、厦门、汕头和海南5个经济特区作为改革开放的窗口，让这些地方享有更多的自主权。由于国家在经济特区实行特殊和灵活的经济政策和经济管理体制，这些地方必然存在诸多特殊情况和问题需要以地方立法形式加以解决。这就有了进一步扩大经济特区地方立法权的需要。经济特区法规就是伴随这样一种情形发展起来的新型地方立法形式。经济特区立法权相较于一般地方立法的显著特点在于，它不是基于宪法法律的常规性规定而存在的一般地方立法形式，而是基于最高国家权力机关的授权而产生的新型地方立法形式。② 早在1981年，全国人大常委会就通过《关于授权广东省、福建省人大及其常委会制定所属经济特区的各项单行经济法规的决议》。1988年，第七届全国人大一次会议通过《关于建立海南经济特区的决议》，授权海南省人大及其常委会制定经济特区法规。1992年，第七届全国人大常委会第二十六次会议通过《关于授权深圳市人大及其常委会和深圳市人民政府分别制定法规和规章在深圳经济特区实施的决定》。1994年，第八届全国人大二次会议通过《关于授权厦门市人大及其常委会和厦门市人民政府分别制定法规和规章在厦门经济特区实施的决定》；1996年，第八届全国人大四次会议通过《关于授权汕头市和珠海市人大及其常委会、人民政府分别制定法规和规章在各自的经济特区实施的决定》。

　　1997年香港回归和1999年澳门回归后，为落实"一国两制"和"港人治

---

① 彦法、日晶：《既要统一立法也要分散立法》，载于《中国法学》1994年第2期，第50～53页。
② 周旺生：《法理探索》，人民出版社2005年版，第358页。

港"原则,当代中国统一的立法体系又增添了特别行政区立法这种新的地方立法形式。香港和澳门特别行政区是两个享有高度自治权的地方行政区域,在不与《特别行政区基本法》相抵触的前提下,可以对所有属于特别行政区自治范围的事务自行立法。这种高度自治的地方立法权,不仅有利于国家统一和特别行政区的稳定与繁荣,而且也是对当代中国中央与地方立法体制的重大发展。

(三) 2000年《立法法》关于中央与地方立法权限的划分

2000年《中华人民共和国立法法》的制定与颁布是我国中央与地方立法关系史上的一件大事,它为中央与地方立法职权的科学合理划分提供了具体的法律依据,有助于形成较为稳定和完善的中央与地方立法权限划分的法律制度保障,也有助于我们克服以往中央与地方立法权限划分的盲目性和随意性,使中央与地方立法关系朝着规范化和制度化方向迈进了历史性的一大步。在总结我国1982宪法、地方各级人大和地方各级政府组织法以及全国人大常委会相关授权决定的基础上,《立法法》对现行中央与地方立法权限划分体制作了集中表述和明确规范,形成了现行中央与地方立法关系的基本制度框架。这部法律是对1982宪法和此前(2000年之前)我国立法制度的全面总结、归纳、细化和完善,也是除宪法之外有关中央与地方立法关系的最重要的一部法律。

《立法法》第二章第八条沿用了宪法的有关规定,即:全国人大及其常委会行使国家立法权。全国人大制定和修改刑事、民事、国家机构和其他的基本法律。全国人大常委会制定和修改除应当由全国人大制定的法律以外的其他法律;在全国人大闭会期间,对全国人大制定的法律进行部分补充和修改,但不得同其基本原则相抵触。[①] 该法第二章进一步划分了中央与地方立法主体的权限,专门列举了全国人大及其常委会的专属立法事项。规定对于以下事项只能由国家立法加以调整:国家主权事项;各级人民代表大会、人民政府、人民法院和人民检察院的产生、组织和职权;民族区域自治制度、特别行政区制度、基层群众自治制度;犯罪与刑罚;对公民政治权利的剥夺、限制人身自由的强制措施和处罚;对非国有财产的征收;民事基本制度;基本经济制度以及财政、税收、海关、金融和外贸的基本制度;诉讼和仲裁制度;必须由全国人大及其常委会制定法律的其他事项。[②] 根据《立法法》的这条规定,地方立法对于以上事项不得介入。

《立法法》并没有明确列举地方立法的具体事项。第六十四条以一种模糊方

---

① 截至2006年2月15日,全国人大及其常委会制定的现行有效的法律和有关法律问题的决定、解释,共计295件。引自国务院法制办公室编:《法律法规全书》(第5版),中国法制出版社2006年出版。
② 为落实税收法定原则,2015年修改后的《立法法》第八条将"税种的开征、停征和税收征收管理的基本制度"纳入国家立法权专属事项。

式将地方立法概括为两种类型：其一，执行性地方立法，即为执行法律、行政法规或地方性法规的规定，需要根据本行政区域的实际情况作具体规定的事项；其二，自主性地方立法，即属于地方性事务需要进行立法调整的事项。该条还对地方先行立法事项作出如下规定，即除第八条规定的国家立法权调整事项之外的其他事项，如国家尚未制定法律或者行政法规的，省、自治区、直辖市和较大的市根据本地方的具体情况和实际需要，可以先制定地方性法规。在国家制定的法律或者行政法规生效后，地方性法规同法律或者行政法规相抵触的规定无效，制定机关应当及时予以修改或者废止。这实际上是在一定程度上赋予了地方以先行立法权。《立法法》第四章规定了我国地方立法的三种基本形式，即：地方性法规、自治法规（包括自治条例和单行条例）、地方性规章。

三、新时代中央与地方立法关系的新发展

我国进入新时代之后，立足于全面推进依法治国的系统性和整体性高度，我国立法工作的战略地位、目标方向、价值追求和工作要点都有了更全面的要求。这不仅大大丰富了中国特色社会主义立法体制的内涵，也有力推进了中央地方立法关系的新发展。

习近平总书记指出，"我国是一个有十三亿多人口的大国，地域辽阔，民族众多，国情复杂。我们党在这样一个大国执政，要保证国家统一、法制统一、政令统一、市场统一，要实现经济发展、政治清明、文化昌盛、社会公正、生态良好，都需要秉持法律这个准绳、用好法治这个方式"。[①] 在中国这样一个各地经济社会发展水平存在重大差异性的世界最大发展中国家，要在治国理政过程中用好法治这个方式，就必须在维护全国法制统一的基础上充分发挥中央与地方立法的两个积极性，实现中央与地方立法权限的科学界定与合理划分。

改革开放40年来，我国立法工作的一条有益经验是，通过地方各种"先行先试"的立法试验带动中央立法的发展。这种"先地方后中央"的立法工作模式，不仅调动了地方的立法积极性，而且为中央立法源源不断提供了智慧来源，大大减少了中央立法的试错成本、减少了制度试验的风险。在维护社会主义法制统一的原则之下，充分发挥地方立法的主动性积极性，既有利于强化中央与地方的联系和制约，又契合市场经济和社会生产力发展的内在要求。既可以弥补中央立法的不足并为中央立法提供经验，又能解决地方面临的一些纯粹地方性、特殊性和个性化的法律规制问题。因此，在保证中央立法权威和中央立法主导地位的

---

① 《习近平关于全面依法治国论述摘编》，中央文献出版社2015年版，第9页。

基础之上,应以宪法为依据,科学配置中央与地方的立法权限,进一步下放地方立法权。

为深入推进科学立法,党的十八届四中全会和十九大报告都就完善新时代我国的中央地方立法体制进行了阐述。2013年,第十八届三中全会提出"逐步增加有地方立法权的较大的市数量"。2014年,第十八届四中全会提出"明确地方立法权限和范围,依法赋予设区的市地方立法权。"①

2015年,《立法法》修改的一大亮点就是赋予设区的市地方立法权。即,设区的市"在不同宪法、法律、行政法规和本省、自治区的地方性法规相抵触的前提下,可以对城乡建设与管理、环境保护、历史文化保护等方面的事项制定地方性法规"。为充分发挥地方立法制度创新的"试验田"作用,新修改的《立法法》第十三条规定,全国人大及其常委会可以根据改革发展的需要,决定就行政管理等领域的特定事项授权在一定期限内在部分地方暂时调整或者暂时停止适用法律的部分规定。就此,十二届全国人大常委会共作出21件立法授权决定,涉及自由贸易区、司法体制改革、农村集体土地等多个领域。这些都是关于我国地方立法体制的重大变革,对于调动我国地方立法的积极性与创新性,构建科学合理的中央与地方关系进而推动国家治理体系现代化将起到深远而重要的作用。

2017年,党的十九大报告关于中央与地方关系专门强调"建立权责清晰、财力协调、区域均衡的中央和地方财政关系"②"赋予省级及以下政府更多自主权",这也为新时代中央地方立法权限的科学合理划分提出了新要求。③

2018年,我国现行宪法进行了第五次修改。其中,一项重要内容就是在第一百条以宪法形式明确了"设区的市"地方立法权。即,"设区的市的人民代表大会和它们的常务委员会,在不同宪法、法律、行政法规和本省、自治区的地方性法规相抵触的前提下,可以依照法律规定制定地方性法规,报本省、自治区人民代表大会常务委员会批准后施行。"由此,"设区的市"地方立法权获得了宪法依据。④

---

① 《中国共产党第十八届中央委员会第四次全体会议文件汇编》,人民出版社2014年版,第29页。
② 习近平:《决胜全面建成小康社会夺取新时代中国特色社会主义伟大胜利——在中国共产党第十九次全国代表大会上的报告》,人民出版社2017年版,第34页。
③ 习近平:《决胜全面建成小康社会夺取新时代中国特色社会主义伟大胜利——在中国共产党第十九次全国代表大会上的报告》,人民出版社2017年版,第39页。
④ 目前全国"设区的市"共有284个,按照原《立法法》规定,享有地方立法权的有49个(包括27个省、自治区人民政府所在地的市,4个经济特区所在地的市和18个经国务院批准的较大的市)。《立法法》修改之后,剩下的235个"设区的市"获得地方立法权。

四、新中国成立以来处理中央与地方立法关系的历史经验

新中国成立以来,我国对中央与地方立法权力配置问题进行了反复的探索与实践。我国中央与地方立法关系的发展,给予我们的教训是极为深刻的,给予我们的经验是有益的。

(一) 中央与地方立法体制应根据经济社会发展的现实需要与时俱进

中央与地方立法关系是对特定历史时期政治局势与主要任务的直接反映,是地方政治与社会发展的"晴雨表"和"度量尺"。随着社会经济生活的发展与历史环境的变化,中央与地方关系应根据现实需要随之加以改进与发展。考察中华人民共和国成立以来前30年的中央与地方立法关系,显而易见的是"立法的中央集权是这一时期中国实行高度集中的计划经济体制的政治需要和法律翻版。"[①] 在当时的历史条件下,中国共产党的使命已从夺取政权转向巩固和建设新政权。在结束长达百余年的丧失主权和国家四分五裂的局面之后,新政权强调的是国家作为一个整体的内聚力与向心力。建立统一的民族国家、统一的政治架构和统一的法律体系成为当时的领导人面临的主要任务,"建立单一制的政治架构几乎是一个理所当然的选择"。[②] 因此,当时的领导人看来,确立中央高度集权的立法体制实属大势所趋。

时过境迁,自从1978年中国社会开始改革开放、进行新一轮现代化事业之后,中央作为单一的立法中心无法全面协调日益繁多、层出不穷的经济与社会立法事务,因此必须不断强化地方立法主体的作用,发动地方立法主体的创造性和能动性,扩大地方立法决策的能量和支配地方经济与社会资源的权力。因此,在维护国家统一的前提之下,实现包括立法权在内的各项权力由中央向地方的分散和转移,建立一种新型的中央与地方立法关系是一种历史的必然。这一时期的主要领导人邓小平及时认识到这种要求,并将其迅速转变为政治决策。他在1987年曾讲"调动积极性,权力下放是最主要的内容"。[③] 与此相应,党的十三大确立扩大地方自主权的总原则是"凡是适宜下面办的事情,都应由下面决定和执

---

① 李林:《走向宪政的立法》,法律出版社2003年版,第193页。
② 苏力:《当代中国的中央与地方分权——重读毛泽东〈论十大关系〉第五节》,载于《中国社会科学》2004年第2期。引自苏力:《道路通向城市——转型中国的法治》,法律出版社2004年版,第45~83页。
③ 《邓小平文选》第3卷,人民出版社1993年版,第242页。

行"。作为行政性分权的重要组成部分,立法权逐步下放到地方,这就适应了新的历史条件下要求中央放权,扩大地方自主权的发展趋势。

(二) 中央与地方立法权限划分须遵循"发挥中央与地方两个积极性"原则

在中国这样的超大型国家中,中央集权和地方分权都有充分的合理性和科学性。因此,在合理划分中央与地方立法权限时,务必在遵循"发挥中央与地方两个积极性"原则的前提下,以辩证的态度慎重待之。早在中华人民共和国成立初期,作为执政党的中国共产党对于中央集权和地方分权的必要性就有了比较清晰的认识。周恩来在1951年1月就指出:"由于中国经济发展的落后性与不平衡性,我们的工作便要采取分权的办法来进行。一方面,我们要实行中央集权(凡是必须由中央集权的,都要集中到中央来),另一方面,也要分权于地方。因为只有经过这个步骤,才可以逐步地达到更好地集权的目的。"①

1956年,毛泽东在《论十大关系》中把社会主义建设过程中处理好中央与地方关系问题的重要性提到一个前所未有的高度。他提出,处理好中央和地方的关系,这对于我们这样的大国大党是一个十分重要的问题。中央与地方关系是一个充满辩证法的矛盾,"解决这个矛盾,目前要注意的是,应当在巩固中央统一的前提下,扩大一点地方的权力,给地方更多的自主性,让地方办更多的事情。这对我们建设强大的社会主义国家比较有利"。②

经过长期实践和摸索之后,毛泽东提出正确处理中央与地方关系必须遵循发挥中央与地方两个积极性的原则。之所以要强调这个原则,是因为:"我们的国家这样大,人口这样多,情况这样复杂,有中央和地方两个积极性,比只有一个积极性好得多。我们不能像苏联那样,把什么都集中到中央,把地方卡得死死的,一点机动权也没有"。③ 为什么要充分发挥中央和地方两个积极性呢?一方面,为了建设一个强大的社会主义国家,必须有中央的强有力的统一领导,必须有全国的统一计划和统一纪律,破坏这种必要的统一,是不允许的。另一方面,要发展社会主义建设,就必须发挥地方的积极性。中央要巩固,就要注意地方的利益。因此,"把什么东西统统都集中在中央或省市,不给工厂一点权力,一点机动的余地,一点利益,恐怕不妥"。④

周恩来1956年在《关于发展国民经济的第二个五年计划的报告》中继续强

---

① 中共中央文献研究室编:《周恩来年谱:1949 – 1976》(上卷),中央文献出版社1998年版,第115页。
②③ 《毛泽东选集》(第5卷),人民出版社1977年版,第275页。
④ 《毛泽东选集》(第5卷),人民出版社1977年版,第276页。

调:"我们认为,中心问题在中央的统一领导下,适当地扩大地方的权限。因为地方比中央更加接近企业和事业的基层单位,更加接近群众,也更容易了解实际情况,适当地扩大地方的权限,就能够更好地把地方上的一切力量,一切积极因素,组织到社会主义建设事业中来。"①

邓小平在多个场合也强调在处理中央与地方关系时要遵循两个积极性原则,既要加强中央权威,又要强调权力下放,扩大地方自主权。两个积极性原则在以江泽民为主要代表的党的中央领导集体中也获得了新的充实与发展。

1995 年,江泽民在中共十四届五中全会闭幕会上发表了《正确处理社会主义现代化建设中的若干重大关系》的讲话。该讲话对我国中央与地方关系的建构原则提出了系统要求:"充分发挥中央和地方两个积极性,是国家政治生活和经济生活中的一个重要原则问题,直接关系到国家的统一、民族的团结和全国经济的协调发展。我们国家大,人口多,情况复杂,各地经济发展不平衡。赋予地方必要权力,让地方有更多的因地制宜的灵活性,发挥地方发展经济的积极性和创造性,有利于增强整个经济的生机和活力。同时,全国经济是一个有机的整体,中央必须制定和实施全国性法律、方针、政策,才能保证总量平衡和结构优化,维护全国市场的统一,促进国民经济有序运行和协调发展。"②

2013 年,习近平总书记在党的十八届三中全会报告中指出要"建立现代财政制度,发挥中央和地方两个积极性"。2014 年,习近平在党的十八届四中全会报告中继续指出"推进各级政府事权规范化、法律化,完善不同层级政府特别是中央和地方政府事权法律制度,强化中央政府宏观管理、制度设定职责和必要的执法权"。2018 年,习近平在中央全面深化改革委员会第二次会议上强调既要"坚决维护党中央权威和集中统一领导,确保上下贯通、执行有力";又要"赋予省级及以下机构更多自主权,允许地方因地制宜设置机构和配置职能"。这些实际上都是对新时代"发挥两个积极性原则"内涵的权威阐释。

综上所述,发挥两个积极性原则是由以毛泽东为主要代表的党的第一代领导集体提出,并为历代党的领导集体继承和发展的,我国在处理中央与地方关系中所总结出来的一条重要历史经验。它既有利于加强中央统一领导,发挥大国优势,又有利于协调中央与地方关系,开发地方潜力,因地制宜地充分利用地方的各种条件。这个原则被 1982 宪法上升为宪法原则之后,已成为当前我国处理中央与地方立法关系的总方针和最高原则。在实践中落实这项原则,需要我们合理把握中央立法集权与地方立法分权的基本限度,找到二者的适度结合点。

---

① 黄子毅:《中央与地方职权划分的法律问题》,中共中央党校出版社 1998 年版,第 61 页。
② 《正确处理社会主义现代化建设中的若干重大关系》,引自《中国共产党第十四届中央委员会第五次全体会议文件》,人民出版社 1995 年版,第 26~28 页。

（三）逐步推动中央与地方立法关系的制度化与法治化

中央与地方之间立法职权的划分，事关国家统一、政治稳定和经济发展。在建构科学合理的中央与地方立法关系的过程中，应注意克服中央与地方立法权限划分的主观随意性，实现中央与地方立法关系的规范化与法制化。中华人民共和国成立前30年，宪法性文件中只有《共同纲领》对中央与地方国家机构职权划分进行了原则规定。之后的1954宪法、1975宪法和1978宪法，对中央与地方职权划分并未加以确定。可以说，中央与地方立法职权的划分，以及立法权的下放一直处于"非制度化"状态。地方立法权的获得往往只是中央一时的权宜之计，没有宪法和法律的基础和保障。在1978年之前，什么时候向地方分权、怎样分权和分多少权，并没有一个确定的标准，往往以领导人的认识和意志作为依据之一。

1958年，英国元帅蒙哥马利到我国访问，曾问毛泽东治国经验，毛泽东回答说："我没有什么经验，就是中央集权多了，我就下放一点；地方分权多了，我就收上来一点"。[①] 他要求中央要与地方"商量着办事""每过一个时期就要总结经验"，都蕴涵了至少在当时对制度化分权的否弃。这种主观性很强的分权方式，必然导致在相当长一段历史时期，中央与地方立法关系遭遇多次调整和反复，表现出很大的不稳定性。这也决定了，虽然中国共产党的主要领导人在中华人民共和国成立之初就有了关于构建中央与地方关系的正确认识，但是在新中国发展的相当长的历史时期，一直无法达成常态、有效的地方分权，而地方分权的失败必然导致中央的高度集权。中国的经济和社会的发展也因此走入困顿之境。

1982宪法首先确定了处理中央与地方立法关系的原则"遵循在中央的统一领导下，充分发挥地方的主动性、积极性的原则"，同时还规定了全国人民代表大会及其常委会、国务院，以及地方各级人民代表大会和地方各级政府的立法职权。根据新宪法修改通过的地方各级人民代表大会和地方各级人民政府组织法，继续对地方各级国家权力机关和行政机关的立法职权作出规定。

2000年，九届全国人大三次会议通过了《中华人民共和国立法法》。作为国家专门调整和规范立法活动的基本法，该法对中央专属立法事项进行列举，对地方立法的权限范围、立法程序以及中央立法对地方立法的监督也进行了具体化的规定。这使得中央和地方的立法职能划分更加明晰和确定。2015年，我国《立法法》进行了第一次修改，根据新时代全面推进依法治国的需要，明确赋予"设

[①] 杨小云：《论新中国建立以来中国共产党处理中央与地方关系的历史经验》，载于《政治学研究》2001年第2期，第12~21页。

区的市"地方立法权。2018 年，我国现行宪法第五次修改，以国家根本大法的形式确立了"设区的市"地方立法权。

随着我国立法事业的发展和立法体制改革的深入进行，我们应继续根据不断变化了的经济与社会发展条件，以制度化的形式将改革过程中所形成的中央与地方各自立法的权力范围、运作方式，以及中央立法对地方立法的监督程序明确下来，形成中央与地方之间法定的立法资源划分与配置关系，并在此基础上形成中央与地方之间的长期稳定的立法权限划分的制度化关系。

第三节　我国中央与一般地方的立法权限划分问题

自从 1979 年《地方组织法》赋予地方立法权以来，我国的中央与地方立法关系越来越趋于复杂和多元。在我国，地方立法的概念包括一般地方立法和特殊地方立法两部分。其中，一般地方立法包括省、直辖市、设区的市（包括省会所在地的市、国务院批准的较大的市及其他设区的市）的地方立法。特殊地方立法主要包括民族自治地方立法、经济特区立法、特别行政区立法以及近 5 年来出现的自由贸易区立法等。

一、我国一般地方立法的基本构成

根据我国《宪法》《立法法》《地方组织法》的相关规定，我国一般地方立法包括 22 个省（不包括海南省）[1]、4 个直辖市、设区的市（包括 22 个省人民政府所在地的市、18 个经国务院批准的较大的市[2]以及其他 239 个设区的市）的地方立法。即我国一般地方立法包括 22 个省和 4 个直辖市立法以及 279 个设区的市立法两个大的层级。一般地方立法主要有地方性法规和地方规章两种形式。

---

[1]　目前我国共设有 34 个省级行政区，包括 22 个省、5 个自治区、4 个直辖市、2 个特别行政区、1 个经济特区。1988 年我国设立海南经济特区。海南是我国目前唯一的省级经济特区。

[2]　有人认为，"较大的市"在很大程度上是由国务院确定的。由此来确定地方性法规立法权的归属不太妥当。因为一旦被国务院确定为"较大的市"后，就意味着自动产生赋予其地方性法规立法权的法律后果，而国务院只是一个行政机关，无权决定谁享有地方性法规立法权。参见张春生《中华人民共和国立法法释义》，法律出版社 2000 年版，第 335 页。

（一）一般地方立法的两种主要形式

1. 地方性法规

我国现行宪法第一百条规定，省、直辖市的人民代表大会和它们的常务委员会，在不同宪法、法律、行政法规相抵触的前提下，可以制定地方性法规，报全国人民代表大会常务委员会备案。设区的市的人民代表大会和它们的常务委员会，在不同宪法、法律、行政法规和本省、自治区的地方性法规相抵触的前提下，可以依照法律规定制定地方性法规，报本省、自治区人民代表大会常务委员会批准后施行。

2015年修改后的《立法法》第七十二条规定，省、直辖市的人民代表大会及其常务委员会根据本行政区域的具体情况和实际需要，在不同宪法、法律、行政法规相抵触的前提下，可以制定地方性法规。设区的市的人民代表大会及其常务委员会根据本市的具体情况和实际需要，在不同宪法、法律、行政法规和本省、自治区的地方性法规相抵触的前提下，可以对城乡建设与管理、环境保护、历史文化保护等方面的事项制定地方性法规，法律对设区的市制定地方性法规的事项另有规定的，从其规定。设区的市的地方性法规须报省、自治区的人民代表大会常务委员会批准后施行。

2. 地方性规章

一般地方立法除了地方性法规之外，还有一种形式是地方性规章（地方政府规章）。① 根据新修改的《立法法》第八十二条规定，地方性规章的一般地方立法主体是省、直辖市和设区的市的人民政府。这些地方人民政府，可以根据法律、行政法规和本省、自治区的地方性法规，制定地方政府规章。地方政府规章可以就下列事项作出规定：为执行法律、行政法规、地方性法规的规定需要制定规章的事项；属于本行政区域的具体行政管理事项。设区的市的人民政府制定地方政府规章，限于城乡建设与管理、环境保护、历史文化保护等方面的事项。

---

① 在《立法法》起草和审议的过程中，对于是否将"地方政府规章"和"部门规章"纳入立法法的规定范畴存在较大的争议。反对者认为，1989年颁布的《行政诉讼法》规定，人民法院审理行政案件，可以参照"规章"，因而规章只在行政机关内部有效，对人民法院审理案件只起类似于"参考资料"的作用，可以适用也可以不适用。因此，"规章"从严格意义上说不是法，不宜在《立法法》中加以规定。如果要规定，也只能在附则中授权国务院另行规定。赞成者认为，"规章"具有宪法依据，是我国法律渊源的重要组成部分，应当纳入《立法法》的规定范围。2000年《立法法》接受了后一种主张，明确了"规章"在我国立法体制中的地位与效力。《立法法》第二条作出明确规定：法律、行政法规、地方性法规、自治条例和单行条例的制定、修改和废止，适用本法。国务院部门规章和地方政府规章的制定、修改和废除，依照本法的有关规定执行。而"适用本法"与"依照本法的有关规定执行"在实质上是一致的。

3. 地方性法规与地方性规章之比较

地方性法规和地方性规章（地方政府规章）都是调整一定行政区域的社会关系并具有普遍约束力的地方立法形式。但究竟哪些事项应当由地方权力机关以地方性法规的形式加以调整，哪些事项又应当由地方政府以地方政府规章形式加以规范，却是一个长期以来未得到很好解决的问题。地方性法规与地方性规章这两个层级的地方立法在立法内容和范围上如何划分，宪法法律并没有直接规定。①

地方性法规与地方性规章的相同之处在于：两个立法权都源于宪法和法律的规定；都不得与宪法、法律、行政法规相抵触；同级地方性法规与地方政府规章适用范围相同。二者不同之处在于：制定主体不同、法定条件不同、受法律拘束的程度不同、效力等级不同。② 二者在所调整的社会关系和调整事项上既有区别又有交叉。譬如，二者所调整的对象都包括本行政区域的公民、法人、政府机关、社会团体和企业事业单位等，调整范围也都涉及政治、经济、社会、科技、教育、文化、卫生、体育、民族、民政等内容。对于哪些内容应制定为地方性法规，哪些内容应制定为地方政府规章，我国《宪法》《立法法》和《地方组织法》都语焉不详。在实践当中，地方性法规与地方性规章的立法权限不清，容易导致以下问题的出现：

第一，地方人大立法与地方政府立法的关系"错位"。从地方立法实践来看，地方性规章的迅速扩张、越位与地方性法规的发展缓慢、明显滞后形成鲜明的对比。一些地方提出"先规章后法规再法律"的立法思路。在许多地方，地方性规章的重要性与作用已经远远超出地方性法规。地方性法规与地方政府规章不仅从数量上，而且在实际地位上都出现了某种程度上的"倒置"。地方政府立法权在相当程度上"侵蚀"了地方人大及其常委会的立法权。有人甚至形容说，地方性法规与地方性规章之间在书本上的"主从"性质的"父子"关系，已经转变为现实中的"平等"性质的"兄弟"关系。还有人这样来比较地方人大立法与地方政府立法的区别："人大抓鸡毛蒜皮，政府抓关键问题。"③

---

① 有学者已就地方性法规和地方性规章的立法权限问题展开研究。主要论文有：梁国尚：《地方人大和政府的立法职权究应如何界定》，载于《行政法学研究》1995 年第 1 期，第 46~48 页；任进：《地方立法的具体界限和关系问题》，载于《河北法学》1995 年第 3 期，第 21~27 页；刘泗阳：《论地方立法范围中亟待解决的矛盾和冲突》，载于《法学论坛》1995 年第 2 期，第 10~13 页；陈端洪：《划分地方立法权限的几个问题的探讨》，载于《法商研究》1994 年第 3 期，第 25~28 页；黄子毅：《中央地方权力配置与地方立法》，载于《中国法学》1994 年第 4 期，第 17~23 页；姚经华：《地方性法规和地方性规章界限新探》，载于《山东法学》1996 年第 1 期，第 13~16 页；李力：《我国地方立法权限问题探讨》，载于《法商研究》1999 年第 4 期，第 44~51 页。

② 李力：《我国地方立法权限问题探讨》，载于《法商研究》1999 年第 4 期，第 47 页。

③ 相关资料源自北京市人大常委会法制办公室编：《北京市地方立法研讨会论文集》（2007）。

而且，在一般地方立法实践中，地方人大常委会的立法作用实际上大于地方人大本身。某些地方的人民代表大会几乎不行使立法权。即使是在有人大立法的地方，人大制定的地方性法规在地方立法中所占的比例也极低。地方人大也从不对它的常委会立法进行审查或否决。相反，与地方人大立法的萧条状况相比，地方人大常委会基本包揽了地方性法规的制定、修改、废除等全部立法工作。在一定意义上，地方人大的立法权几乎成为地方人大常委会的立法权。据统计，北京、天津、河北、山西、辽宁、吉林、黑龙江、上海、江苏、浙江、安徽、福建、江西13个省市在1979~1989年通过563个地方性法规中，属于人大制定的只有16个，占2.8%。在1992~1994年所通过的地方性法规中，这13个省市共制定了713个地方性法规，由有关地方人大会议通过的仅有4个，占0.56%。其中有些省市的人大在这两个时段内根本就没有行使过立法权，其立法工作概由人大常委会统揽。①

第二，地方人大对于地方政府的立法监督与控制变得越来越困难。由于社会转型期的特殊背景以及地方人大、地方政府立法的各自特点，地方性规章被许多地方置于优先考虑的地位。在一定意义上，地方政府立法及时弥补了地方人大立法的不足，满足了社会的立法需求。但是，地方政府立法权的无限膨胀也为部门本位主义立法提供了可乘之机。与此同时，也增加了对于地方政府立法行为进行监督与控制的困难。

（二）一般地方立法的权限范围

我国《立法法》并没有列举地方立法的专属性事项，而是以一种模糊的方式加以概括。《立法法》第七十三条将地方立法权区分为执行性地方立法、自主性地方立法两大类型。前者是指为执行法律、行政法规或其他上位法的规定，需要根据本行政区域的实际情况作具体规定的地方立法；后者是指属于地方性事务需要进行的地方立法。从我国地方立法实践来看，绝大部分地方立法属于执行性立法，自主性立法从数量上要少得多。② 之所以未对地方立法事项进行列举性规定，

---

① 李力：《我国地方立法权限问题探讨》，载于《法商研究》1999年第4期，第46页。
② 从地方立法实践来看，大多属于执行性地方立法。根据全国人民代表大会法律工作委员会1999年的统计，1979~1999这20年来地方政府共制定规章15 000余件。省级政府共制定规章7 300余件，其中3 900余件是依据上位法制定的，占立法总数的53%；3 400余件是地方自己创设的，占47%。省会所在地市制定规章约5 500余件，其中3 900余件是根据上位法制定的，占71%，将近1 600余件是自己创设的，占29%。较大的市制定规章约2 100件，其中1 600余件是根据上位法制定的，占76%，近500件是自己创设的，占24%。经济特区制定的规章130件，其中71件是依据上位法制定的，占55%，59件是自己创设的，占45%。这些数据充分表明，在地方立法中，大多数属于出于执行上位法目的的执行性立法。参见张春生主编《中华人民共和国立法法释义》，法律出版社2000年版，第356页。

很大程度上是因为受到传统立法思维的影响。即在很大程度上认为，在中央与地方立法权限划分上必须恪守单一制原则，地方通常没有完全自主的立法权，地方的所有立法权都来自中央的单方授予。在几乎所有的立法事务上，地方都是中央的执行机构。下级立法权受上级立法权监督，所有立法权受国家立法权的统领与控制。

相对于中央立法而言，一般地方立法的首要职能是保证宪法、法律和行政法规在本行政区域的遵守和执行。换言之，是将国家综合、抽象各地方具有共性的问题制定的原则性较强、覆盖面广、弹性大的中央立法，针对本地政治、经济、文化等发展的实际状况和水平，再进一步具体化、地方化和实用化，使之具有更强的可操作性。而这也正是国家设置地方立法权的主要意旨所在。作为典型的单一制国家的地方立法主体，我国各级地方立法机关有义务通过地方立法形式执行中央立法的规定，保证中央立法在本行政区域内的遵守和执行。尤其是一般地方立法在很大程度上被定位为执行法律和行政法规等中央立法，为其在本行政区域实施制定具体的实施细则或条例。通常来说，一般地方立法必须有一个宪法、法律或行政法规的中央立法的依据，地方立法在某种意义上必须在中央立法之后。而且，地方制定的地方性法规和地方政府规章，应该是中央立法已经涉及过的。地方立法存在的意义，在很大程度上只是在中央立法"圈定"的框架范围内对中央立法加以细化和补充。这样，我国中央与地方立法关系就形成了显著的"上下呼应"和"互为补充"的特点。

《立法法》第七十三条还赋予了地方以先行立法权。即，除《立法法》第八条规定的国家立法权专属事项之外，其他事项国家尚未制定法律或者行政法规，省、自治区、直辖市和设区的市、自治州根据本地方的具体情况和实际需要，可以先制定地方性法规。

（三）中央立法与一般地方立法的关系

从中央立法与一般地方立法的关系来看，二者之间的关系带有典型的单一集权色彩。中央立法对一般地方立法实行较为全面的统领和监督。一般地方立法在很大程度上是中央立法的延伸与推广，一般地方立法的使命主要在于执行和实施中央立法。在一般地方立法的内部也有层级的划分。其中，省、直辖市制定的地方性法规处于一般地方立法的最高层级。设区的市（省人民政府所在地的市、国务院批准的较大的市、其他设区的市）制定的地方性法规必须经过省人大常委会批准后生效，省人大常委会应对报请批准的设区的市的地方性法规的合法性进行审查。①

二、"设区的市"立法权的合理配置

(一)"设区的市"之立法事项范围

党的十八届三中全会提出"逐步增加有立法权的较大的市的数量"。党的十八届四中全会继续提出"明确地方立法权限和范围,依法赋予设区的市地方立法权"。2015 年修改的《立法法》第七十二条对地方立法主体进行了扩容,赋予"设区的市"地方性法规制定权。2018 年新修改的宪法第一百条明确规定了"设区的市"地方性法规制定权。新《立法法》第七十二条规定:"设区的市的人民代表大会及其常务委员会根据本市的具体情况和实际需要,在不同宪法、法律、行政法规和本省、自治区的地方性法规相抵触的前提下,可以对城乡建设与管理、环境保护、历史文化保护等方面的事项制定地方性法规,法律对设区的市制定地方性法规的事项另有规定的,从其规定。"

在《立法法》修改的过程中,关于"设区的市"立法事项范围曾经三易其稿。在一审草案中,对"设区的市"立法事项作出如下规定:"城市建设、市容卫生、环境保护等城市管理方面的事项",其中城市管理是一个上位概念,彼此之间是包含与被包含的关系。在二审草案中,对"设区的市"立法事项修改为:"城市建设、城市管理、环境保护等方面的事项",彼此之间是并列的关系,且此处的"管理"内涵与外延都发生了巨大的变化。在三审草案内,"设区的市"立法事项范围最终被确定为:"城乡建设与管理、历史文化保护、环境保护等方面的事项",依然延续了二审草案的并列关系,"管理"内容不变,"城市"被"城乡"所代替。②

---

① 有学者认为,"设区的市"立法权是一种不完整的"半立法权",即"受批准权制约的立法权",而这种"批准权"是一种立法生效前的控制,与备案和撤销相比是一种更严厉的立法控制手段。这种立法权在实际运行中存在多种障碍因素。参见宓雪军:《半立法权探讨》,载于《中国法学》1991 年第 6 期,第 43~48 页。另见周伟:《省会市及较大市地方立法的历史、现状与前瞻》,载于《现代法学》1996 年第 3 期,第 83~86 页。针对以上观点,也有学者提出不同意见,认为"半立法权"的说法不妥,应改为"准立法权"。用"半立法权"的概念,很容易让人产生歧义。从立法权的归属和制衡来看,"批准施行"的立法精神是行使省级人大常委会对本省地方性法规的"合法性"审议和监督,而不是只授予其一半的立法权。出于以上考虑,改用"准立法权"比较科学、准确,也更符合法律语言的规范性和社会科学的习惯用语。参见夏平华、杜永昌、罗志先:《对"半立法权"概念的异议——兼与宓雪军同志商榷》,载于《中国法学》1991 年第 7 期,第 118~119 页。

② 程庆栋:《论设区的市的立法权:权限范围与权力行使》,载于《政治与法律》2015 年第 8 期。

尽管"设区的市"立法事项范围被确定为"城乡建设与管理、环境保护、历史文化保护等方面的事项"。但其内涵与外延仍然具有很大的不确定性,为避免任意解释其内容,导致立法混乱,有必要进一步解释说明。

1. 城乡建设与管理

"城乡建设与管理"在三项中属于争议较大的一类。《第十二届全国人民代表大会法律委员会关于中华人民共和国立法法修正案(草案)审议结果的报告》对第七十二条第二款进行了说明,即法律委员会经研究认为:"城乡建设与管理、环境保护、历史文化保护等方面的事项,范围是比较宽的""城乡建设与管理包括:城乡规划、基础设施建设、市政管理等"。2015年时任全国人大常委会法工委主任的李适时,在第21次全国地方立法研讨会的小结中指出:"城乡建设既包括城乡道路交通、水电气热市政管网等市政基础设施建设,也包括医院、学校、文体设施等公共设施建设。城乡管理除了包括对市容、市政等事项的管理,也包括对城乡人员、组织的服务和管理以及对行政管理事项的规范等"。①

2015年12月24日,《中共中央国务院关于深入推进城市执法体制改革改进城市管理工作的指导意见》进一步明确了"城市管理"的范围。即:"城市管理的主要职责是市政管理、环境管理、交通管理、应急管理和城市规划实施管理等。具体实施范围包括:市政公用设施运行管理、市容环境卫生管理、园林绿化管理等方面的全部工作;市、县政府依法确定的,与城市管理密切相关、需要纳入统一管理的公共空间秩序管理、违法建设治理、环境保护管理、交通管理、应急管理等方面的部分工作。"

有些学者从语义与历史的角度理解,提出"城乡建设与管理"包括城乡规划事项,房地产开发、建设、管理事项,基础设施建设与相关服务管理事项。② 有些从词义上理解,认为"城乡建设与管理"包含城乡建设与城乡建设管理、城乡建设与城乡管理。后面这种理解的范围明显大于前者,包含了城乡各项事务的管理内容。有学者将"城乡建设与管理"进一步细化为:(1)城乡规划;(2)基础设施建设;③(3)市政管理。④

---

① 李适时:《全面贯彻实施修改后的立法法——在第21次全国地方立法研讨会上的总结》,载于《中国人大》2015年第21期。
② 方明:《正确理解设区市地方立法的权限范围》,载于《新华日报》2016年10月25日,第19版。
③ 参照《城市规划法》第十七、十八条规定,城乡规划包含:城镇体系规划、城市规划、镇规划、乡规划、村庄规划。参照《国务院关于加强城市基础设施建设的意见》规定,关于基础设施建设、管理至少应包含五方面内容:1. 城乡环卫管理;2. 排水供水;3. 能源供应;4. 交通运输;5. 邮电通信。市政管理是指对城市公共事业管理、公共设施管理、公共事务的管理活动。参见李小萍:《对设区市立法权限之"城乡建设与管理"的界定》,载于《法学论坛》2017年第3期,第44~48页。
④ 市政在此应作狭义理解,即城市道路、交通、供水、供气、园林、绿化等市政工程和市政建设。参见宋烁:《论设区的市立法权限范围》,载于《青海社会科学》2017年第2期。

2. 环境保护

《第十二届全国人民代表大会法律委员会关于立法法修正案（草案）审议结果的报告》对"设区的市"关于"环境保护"方面的立法权限进行了说明："从环境保护看，按照环境保护法的规定，范围包括大气、水、海洋、土地、矿藏、森林、草原、湿地、野生生物、自然遗迹、人文遗迹等。"

我国《环境保护法》第二条规定："本法所称环境，是指影响人类生存和发展的各种天然的和经过人工改造的自然因素的总体，包括大气、水、海洋、土地、矿藏、森林、草原、湿地、野生生物、自然遗迹、人文遗迹、自然保护区、风景名胜区、城市和乡村等。"《环境保护法》对于"环境"概念的界定范围大于《关于立法法修正案（草案）审议结果的报告》的范围。有学者建议以《环境保护法》为准，其中的"城市和乡村"是指整体构成物，不应包含城乡活动。[1] 在此，"环境保护"的内涵更重在"保护"。根据《环境保护法》第一条规定："为保护和改善环境，防治污染和其他公害，保障公众健康，推进生态文明建设，促进经济社会可持续发展，制定本法。"由此可见，"环境保护"还包含了监督管理、保护和改善环境、防治污染和其他公害、信息公开和公众参与等内容。[2]

3. 历史文化保护

《关于立法法修正案（草案）审议结果的报告》没有对"历史文化保护"进一步细化解释。《文物保护法》第二条对有物质形态的历史文化进行了规定。《非物质文化遗产保护法》第二条对非物质形态的历史文化作出阐述。具有保护价值的历史文化形态（如古迹、传统工艺、传统艺术及习俗等），也应当归入"历史文化保护"的范围。

4. 补充条款

新《立法法》明确列举了"设区的市"在城乡建设与管理、环境保护、历史文化保护三个方面的立法事项。根据第七十二条，设区的市可以对"城乡建设与管理、环境保护、历史文化保护等方面的事项"制定地方性法规。显然，这里有一个兜底性条款，但实践中对"等方面"的认识和操作边界还不清晰。按照第七十二条规定，"设区的市"立法事项除了城乡建设与管理、环境保护、历史文化保护三类主要事项之外，还应有一些与之类属相近的事项。第七十二条还规定，"法律对设区的市制定地方性法规的事项另有规定的，从其规定"。该例外规定只针对个别情况加以适用。这是全国人大会及其常委会通过法律调整设区的市

---

[1] 易有禄：《设区市立法权的权限解析》，载于《政法论丛》2016 年第 2 期，第 73~76 页。
[2] 方洁：《设区的市地方立法的范围之解释》，载于《浙江社会科学》2017 年第 12 期，第 27~30 页。

立法事项内容，为"设区的市"立法权留下一定的制度空间。

在"设区的市"立法实践中，如果难以判定某个立法事项是否属于城乡建设与管理、环境保护、历史文化保护三个方面的事项范围，通常有三种方法可以借鉴：一是依照立法先例。二是依照权威。通常是指全国人大常委会法工委的有关文件和主要领导人的明确表态。三是依照请示。即，由省、自治区人大常委会法工委向全国人大常委会法工委进行请示。

（二）"设区的市"立法权限之控制

新修改的《立法法》对地方立法主体进行了"主体扩容"，但也呈现出一种"虽放犹控"的态度。考虑到大多数"设区的市"都是首次行使立法权，缺少相关立法经验和立法人才储备，为了有效避免越权立法、重复立法、立法冲突等现象，确有必要对之进行常规的审查和控制。

1. 通过法律保留条款，限制"设区的市"立法事项范围

法律保留原则起源于欧洲的公法概念，19世纪末奥托·迈耶首次提出"法律保留"[①]，指在特定范围内对行政自行作用的排除，本质上决定了立法权与行政权的界限，并决定了行政自主性的大小。法律保留条款普遍存在于大多数国家的宪法之中，如德国、意大利、瑞士、巴基斯坦、俄罗斯等。我国宪法虽没有明确专门的法律保留条款，但也有相关类似意蕴的规定。例如，我国《宪法》第十三条规定："公民的合法的私有财产不受侵犯。国家依照法律规定保护公民的私有财产权和继承权。国家为了公共利益的需要，可以依照法律规定对公民的私有财产实行征收或者征用并给予补偿"。

依据新修改的《立法法》第八条，对于下列事项只能由全国人大及其常委会制定法律：①国家主权的事项；②各级人民代表大会、人民政府、人民法院和人民检察院的产生、组织和职权；③民族区域自治制度、特别行政区制度、基层群众自治制度；④犯罪和刑罚；⑤对公民政治权利的剥夺、限制人身自由的强制措施和处罚；⑥税种的设立、税率的确定和税收征收管理等税收基本制度；⑦对非国有财产的征收、征用；⑧民事基本制度；⑨基本经济制度以及财政、海关、金融和外贸的基本制度；⑩诉讼和仲裁制度；⑪必须由全国人民代表大会及其常务委员会制定法律的其他事项。《立法法》第九条继续规定："本法第八条规定的事项尚未制定法律的，全国人民代表大会及其常务委员会有权作出决定，授权国务院可以根据实际需要，对其中的部分事项先制定行政法规，但是有关犯罪和刑

---

① 奥托·迈耶在《德国行政法原理》一书中首次提出了"法律保留"的概念，该理论又被称作"侵害保留"。后期继续发展，出现"全部保留理论""权力保留理论"等，法律保留范围不断扩展。

罚、对公民政治权利的剥夺和限制人身自由的强制措施和处罚、司法制度等事项除外。"在此,对于"人身自由、公民政治权利、犯罪与刑罚等"事项是"绝对保留"。除此之外的事项都属于"相对保留"。通过法律保留原则,规定了全国人大及其常委会的专属立法事项。这就意味着,作为一般地方立法的"设区的市"对上述立法事项不得染指。

2. 通过禁止"相抵触"原则,限制"设区的市"立法内容

设区的市在制定地方性法规时,"不同宪法、法律、行政法规和本省、自治区的地方性法规相抵触",是我国《地方组织法》和《立法法》为"设区的市"立法设定的"前提性"和"禁止性"条件。即,无论"设区的市"制定地方性法规或地方政府规章,都需要遵循不得"相抵触原则"。此外,新《立法法》第七十二条第三款规定:"省、自治区人民代表大会常务委员会在对报请批准的设区的市的地方性法规进行审查时,发现其同本省、自治区的人民政府的规章相抵触的,应当作出处理决定"。

立法内容相抵触是发生在上下位法之间的法律冲突。即,两个以上的法律规范之间,一个法律规范的效力源于另一个法律规范时,彼此就构成了上下位法关系。下位法效力源于上位法,一旦发生下位法与上位法相抵触,就会造成法律体系内部的冲突从而动摇整个法律体系的效力基础。在"设区的市"立法实践中,"相抵触"的情形主要有以下几种:(1)与宪法相抵触。宪法是国家的最高大法,任何法律、行政法规、地方性法规、部门规章等都不得与宪法相抵触,相抵触则无效。(2)与法律、行政法规相抵触。法律、行政法规的效力高于"设区的市"地方立法。但是,国务院部门规章的效力并不必然高于"设区的市"地方立法。如果发生地方性法规与部门规章相抵触的情形,参照《立法法》第九十五条第二款规定处理。① (3)与本省、自治区地方性法规相抵触。省级地方性法规的效力高于"设区的市"地方性法规,省级地方政府规章的效力高于"设区的市"地方政府规章。(4)与省、自治区地方政府规章相抵触。从法理上说,省、自治区的地方政府规章和"设区的市"地方性法规之间不属于上下法关系。

实践中,上位法与下位法"相抵触"的情形通常有:(1)在权利与义务关系中,下位法限缩、取消上位法已经确认的权利或者扩大、增加上位法没有设置的义务;(2)在职权和职责关系中,下位法扩大、增加上位法没有授予的职权或者限缩、取消上位法已经设置的职责。② 地方性法规很少会明目张胆的与上位法

---

① 即"地方性法规与部门规章之间对同一事项的规定不一致,不能确定如何适用时,由国务院提出意见,国务院认为应当适应地方性法规的,应当决定在该地方适用地方性法规的规定;认为应当适用部门规章的,应当提请全国人民代表大会常务委员会裁决"。

② 章剑生:《现代行政法基本理论》(第2版),法律出版社2014年版,第849页。

相抵触，对于是否存在隐性抵触条款则是需要重点审查的内容。例如，《行政许可法》规定"不得限制其他地区的商品进入本地市场"。现实情况是，"设区的市"虽未明文规定排除、限制外地的经营者或商品进入，但转而采用一种政策鼓励、补贴、优先采购本地经营者或商品等方式变相进行地方保护。

3. 省、自治区对"设区的市"立法的合法性审查与批准

新《立法法》第七十二条规定："设区的市的地方性法规须报省、自治区的人民代表大会常务委员会批准后施行。省、自治区的人民代表大会常务委员会对报请批准的地方性法规，应当对其合法性进行审查，同宪法、法律、行政法规和本省、自治区的地方性法规不抵触的情况下，应在四个月内予以批准。"在此，需要注意以下几个问题：第一，审查期限。必须在四个月法定期限内完成审查和批准程序，不得中断、中止、延长，任何超过时限的行为均属违法。第二，合法性审查。省、自治区的人民代表大会常务委员会应当就"设区的市"立法是否与宪法、法律、行政法规和本省、自治区的地方性法规相抵触等"合法性"问题进行审查，对于其他"合理性"问题不作审查。就此，《立法法释义》明确指出对于地方性法规的规定是否适当、立法技术是否完美、文字表述是否优美，不作审查。

针对地方立法的合法性审查在实践中一般存在下面五种情形：第一种，不予批准。例如，《福建省立法条例》第三十二条规定，与上位法相抵触，应当作出不予批准的决定。第二种，以附修改意见的方式批准。例如，《黑龙江省人大常委会立法技术规程》规定，法制委员会对"有与宪法、法律、行政法规、本省地方性法规相抵触的情况，应建议作出附修改意见的决定。"第三种，省级人大法制委员会在审议结果报告中提出修改意见，并提出修改过的批准文本草案，再由省级人大常委会表决通过。例如，辽宁省和浙江省的做法。①第四种，省级人大法制委员会提出修改意见和建议，由省级人大常委会表决通过不附任何条件的批准文本，再由"较大的市"或"设区的市"人大常委会按照规定程序修改后公布实施。第五种，"不予批准"和"以附修改意见的方式予以批准"相结合的方式。例如，《江西省立法条例》第四十八条规定："同宪法、法律、行政法规或者本省的地方性法规相抵触的，可不予批准或者采取附修改意见的方式批准"。这一种方式操作起来灵活性强，相比之下更加适合地方立法状况。②

4. "设区的市"与省、自治区立法的重叠问题

根据宪法和《立法法》等相关法律的规定，省、自治区与"设区的市"在立法权限上存在部分重叠问题。即，不管是省、自治区还是"设区的市"，都可

---

①② 易有禄：《设区市立法权的权限解析》，载于《政法论丛》2016年第2期，第76页。

以对城乡建设与管理、环境保护、历史文化保护三方面事项进行立法。新《立法法》对重叠部分的立法事项无明确区分。这就产生了一个问题,即是优先适用省级地方立法?还是"设区的市"地方立法?如果处理不好二者的关系,很可能会引起重复立法、立法冲突以及立法资源浪费等问题。

相较而言,省级与"设区的市"立法各有优势。省、自治区立法能够有效的统筹本省、自治区的整体状况,开展统一的立法工作,提供统一的立法依据。而"设区的市"立法能够充分发挥设区的市的立法积极性,能够立足于实际情况,保证立法的针对性和可操作性。① 为妥善处理立法事项重叠问题,应在充分尊重"设区的市"立法的原则下,省、自治区立法保持适当的谦抑性。解决这个问题主要有两种思路:第一,确定"设区的市"地方专属立法范围权。第二,基于辅助原则,对于立法重叠部分,如果"设区的市"先行行使了相关立法权,则省自治区就不再行使相关立法权。如果"设区的市"立法无法解决,或由省自治区进行立法规制效果更好、权威更高,或者由一个"设区的市"进行相关立法规制会损害其他"设区的市"的利益时,才由省、自治区来行使相关立法权。②

三、"较大的市"和"设区的市"立法之比较

(一)"较大的市"地方立法的发展与现状

1979年《地方组织法》第六条和第二十七条赋予了省级人大及其常委会立法权,但并没有规定市级地方立法权。1982年《地方组织法》修订案规定:省级人民政府所在地的市和经国务院批准的较大的市的人大常委会,可以拟订地方性法规草案,提请省级人大常委会审议制定。1984年《国务院关于批准唐山等市为"较大的市"的通知》批准了13个"较大的市"。1986年《地方组织法》修改将"拟定草案权"改为"制定权",并规定较大的市制定的地方性法规须经省级人大常委会批准。

2000年《立法法》将4个经济特区纳入"较大的市"范围。至此,由27个省、自治区人民政府所在地的市、4个经济特区所在地的市和18个国务院批准的较大的市组成的49个"较大的市"地方立法主体格局形成。2015年《立

---

① 伊士国、杨玄宇:《论设区的市立法权限——兼评新〈立法法〉第72条》,载于《河北法学》2017年第110期。
② 程庆栋:《论设区的市的立法权:权限范围与权力行使》,载于《政治与法律》2015年第8期,第58~60页。

法》修改,确认了"设区的市"地方立法权。由此,也就出现了"较大的市"与"设区的市"地方立法并存的局面。而且,"设区的市"立法逐步呈现出取代"较大的市"立法的趋势。

(二)"较大的市"和"设区的市"立法之共同点与区别

"较大的市"和"设区的市"立法的共同特点主要有:在立法过程中,二者都要遵循"不抵触原则"或"上位法依据原则"。不管是"较大的市"还是"设区的市",它们制定的地方性法规都须报省、自治区人大常委会批准后方可生效。省、自治区的人大常委会对报请批准的地方性法规的合法性进行审查。如果同宪法、法律、行政法规和本省、自治区的地方性法规不抵触的,应当在四个月内予以批准。

依据2000年《立法法》,只要是国家专属立法权之外的事项,"较大的市"在不同宪法、法律、行政法规相抵触的前提下都可以制定地方性法规。显然,当时《立法法》对"较大的市"立法权限除国家专属立法事项之外几乎全面放开。依据2015年新修改的《立法法》,地方立法主体从"较大的市"扩展为全部"设区的市"。新《立法法》通过明确列举的方式,将"设区的市"立法权范围限定为城乡建设与管理、环境保护、历史文化保护三个方面事项。可见,新《立法法》对"设区的市"立法范围进行了很大程度的收窄和缩限。

(三)"较大的市"立法的效力延续

新《立法法》第七十二条第六款规定,对于"较大的市"已经制定的地方性法规、地方政府规章,涉及城乡建设与管理、环境保护、历史文化保护三类事项范围以外的,继续有效。新《立法法》第八十二条规定:"设区的市"制定地方政府规章,限于城乡建设与管理、环境保护、历史文化保护等方面的事项。已经制定的地方政府规章,涉及上述事项范围以外的,继续有效。

那么,"较大的市"已经制定的地方性法规,若包含上述三类事项范围之外的,原制定主体是否可以对其进行必要的修改、废止呢?立法实践中,因为上位法修改或实际情况发生变化,确实存在对"较大的市"旧法进行修改的必要。就此,全国人大常委会法工委原主任李适时指出,原"较大的市"可以对已经制定的地方性法规进行必要的修改,但是不得再增加新《立法法》关于"设区的市"立法权限以外的事项,防止出现"旧瓶装新酒"的现象。[①] 由此可见,对"较大的市"已经制定的地方性法规进行修改,还要受到以下限制:第一,如果该法规

---

① 李适时:《认真做好设区的市立法工作》,载于《人民之声》2015年第9期,第19页。

是暂行立法，则不能再正式立法；第二，可以进行修改，但修改不能增设对该法规原来未调整的法律关系的调整规范；第三，修改应只限于对原法规的立法技术方面的修正，或者是为进一步明确已有规定的内容，消除歧义，而且作的解释性规定不宜作扩大解释。① 此外，对于"较大的市"已经制定的未来有可能面临修改、废止的地方政府规章，可以通过行政机关的纵向监督得到有效解决。如，依据新《立法法》规定，国务院有权改变或者撤销不适当的部门规章和地方政府规章；地方人民代表大会常务委员会有权撤销本级人民政府制定的不适当的规章。

还有一个问题是，"较大的市"已经提请省人大常委会审议，但尚未通过的地方性法规，涉及三大类事项之外的内容，能否继续审议？由于地方性法规尚未通过，也就不存在是否生效的问题。故此，如果"较大的市"制定的地方性法规草案涉及《立法法》规定的"设区的市"立法权限范围以外的事项，应当对草案的相关内容进行修改，或者停止该草案的审议，由提案权人撤回提案。②

第四节 我国中央与特殊地方的立法权限划分问题

改革开放以来，我国在注重各个地方差异性的基础上，有步骤、非均衡、因地制宜地下放立法权。从不同地方享有立法权的性质及权限范围来看，我国地方立法权的下放具有渐进性、多样化和差异性特点。与一般地方立法相比，我国的民族自治地方、经济特区、特别行政区、自贸区等不同地方享有不同立法权限的立法权，不同的地方立法还处于不同的位阶。③ 这种做法克服了地方立法分权"一刀切"和"统收统放"的弊端，有利于各个地方合理利用本地优势、因地制宜地进行立法决策和社会治理，使地方立法自主权真正落到实处。

---

① 林依标：《关于设区市人大立法实践问题研究》，载于《人大研究》2016年第7期，第33~37页。
② 易有禄：《设区市立法权的权限解析》，载于《政法论丛》2016年第2期，第76页。
③ 我国向地方实行立法分权，除民族地方立法之外，采取的是非均衡、有梯度的方式。其具体过程是：1979年，中共中央、国务院根据广东、福建两省的有利条件，决定在深圳、珠海、汕头、厦门四个地方试办经济特区，并对两省的地方立法采取特殊政策和灵活措施；1988年，第七届全国人大批准建立我国实行特殊立法政策的最大经济特区海南。1997年香港回归之后，我国地方立法又有了特别行政区立法这种新形式。进入新时代之后，我国又陆续出现了自贸区立法。通过这一系列的政策措施，逐步形成了一种"梯度分权"的地方立法格局。

一、我国的民族自治地方立法

(一) 民族自治地方立法的主体与形式

民族自治地方立法权是民族自治地方自治权的重要组成部分。根据我国《宪法》《立法法》《民族区域自治法》，我国民族自治地方立法主要包括自治区、自治州、自治县三个层级的立法。显然，民族自治地方立法既包括自治区及其下辖自治州、自治县的立法，也包括省或直辖市下辖的自治州或自治县立法。我国民族自治地方立法权主要有地方性法规制定权和自治法规（自治条例和单行条例）制定权。自治区以及自治州，有权制定地方性法规和地方性规章。自治区、自治州和自治县有权依照当地民族的政治、经济和文化的特点制定自治条例和单行条例。

1. 民族自治地方的地方性法规

2015 年新修改的《立法法》第七十二条规定：自治区人民代表大会及其常务委员会根据本行政区域的具体情况和实际需要，在不同宪法、法律、行政法规相抵触的前提下，可以制定地方性法规；自治州的人民代表大会及其常务委员会可以依照本条第二款规定行使设区的市制定地方性法规的职权。显然，在民族自治地方，自治区和自治州有权制定地方性法规和地方性规章，自治县则没有制定地方性法规的权限。

2. 民族自治地方的自治法规

2018 年新修改的现行《宪法》第一百一十五条规定，自治区、自治州、自治县的自治机关行使宪法第三章第五节规定的地方国家机关的职权，同时依照宪法、民族区域自治法和其他法律规定的权限行使自治权，根据本地方实际情况贯彻执行国家的法律、政策。第一百一十六条规定，民族自治地方的人民代表大会有权依照当地民族的政治、经济和文化的特点，制定自治条例和单行条例。自治区的自治条例和单行条例，报全国人民代表大会常务委员会批准后生效。自治州、自治县的自治条例和单行条例，报省或者自治区的人民代表大会常务委员会批准后生效，并报全国人民代表大会常务委员会备案。

《立法法》第七十五条规定，民族自治地方的人民代表大会有权依照当地民族的政治、经济和文化的特点，制定自治条例和单行条例。[①] 自治区的自治条例和单行条例，报全国人民代表大会常务委员会批准后生效。自治州、自治县的自

[①] 陈云东：《论民族自治地方自治法规的制定》，载于《思想战线》1994 年第 5 期，第 52~57 页。

治条例和单行条例，报省、自治区、直辖市的人民代表大会常务委员会批准后生效。根据《立法法》第八十二条，民族自治地方人民政府也有权制定地方性规章。①

2001年修改的《民族区域自治法》明确规定了民族自治地方享有的立法权的有关事项。《民族区域自治法》第五条、第七条明确了民族自治地方立法的基本原则，即：民族自治地方必须维护国家的统一，保证宪法和法律在本地方的遵守和执行；民族自治地方的自治机关要把国家的整体利益放在首位。该法第十九条规定："民族自治地方的人民代表大会有权依照当地民族的政治、经济和文化的特点，制定自治条例和单行条例。自治区的自治条例和单行条例，报全国人民代表大会常务委员会批准后生效。自治州、自治县的自治条例和单行条例报省、自治区、直辖市的人民代表大会常务委员会批准后生效，并报全国人民代表大会常务委员会和国务院备案。"②

民族自治地方自治条例与单行条例的区别主要在于：自治条例的内容涉及政治、经济、文化、科技、宗教信仰和民族关系等根本性和广泛性问题，是地方自治的纲领性法律文件，对民族自治地方的各项工作都有极其重要的宏观指导意义。单行条例通常针对某个方面，甚至仅涉及某一个具体问题而制定，具有较强的针对性、可操作性和具体性。

3. 民族自治地方的地方性法规与自治法规之比较

与民族自治地方的地方性法规相比，自治法规主要有以下特点：在立法主体上，自治法规的立法主体是民族自治地方的人民代表大会，而不是人民代表大会及其常务委员会，而地方性法规是自治区、自治区人民政府所在地的市、自治州的人民代表大会及其常务委员会都可以制定；③ 在立法依据和立法程序上，自治

---

① 根据《立法法》，我国享有地方政府规章制定权的在民族自治地方只有自治区人民政府、自治区人民政府所在地的市、自治州的人民政府。自治县人民政府不享有此权。然而，根据民族区域自治法第三十四、四十三、四十四条等有关规定，自治县又享有类似于地方政府规章制定权的立法权。事实上，有些自治州和自治县已经在行使规章制定权。参见梁旺贵：《试论民族立法在我国立法体制中的地位和作用》，载于《贵州民族学院学报》（社会科学版）1993年第3期，第5页。

② 截至目前，全国5个自治区均未颁布本自治区的自治条例。

③ 对于民族自治地方的人大常委会是否具有制定自治法规的权力，在实践中所引发的问题是：有的民族自治地方的人大常委会未经授权制定了单行条例，这是否妥当，其效力又应如何认定？参见梁旺贵：《试论民族立法在我国立法体制中的地位和作用》，载于《贵州民族学院学报》（社会科学版）1993年第3期，第1～5页。在民族自治地方立法实践中，常常有民族自治地方的人大常委会制定自治法规的事情，而且在部分国家法律中也不时可以找出授权民族自治地方人大常委会制定自治法规作出变通的规定，甚至有些民族自治地方的政府都制定自治法规。（可参见我国刑法、刑事诉讼法、婚姻法、森林法等法律的有关规定。）但是，从维护宪法和法律尊严的角度来看，应该坚持只有民族自治地方的人民代表大会才有权力制定自治法规。参见陈云东：《论民族自治地方自治法规的制定》，载于《思想战线》1994年第5期，第52页。

法规依据的是当地民族的政治、经济和文化特点，可对法律和行政法规作变通规定。但是，民族自治地方制定的地方性法规不得与宪法、法律和行政法规相抵触。

由上观之，民族自治地方的地方性法规与自治法规有着不同的立法依据、立法主体、效力等级和立法程序。这决定了两者在立法事项和立法范围上不能混淆。但是，对于民族自治地方制定的地方性法规与自治条例、单行条例，在立法事项、内容和范围上有什么区别，宪法和《立法法》《民族区域自治法》并没有给出明确的界定。从目前情况来看，由于一些客观条件的限制，划清两者的立法范围也尚未引起足够的重视。

（二）民族自治地方的立法变通权

《立法法》第七十五条专门规定了民族自治地方的立法变通权，即自治条例和单行条例可以依照当地民族的特点，对法律和行政法规的规定作出变通规定，但不得违背法律或者行政法规的基本原则，不得对宪法和民族区域自治法的规定以及其他有关法律、行政法规专门就民族自治地方所作的规定作出变通规定。① 《民族区域自治法》第五十四条规定"上级国家机关有关民族自治地方的决议、决定、命令和指示，应当适合民族自治地方的实际情况"。第二十条规定了民族自治地方的立法变通权。即，"上级国家机关的决议、决定、命令和指示，如有不适合民族自治地方实际情况的，自治机关可以报经该上级国家机关批准，变通执行或者停止执行；该上级国家机关应当在收到报告之日起六十日内给予答复"。② 《立法法》第九十条规定，"自治条例和单行条例依法对法律、行政法规、地方性法规作变通规定的，在本自治地方适用自治条例和单行条例的规定"。

（三）中央立法与民族自治地方立法的关系

从中央立法与民族自治地方立法的关系来看，二者之间的关系具有双重性和

---

① 我国现行法律有关自治条例和单行条例的"立法变通权"在实践中也引起了一些问题。比如，在全国人大及其常委会制定的法律中，有些有授权民族自治地方人大及其常委会对该法律作变通或补充的规定，有些却没有这方面的规定。于是有人认为，只有法律授权民族自治地方对该法律作变通或补充规定的，民族自治地方的权力机关才能对该法律进行变通规定，否则就不能变通或补充。也有人认为，国家法律没有作授权规定可以变通的，要作变通规定则需要报全国人大常委会批准。这就产生了一个问题：法律没有授权民族自治地方对该法律作变通或补充，民族自治地方的权力机关能否根据《立法法》和《民族区域自治法》的有关规定进行变通？

② 截至1998年底，民族自治地方对法律作出立法变通或补充规定的有64个，涉及婚姻、继承、资源开发、计划生育、未成年人保护、社会治安、环境保护以及土地、森林、草原管理等诸多方面。参见李林：《走向宪政的立法》，法律出版社2003年版，第160页。

复杂性的特点。民族自治地方立法，是一种以民族特点为立法重点、以自治为核心内容、以民族区域为法域的特殊地方立法形式。① 这些特点决定了民族自治立法区别于一般地方立法、经济特区立法和特别行政区立法。从《立法法》的规定来看，我国民族自治地方主要享有地方性法规制定权和自治法规（自治条例和单行条例）制定权。自治区以及自治州，有权制定地方性法规和地方性规章。民族自治地方的人民代表大会有权依照当地民族的政治、经济和文化的特点，制定自治条例和单行条例。自治条例和单行条例可以依照当地民族的特点，对法律和行政法规的规定作出变通规定。自治条例和单行条例报送备案时，应当说明对法律、行政法规、地方性法规作出变通的情况。

显然，民族自治地方制定的"地方性法规"和"自治法规"的立法主体、法律地位以及与中央立法的关系是不一样的。民族自治地方的地方性法规和地方政府规章的制定主体包括自治区、自治区人民政府所在地的市、自治州的人民代表大会及其常务委员会。民族自治地方自治法规的立法主体是民族自治地方（自治区、自治州、自治县）的人民代表大会，不包括人民代表大会常务委员会。在立法依据和立法程序上，自治法规依据的是当地民族的政治、经济和文化特点，可对法律和行政法规作变通规定，但民族自治地方的地方性法规却不得与宪法、法律和行政法规相抵触。在接受中央立法的监督方面，自治区制定的自治法规需报全国人大常委会批准后生效。自治州、自治县的自治条例和单行条例，报省、自治区、直辖市的人民代表大会常务委员会批准后生效。再由省、自治区、直辖市的人民代表大会常务委员会报全国人民代表大会常务委员会和国务院备案。但是，根据《立法法》第九十八条，自治区、自治区人民政府所在地的市、自治州制定的地方性法规则无须报全国人大常委会批准，只须报全国人大常委会和国务院备案。

二、我国的经济特区立法

1981年，第五届全国人大常委会作出关于授权广东省、福建省人民代表大会及其常务委员会制定所属经济特区的各项单行经济法规的决议。1988年，第七届全国人民代表大会作出关于授权海南省人民代表大会及其常务委员会制定法规在海南经济特区实施的决议。1992年，第七届全国人大常委会授权深圳市人

---

① 刘嗣元：《论我国民族立法的特点》，载于《思想路线》1993年第2期，第33~36页；梁旺贵：《试论民族立法在我国立法体制中的地位与作用》，载于《贵州民族学院学报》（社会科学版）1993年第3期，第1~5页；徐至善：《我国民族立法体制和民族立法概况》，载于《思想路线》1994年第5期，第48~51页。

民代表大会及其常务委员会根据具体情况和实际需要，遵循宪法的规定以及法律和行政法规的基本原则，制定法规，在深圳经济特区实施；并且授权深圳市人民政府制定规章在深圳经济特区组织实施。由此，我国地方立法大家庭中出现了一种特殊的新型地方立法，即经济特区立法。① 随后，第八届全国人民代表大会于1994年作出关于授权厦门市人民代表大会及其常务委员会和厦门市人民政府分别制定法规和规章在厦门经济特区实施的决定。1996年，又作出关于授权汕头市和珠海市人民代表大会及其常务委员会、人民政府分别制定法规和规章在各自的经济特区实施的决定。

显然，经济特区立法权是基于全国人民代表大会及其常务委员会的专门授权而诞生的，而不是基于宪法和法律的明确规定而获得。之所以要对经济特区进行专门立法授权，主要是在广东省、福建省、海南省等改革开放的前沿阵地开辟一些立法试验区，通过经济特区立法的先行先试带动中央立法的发展。就此，邓小平同志曾经说过这样的话，"有的法规地方可以先试搞，然后经过总结提高，制定全国通行的法律"。乔石同志也曾说过，广东省是"立法工作的试验田"。

（一）全国人大及其常委会关于经济特区的专门立法授权决议或决定

1.《全国人民代表大会常务委员会关于授权广东省、福建省人民代表大会及其常务委员会制定所属经济特区的各项单行经济法规的决议》

1981年11月26日，第五届全国人大常委会第21次会议审议并通过了国务院关于建议授权广东省、福建省人民代表大会及其常务委员会制定所属经济特区的各项单行经济法规的议案。根据该项决议，广东省、福建省人民代表大会及其常委会，根据有关的法律、法令、政策规定的原则，按照各该省经济特区的具体

---

① 之所以在授权广东省和福建省制定所辖经济特区法规之后的10余年后，全国人民代表大会及其授权的全国人大常委会又特别授权深圳、厦门、珠海、汕头四个经济特区的人大及其常委会、人民政府的法规和规章制定权，主要是因为经济特区所在省的人大及其常委会的相关立法，不足以及时满足所辖经济特区发展的需要。于是，就有必要直接给经济特区所在地的市授予经济特区立法权。参见廖延豹：《从厦门取得立法权谈特别授权地方立法》，载于《政治与法律》1994年第5期，第12页。在立法实践中，既然全国人大常委会已授予广东省、福建省制定其所属经济特区法规的权力，再由全国人大授权给广东、福建两省所辖的深圳市、汕头市、珠海市和厦门市，就使授权机关与被授权机关出现了交叉，由此也就造成由授权所制定的法规等的效力等级的混乱。参见万其刚：《立法理念与实践》，北京大学出版社2006年版，第135页。

情况和实际需要，制定经济特区的各项单行经济法规。①

2.《全国人民代表大会关于建立海南经济特区的决议》

1988年4月13日，第七届全国人民代表大会第1次会议通过关于建立海南经济特区的决议。决议内容共有两项：第一项是划定海南岛为海南经济特区；第二项是授权海南省人民代表大会及其常务委员会，根据海南经济特区的具体情况和实际需要，遵循国家有关法律，全国人大及其常委有关决定和国务院有关行政法规的原则制定法规，在海南经济特区实施。②

3.《全国人民代表大会关于国务院提请审议授权深圳市制定深圳经济特区法规和规章的议案的决定》

1989年3月17日，国务院通过《国务院关于提请授权深圳市人民代表大会及其常务委员会和深圳市人民政府分别制定深圳经济特区法规和深圳经济特区规章的议案》。1989年4月4日第七届全国人民代表大会第2次会议，决定授权全国人民代表大会常务委员会在深圳市依法选举产生市人民代表大会及其常务委员会后，对国务院提出的关于授权深圳市制定深圳经济特区法规和规章的议案进行审议，并作出相应决定。

4.《全国人民代表大会常务委员会关于授权深圳市人民代表大会及其常务委员会和深圳市人民政府分别制定法规和规章在深圳经济特区实施的决定》③

1992年7月1日第七届全国人民代表大会常务委员会第26次会议，决定授权深圳市人民代表大会及其常务委员会根据具体情况和实际需要，遵循宪法的规

---

① 全国人大常委会作出此项授权的理由是："为了使广东省、福建省所属经济特区的建设顺利进行，使特区的经济管理充分适应工作需要，更加有效地发挥经济特区的作用。"参见《中华人民共和国全国人民代表大会常务委员会公报》，第37页。有人认为，1979年通过的新的《地方各级人民代表大会和地方各级人民政府组织法》已经规定省一级的人大及其常委会有权制定地方性法规，而全国人大常委会只有"法令"制定权，并无立法权。所以，这次授权有些不合适。参见万其刚：《立法理念与实践》，北京大学出版社2006年版，第152页。

② 作出此项授权的理由是："国务院建议把海南岛建设为我国最大的经济特区，对外商投资可以给予比现有其他经济特区现行规定更加放宽的政策，经济管理体制也可以更为灵活，以便创造对外商有较大吸引力的投资环境，加速开发建设。"总之，是"为了使海南经济特区的经济管理充分适应开发建设的需要"。参见《中华人民共和国第七届全国人民代表大会第一次会议文件汇编》，人民出版社1988年版，第174～176页。

③ 作出此项授权的理由是："深圳市的进一步发展急需建立起与之相适应的商品经济秩序，它缺乏完整的适应商品经济需要并符合国际惯例的法律体系和保证政府廉洁高效运转的新体制。而深圳市作为我国最早的经济特区，在对外开放和经济体制改革方面走在全国的前列，政府管理经济的方式急需从以行政手段为主向以法律手段为主转化。不仅如此，国外一些发展起来的新兴工业化国家的经验表明，要想在短时间内建立商品经济需要的法律体系，都要大胆地借鉴发达国家和地区的某些经济法规和管理体制。但在借鉴时，为稳妥起见，必须选择适当的地区进行试验，取得经验后再向全国推广。深圳市的人文地理经济情况决定了它是进行此项试验的最适当的地方。"参见《中华人民共和国第七届全国人民代表大会第二次会议文件汇编》，人民出版社1989年版，第148～149页。

定以及法律和行政法规的基本原则,制定法规,在深圳经济特区实施;授权深圳市人民政府制定规章并在深圳经济特区组织实施。①

5.《全国人民代表大会关于授权厦门市人民代表大会及其常务委员会和厦门市人民政府分别制定法规和规章在厦门经济特区实施的决定》②

1994年3月22日第八届全国人民代表大会第2次会议审议了福建省袁启彤等36名全国人大代表在第八届全国人大一次会议上提出的关于授权厦门市人大及其常委会和厦门市政府分别制定法规和规章的议案,决定授权厦门市人民代表大会及其常务委员会根据经济特区的具体情况和实际需要,遵循宪法的规定以及法律和行政法规的基本原则,制定法规,在厦门经济特区实施;授权厦门市人民政府制定规章并在厦门经济特区组织实施。③

6.《全国人民代表大会关于授权汕头市和珠海市人民代表大会及其常务委员会、人民政府分别制定法规和规章在各自的经济特区实施的决定》

1996年3月17日第八届全国人民代表大会第四次会议决定:授权汕头市和珠海市人民代表大会及其常务委员会根据其经济特区的具体情况和实际需要,遵循宪法的规定以及法律和行政法规的基本原则,制定法规,分别在汕头和珠海经

---

① 深圳市为规范深圳特区立法程序,1992年10月制定了《深圳市人民政府制定深圳经济特区规章和拟定深圳经济特区法规草案的程序规定》,对法规和规章的划分、立法规划和立法计划的制定、法规和规章的起草、审议、通过和发布等程序作了系统规定。此外,深圳还制定了《深圳市规范性文件备案规定》,要求对政府各部门、各区人民政府制定的规范性文件实行备案审查制度。参见王正明、周成新、赵长生:《建立与特区社会主义市场经济相适应的法规体系——写在全国人大常委会授予深圳立法权两周年之际》,载于《深圳商报》1994年7月14日,第6版。

② 这次授权与对深圳的授权相比,其不同之处在于:"关于授权厦门市人大及其常委会和厦门市政府分别制定法规和规章的议案",是由福建省袁启彤等36名全国人大代表分别在1989年和1993年先后联名提出的。全国人大法律委员会认为:"厦门经济特区是我国最早建立的经济特区之一,也是国务院批准可以实施自由港某些政策和进行城市经济体制综合改革的经济特区。随着对外开放的扩大特别是海峡两岸交往的增加,厦门经济特区已成为发展对台、对外经贸关系的重要窗口",因此需要授权。参见《中华人民共和国第八届全国人民代表大会第二次会议文件汇编》,人民出版社1994年版,第119~123页。

③ 厦门市人民政府在1994年5月17日公布了《厦门市人民政府制定规章和拟定法规草案的程序规定》;厦门市人大常委会在1994年5月19日公布了《厦门市制定法规规定》。这两个文件对厦门市人民政府制定规章的范围和厦门市人大及其常委会制定法规的范围分别作了具体规定。依照《厦门市制定法规规定》第五条规定,厦门市人大及其常委会制定法规的范围是:(一)保证宪法、法律、行政法规和全国人民代表大会及其常务委员会决议、决定的贯彻实施需要制定的法规;(二)为贯彻实施福建省人民代表大会及其常务委员会的法规、决议、决定需要制定的法规;(三)实施自由港某些政策需要制定的法规;(四)改革开放需要制定的法规;(五)开展对台、对外经济文化科技等合作和交流需要制定的法规;(六)根据全国人民代表大会的授权决定,需要制定的其他法规。依照《厦门市人民政府制定规章和拟定法规草案的程序规定》第三条规定,厦门市人民政府制定规章的范围是:(一)为保证行政法规、福建省地方性法规在特区施行,需由市政府加以具体规定的;(二)为实施厦门市法规,需制定实施细则的;(三)为执行厦门市人民代表大会及其常务委员会作出的决议需要制定的;(四)制定厦门市法规条件尚不成熟,需要以规章试行的;(五)市政府履行行政管理职能需要制定的。参见宋方青《厦门经济特区授权立法的理论探讨》,载于《厦门大学学报》1995年第2期,第45~46页。

济特区实施；授权汕头市和珠海市人民政府制定规章并分别在汕头和珠海经济特区组织实施。①

(二) 经济特区立法的发展与贡献——以深圳为例

深圳经济特区作为率先进行改革开放的"立法试验区"，在立法上一直处于全国"先行"的地位。之所以要对深圳经济特区作出立法授权，把深圳市地方立法当作是"立法先行"的试验田，第七届全国人民代表大会阐述了这样的理由："深圳市的进一步发展急需建立起与之相适应的商品经济秩序，它缺乏完整的适应商品经济需要并符合国际惯例的法律体系和保证政府廉洁高效运转的新体制。而深圳市作为我国最早的经济特区，在对外开放和经济体制改革方面走在全国的前列，政府管理经济的方式急需从以行政手段为主向以法律手段为主转化。不仅如此，国外一些发展起来的新兴工业化国家的经验表明，要想在短时间内建立商品经济需要的法律体系，都要大胆地借鉴发达国家和地区的某些经济法规和管理体制。但在借鉴时，为稳妥起见，必须选择适当的地区进行试验，取得经验后再向全国推广。深圳市的人文地理经济情况决定了它是进行此项试验的最适当的地方"。②

深圳经济特区率先进行了股份制公司和有限责任公司的地方性立法。深圳经济特区成立之后，凭借国家政策的大力扶持，股份制企业的发展迅速走在了全国的前面。邓小平南方谈话之后，国家体改委等部门于1992年5月发布了《股份制企业试点办法》《股份有限公司规范意见》和《有限责任公司规范意见》等文件。参照这些规范性文件，深圳经济特区制定了《深圳经济特区股份有限公司条例》《深圳经济特区有限责任公司条例》（1993年4月通过，1993年8月开始实施）和《〈深圳经济特区有限责任公司条例〉实施细则》。③ 这些地方立法在时间上早于《中华人民共和国公司法》，在很大程度上属于"先中央而行"的摸索型

---

① 这次授权与授权深圳、厦门在性质上是一样的，其措辞也无实质性区别。这次授权是"全国人民代表大会常务委员会委员长会议根据广东省人民代表大会常务委员会的要求，向全国人民代表大会常务委员会第十八次会议提出的建议"而作出的。第八届全国人大常委会第十八次会议认为，汕头市和珠海市两个经济特区已经具备制定法规和规章的条件，遂建议全国人大作出授权。参见《中华人民共和国第八届全国人民代表大会第四次会议文件汇编》，人民出版社1996年版，第288页。

② 《中华人民共和国第七届全国人民代表大会第二次会议文件汇编》，人民出版社1989年版，第148~149页。

③ 深圳市行使先行立法权的法律依据是：1992年7月1日第七届全国人大常委会第二十六次会议作出的《全国人民代表大会常务委员会关于授权深圳市人民代表大会及其常务委员会和深圳市人民政府分别制定法规和规章在深圳经济特区实施的决定》。该决定授权深圳市人民代表大会及其常务委员会根据具体情况和实际需要，遵循宪法的规定以及法律和行政法规的基本原则，制定法规，在深圳经济特区实施；授权深圳市人民政府制定规章并在深圳经济特区组织实施。

立法，其许多内容已超出了宪法和法律所涵盖的立法范围。在实践中，深圳市地方立法对于规范经济特区的有限责任公司和股份有限公司的设立和运行，遏制公司组织设立和内部管理混乱的状况，保护股东和债权人合法权益发挥了积极的作用。在汲取深圳市两个条例起草和实施的经验基础上，1993年12月第八届全国人民代表大会常务委员会通过了《中华人民共和国公司法》，并于1994年7月开始实施。[①]

1994年颁布的全国性的公司法，只规定了有限责任公司和股份有限公司两类公司形式。而当时许多乡镇出现的集体所有制股份合作企业实际上也是一种公司。深圳经济特区又继续以"吃螃蟹"的勇气制定了《深圳经济特区股份合作公司条例》，为集体所有制企业的公司化改造提供了规范依据，也开创了全国该类立法之先河。为了规范国有独资有限公司的组织与行为，深圳经济特区于1999年颁布了《国有独资有限公司条例》，这在全国地方立法实践中是一个创举，也是对传统商事立法的一种突破。1999年6月，深圳市还颁布了《深圳经济特区商事条例》，首先以地方立法形式明确规定了商人的概念以及营业转让等制度。[②]

还有一个突出的立法实例是，1987年12月广东省第六届人大常委会第三十次会议通过、1988年1月3日公布施行的《深圳经济特区土地管理条例》。该条例规定"特区国有土地实行有偿使用和有偿转让制度"。在此之前，法学界和经济学界对此已经进行了广泛的讨论。深圳市的该项立法为后来的修宪作了社会舆论和立法准备。1988年4月12日，第七届全国人大第一次会议通过宪法修正案，宪法第十条第四款"任何组织或者个人不得侵占、买卖、出租或者以其他形式非法转让土地"，被修改为"任何组织或者个人不得侵占、买卖或者以其他形式非法转让土地。土地使用权可以依照法律的规定转让。"

（三）中央立法与经济特区立法的关系

2000年《立法法》并没有将经济特区立法单列加以专门规定。第六十三条将经济特区所在地的市与省、自治区人民政府所在地的市、国务院批准的较大的

---

① 除了深圳市的相关立法之外，当时的一些经济发达的省市也都提前开始了公司法的立法工作。如《广东省经济特区涉外公司条例》《上海市股份制企业暂行办法》《大连城镇集体工业企业实行股份制试行条例》等。

② 钟明霞：《深圳特区公司立法的回顾与展望》，载于《广东社会科学》2000年第5期。

市合称为"较大的市"。① 根据 2015 年新修改《立法法》第七十四条规定,"经济特区所在地的省、市的人民代表大会及其常务委员会根据全国人民代表大会的授权决定,制定法规,在经济特区范围内实施"。《立法法》第九十条规定了经济特区的立法变通权。即,"经济特区法规根据授权对法律、行政法规、地方性法规作变通规定的,在本经济特区适用经济特区法规的规定"。第九十八条规定,"根据授权制定的法规应当报授权决定规定的机关备案;经济特区法规报送备案时,应当说明对法律、行政法规、地方性法规作出变通的情况"。

显然,经济特区立法权与省、自治区人民政府所在地的市、国务院批准的较大的市等"较大的市"立法权的区别主要有:其一,经济特区立法主体包括经济特区所在地的"省"和经济特区所在地的"市"的人民代表大会及其常务委员会两类。后一类属于一般意义上的"较大的市"的立法范围。其二,经济特区立法权实际上是一个复合性概念,既包括类似于其他较大的市的"一般地方立法权",又包括根据全国人民代表大会或其常委会授权而进行相关立法的"特别地方立法权"。可以说,经济特区立法既是一种"职权立法",又是一种"授权立法"。总而言之,经济特区立法与其他"较大的市"立法,既有联系又有区别。

三、我国的特别行政区立法

特别行政区立法是我国现行的一种特殊地方立法,也是特别行政区高度自治的重要表现。根据我国《宪法》及《香港特别行政区基本法》和《澳门特别行政区基本法》的相关规定,在"一国两制"方针和"港人治港""澳人治澳"原则指导之下,香港和澳门两个特别行政区享有较中国内地一般地方更大的立法权。依据两个基本法的相关规定,特别行政区立法权突破了我国现行宪法规定的一般地方立法和民族自治地方立法所享有的立法权限范围。就此,有人认为,特

---

① 经济特区与其他两类较大的市的立法都是我国地方立法的重要组成部分。但是,在 2000 年《立法法》颁布之前,经济特区立法权和其他较大的市的立法权存在着诸多差异,这主要表现为:(1)在立法阶段上,经济特区立法权是完整的立法权,需经过法规草案的提出、审议、通过、公布四个阶段。其他较大的市的立法,要经过五个立法阶段,即法规草案的提出、审议、通过、批准、公布;(2)在立法手续上,经济特区可以直接报全国人大常委会和国务院备案,无须省人大常委会转手上报备案。其他较大的市制定地方性法规,除报省、自治区人大常委会批准外,还由省、自治区的人大常委会报全国人大常委会和国务院备案;(3)在法律依据上,经济特区立法权行使的法律依据是宪法、法律、行政法规的基本原则。其他较大的市的立法权行使的法律依据是宪法、法律、行政法规的规定。可见,经济特区立法权比其他较大市的立法权更有灵活性;(4)在立法性质上,经济特区立法是一种授权立法,源于全国人大或其常委会的特别授权。其他较大的市的立法是一种职权立法,源于我国地方组织法的相关规定。参见江流、罗志先、夏平华:《论准立法权——兼与深圳立法权比较》,载于《法律科学》1994 年第 3 期,第 27~31 页。

别行政区基本法在将香港和澳门收回的同时，又将它们与中国其他地方隔开了。[①]

（一）高度自治的地方立法权

我国《宪法》第三十一条对特别行政区进行了原则性规定，即：国家在必要时得设立特别行政区。在特别行政区内实行的制度按照具体情况由全国人民代表大会以法律规定。根据《香港特别行政区基本法》第八条和《澳门特别行政区基本法》第八条，香港、澳门特别行政区原有的法律，除由全国人民代表大会常务委员会宣布为同基本法相抵触或经特别行政区立法机关作出修改者外，予以保留。除外交、国防以及其他属于中央政府管理范围的事务不能立法之外，特别行政区立法机关有权对特区高度自治范围内的一切事务进行立法。

根据香港和澳门特别行政区基本法的有关规定，香港和澳门的行政长官由中央人民政府任命并对中央人民政府负责。行政长官有权签署立法会通过的法案，并有权发回立法会通过的"不符合特别行政区整体利益"的法案。如果行政长官仍然拒绝签署立法会再次通过的法案或立法会拒绝通过政府提出的法案，经协商仍不能取得一致意见，行政长官可以解散立法会。[②] 显然，在一定程度上，中央政府任命的特区行政长官可以间接影响特别行政区立法。这也表明，特别行政区与中央政府的关系，比联邦制国家联邦中央与联邦成员的关系更为紧密。

应当认识到，香港和澳门两个特别行政区享有的高度自治立法权，仅占我国地方立法权的极小的一部分，不会对中国整体的国家结构形式和中央与地方立法关系造成根本性改变。作为单一制国家结构形式和单一集权模式的中央地方立法体制的一种必要补充，特别行政区立法权的出现，"没有在本质上改变我国原有的单一制结构形式，但在国家整体结构上，它还是产生了较深刻的影响"，它使得我国中央与地方立法关系在单一集权的主导模式下，趋向多元化和多样化。

---

① 特别行政区立法与内地地方立法的差异，主要体现为：立法主体不同；立法依据不同；立法的权限与范围不同；政府在立法程序中的地位与作用不同；立法与行政的关系不同；立法的名称不同；所接受的立法监督不同。参见朱华泽：《香港特别行政区的立法权》，载于《中外法学》1996 年第 2 期，第 58 ~ 62 页；吴雪元：《中国大陆地方立法与未来香港特区立法的差异》，载于《法学杂志》1995 年第 5 期，第 10 ~ 11 页；封丽霞：《"一国两制"与地方立法制度的发展》，载于《法学杂志》1998 年第 3 期，第 23 ~ 24 页。

② 但是，根据香港特别行政区基本法第五十条、第五十二条、澳门特别行政区基本法第五十二条、第五十四条规定，行政长官在其一任任期内只能解散立法会 1 次。

(二)"将有关法律发回"原则

《香港特别行政区基本法》第十七条及《澳门特别行政区基本法》第十七条规定，香港、澳门特别行政区的立法机关制定的法律须报全国人民代表大会常务委员会备案。但备案不影响该法律的生效。全国人民代表大会常务委员会在征询其所属的香港、澳门特别行政区基本法委员会后，如认为香港、澳门特别行政区立法机关制定的任何法律不符合本法关于中央管理的事务及中央和香港、澳门特别行政区的关系的条款，可将有关法律发回但不作修改。经全国人民代表大会常务委员会发回的法律立即失效。该法律的失效，除香港、澳门特别行政区的法律另有规定外，无溯及力。

(三)全国性法律适用的范围与限度

根据《香港特别行政区基本法》第十八条和《澳门特别行政区基本法》第十八条的规定，在香港和澳门特别行政区实行的法律主要包括基本法、特别行政区原有法律（普通法、衡平法、条例、附属立法和习惯法）以及特别行政区立法机关制定的法律。全国性法律除列于特别行政区基本法附件之外，不在特别行政区实施。

依据《〈中华人民共和国香港特别行政区基本法〉附件三》、1997年第八届全国人民代表大会常务委员会第二十六次会议通过的《全国人民代表大会常务委员会关于〈中华人民共和国香港特别行政区基本法〉附件三所列全国性法律增减的决定》，1998年第九届全国人民代表大会常务委员会第五次会议通过的《全国人民代表大会常务委员会关于增加〈中华人民共和国香港特别行政区基本法〉附件三所列全国性法律的决定》《〈中华人民共和国澳门特别行政区基本法〉附件三》《全国人民代表大会常务委员会关于增加〈中华人民共和国澳门特别行政区基本法〉附件三所列全国性法律的决定》，要求在香港和澳门特别行政区公布或立法实施的全国性法律主要有：《关于中华人民共和国国都、纪年、国歌、国旗的决议》《关于中华人民共和国国庆日的决议》《中华人民共和国国旗法》《中华人民共和国国徽法》《中华人民共和国国籍法》《中华人民共和国领事特权与豁免条例》《中华人民共和国外交特权与豁免条例》《中华人民共和国领海及毗连区法》《中华人民共和国专属经济区和大陆架法》《中华人民共和国关于领海的声明》《中华人民共和国香港特别行政区驻军法》《中华人民共和国澳门特别行政区驻军法》。

依据两部基本法的第十八条的规定，全国人民代表大会常务委员会在征询其所属的特别行政区基本法委员会和特别行政区政府的意见后，可对列入附件的全国性法律作出增减。任何要求在特别行政区实施的全国性法律，应限于有关国防、外交和其他按照基本法不属于特别行政区自治范围的法律。但是，全国人民代表大会常务委员会决定宣布战争状态或因特别行政区内发生特别行政区政府不能控制的危及国家统一或安全的动乱而决定特别行政区进入紧急状态，中央人民政府可发布命令将有关全国性法律在特别行政区实施。

（四）中央立法与特别行政区立法的关系

从中央立法与特别行政区立法的关系来看，既不符合单一制模式的形式要件，也不能简单地划归为联邦制模式。特别行政区立法权，是在与整个中国内地实行不同制度的基础之上的一种高度自治的立法权。特别行政区"不实行社会主义制度和政策，保持原有的资本主义制度和生活方式"。这样，特别行政区立法权可以按照完全不同于国家基本制度的框架和原则来运作。凡属高度自治范围的立法事务都由特别行政区自己来进行。特别行政区的政治经济制度独立、财政税收独立，甚至货币制度都独立。联邦制国家的情况是，地方自治立法要求与整个国家的政治、经济制度相同。联邦中央可以依据宪法，要求各联邦成员实行与联邦同样的基本政治和经济制度。这就意味着，我国特别行政区所享有的立法权限在有些方面比联邦成员的立法权还要广泛。特别行政区立法与中央立法的关系，既不同于单一制模式下的中央地方立法关系，也不同于联邦制模式下的中央地方立法关系，而是一种极具中国国情特色、为解决香港和澳门等历史遗留问题所创造的中国独有的中央与地方立法关系。

四、我国的自贸区地方立法

早在 2007 年，党的十七大报告就指出："实施自由贸易区战略，加强双边多边经贸合作"。这是我国首次提出建设中国自由贸易试验区（以下简称'自贸区'），并把自贸区提升到国家战略的层面上来。2012 年，党的十八大报告强调："统筹双边、多边、区域次区域开放合作，加快实施自由贸易区战略，推动同周边国家互联互通"。之后，党的十八届三中全会提出："放宽投资准入，加快自由贸易区建设，扩大内陆沿边开放"。党的十八届五中全会指出："积极参与全球经济治理，促进国际经济秩序朝着平等公正、合作共赢的方向发展，加快实施自由贸易区战略。"2017 年，党的十九大报告继续强调："赋予自由贸易试验区更大改革自主权，探索建设自由贸易港"。

中国自由贸易试验区是我国全力推进经济转型与制度创新的重要举动，其力度和意义堪与 20 世纪 80 年代建立深圳特区和 90 年代开发浦东两大事件相媲美。

在自由贸易试验区暂时调整或者暂时停止适用法律的部分规定，其核心目的就是通过采取一些不同于其他地方的特殊政策和地方性法规规章，营造一个更符合现代经济与社会发展，更具有制度创新能力和国际竞争力的地方法治环境。上海自贸区是第一批设立的中国自由贸易试验区，于2013年8月22日经国务院批准设立。第二批自贸区于2015年4月21日挂牌成立，分别为：福建、广东、天津自贸区及上海自贸区扩展区域，第三批设立的是湖北、河南、浙江、四川、重庆、陕西、辽宁自贸区，2017年4月1日挂牌成立。2018年10月16日，国务院批复同意设立中国（海南）自由贸易试验区。截至2018年底，全国人大及其常委会共授权成立了上海、广东、天津、福建、辽宁、浙江、河南、湖北、重庆、四川、陕西、海南12个自由贸易试验区。这12个自贸区由于地理因素、经济因素、历史因素等差别，自贸区建设各有侧重，其地方立法授权的内容时间、战略定位、总体目标、成果推广、实施效果等方面均有所差别。

（一）上海等自由贸易试验区立法的根据

2015年新修改的《立法法》第十三条规定，全国人大及其常委会可以根据改革发展的需要，决定就行政管理等领域的特定事项授权在一定期限内在部分地方暂时调整或者暂时停止适用法律的部分规定。以第十二届全国人大常委会为例，共作出21件授权决定，涉及自由贸易区、司法体制改革、农村集体土地等多个领域。从立法实践来看，这些暂时调整或者暂时停止适用法律的部分规定的"部分地方"主要是指自贸区（自由贸易试验区）。

1. 全国人大及其常委会关于自贸区的专门立法授权决议或决定

第十二届全国人大常委会第四次会议通过《全国人民代表大会常务委员会关于授权国务院在中国（上海）自由贸易试验区暂时调整有关法律规定的行政审批的决定》（以下简称《决定》）。该决定授权国务院在上海设立自由贸易试验区。对国家规定实施准入特别管理措施以外的外商投资，暂时调整适用"三资企业法"中相关的行政审批。对实践证明可行的，应当修改完善有关法律；对实践证明不宜调整的，恢复施行有关法律规定。

接着，第十二届全国人大常委会第十二次会议通过《全国人民代表大会常务委员会关于授权国务院在中国（广东）自由贸易试验区、中国（天津）自由贸易试验区、中国（福建）自由贸易试验区以及中国（上海）自由贸易试验区扩展区域暂时调整有关法律规定的行政审批的决定》，授权国务院在这四个自贸区内暂时调整有关法律规定的行政审批。

2. 国务院关于自贸区的专门立法授权通知

国务院分别于 2013 年 9 月 18 日、2015 年 4 月 8 日、2017 年 3 月 30 日就上海自贸区共发出三个通知，分别为：《国务院关于印发中国（上海）自由贸易试验区总体方案的通知》（以下简称《总体方案》）、《国务院关于印发进一步深化中国（上海）自由贸易试验区改革开放方案的通知》（以下简称《进一步深化方案》）、《国务院关于印发全面深化中国（上海）自由贸易试验区改革开放方案的通知》（以下简称《全面深化方案》）。这三个文件是关于上海自贸区立法的基础性文件，是中央政府授权上海市政府的权威性依据。[①] 这意味着中央政府将部分事权授权给上海市政府，并明确规定上海市政府要做好组织实施工作，遇到重大问题要及时向国务院请示报告。[②]

除此之外，国务院发出的相关通知还有：《国务院关于在中国（上海）自由贸易试验区内暂时调整有关行政法规和国务院文件规定的行政审批或者准入特别管理措施的决定》《国务院关于在中国（上海）自由贸易试验区内暂时调整实施有关行政法规和经国务院批准的部门规章规定的准入特别管理措施的决定》《国务院关于在自由贸易试验区暂时调整有关行政法规、国务院文件和经国务院批准的部门规章规定的决定》《国务院关于在自由贸易试验区暂时调整有关行政法规、国务院文件和经国务院批准的部门规章规定的决定》《国务院关于推广中国（上海）自由贸易试验区可复制改革试点经验的通知》《国务院关于做好自由贸易试验区新一批改革试点经验复制推广工作的通知》《国务院关于做好自由贸易试验区第四批改革试点经验复制推广工作的通知》《国务院关于印发进一步深化中国（福建）自由贸易试验区改革开放方案的通知》《国务院关于印发进一步深化中国（广东）自由贸易试验区改革开放方案的通知》《国务院关于印发进一步深化中国（天津）自由贸易试验区改革开放方案的通知》《国务院办公厅关于印发自由贸易试验区外商投资国家安全审查试行办法的通知》《国务院关于同意建立国务院自由贸易试验区工作部际联席会议制度的批复》《国务院关于自由贸易试验区工作进展情况的报告》等。

（二）上海自由贸易试验区地方立法的实践

上海市第十四届人大常委会第八次会议审议通过《上海市人民代表大会常务委员会关于在中国（上海）自由贸易试验区暂时调整实施本市有关地方性法规规定的决定》，2013 年 10 月 1 日开始实施。该决定旨在对接国家层面由全国人大

[①] 林建松：《福建自贸区战略下的闽台经贸合作与协同发展》，载于《海峡科学》2015 年第 5 期。
[②] 丁伟：《中国（上海）自由贸易试验区法制保障的探索与实践》，载于《法学》2013 年第 11 期。

常委会颁布的《决定》，便于理顺地方性法规与上位法之间的关系，是自贸区的核心制度之一。具体内容为：（1）依据全国人大常委会的《决定》，在上海自贸区内暂停实施《上海市外商投资企业审批条例》①；（2）本市地方性法规凡与《总体方案》不一致的，都需要调整后实施；（3）期限为3年。试验期为3年目的是为了控制建设风险，严格坚持"先行先试、风险可控、分步推进、逐步完善"的建设要求。

《中国（上海）自由贸易试验区条例》（以下简称《自贸区条例》）由上海市第十四届人大常委会第十四次会议通过，2014年8月1日开始施行。该条例作为上海自贸区的"基本法"，集实施性法规、自主性法规、创制性法规于一身②。这也是我国第一部关于自由贸易试验区的地方性法规。该《自贸区条例》作为自由贸易试验区的"基本法"，堪称上海地方立法史上最具影响力的"第一法"③。该条例设总则、管理体制、投资开放、贸易便利、金融服务、税收管理、综合监管、法治环境、附则共九章，57条。④对各项管理制度、监管制度、法治环境等进行规范，全面总结整个自贸区的制度创新、可推广可复制的经验，是对自贸区各项制度进行系统规范的"综合性条例"。

我国先后建立的12个自贸区，都是先由全国人大授权国务院，再由国务院授权当地政府，并赋予每个自贸区特殊立法权，同时由当地政府承担起建立自贸区的主要责任。以上海自贸区为例，经全国人大常委会授权，国务院暂时调整《中华人民共和国外资企业法》《中华人民共和国中外合资经营企业法》《中华人民共和国中外合作经营企业法》规定的有关行政审批。同时授权上海市开展地方立法工作，建立与自贸区发展要求相适应的配套管理制度。国务院负责自贸区的统筹领导工作，地方政府依据《国务院关于印发全面深化中国（上海）自由贸易试验区改革开放方案的通知》确定的目标和任务，形成可操作计划，深入推进落实，遇重大问题及时向国务院请示报告。

---

① 《上海市外商投资企业审批条例》于1996年颁布实施，由第十届上海市人大常委会第二十九次会议审议通过。具体规定了"三资企业"设立过程中的行政审批程序，在"三资企业法"的基础上制定的该条例，虽颁布改法的目的为扩大对外开放，便于外商投资，而实际操作程序极为繁琐，耗时过久。具体程序为：中外投资者首先确定企业设立的意向，并对该项目进行研究，制定项目建议书及附件。报送审批机关进行审批，同时抄送有关部门。作出决定后将结果报送至市外经委，并抄送有关部门。企业方可到工商局办理名称核准手续，投资双方需落实资金、土地、合同、公司章程、技术支持等事项，并作分析评估报告，报送审批机关审批，并评估资产。批准同意后才能领取证件，企业设立成功。
② 丁伟：《上海自贸区立法经验及启示》，载于《人民政坛》2015年第9期。
③ 贺小勇、许凯：《上海自贸试验区立法的实践与思考》，载于《地方立法研究》2019年第2期。
④ 周阳：《论美国对外贸易区的立法及其对我国的启示》，载于《社会科学》2014年第10期。

制度创新是自贸试验区的核心任务，也是自贸试验区改革开放创新的重要载体与保障。上海自贸区制度创新的主要任务包含五个方面：(1) 加快政府职能转变。(2) 扩大投资领域的开放。(3) 推进贸易发展方式转变。(4) 深化金融领域的开放创新。(5) 完善监管和税收等领域的法制保障。

(三) 关于自贸区暂时调整或暂时停止法律实施的相关问题

从《全国人民代表大会常务委员会关于授权国务院在中国（上海）自由贸易试验区暂时调整有关法律规定的行政审批的决定》（以下简称《决定》）的表述来看，"暂时调整……有关行政审批。上述行政审批的调整在三年内试行，对实践证明可行的应当修改完善有关法律；对实践证明不宜调整的，恢复施行有关法律规定"。显然，这种"暂时调整"本质上就是一种探索性的法律修改行为：首先，具有试验性特点。相关法律只是被暂时调整实施，是否修改依据三年内的实施效果，法律的修改行为与修改的必要性成正比，而全国人大常委会在授权国务院暂时调整法律时，法律修改必要性尚不明确，更多的是一种"试错"的检验措施。其次，具有局部性特点。暂时调整法律实施的行为仅在自贸区范围内进行，若贸然在全国范围内调整法律，一旦实践证明不宜调整修改，将对法的稳定性、权威性形成巨大的冲击，对行政管理活动也会造成较大的混乱，局部性试验利于降低"试错"成本。[①]

全国性法律在自贸区实施的"暂时调整"在客观上导致了现行有效的全国性统一立法在自贸区内外不能一体适用。就此，有专家质疑将会在自贸区形成"法律豁免区""经济领域形成治外法权"或"有违公平改革"，对法的普遍性产生重大冲击。但是，这种担忧大可不必。这是因为：(1) 从主体角度来看，授权国务院的主体是全国人大常委会，而非地方政府，无损于国家统一。(2) 从目的角度来看，国务院的"暂时调整"并非给予地方优惠政策，是为了整体的制度创新，完善国家的法律，虽然在一定程度上损害了平等原则。(3) 从范围来看，"暂时调整"有明确的时间限制和地域限制，极大地增强了负面效应的可控性。因此，这种对全国法律实施统一性的损害仅仅是局部和暂时的，不会构成对我国法制统一的挑战与威胁。

[①] 蔡金荣：《授权国务院暂时调整法律实施的法理问题——以设立中国（上海）自由贸易试验区为例》，载于《法学》2014 年第 12 期。

第五节 我国中央与地方立法权限划分体制的特点与改革思路

一、我国现行中央地方立法权限划分体制的特点与问题

(一) 我国中央地方立法权限划分的制度分析

中央与地方的权限划分是我国国家治理的一个重大问题，也是一个古老的问题。改革开放之后，根据我国国家治理的历史传统和现实国情逐步形成了独特的中央地方立法关系的制度安排与现实格局。从宪法法律和相关政策文本来看，我国中央地方立法事权划分受到典型的国家主义理念的支配，在划分标准、方法与构成内容上主要有以下特点：

1. 从划分标准看兼容了立法调整事务的性质、重要程度以及调整方法等多种因素

从中央地方立法事权划分的标准来看，我国采取的是兼有立法调整对象的性质、重要程度以及调整方法等因素在内的综合性标准。具体而言，修改与解释宪法、国家主权、人大政府法院检察院的产生与职权、诉讼与仲裁、民族区域自治等中央专属立法权的界定依据应该是上述事务的性质和属性；设立税种、确定税率、征收和征用非国有财产、民事基本制度、基本经济制度以及金融、财政、海关和外贸基本制度等应该是按照事务的重要程度将其划分为中央立法事权范围；犯罪与刑罚、剥夺公民政治权利、限制人身自由的强制措施与处罚，则属于根据立法所采取的调整方法来进行的事权划分。可见，从我国《立法法》第八条规定来看，我们主要是根据立法事项的重要程度来作为划分中央地方立法事权的主要标准。同时还佐以立法调整事务的性质以及调整方法等辅助性标准。

在我国中央地方事权划分的实践中，"影响范围"标准尽管在宪法和《立法法》中语焉不详，但从1994年推行分税制以来却一直是改革和调整中央与地方事权划分的基本思路。这一点在历届中共中央全会通过的相关决定中可窥见一斑。2003年，党的十六届三中全会通过《中共中央关于完善社会主义市场经济体制若干问题的决定》，其中就明确提出按照具体事务的影响范围来划分中央和地方责权的改革思路："合理划分中央和地方经济社会事务的管理责权。属于全

国性和跨省（自治区、直辖市）的事务，由中央管理，以保证国家法制统一、政令统一和市场统一。属于面向本行政区域的地方性事务，由地方管理，以提高工作效率、降低管理成本、增强行政活力。属于中央和地方共同管理的事务，要区别不同情况，明确各自的管理范围，分清主次责任"。

2013年，党的十八届三中全会通过《中共中央关于全面深化改革若干重大问题的决定》中的相关表述是："建立事权和支出责任相适应的制度。适度加强中央事权和支出责任，国防、外交、国家安全、关系全国统一市场规则和管理等作为中央事权；部分社会保障、跨区域重大项目建设维护等作为中央和地方共同事权；区域性公共服务作为地方事权。中央和地方按照事权划分相应承担和分担支出责任。对于跨区域且对其他地区影响较大的公共服务，中央通过转移支付承担一部分地方事权支出责任"。

2016年，国务院发布《关于推进中央与地方财政事权和支出责任划分改革的指导意见》。明确将"基本公共服务受益范围"以及信息获取难易程度确定为中央地方财政事权划分的基本原则。即，"体现国家主权、维护统一市场以及受益范围覆盖全国的基本公共服务由中央负责，地区性基本公共服务由地方负责，跨省（区、市）的基本公共服务由中央与地方共同负责""所需信息量大、信息复杂且获取困难的基本公共服务优先作为地方的财政事权；信息比较容易获取和甄别的全国性基本公共服务宜作为中央的财政事权"，并且"逐步将国防、外交、国家安全、出入境管理、国防公路、国界河湖治理、全国性重大传染病防治、全国性大通道、全国性战略性自然资源使用和保护等"上划为中央的事权范围。由上观之，我国关于中央地方责权划分的改革在很大程度上采用了"事权影响范围"的划分标准，而且高度强化中央对于全国性事务和区域性（跨省）事务的管理权责。

2. 从权力渊源来看宪法保障类事权与法律赋予类事权兼而有之

从中央地方立法事权划分的权力渊源形式来看，我国地方立法权既有宪法保障形式也有法律赋予形式。通常而言，以中央地方立法事权划分有无宪法依据为标准，可以将立法事权划分概括为宪法保障型和法律赋予型，即有宪法保障型和无宪法保障型两类。前者是指，中央与地方的立法权直接来自宪法规定受到宪法保障。后者是指，地方立法权来自法律（中央立法）的赋予。具体到我国，首先，宪法确立了处理中央地方关系的"两个积极性"原则。除此之外，全国人大及其常委会制定法律的权力、国务院制定行政法规的权力以及国务院部委制定规章的权力、各省直辖市制定地方性法规的权力、民族自治地方制定自治条例和单行条例的权力，均有宪法明确授权。其次，我国"较大的市"的立法权在宪法中没有规定，而是来自《立法法》的授予。我国香港、澳门特别行政区立法权是来自《特别行政区基本法》的授予。因此，这些地方立法权属于法律赋予型。

3. 从内部构成来看主要包括中央专属立法权、中央地方共同立法权两种类型

作为世界上最大的单一制集权国家，我国的中央地方立法事权主要由中央专属立法事权以及中央地方共同立法事权构成。地方立法很大程度上只是一种执行性、辅助性立法，而并非享有完整、独立的立法权。在理论上，中央与地方立法事权有专属立法与非专属立法两种类型。这些专属于某个特定立法主体的事项具有强烈的"排他性"和"独占性"，只能专门由这个特定主体来进行立法。非专属立法型或共同立法型，通常是指中央与地方享有对某些事项的"共同立法权"，这些事项的立法权并不专属中央或地方的任何一方。地方有权就某些事项，在中央立法的框架之内进行立法。但是，针对这些事项的地方立法权，不得排斥中央立法权，也不得与中央立法的原则性规定相抵触。在中央制定了上位法之后，与之相抵触的地方立法必须加以修改。

单一制国家通常只对中央立法事权范围进行明确列举，对中央地方共同立法事权则以一种模糊形式加以概括性授权。从我国宪法法律规定来看，《立法法》第八条对全国人大及其常委会的中央专属立法权进行了明确列举，但对中央与地方共同立法事项没有进行明示，而主要是采取一种比较原则和概括的形式加以表述。在我国，地方除了执行性立法之外，也有一些"非专属"的自主性立法权，但其行使必须符合严格的条件限制。依据《立法法》第七十三条，除中央专属立法事项之外，其他事项中央尚未制定法律或者行政法规的，省、自治区、直辖市和设区的市、自治州根据本地具体情况和实际需要，可以先制定地方性法规。在国家制定的法律或者行政法规生效后，地方性法规同法律或者行政法规相抵触的规定无效。这可以看作是我国关于中央地方共同立法事项的原则性规定。

2015年新修改的《立法法》第七十二条试图对何谓"地方性立法事项"进行列举式说明：即，"设区的市"在不同宪法、法律、行政法规和本省、自治区的地方性法规相抵触的前提下，可以对"城乡建设与管理""环境保护""历史文化保护"等方面的事项制定地方性法规。第八十二条继续强调："设区的市、自治州的人民政府制定地方性规章，限于城乡建设与管理、环境保护、历史文化保护等方面的事项。"显然，《立法法》将这三个方面的事项限定为"设区的市"的"专门"或"专有"授权立法事项。但是，《立法法》随即也设定了两个限制性条件：一是不得与宪法、法律、行政法规和本省、自治区地方性法规相抵触；二是法律对设区的市制定地方性法规的事项另有规定的，从其规定。显然，我国"设区的市"在"城乡建设与管理""环境保护""历史文化保护"三个事项上的立法权，与联邦制国家的"地方专属立法权"属性各异、大相径庭。这是因为，后者仅限于地方立法主体来行使，且具有强烈的"排中央性"和地方"独占性"特点。而我国"设区的市"所享有的"专门立法权"有着显著的受中央立法制约、兼容性与附属性特点。

4. 从立法主体来看形成了中央向地方逐级分权的多元立法事权格局

从我国中央地方立法事权的内部分层与地方立法权位阶体系来看，我国在逐级分权基础上形成了中央向地方梯度分权的多层级、多元化立法事权格局。实践中，以立法权是在中央与最高层级的地方之间进行分配，还是在中央与各级地方之间进行分配，可以将纵向立法事权划分概括为最高层级分权型和逐级分权型。最高层级分权型通常适用于联邦制国家。它指的是立法权主要在中央与最高层级的地方（即国家最大的构成单元，如省、州等）两级立法主体之间进行配置。最高层级地方之下的地方（如市、郡、县等，有人称之为"第三级政府"）虽然也享有立法权，但一般不与中央立法权发生直接联系。逐级分权型，是指立法权在中央与各级地方之间进行配置。[①] 根据宪法和立法法，我国立法权不仅仅在中央与最高层级的地方（省、自治区、直辖市）之间进行分配，而且也在中央与各级地方（包括设区的市[②]）之间进行分配。在此基础上，形成了一个由省、自治区、直辖市、设区的市组成的多层级、多种类的地方立法事权体系。

（二）当前我国中央和地方立法事权划分的主要特点

1. 中央地方事权配置的行政化倾向与政策主导

中华人民共和国成立之初，《共同纲领》对中央与地方国家机构职权划分进行了原则规定。1954 年、1975 年和 1978 年宪法对中央与地方事权划分并未加以规范。可以说，中华人民共和国成立之后的很长一段时间，何时向地方分权、怎样分权以及分多少权，往往以领导人的认识和意志作为依据。毛泽东要求中央要与地方"商量着办事""每过一个时期就要总结经验"，这表明在特定历史时期我们注重以一种灵活多变的政策形式对中央地方关系进行处理。

改革开放之后，1982 年宪法确定了"遵循在中央的统一领导下，充分发挥地方的主动性、积极性"的"两个积极性"原则。同时，还规定了全国人大及其常委会、国务院，以及省、自治区人大及其人大常委会和政府的立法权限。2000 年，中国第一部专门调整和规范立法活动的基本法《立法法》获得通过。该法对中央专属立法事项进行列举，对地方立法的权限范围、立法程序以及中央

[①] 杨利敏：《论单一制下的地方立法相对分权》，法律思想网，2008 年 3 月 8 日。
[②] 截至 2016 年 6 月，我国"较大的市"立法权包括：27 个省自治区人民政府所在地的市、18 个国务院批准的较大的市、4 个经济特区所在地的市、273 个新赋予地方立法权的设区的市、自治州（其中包括东莞、中山、嘉峪关、三沙 4 个不设区的地级市）。参见中国人大网，http://www.npc.gov.cn/npc/lfzt/rlyw/2018-09/20/content_1997858.htm。

对地方的立法监督进行了规范。这使得我国中央地方立法事权获得了初步的规范化与法治化。然而，整体而言，我国中央地方事权变动的依据仍然主要是执政党和中央人民政府的决议、决定、意见、通知等文件，而不是宪法和国家法律，甚至也不是行政法规。这使得我国的纵向政府间权责划分带有浓厚的行政化色彩和政策主导痕迹，也使得实践中的中央地方事权划分具有明显的非规范性、不稳定性、短期性特点。

政策与法律最大的不同就是其多变性和不稳定性，也意味着极大的灵活性。为此，行政性、政策性的中央地方分权不能从根本上摆脱计划经济体制之下地方"一统就死、一死就叫、一叫就放、一放就乱"的循环与怪圈，容易造成实践中频繁的中央收权和向地方放权。中央时而上收一部分事权财权、时而又下放大量权力，尽管给了地方很大的自主空间，但也容易造成中央地方权责边界的模糊和纵向事权的管理混乱。而且，中央地方事权配置的行政化、政策性也使得中央与地方在立法方面的权责划分不甚清晰，很多规定过于原则、宏观，而缺乏可操作性、连续性，地方很难形成稳定的立法预期。

从当前中央地方立法事权划分的法律规范来看，我国没有统一、专门的中央地方关系法或地方自治法，通常是以分散的单行法形式加以调整。从现有法律法规关于中央地方职责划分的规定来看，除了立法法、地方各级人大和政府组织法、民族区域自治法、香港澳门特别行政区法之外，其他规定大多散见于行政处罚、行政许可、工商管理、城乡建设、环境与资源保护、财政预算、税收征管、社会救济与保障、国有资产与能源利用、交通通信等方面的单行法律或法规中。尽管这些法律法规的内容相当丰富、条文数量亦相当可观。但是，这些分散、内部缺乏统一联系的单行法在权威性、稳定性与统一性方面都相当欠缺。而且，关于中央地方事权划分的规定大多是政府审批权、许可权、处罚权等行政管理权在中央与地方、上下级政府部门之间的系统内部划分。这也使得许多关于中央地方职责分工的规定带有浓厚的行政部门本位和工具主义色彩，远非国家权力制衡与民主立法意义上的立法分权。

2. 中央地方立法事权划分的"中央决策、地方执行"

作为世界上最大的单一制国家，我国中央与地方立法权有着高度同一性或一体性的特点。在单一制国家，立法主权由中央代表人民来行使。所谓的地方立法权不过是人民通过中央授予地方的。在这个意义上，我国并没有所谓独立的地方立法事权，也没有实质意义上的中央与地方立法分权。之所以要对中央地方立法事权进行适当划分与配置，主要是出于结合各地地情执行中央立法、制定具有可操作性的实施细则或条例的考虑。

在当前我国中央地方立法事权配置模式之下，我国绝大多数立法实际上是在遵循"中央决策、地方执行"的思路运作。即，中央层面主要负责全国性法律和行政法规的制定与立法监督职责，而这些全国性法律法规的具体执行细则与办法要依赖于地方立法。换言之，中央和地方其实是在分别负责立法的不同阶段。中央基本不参与法律法规的具体执行过程，而地方立法主要就是一种执行性立法，本身不能超出中央立法决策的范围之外。显而易见，中央与地方在立法事权划分上仍然处于一种"吃大锅饭"的胶着状态。由于是中央和地方各自负责立法的不同阶段，也就容易形成立法的"责权共担""权责不清"局面。所以，实践中也很难分清楚哪些是中央的立法职责、哪些是地方的立法职责。一旦出现立法规制的"不作为"和真空地带或是重大的立法失误，就会出现中央和地方立法主体互相推诿责任的情况。现实中，一旦出现法律法规实施的困难，中央会指责地方执行不力、地方立法不作为，而地方又会私下抱怨中央立法质量不佳、法律法规的内容超前或不接地气。很多时候，中央希望地方立法能够先行先试、积累经验，但地方却在四处观望、指望中央能给个明确说法。这就严重影响了我国立法的整体制度创新能力。

3. 中央地方立法事权构成的"全能主义"与高度同构

从宪法和法律赋予中央与地方的职责和职能来看，我国各级政府职权配置存在明显的"全能主义"和"全责主义"倾向。《宪法》第八十九条规定中央人民政府享有18项权力，《地方组织法》第五十九条规定了县级以上人民政府拥有10项职权，第六十一条规定乡镇政府的7项职权。除了外交、国防、货币发行等中央政府专属权力之外，地方政府甚至于县级政府拥有的事权几乎就是自下而上复制中央政府的"翻版"，只是涉及地理区域的范围大小不同而已。每级政府都在管理着基本相同的事务，各级政府在职能设计上的差异并不明显。

中央与地方各级政府在事权方面高度同构、"上下对口"和"一般粗"，使得我国中央与地方自上而下立法职责同构的现象也很明显，缺乏针对不同层级地方在立法职能和事权方面的合理化、精细化区分。除了《立法法》所规定的中央专属立法事项之外，其他立法职能和立法事项在很大程度上是以一种"平面切割"的方式向地方层层"平行下达"。[①] 为此，我们难以看出什么事项应当由地方自主进行立法而无需中央的特殊授权，难以看出什么事项应当由中央委托给地方立法，即只有经过中央委托之后才可以进行立法；而且，也难以看出省级地方立法、较大的市的地方法等地方"各级"立法之间在立法事项和立法功能上的

[①] 我国地方组织法对各级地方政府职权的界定，与中央人民政府的职权几乎如出一辙，只是在职权发生作用的地域和效力范围上有所区别。通过对1982年宪法和地方组织法的分析可以发现，从中央、省（自治区、直辖市）、市（地）、县，在政党组织和行政区域设置的同构基础上，立法权限、政府职责以及机构设置等方面呈现高度的统一。

区别。此外，哪些事项的立法权必须地方化和必须以地方立法形式加以解决，哪些事项的立法权本身兼有全国性和地方性且应属于中央地方的共同立法事项，《立法法》等相关法律并没有给出明确的说明和规定。

中央与地方立法的"职能同构"和"平面切割"，导致同一事项或同一件事情由不同立法主体加以立法调整，每一级立法主体就相同的事项进行重复立法。结果是，几乎所有的立法主体规定所有的事情，但所有的事情在所有的立法层级都得不到有效的规定。特定层级的立法主体通常都不具有单独处理某项特定事务所需的统一、完整的立法权。对于某一事项或某一事务的立法规制权，通常被若干立法主体所"肢解"。对于某项事务的完整的立法规制，需要各个层级的立法主体通力合作才能完成。这样，对于与本地关联不大或收益甚微的立法事务，地方就有可能互相推诿，地方立法也就容易消极地"不作为"或"少作为"。对于与本地利益密切相关的立法事务，地方又有可能争夺立法权，容易形成不同层级立法"立法重复"和"下位法抄上位法""子法抄母法"现象，导致立法权的重叠、滥用、混乱以及立法资源的浪费，从而加剧立法权的分散化和妨碍国家立法的统一。实践中，地方立法经常照抄照搬中央立法的内容、地方特色和立法创新严重不足，不仅造成我国地方立法质量的不尽人意，也造成我国立法体系的臃肿和大量立法资源的浪费。

4. 地方立法事权的"梯度差异"与非平等性

我国纵向立法体系由多个级别的立法主体和多种类别的立法权限构成，并在此基础之上形成一种立法权"多级并存"和"多类结合"的样态。整体而言，我国中央与地方立法并不像联邦制国家那样"平行展开"和"权力对等"，而是带有典型的"金字塔"式的自上而下垂直领导的特点。在各级地方立法以及同级地方立法主体之间存在着明显的位阶和层级划分，并由此形成一种不同地方立法权配置的"梯度状态"和"梯度分权"格局。中央与地方立法事权划分呈现出较强的非平等性与非均衡性特点。

具体来说，我国的一般地方、民族自治地方、较大的市（省自治区人民政府所在地的市、国务院批准的较大的市、经济特区所在地的市）、设区的市、特别行政区等不同地方享有不同级别和权限范围的立法权。[①] 一方面，这种"因地而异"的"梯度分权"克服了"一刀切"和"统收统放"的弊端，有利于地方充

[①] 除民族地方立法之外，我国是以一种非均衡、有梯度的方式向地方实行立法分权。1979年中共中央、国务院根据广东、福建两省的有利条件，决定赋予深圳、珠海、汕头、厦门四个经济特区地方立法权；1983年以后，中共中央、国务院又先后陆续批准了沈阳、大连等14个计划单列市（较大的市），使之在立法方面享有了省级地方立法主体的权力；1988年，第七届全国人大批准建立我国最大的经济特区海南；2015年，新修《立法法》在全国范围内赋予设区的市地方立法权。

分利用本地优势因地制宜进行立法;另一方面,由于不同的地理环境、交通条件、历史资源,以及立法政策、制度模式等现实原因,我国地方立法呈现出巨大的层次差异与极端不均衡的状态。这种立法事权下放的不均等所形成的梯度分权格局,不仅扩大了我国地区之间法制环境的差异、造成中央统一立法之下各地立法权"异质性"的强化,也导致了同一主权国家内部的不同地方的不平等、不公正的竞争地位,在一定程度上还扩大了国内地区间的经济与社会发展差距,甚至压抑了一些经济落后地区制度创新的积极性。就民族自治地方而言,其享有的立法变通权,有些已远远超出一些联邦制国家中联邦成员所享有的立法权。就香港和澳门特别行政区来说,它们所拥有的立法事权范围也已明显超出联邦制国家中联邦成员的立法事权范围。显然,我国中央地方立法事权划分,在某种程度上已经超出"单一集权"模式中央地方立法关系的内涵与规定性,在特定地方与中央关系的实践层面已经形成了"事实上的联邦制"或曰"行为联邦制"①。

二、改革中央与地方立法权限划分体制的基本思路

(一)实现中央地方立法事权划分从行政化向法治化、从政策主导向法律主导的转变

中央地方立法事权法治化的目的与意义在于通过法律制度形式将中央和地方各级立法主体的事权范围、责任义务明确起来,在中央地方之间建立稳定的立法关系格局与立法行为预期,从而为形成一种权责明晰、权威高效、稳定有序的国家治理秩序奠定基础。我国 40 年来的改革开放与国家治理的实践证明,在一个经济社会发展极不平衡的超大型国家,在当下中国社会日新月异、变革频繁的历史转型期,实现中央地方事权划分从行政化向法治化、从政策主导向法律主导的转变,是构建科学合理的中央地方关系的基本前提,也是国家治理走向现代化之必然所趋。

经过中华人民共和国成立 70 年来的不断探索,尤其是 1994 年实行分税制改革以来,我国在中央地方权力配置方面积累了大量经验和教训,在宪法确立的"两个积极性"原则基础上,以立法法、地方组织法、香港和澳门特别行政区基本法为骨架初步建立了我国的中央地方立法事权划分法律制度体系。2014 年,党的十八届四中全会通过《中共中央关于全面推进依法治国若干重大问题的决

---

① 郑永年:《中国模式:经验与困局》,浙江人民出版社 2010 年版,第 140~141 页;郑永年:《中国的"行为联邦制"》,东方出版社 2013 年版,第 34~36 页。

定》就推进央地事权划分法治化提出新要求。即,"推进各级政府事权规范化、法律化,完善不同层级政府特别是中央和地方政府事权法律制度,强化中央政府宏观管理、制度设定职责和必要的执法权"。2016 年,针对我国中央地方关系出现的新特点和新问题,国务院发布《关于推进中央与地方财政事权和支出责任划分改革的指导意见》。着重指出当前我国中央地方事权划分中的不合理、不规范以及法治化、规范化程度不高的问题。即,"一些本应由中央直接负责的事务交给地方承担,一些宜由地方负责的事务,中央承担过多;不少中央和地方提供基本公共服务的职责交叉重叠,共同承担的事项较多;省以下财政事权和支出责任划分不尽规范;有的财政事权和支出责任划分缺乏法律依据,法治化、规范化程度不高"。针对上述问题,该意见明确提出中央地方事权划分法治化的总体要求:"将中央与地方财政事权和支出责任划分基本规范以法律和行政法规的形式规定,将地方各级政府间的财政事权和支出责任划分相关制度以地方性法规、政府规章的形式规定,逐步实现政府间财政事权和支出责任划分法治化、规范化"。

实现中央地方事权划分从行政化向法治化、从政策主导向法律主导的转变,首先,我们必须破除实践中将中央地方立法事权划分与单一制国家结构形式简单对立起来的片面思维。实言之,不管是行政分工型还是法治分权型事权划分,其目的不在于分工或分权本身,而只是构建良性中央地方关系和实现国家善治的不同方式与手段而已。这正如苏力所言,"许多学者往往忽略了无论是单一制还是联邦制其实都是解决国家治理问题的工具,这两种制度本身都不具有独立的意义,其意义在于且仅仅在于能否实现政治家以及其代表的社会群体所追求的目的"。[1] 其次,我们需要进一步以国家立法形式规范和明确中央地方职责职权划分的标准、原则以及程序和方法,需要将中央地方关系调整的基本原则在法律制度层面加以细化使之具有可操作性、将经实践检验行之有效的可行性方案上升为法律法规,对不切实际需要的相关法律法规内容进行及时的清理和去除。除此之外,还需要尽快建立关于中央地方立法事权纠纷的解决主体、方式与程序方面的法律机制。

(二) 以立法调整事务的"影响范围"或"外部性程度"作为中央地方立法事权划分的基本标准

关于中央地方立法事权划分,有学者将其描述为"当代中国宪政体制中最难进行规范性概括的方面之一"[2]。深究这种困难,主要是源自立法事权划分标准

---

[1] 苏力:《当代中国的中央与地方分权——重读毛泽东〈论十大关系〉第五节》,载于《中国社会科学》2004 年第 2 期。
[2] 胡伟:《政府过程》,浙江人民出版社 1998 年版,第 55~73 页。

的设定与运用。如前所述，我国《立法法》主要是依据立法事项的"重要程度"来对中央地方立法事权进行界定和划分。这种以"重要性"或"次要性"作为划分中央地方事权基本标准的科学性与合理性与否，已经在立法实践中遭受诸多困惑与质疑。[①] 从立法的民主性和科学性要求出发，借鉴各国中央地方立法事权划分的主要经验，我们应当把立法所调整事务的"影响范围"或"外部性程度"确定为中央地方立法事权划分的基本标准。

立法的"影响范围"，也可以说是立法的"受益范围"，具体是指立法所调整事务的影响是涉及全国范围、多个区域还是某个特定区域；因该立法而实际获益的民众是全国人民、多个区域的居民还是某个特定区域的居民。立法的"外部性程度"，主要是指该项立法活动对民众和社会所产生影响的范围的强度和广度。外部性程度越高，说明该项立法的影响范围越广、强度越大、涉及的利益主体越多，立法的可能收益也就越高。由此，影响范围波及全国、外部性程度高、不用太多考虑地方独特性和差异性的立法事项，当然应由中央立法加以规制。而对于影响范围仅限于特定区域、外部性程度低、中央不可能或难以掌握相关地方性信息的立法事项，当然就由地方立法来规制比较科学和合理。根据立法的"影响范围"和"外部性程度"标准来对中央地方立法事权进行划分，将有效增强我国中央地方立法事权范围设定的科学性与合理性。这既有利于维护中央立法权益、防止地方僭越中央立法事权，又有利于保障地方立法的积极性、主动性，从而在此基础之上大大推进我国立法的民主性科学性进程。

（三）建立中央地方立法事权划分的适时变动与动态调整机制

关于中央地方立法事权划分，并不能想当然地认为如同切西瓜一样，根据几个简单标准与原则就能把各种具体立法事项相应地划分给中央或地方。而且，也不能天真地假想这种划分会一劳永逸地解决问题。现实中，中央地方立法事权划分是极其复杂和困难的。对此，麦迪逊曾感叹："在全国政府和州政府的权力之间划出一条适当界线，必然是一项艰巨的工作。任何人，只要他习惯于思考和辨别那些性质广泛而复杂的事物，都能体会到这件事情的困难程度""经验教导我们，在政治学中还没有什么技巧能充分肯定地辨别和解释其三大领域——立法、行政和司法，甚至不同立法部门的特权与权力。在实践中每天发生一些问题，这就证明在这些问题上还存在着含糊之处，并且使最伟大

---

① 张千帆：《流浪乞讨与管制——从贫困救助看中央与地方权限的界定》，载于《法学研究》2004年第3期，第39~51页。

的政治学家深感为难。"因此,在这个问题上,我们"必须进一步节制我们对人的智慧的力量的期望和信赖"。①

显然,尽管我们可以在法律上对中央地方立法事权作一些比较明晰的划分,但是法律不可能事无巨细、毫无遗漏,也不可能对未来的各种情况进行准确预测。随着经济社会的发展,中央地方立法事权划分并非停滞不前、一成不变,而是会顺应时代发展的要求作出及时调整。事实上,即使是同样的事权划分标准与原则,在不同时代伴随不同的实践要求,在中央地方立法事权范围的界定上也会产生完全不同的结果。例如,在美国建国早期,"规定工人最低工资和最高工作时间"等劳动权益保护方面的立法事权属于各州所有。到了20世纪的"进步年代",尤其是经过20世纪30年代经济大萧条和罗斯福新政之后,这类立法事项通过司法判决形式逐步被纳入联邦的立法事权范围之内。为此,我们得出的结论是,对中央与地方的立法事权作一个坚硬稳固的划分是完全不值得讨论的,也是完全不可能的。我们必须找到的是程序性的解决办法。我们要获得的不是具体的权力界限,而是划分界限的方法。②

这就要求,第一,我们不仅要关注中央地方立法事权划分的制度化结果,还要关注我们应以何种标准、程序和方法来获得这种结果。③ 从某种意义上说,中央地方立法事权划分应遵循什么样的标准、原则、规则和过程,甚至比纠结哪个事项应该归属于中央还是地方更为重要;第二,我们还需要借助相关法律法规的及时修改与变动,强化立法解释、司法解释的功能发挥,使法律制度层面的字面规定与不断变化的社会生活现实相契合,使中央地方立法事权划分的具体结果能够随着社会生活的发展而与时俱进;第三,中央与地方立法权既然有不同的利益属性和事权范围,当然在各自运行过程中就会有矛盾和冲突。随着外部环境的变化,这些矛盾和冲突亦会有不同的内容和样态表现。化解这些矛盾与冲突的过程,其实就是对中央地方立法事权划分进行适时跟进、动态调整的过程。因此,我们需要建立一套规范性、可操作的中央地方权力冲突解决程序,将中央地方关系调整纳入公开、稳定、常态、可预期的制度轨道。

---

① [美]汉密尔顿、杰伊、麦迪逊著,程逢如、在汉、舒逊译:《联邦党人文集》,商务印书馆1995年版,第181页。

② George W. Carey, The Federalist: Design for a Constitutional Republic, University of Illinois Press, 1989, p109.

③ 宣晓伟:《推进中央和地方事权划分的法治化》,载于《中国党政干部论坛》2015年第10期,第18~20页。

(四) 发挥司法在中央地方立法事权变动过程中的间接微调功能

从各国立法实践来看，中央地方立法事权划分的修正、完善以及立法冲突化解的主要任务交给了国家的司法体系。即，由普通法院特别是国家最高法院通过个案形式对各种中央和地方立法进行司法审查并对其中的冲突加以裁决，从而实现对中央与地方立法事权范围的精细化调整。关于司法在调整中央地方关系中的作用，托克维尔曾经精辟地指出，在联邦与各州之间，不可避免地将发生冲突。为了解决冲突，只能采取危险最小的处理办法。如果让联邦立法与各州立法直接对抗，"抽象"地说你侵犯我，或者我侵犯你，将有可能导致一个国家的危机。这种危机如果用政治方式解决，就会比较麻烦和困难。通过国会，联邦与各州也会打得不可开交。而通过将这种冲突提交联邦最高法院加以解决，则是危险最小的。他还强调，美国联邦最高法院大法官的重要作用之一就是"联邦依靠他们使各州服从，而各州则依靠他们抵制联邦的过分要求。"①

从美国联邦与州事权划分的历史发展来看，1787年宪法主要是对联邦立法事项进行了肯定式、授权式明确列举，对各州立法事项进行了否定式、禁止式列举。而对于联邦与州的共同立法事项、剩余立法事项却没有涉及。联邦与州的共有立法事项范围是通过后来的联邦最高法院判决以及由此作出的宪法解释加以界定。② 显然，美国是通过联邦最高法院通过个案审理而不断进行的宪法解释，来对联邦与州的共同立法事项进行界定，从而解决了宪法关于联邦与州共同立法事项规定不明确的问题。就此，米歇尔·格瑞夫评价说，"联邦制内在地会在各个政府之间——全国性政府与地方性政府，地方性政府与地方性政府之间——产生什么是各自的正确的权力范围的争吵，因此一个独立的司法体系和某种形式的司法审查就是必须的。换句话说，维护联邦主义结构的任务绝不能托付给州，……绝不能托付给国会，而是要在司法审查的程序中托付给法院"。③

现实中，中央与地方、地方与地方之间的立法事权变化以及立法权限冲突，绝大多数情况下不是以中央与地方或地方与地方之间的直接权力对抗形式表现出来，而通常是以私人利益纠纷的形式大量展现出来。司法对中央地方立法关系的调整，主要就是通过个体案件的审理来判决哪些中央立法或地方立法因超越其事权范围而无效，从而对中央地方立法事权划分进行一种及时的间接调整。从我国中央地方立法事权划分的现行调整机制来看，一方面，司法调节不会对现行体制

---

① [法] 托克维尔著，董果良译：《论美国的民主》（上），商务印书馆1988年版，第169页。
② 李道揆：《美国政府机构与人事制度》，人民出版社1985年版，第45页。
③ Michael S. Greve, Real Federalism: Why it matters, How it could happen, Washing D. C.: The AEI Press, 1999, p14.

形成直接的正面冲击，还可以对当前以行政调节为主的直接调整方式进行必要的补充。另一方面，司法权的行使可以对中央地方立法关系形成一种常规化、稳定性的调节。这是因为，相对于立法机关的自身调节和行政机关的行政调节来说，司法调节可以在更大程度上实现对各种立法事权关系的连续性、灵活性的调适与审查。

第五章

中国立法体制中的公众参与立法问题研究

以上第二、第三、第四章，聚焦人大主导立法、改进政府立法、科学划分立法主体的立法权限，主要属于"科学立法"领域的问题。而本章聚焦中国立法体制中的公众参与立法问题，主要属于"民主立法"领域的问题。与以上几章能起到相互呼应的作用。即"科学立法+民主立法"，构成完善中国立法体制的两大保障，并与"依法立法"相辅相成，形成保障合力。同时，本章也是贯彻落实党的十九大"以人民为中心"发展思想以及让改革发展成果更多更公平地惠及全体人民等时代精神在内容设计上的一个体现。

有鉴于此，第五章主要从以下几个方面进行分析探讨：一是问题的缘起；二是我国公众参与立法的理论基础；三是国内外公众参与立法的相关制度及实践经验概述；四是公众参与立法在我国立法体制中的体现及完善思考；五是我国的公众参与立法的具体实践及完善思考。以下作一分述。

第一节 问题的缘起

十年的"文化大革命"导致整个社会的法律基础遭到严重破坏，给党和国家带来了沉痛的教训。在"文革"期间，宪法各项规范被束之高阁，人大通过的立法、国家机关公布的各种规定也具有强烈的革命和斗争意识。针对国家立法民主和公众参与权利意识的缺失，邓小平同志在 1978 年 12 月 13 日的中共中央工作会议闭幕会上说明了民主的制度化与法律化、法律的至上性以及法律体系完善、公民权利受宪法保护对国家法治的重要性。① 1978 年 12 月 22 日，中国共产党第十一届中央委员会第三次全体会议（以下简称"党的十一届三中全会"）中再次肯定了民主制度化、法律化的重要性，公报指出民主制度化、法律化目的是使"这种制度和法律具有稳定性、连续性和极大的权威，做到有法可依，有法必依，执法必严，违法必究"，同时，党的十一届三中全会还强调了司法机关的独立性、法律的权威性、人民在法律面前的平等性。为此，"八二宪法"告别了"文革"时期"无法无天"的大众式民主，在第一条、第二条对民主的制度化、法律化做了详细的规定。在此的问题是，"八二宪法"字面确认的法律民主化可以说甚为周全，但运行中的民主却与宪法的规定还有不少距离，当中的重要原因不仅在于已经宪法化了的民主制度和公民的民主权利缺少具体的法律保证，还在于民主法律化和法律民主化的进程被政治现实所阻断。②

值得肯定的是，2000 年《立法法》初步确立了公众参与的立法制度。2004 年国务院在《全面推进依法行政实施纲要》的第二部分，将"科学化、民主化、规范化的行政决策机制和制度基本形成，人民群众的要求、意愿得到及时反映"作为民主政治、法治政府建设的一个重要目标。对此，应建立起涵盖公众参与、民主化的决策机制。2007 年，中共十七大报告明确指出："制定与群众利益密切相关的法律法规和公共政策原则上要公开听取意见。"同年，国务院通过的《政府信息公开条例》第九条规定了需要公开有关公众参与的信息。2014 年新修订的《环境保护法》正式确立公众参与环境立法的法律制度。2014 年 10 月 23 日，中共中央第十八届四中全会在关于全面推进依法治国的决议中，再次将民主立法作为完善以宪法为核心的社会主义法律体系、加强宪法实施的举措之一，指出应"扩大有序参与、推进信息公开、加强议事协商"，同时决议也提到在立法为民的理念之下，国家的立法应"符合宪法精神、反映人民意志、得到人民拥护"。民主立法之目的是使立法能够凝聚社会共识，从而实现良法善治的法治目标。为此，在立法的过程中，应健全法律法规规章起草征求人大代表意见制度、立法机关和社会公众沟通机制、公民参与立法的途径。③ 2015 年，中共中央、国务院印

---

① 邓小平同志指出："为了保障人民民主，必须加强法制。必须使民主制度化、法律化，使这种制度和法律不因领导人的改变而改变，不因领导人的看法和注意力的改变而改变。"参见邓小平：《解放思想，实事求是，团结一致向前看》，引自《邓小平文选》（第二卷），人民出版社 1983 年版，第 146~147 页。

② 郭道晖：《试论民主化立法的几个原则》，载于《法学研究》1987 年第 2 期。

③ 《中共中央关于全面推进依法治国若干重大问题的决定》（中国共产党第十八届中央委员会第四次全体会议 2014 年 10 月 23 日通过）。

发了《法治政府建设实施纲要（2015—2020 年）》，提出应以"完善立法项目向社会公开征集制度""提高政府立法公众参与度"来完善我国的依法行政制度体系。2016 年 9 月，国务院在《国家人权行动计划（2016—2020 年）》中首次肯认公众参与国家立法是公民知情权和参与权的体现，为此应提高立法的公众参与制度，并"建立有关国家机关、社会团体、专家学者等对立法中涉及的重大利益调整论证咨询机制，拓宽公民有序参与立法途径，健全法律法规规章草案公开征求意见和公众意见采纳情况反馈机制"。全国人大常委会在近几年的立法工作计划中也指出"深入推进科学立法、民主立法。全面贯彻实施立法法，严格依照立法法规定的权限和程序，行使立法职权。发挥立法机关在表达、平衡、调整社会利益方面的重要作用，健全立法论证、听证机制，建立对立法中涉及的重大利益调整的论证咨询制度。继续做好法律案通过前评估和立法后评估工作"。"加强和改进公布法律草案征求意见工作，逐步健全公众意见采纳反馈机制。" 2017 年 10 月 28 日，党的十九大报告也指出要"推进科学立法、民主立法、依法立法，以良法促进发展、保障善治"。

从上述中央的各种重要政策文件以及我国法律中有关公众立法的规定和表述可以看出，科学立法与民主立法一直以来都是我国立法所秉持的两项立法原则。而公众参与立法是作为"科学立法与民主立法"的核心环节之一，为此或借此立法机关可以更好地整合（即表达、平衡、调整）社会利益，保证公民知情权和参与权的实现。因此，有学者认为公众参与立法是"立法决策民主化的必然要求和价值体现"。[①] 同时科学立法、民主立法的目的还在于"以良法促进发展、保障善治"。因此，在"良法善治"的治国理念中，公众参与立法所发挥的不仅仅只有工具性质，还可起到合宪法律体系构建、法的正义化、个人权利保障之功能。

据此，为使宪法权威、中国特色社会主义法律体系、民主立法以及个人权利保障能够尽可能地实现，为贯彻落实上文所援引的党的十八届四中全会、十九大有关精神的落地实现，本书在学界研究的基础上，立足中国立法体制运作现状，遵循规范、理论与经验实证的研究方法，结合我国现行的宪法法律规定，分析说理，以期对我国的公众立法参与问题作一前沿性时代性创新性探讨。

---

① 徐向华主编：《新时期中国立法反思》，学林出版社 2004 年版，第 25 页。

第二节　我国公众参与立法的理论基础

一、人民主权理论

立法民主、公众参与立法并不是一个应景的全新论题，早在1981年，陈云生教授就提出："立法是国家政治生活中一项重要内容，社会主义国家的法律必须充分体现无产阶级和广大劳动人民的利益和愿望。这就要求我们在立法时广泛地听取和吸收他们的意见，把他们的意愿充分反映在制定的法律上。只有依靠亿万群众的经验制定出来的法律，才具有深刻的人民性，才能更好地发挥保护人民，打击敌人的作用"。① 当时，陈云生教授关于公众参与立法的观点还存有意识形态的色彩。20世纪90年代公众参与理念传入中国，经历了政府决策和公共治理领域、在基层治理方面以及立法领域三个层面的发展，"在立法领域，公众参与主要有两个方面，一是立法听证，二是立法游说"。② 90年代迄今，关于民主立法、公众参与立法的理论基础的研究成果颇丰，课题组尝试进行归纳总结，以窥探出公众参与立法的演进脉络。但此处并不想对人民主权理论变迁以及人民主权理论是如何体现了权力属于人民多做论述，只对人民主权理论对立法民主化与民主化立法的影响侧重作一概述。

人民主权理论肇端于洛克的学说，洛克认为人生而平等，在政治社会中，公民权利（生命、自由和财产）的存在与享有是政府的目的与责任所在，是符合历史发展与自然正义的，同时认为主权是属于人民的，立法机关的立法权是人民委托国家的一项权力。其中的问题在于，如果立法权全由议会行使则可能导致本属于人民的权力因立法者的滥用而丧失，因此，为了保障"受法律支配的一切人公正地运用法律，借以保护和救济无辜者"，人民必须掌握立法权，必须让立法权回到人民的手中。③ 可见，洛克认为人民参与立法是人民的一项权力，是人民主权的要求。卢梭则以"社会契约论"为基础，认为在一个平等的社会中，人与人

---

①　陈云生：《关于人民群众直接参与国家立法的设想》，载于《学习与思考（中国社会科学院研究生院学报）》1981年第1期。

②　蔡定剑：《公众参与及其在中国的发展》，载于《团结》2009年第4期。

③　[英]约翰·洛克著，叶启芳、瞿菊农译：《政府论》（下），商务印书馆2017年版，第18页以下。

相互享有与主张的自由乃存在于社会秩序中,且"是建立在约定之上的",是源自人性的一种共有的自由。在这国度中,人人生而自由且平等的受到法律的保护,但同样受到法律的限制,任何人都没有超越法律的特权而且这种新体制下,每个个体有法律的批准权、选举权,有威信的法庭、并可以维持一定的秩序,防止混乱。卢梭呼吁人们应珍视公正的法律,因为这是对人的本性、构造、状态等理性思量的结果,且法律能保障个人的权利、幸福与安宁以及可维持国家的稳定。基于此,卢梭认为法律是公意的体现,法律应该反映民意,保护每个人自由与平等的权利。① 在此,人民主权原则意味着关涉人民权利和利益的法律法规的制定权应由人民享有,由人民行使,立法权属于人民所有。这种普遍可适用的法律对每个人都是平等的,是人们抽象的共同意志(或联合意志)的体现,所以,立法的价值应取向于人民普遍所享有的权利和利益,立法权的行使与运作只有在人民同意和参与的情况之下才具有正当性基础。② 同时,人民主权原则系作为国家公权力的正当性基础,立法权作为国家公权力的一部分,人民主权原则也就构成了公众参与立法的正当性来源。

当然,基于人民主权原则的公众参与立法也不单单只是"社会契约论"或者"立宪政体民主正当性"这种自然法意义上的假定,因为对于宪法秩序下的政治原则而言,民主原则不仅要求国家的立法权力,应由代表人民、具有直接民主正当性基础的国会来承担运作,且对一项法令的内容,亦必须经过民主政治的过程,根据事物的合理性与目的性等政治的评价基准,进行辩论与决定。"在此,法律议案经由立法机关的辩论、商谈是民主原则的当然要求。根据我国宪法和法律的规定,这种"立宪政体民主正当性"在我国实定化的宪法体系中亦有深切体现。③ 可见,国家制定的法律和决定若要符合人民的愿望和要求的话,就需要立法回应人民正当的利益诉求,让人民参与其中。公众参与立法是我国政治参与的重要组成部分。对此,党的十九大报告中也指出:"发展社会主义民主政治就是要体现人民意志、保障人民权益、激发人民创造活力,用制度体系保证人民当家作主"。据此,根据我国宪法的规定,全国人大常委会遵循的人民主权与民主集中制的原则,民主法制建设、制定和完善保障人民当家作主的法律是宪法规定的全国人大常委会的职责之一,公众参与作为民主法制建设的重要内容,当然也符

---

① [法]卢梭著,何兆武译:《社会契约论》,商务印书馆2003年版,第2~35页。
② [德]康德著,沈叔平译:《法的形而上学原理:权利的科学》,商务印书馆1991年版,第139~141页。
③ 《中华人民共和国宪法》规定:"中华人民共和国的一切权力属于人民。人民行使国家权力的机关是全国人民代表大会和地方各级人民代表大会。全国人民代表大会和地方各级人民代表大会都由民主选举产生,对人民负责,受人民监督。"《立法法》第五条规定:"立法应当体现人民的意志,发扬社会主义民主,坚持立法公开,保障人民通过多种途径参与立法活动。"

合人民主权理论的要求。①

　　除此之外，基于宪法释义学的分析，与人民主权原则相关的，可作为公众参与立法的宪法依据有3个条款：宪法第二条的规定；宪法第三条的规定；宪法第二十七条第二款的规定。我国《宪法》第二条第一款确立了人民主权的原则，第二条第二款确立了代议制民主制度，第二条第三款确立了参与式民主制度。②《宪法》第二条的规定主要是对"文化大革命"期间那种没有法治基础的所谓"大民主"做法的反思，因此，"八二宪法"在确立代议制民主的同时，也表明了人们只有在法律规定的情况下始享有宪法第三款规定的"国家与社会事务参与权"。可见，公众参与立法符合宪法的第二条规定的人民主权、参与制的民主制度设计，公众参与立法与我国的法治建设有密切的关系。而《宪法》第三条在《宪法》第二条的基础上进一步规定了人民主权原则在我国政治体制的实践，即国家机构以及人民代表大会与人民之间的关系应遵循民主集中制原则。根据代表法的规定，这反映在立法权力上即人大和政府机关在制定法律法规的时候，应当听取人民群众的意见和建议，听取和反映他们的意见和要求，使人民群众的意志和愿望能够在法律法规中得到集中体现。③《宪法》第二十七条则从正面规定了国家机关和国家工作人员对于人民的义务，是人民主权原则的延伸，也可以构成公众参与立法的规范基础。由此可见，《宪法》第二条第一款是公众参与立法的基本规定，第二条第二款与第三款是公众参与立法的制度基础；《宪法》第三条

---

① 正如李鹏同志在第九届全国人大常委会第一次会议上所指出的"宪法对全国人大常委会的职权作了明确的规定。我们要严肃认真地履行宪法赋予的职权，把保障和促进改革开放和现代化建设作为我们的首要职责，把加强社会主义民主法制建设作为根本任务，完善人民代表大会制度，努力推进依法治国、建设社会主义法治国家的进程，更好地发挥最高国家权力机关的作用。"与此同时，"要在坚持四项基本原则的前提下，继续推进政治体制改革，完善社会主义民主制度，制定和完善保障人民当家作主和规范行政行为的法律"。当然，为实现立法的民主化与民主的立法，"只有密切和人民群众的联系，才能真实体察民情，充分反映民意，广泛集中民智，使制定的法律和决定符合客观规律，符合人民的愿望和要求"。李鹏：《李鹏委员长在九届全国人大常委会第一次会议上的讲话》，中国人大网，http://www.npc.gov.cn/wxzl/gongbao/1998-03/21/content_1480056.htm，2017年8月9日访问。

② 《宪法》第二条规定："中华人民共和国的一切权力属于人民。人民行使国家权力的机关是全国人民代表大会和地方各级人民代表大会。人民依照法律规定，通过各种途径和形式，管理国家事务，管理经济和文化事业，管理社会事务。"

③ 《中华人民共和国全国人民代表大会和地方各级人民代表大会代表法》第二条第三款规定："全国人民代表大会和地方各级人民代表大会代表，代表人民的利益和意志，依照宪法和法律赋予本级人民代表大会的各项职权，参加行使国家权力。"第四条规定："代表应当履行下列义务：（五）与原选区选民或者原选举单位和人民群众保持密切联系，听取和反映他们的意见和要求，努力为人民服务。"第七条规定："代表在出席本级人民代表大会会议前，应当听取人民群众的意见和建议，为会议期间执行代表职务做好准备。"第二十三条规定："代表根据安排，围绕经济社会发展和关系人民群众切身利益、社会普遍关注的重大问题，开展专题调研。"第四十五条规定："代表应当采取多种方式经常听取人民群众对代表履职的意见，回答原选区选民或者原选举单位对代表工作和代表活动的询问，接受监督。"

是公众参与立法的程序性依据,即立法程序的民主性要求;《宪法》第二十七条第二款的规定体现在公众参与立法上,即立法的民主化与民主化立法是国家机关的义务。

另外,根据《立法法》第五条的规定①,宪法第二条第三款的"国家与社会事务参与权"包括了公众参与国家立法这一事项。因此,姜明安教授认为公众参与国家立法是我国现代民主的基本模式。② 同时须注意的是,《宪法》第二条第三款规定的参与制民主、《宪法》第三条的民主集中制、《宪法》第二十七条国家和国家机关对于人民的义务同样也是《宪法》第二条第一款人民主权原则的体现与延展。由此可见,人民主权原则在宪法规定的框架之下重新被塑造,演变为宪法规范,内化于宪法之中,人们基于"管理国家事务,管理经济和文化事业,管理社会事务"的规定而参与到国家立法中须接受法律的规制(依照法律规定)。基于此,可进一步推出,《宪法》第二条第三款依照法律参与国家、社会事务的规定是一项法律保留原则,对公众参与国家立法而言,是其外部行为的边界规范,而现行"八二宪法"更加强调公众参与的制度化、合法化。所以,在"八二宪法"所确立的规范秩序中,宪法构建了民主制度的法律化,人民主权原则是人大及其常委会立法的正当性基础,惟这种民主化的实践受到合法性的规制。③ 所以,立法机关根据人民主权原则,在促进公众参与立法的过程中,遵循立法的民主化与立法民主的合法化的双重要求。④

综上所述,人民主权原则是为维护人民的权力主体地位,公众参与人大及其常委会的立法作为我国人民参与式民主制度的事项,则是代议制民主形式的补充,目的是让不同主张的人们参与到国家立法的讨论与制定上来,以保护多元社会的不同利益。因此,有学者将多元社会中立法在各社会群体之间的公正分配称为"立法权的公有",认为"法治国的目标对国家立法的要求是立法权的公有。立法权公有的外在表征是民主立法,而民主立法的基础首先是落实国家立法主体

---

① 《立法法》第五条规定:"立法应当体现人民的意志,发扬社会主义民主,坚持立法公开,保障人民通过多种途径参与立法活动。"
② 姜明安:《公众参与与行政法治》,载于《中国法学》2004 年第 2 期。
③ 陈端洪:《立法的民主合法性与立法至上》,载于《中外法学》1998 年第 6 期。
④ 其实这和 20 世纪 80 年代初所主张的社会主义民主与社会主义法制一致性的见解是一脉相承的,如张友渔先生看来:"就二者的相互关系来说,民主又是目的,法制则是保卫民主的手段,法制必须以民主为基础,反过来又保卫民主,否则,民主就不能巩固。因而也可以说,没有社会主义法制,就没有社会主义民主。而要使社会主义法制彻底生效,又还需要依靠人民群众的民主力量,所以民主既是出发点,又是归宿。这就是民主与法制的辩证关系。离开法制空谈民主,不要法制的'法律无用论'是错误的;离开民主,只迷信法制的'法律万能论'也是错误的。我们说既要民主又要法制,把两者融合为一,就是说使民主制度化、法律化,民主是法律的基础,法律是民主的表现。违反了法律,也就破坏了民主;破坏了民主,也就违反了法律。"参见张友渔:《论健全社会主义法制》,载于《中国社会科学》1981 年第 6 期。

的广泛性"。① 仍需关注的是，虽说立法主体包括直接主体与间接主体，但在公众参与人大及其常委会的立法过程中，对公众而言，其作为本源的但又是间接的立法主体参与到国家立法并不是在行使立法权，而是公民自由权利的延伸；对国家立法机关而言，其作为直接的立法主体，吸纳公众意见是为了实现立法民主与立法为民的法治要求，是在多元社会中践行人民主权理论。因此，人大立法主要是间接民主的体现，而公众参与则是间接民主、参与民主的体现。因此，通过代议制的国家立法与通过参与制的公众参与立法并不相冲，而是互为相辅相成，都是人民主权的体现。

二、参与制民主理论

上文已经提及，根据宪法第二条的规定，公众参与人大及其常委会的立法作为我国人民参与民主制的事项，与代议制民主并不冲突，都是人民主权原则的体现。"八二宪法"在第二条第三款确立的"参与制民主"构成了公众参与立法的宪法原则和依据。不容否认的是，在"国家—人民"的二元关系中，国家权力的正当性基础最终都来自人民的授权与认可，参与制民主与代议制民主都是人民主权的体现。但又由于人民主权理论的民主有直接民主与间接民主的划分，我国立法的主体又是多元的，诸如行政法规、政府规章与部门规章的立法主体是政府与具体的行政机构。再者，根据《宪法》第三条三款的规定，在我国的宪法秩序中，政府与具体行政机构的正当性、合法性直接来源于宪法的规定与国家权力机关的授权。因此，为了理论论述的严谨，在人民主权原则之外，公众在不同立法机关参与立法的直接理论基础则需要做具体的分析。为此课题组将对《宪法》第二条第三款确立的"参与制民主"做一侧重探讨。

在一个人口众多，幅员辽阔的国度里，人民无法直接参与国家事务，只能借由代议制行之，在此种情况下，代议制才具有了现实合理性。但是代议制本质上是一种不得已的选择，容易产生代表的异化，终究不是民主的最终范式。② 因此，必须建立一种能够更加充分准确反映公众意愿的制度，即参与民主制。但何谓参与民主制呢？参与民主制怎么构成了我国公众参与立法的基础呢？参与民主制是一个来自西方的概念，此理论以共和主义为取向，其主要是因以自由主义民主为基础的代议制民主对于政治参与、共同讨论、相互合作等直接民主形式的疏离而

---

① 冯祥武：《理性民主立法路径是立法与社会资源分配的理性路径》，载于《东方法学》2010年第4期。
② 陈斯喜：《论我国立法的公共参与制度》，载于《行政学研究》2001年第1期。

提出的，是处于代议民主制与完全彻底的公民社会自治之间的一种半直接民主形式的政治制度，因此可以说参与民主制是直接民主制与间接民主制的融合。① 当然在现代社会的法律体系中，参与民主制也是一种制度化的公众参与民主制度，是指"公共权力在作出立法、制定公共政策、决定公共事务或进行公共治理时，由公共权力机构通过开放的途径从公众和利害相关的个人或组织获取信息，听取意见，并通过反馈互动对公共决策和治理行为产生影响的各种行为"。② 因此，参与民主制是在国家政治生活的基础上，对于现存社会的结构形态、特定类型的民族习惯、公众的利益偏好、多元社会间相异价值的积极回应，可以起到一种保护性作用，保护个人免受决策者独裁决定的影响，保护公民个人的私人利益，确保所有积极的、合法的声音能够在立法过程中被倾听。③

所以，参与民主制蕴含了多元社会的保护性功能，不仅关注公民的自主自决，在关注个体性的同时，也关注社会的连带性，致力于将参与问题与民主的价值形式联系起来，寻求建立一个潜在的参与型社会。④ 不仅如此，参与民主制理论和代议制理论一样，同样是基于人民主权的原则，但其能够适应新型社会多元发展的现实，而把利益相关方纳入不同立法机关的决策中来，共同探讨与协商，以充分体现不同行业、不同领域、不同地域、不同部门等利益攸关者的主体性价值。基于此，参与制民主同样是人民主权原则的实践方式之一。

当然，参与制民主中的协商民主也是我国社会主义民主实践的主要方式之一。如党的十八届三中全会系统提出了多层制度化的协商民主理念，应构建程序合理、环节完整的协商民主体系，深入开展立法协商、行政协商、民主协商、参政协商、社会协商等多种协商途径，强调立法的民主性、对公众的回应性。同时应"完善人大工作机制，通过座谈、听证、评估、公布法律草案等扩大公民有序参与立法途径"。

党的十八届四中全会更是将公众参与立法作为我国依法治国建设与"科学立法、民主立法"的一环，提出了"加强和改进政府立法制度建设，完善行政法规、规章制定程序，完善公众参与政府立法机制""完善立法项目征集和论证制度。健全立法机关主导、社会各方有序参与立法的途径和方式"以及"健全立法机关和社会公众沟通机制，开展立法协商，充分发挥政协委员、民主党派、工商联、无党派人士、人民团体、社会组织在立法协商中的作用，探索建立有关国家

---

① [美]卡尔·科恩著，聂崇信、朱秀贤译：《论民主》，商务印书馆1988年版，第9~11页。
② 蔡定剑：《中国公众参与的问题与前景》，载于《民主与科学》2010年第5期。
③ [美]卡罗尔·佩特曼著，陈尧译：《参与和民主理论》，上海人民出版社2006年版，第8~15页。
④ 于海青：《当代西方参与民主理论评析》，载于《国外社会科学》2009年第4期。

机关、社会团体、专家学者等对立法中涉及的重大利益调整论证咨询机制。拓宽公民有序参与立法途径，健全法律法规规章草案公开征求意见和公众意见采纳情况反馈机制，广泛凝聚社会共识"等构想。党的十九大报告中也提出"要推动协商民主广泛、多层、制度化发展，统筹推进政党协商、人大协商、政府协商、政协协商、人民团体协商、基层协商以及社会组织协商"。在此，参与制民主目的在于将立法程序与立法事项民主化，扩大公众的参与范围，使不同的利益群体以及公众与立法者之间能够借助公共参与的平台，自由平等的对话、协商，以免公众的利益受到立法者的不当侵害，因此在某种程度上可以说，参与制民主体现了个人自主自决、公共理性、协商民主、主体交互性等原理。[①]

关于民主参与过程中所体现出来的个人自主自决、公共理性、协商民主、主体交互性对等内涵对立法有效性、正当性影响，哈贝马斯认为在现代社会中，能够证成法的正当性和有效性的唯一基础便是理性的、符合对话理论要求的民主立法过程，同时这个过程必须是符合法治理念的。他认为主权在民的理论和法治、宪政和人权等价值之间存在着内在的、必然的联系，因此重视个体性与个人权利的自由主义民主和强调每个人作为公民参与到社会共同体的共和主义并不存在不可调和的矛盾。因为只有在公众参与和公共讨论的对话中，各种权利内容才得以彰显，且在一个法治国中，唯有依凭法律制度所提供的权利保障，公民才能真正有效地参与政治，真正的实现公共自主。国家立法所欲设定的主观权利与客观法规范需要通过公共讨论和对话来阐释和塑造，主观权利与客观法规范的内容不是不证自明的，而是为人类个体与社会共同体的存续服务。反过来说，主观权利与客观法规范又构成了公共讨论和对话的有利条件，造就了民意和公意的形成，并将其转化为法律。主观权利与客观法规范在公众参与立法的核心要求便是公众的意愿都能毫无差错地反映于国家立法的过程中，从而形成公共讨论和对话的权利。[②]

可见，参与制民主蕴涵了不同主体之间权利与机会的平等，其功能不仅在于公民自我意识的表达、民意和公意等共识的形成、公共利益的维护，还在于其是对自由、平等的公民的主体性价值的肯定，个体或群体之间能够就所关心的议题进行理性的讨论。据此而观之，参与制民主亦缓和了自由主义和共和主义之间的张力。所以，参与制民主的最优化实践，同样也是在践行着协商民主的内涵，即"自由而平等的公民（及其代表）通过相互陈述理由的过程来证明决策的正当性，这些理由必须是相互之间可以理解并接受的，协商的目标是作出决策，这些

---

① 陈毅：《后工业化社会对民主价值的回归：自治、参与、协商》，载于《上海师范大学学报（哲学社会科学版）》2016年第5期。
② 陈宏毅：《法治、启蒙与现代法的精神》，中国政法大学出版社2013年版，第33~56页。

决策在当前对所有公民都具有约束力，但它又是开放的，随时准备迎接未来的挑战"。①

在此，民主具有程序性内涵，是商谈与主观权利、客观法规范相互交错的结果。参与民主制不仅缓解了代议制民主的代表异化的缺陷，在立法时适当的关照到个人，具有实体的正当性，而且参与制民主是为适当的公众判断而设立的正当程序，亦具有程序上的实质正当性。② 所谓实质的正当程序是对立法者的限制，立法者做出的实质立法行为不得侵犯宪法和法律等客观法所规定的权利。实质的正当程序来源于传统的自然正义原则，按照大宪章以来的自然正义原则，可以概括如下：（1）任何人不得为自己事件之裁判官；（2）任何判断必须听取双方之陈述，未经听取陈述，不得作对其不利之决定。对于立法者而言，其作为公共决策、法律的制定者，应听取不同利益主体的诉求，不得独断专行，也不得为了私意而制定特权性、歧视性的法律，所立之法律应具有普遍性。③ 据此，参与制民主包括了程序性参与民主和实质性参与民主。程序性参与民主强调的是立法过程的公开与公众的民主参与，关注的是立法内容、立法过程、立法理由等的公开，而实质性参与民主则更加注重个人的主体性的实现、法治原则的维护与实质的正当程序。因此，有学者认为"公众参与立法制度作为现代民主立法制度不可或缺的重要组成部分，必须以'人民主权原则'为其理论前提，以'自然公正的程序正义原则'为其保障"。④

唯参与制民主除了证成法的正当性、有效性之外，也是我国自下而上的公民社会、权利体系与自上而下的法治社会、民主社会构建的客观要求，因为在"社会转型所带来的社会结构变迁、权利时代公众主体意识的觉醒、现代社会对公共生活的'公共性'呼求，这些都从自上而下和自下而上两个方向推动了公众参与的兴起。"⑤ 因此，国家立法的参与制民主可以摆脱目前立法体制所面临的"官本位""封闭型立法"的缺憾，实现民主化立法与立法的民主化。正如江必新和李春燕两位法官所指出的："共同参与制民主拓展了人们的视野，使人们从'国家体制'层面直接民主与间接民主孰优孰劣的争执中走出来，更加关注与社会公

---

① ［美］埃米·伽特曼、丹尼斯·汤普森著，谈火生译：《审议民主意味着什么？》，引自谈火生等编译：《审议民主》，江苏人民出版社2007年版，第7页。
② ［日］阿部照哉等著，周宗宪译：《宪法下——基本人权篇》，元照出版有限公司2001年版，第86~87页。
③ 法治斌、董保城：《宪法新论》，元照出版有限公司2014年版，第207~215页。
④ 汪晖：《对中国公众参与立法制度完善的思考》，载于《法制与社会》2008年第9期。
⑤ 王锡锌：《公众参与：参与式民主的理论想象及制度实践》，载于《政治与法律》2008年第6期。

众生活紧密联系的'公共事务管理层面'上直接民主的实践。"①

另外,据莫纪宏教授统计,截至2009年,全国人大及其常委会已有20余部法律草案实施"全民参与"的公开立法形式。是以,"从立法实践来看,中国已形成了具有中国特色的以代议民主为主、协商民主为辅的民主立法形式"。② 据此看来,公众参与立法是以人民主权原则以及共同参与制民主理论为基础,包含了参与民主、协商民主以及多元善治的民主理念。③ 因此,《宪法》第二条第三款关于参与制民主的规定如何结合《立法法》第五条、第三十七条、五十二条的规定以回应社会的变迁,如何在代议制与参与制之间搭建一个互为有通的桥梁是当下我国公众参与立法的新课题。

另就参与制民主的对象与层次而言。2002年,党的十六大提出:"健全民主制度,丰富民主形式,扩大公民有序的政治参与"。2008年,在第十一届全国人大一次会议上,全国人大常委会工作报告也指出"要从各个层次、各个领域扩大公民有序政治参与",要"进一步扩大公民对立法工作的有序参与"。2009年,国务院在《国家人权行动计划(2009—2010年)》提出要"从各个层次、各个领域扩大公民有序政治参与,保障公民的参与权",2012年国务院在《国家人权行动计划(2012—2015年)》中再次明确提出"进一步健全民主制度,丰富民主形式,拓宽民主渠道,扩大公民有序政治参与"。

2017年10月18日,党的十九大报告中提出"扩大人民有序政治参与,保证人民依法实行民主选举、民主协商、民主决策、民主管理、民主监督"。据此而观,公众的立法参与即是民主制度、价值的实践,是公民的权利,参与制民主构成了公众参与立法的制度基础之一。因此,在某种程度上,可以说公众参与立法的直接民主形式弥补了权力机关、政府与具体的行政机构立法时脱离民众、公权异化的局限性。另外,立法主体是政府与具体的行政机构的立法大都是封闭性的,因此,必须将代议制与公众参与立法这种直接民主范式相结合,以弥补政府与具体的行政机构的立法在立法时民意反映不够充分的缺陷。在此,公众参与立法的直接民主形式是代议制立法与政府与具体的行政机构等间接性、授权性立法的补充,符合民主政治建设与人民当家作主的要求。

另外,根据《宪法》第二条、第二十七条第二款、《立法法》第三十七条、五十二条的规定,我国宪法为立法民主化与民主立法搭起了一个代议制民主与参

---

① 江必新、李春燕:《公众参与趋势对行政法和行政法学的挑战》,载于《中国法学》2005年第6期。

② 莫纪宏:《中国立法工作中的公众参与》,2009年8月19日于中国法学网首发,http://www.io-law.org.cn/showNews.aspx?id=19481,2017年8月7日访问。

③ 王周户主编:《公众参与的理论与实践》,法律出版社2011年版,第10~23页。

与制民主的框架,通过不同立法机关与立法程序的设置,宪法与立法法以中立的姿态出现在公民之间,保证不同立法机关都能向人民交代,都能让公众参与其中,"不会偏向或苛待任何一位公民或公民团体、他们的观点以及合法利益",能够在"公平的代表""透明的决策""知情的共识"的情况下保护多数和少数人的权利。① 因此,我们甚至可以说,代议制构成了国家立法的合法性与正当性基础,公众参与立法只能在遵循代议制立法的前提下进行,而公众借由参与制进入立法程序则深化了我国的民主制度。可见,参与制可以说是立法过程民主化的集中体现。

三、人权保障原则

从上可知,我国公众参与立法原则包括了人民主权原则与参与制民主原则。但对于公众参与的宪法基础,谢立斌教授则有不同看法,他认为虽然我国宪法明确规定了体现间接民主的人民代表大会制度,但却没有规定公众参与行政决策的直接民主因素,因此,与民主性有关的宪法条款并不能构成公众参与制度的宪法基础。况且,在我国人民代表大会制度的体制之下,行政机关的民主合法性来自人民代表大会,无需通过公众参与制度来获得民主合法性。是以,倘若公众参与是民主原则的要求,在公众参与不足的情况之下,即会致使行政机关的决策缺乏充分的正当性,这在宪法实践中是难以成立的。因此,行政机关并没有通过公众参与追求决策民主化的宪法义务。但如果在决策可能影响公民自由权的情况下,受其影响的公民可以依据宪法自由权的程序性权能参与到公权主体的决策中去。由此,个人自由权就构成了公众参与制度的宪法基础。② 据此看,公众参与国家立法作为公众参与制度的一环,个人自由权可构成公众参与立法的宪法基础。

与此同时,根据法律保留原则,对于基本权利具体化的一般性法律具有双重性质:其一是"干预性法律",其判准是基本权利的防御功能,代表了基本权利的干预与限制,相对人有基本权利不作为请求权;其二是"保护性法律",其判准是基本权利的客观法功能,即基本权利作为客观价值秩序,国家对此有基本权利之保护义务,相对人有基本权利之保护请求权或有效权利保护之请求。个人自由权防范的干预性法律的限制与剥夺,而诸如教育权、社会保障等社会权是属于立法委托的范畴,国家基于基本权利的保护义务,制定相应的保护性法律。但根据宪法第三十三条第二款的规定,宪法的平等原则,对国家而言则是平等对待的

---

① [美] 罗伯特·达尔著,李柏光、林猛译:《论民主》,商务印书馆 1999 年版,第 134~135 页。
② 谢立斌:《公众参与的宪法基础》,载于《法学论坛》2011 年第 4 期。

原则，是一项不得歧视的禁令要求，可作为客观的宪法基本决定，因此也会涉及法领域的基本权利保护方法，但其所指涉及的仅是一种消极的保护方式。因此，在制定有关社会权的保护性法律的时候，也得承担起其社会权的保护义务。具体而言，立法机关制定不能低于宪法基本权利最低保护限度的保护性法律，或承担起国家平权保障的积极任务，以获得有效权利保护之保障。因此，如果立法机关制定的有关社会权的法律侵犯了个人社会权之行使或违反了基本权利最低限度的保护要求的话，同样构成了对基本权利的违反。鉴于此，根据人权保障原则，在社会权领域，个人也有权参与国家立法讨论。

除此之外，与公众参与立法有关的宪法基本条款有：《宪法》第三十三条第三款的国家人权保护义务、第三十五条的"言论自由权"、第四十一条的"公民监督权"，由此可知，国家的人权保护义务以及公民的言论自由权、监督权可构成公民公众参与立法的权利依据，所以公众参与立法也是在行使我国宪法规定的权利。另外，借由《立法法》和地方性法规、规章等的细化，公众参与立法在我国还是一项程序性与法定性权利。[①] 同时，党的十七大的报告在"建立民主制度，丰富民主形式，拓宽民主渠道，依法实行民主选举、民主决策、民主管理、民主监督"同时，提出了知情权、参与权、表达权、监督权等公民"四权"，并将"四权"作为党"扩大人民民主，保证人民当家作主"的重要体现。2017年10月18日，党的十九大报告中也指出要"扩大人民有序政治参与，保证人民依法实行民主选举、民主协商、民主决策、民主管理、民主监督；维护国家法制统一、尊严、权威，加强人权法治保障，保证人民依法享有广泛权利和自由。巩固基层政权，完善基层民主制度，保障人民知情权、参与权、表达权、监督权"。可见，在社会主义民主政治的建设、社会治理与公共决策中，依法保障公民"四权"是党和国家整合社会多元利益、扩大公民有序政治参与、改进国家机关的工作以及法治建设的核心环节之一。

具体而言，知情权是公众参与立法的前提、参与权是公众参与立法的集中表现，表达权是公众参与立法的程序性保障，监督权是公众参与立法的实质性保障。从这个意义上说，"四权"是《宪法》三十五条的表达自由、第四十一条的

---

① 比如《广东省立法条例》第十五条规定："有权提出地方性法规案的机关或者人员可以组织起草地方性法规草案。其他有关机关、组织、公民可以向有权提出地方性法规案的机关或者人员提出地方性法规草案的建议稿。"第十六条第二款规定："起草地方性法规草案应当注重调查研究，广泛征询社会各界意见。设定行政许可、行政收费以及涉及社会公众切身利益等内容的，应当依法举行论证会、听证会或者以其他方式公开听取意见。"第五十一条规定："列入常务委员会会议议程的地方性法规案，应当在常务委员会会议后将法规草案及其起草、修改的说明等向社会公布，征求意见，但是经主任会议决定不公布的除外。向社会公布征求意见的时间一般不少于三十日。征求意见及其采纳的情况应当向社会通报。征求意见的情况整理后，可以根据需要印发常务委员会会议，作为审议参阅资料。"

监督权（批评、建议、检举权）在我国政治活动过程中的延伸和具体化。盖因如此，有学者认为言论民主原则是我国公民立法参与制度的重要原则，是我国公民言论自由权利在立法活动中的具体体现。[①] 由是观之，代议制民主、参与制民主是我国公众参与立法的基础性制度，知情权、参与权、表达权、监督权等公民权利的保障与实现是公众参与立法的核心。

另外，根据我国《宪法》序言最后一段、第二条、第三条、第五条、第二十七条第二款，第三十三条、第四十一条的规定[②]，我国宪法不仅确立了宪法的法律属性、法律的合宪性，还表明了国家权力受基本权利拘束的重要原则，这些原则表明了宪法在整个法秩序中居于最高位阶、处于法秩序价值序列顶端的规范整体。所以，在我国宪法的基本权利功能体系中，基本权利作为一项最高价值的规定不仅仅在于基本权利作为国家机关权限的消极规范而存在，基本权利同时也蕴含了社会公平与正义的理论、构成了法治社会的理性与道德基础。

可见，人大在进行立法时，不仅不得侵犯宪法的权利规定，还得符合宪法的价值追求，公民的基本权利价值在国家的代议制民主、参与制民主中应得到充分体现。所以，立法机关在立法时须顾及宪法的权限规范，以及整体客观法秩序所赋予相对人诸权利之内容以及种类。因此，本书认为，宪法的基本权利规定都可构成公众参与制度的合法性、正当性基础。不仅如此，个人权利与自由的保障固然也是相当重要，唯宪法并不会给出多元社会不同利益之间该如何解决的具体方案，宪法的规定大体抽象宽泛，从而构成中一种框架秩序。宪法的规定对立法者而言，积极意义上而言，是在宪法规定的框架秩序内赋予立法者以立法形成之自由；消极意义上而言，是对国家立法的合宪性控制，因此立法者在立法形成自由的同时，不得侵犯到公民的自由与权利。所以，宪法只会"呈现出一种根本的结构，以便以一种民主的方式在涉及社会安排的议题达成集体的决定。那就是这样一种方式：当参与决定公民追求集体利益的最佳方案时，他们受到了平等尊重下的平等对待。"在此，"只有当公众自身在一个民主过程中获得理性表达时，他们

---

① 朱久伟：《论公民立法参与制度的原则与地位》，载于《华东政法大学学报》1999年第3期。
② 《宪法》序言最后一段规定："本宪法以法律的形式确认了中国各族人民奋斗的成果，规定了国家的根本制度和根本任务，是国家的根本法，具有最高的法律效力。全国各族人民、一切国家机关和武装力量、各政党和各社会团体、各企业事业组织，都必须以宪法为根本的活动准则，并且负有维护宪法尊严、保证宪法实施的职责。"第五条规定："中华人民共和国实行依法治国，建设社会主义法治国家。国家维护社会主义法制的统一和尊严。一切法律、行政法规和地方性法规都不得同宪法相抵触。一切国家机关和武装力量、各政党和各社会团体、各企业事业组织都必须遵守宪法和法律。一切违反宪法和法律的行为，必须予以追究。任何组织或者个人都不得有超越宪法和法律的特权。"第三十三条第三款规定："国家尊重和保障人权。"

才能被认为是平等的，他们的各种权利也才能被认为受到了平等的关注和尊重。"① 就此来说，立法机关让公众参与立法并不仅仅在于立法过程的民主，还应致力于立法结果的民主立法，保障弱势群体的利益。立法机关应就法律草案中涉及的权利和利益分配公平地、广泛地听取意见。

因此，立法的民主化与个人权利的保障是不可分割的，立法的民主化意味着立法机关有义务落实宪法中有关公民的权利规定，在对其他机关制定授权规范或者在禁止性规范时不能损害公民的合法权利。②

综上所述，在我国的政体中，公众参与立法并不是政界或学界的理想假定与主观诉求，根据我国《宪法》第二条、《立法法》第五条的规定，公众参与立法已转化为一项宪法规范，是一项明确的法律规定；同时，根据《立法法》第三条的规定，立法应当遵循宪法的基本原则，根据《宪法》序言、第二条、第五条、第三十三条的规定，我国宪法的基本原则包括了人民主权原则、权利保障原则、法治原则等。

根据《立法法》第四条的规定，立法应当依照法定的权限和程序，参与制民主虽然是基于人民主权理论，但立法机关应当遵循正当程序原则（形式和理性）制定体现出自然正义与实质正当程序理念的法律。

另外，根据《宪法》第三十三条第二款与第三款的规定，人权的尊重与保护是我国宪法的追求，因此，作为公权力机关的立法机关在立法时亦须加以尊重与保护。总而言之，参与制民主的实质正当程序理论与基本权利的程序参与功能是镶嵌在一起的，且在宪法规范下所运作的民主、所保护的权利，亦被人民主权原则的规范秩序所涵盖与包容，从而构成一种框架秩序。因此，人民主权原则、参与制民主原则、人权保障原则三者之间并不是互为排斥，而是相互协力，共同构成了公众参与立法的三大宪法基础。同时，人民主权原则、参与制民主原则、人权保障原则在公众参与立法中亦会一一体现出来，因为在立宪民主的宪法秩序中，"作为国民主权存在前提的以人性基本价值与基本尊严为基础之人民基本权如被否定，则宪法秩序自因其主体价值之丧失，而失去其存在之正当性"。③ 可以说，我国公众参与立法是结合代议制与参与制的混合型民主的一种体现，且保护公众的基本权利目的导向是明确的和明朗的。

---

① ［英］理查德·贝拉米著，田飞龙译：《政治宪政主义：民主宪政的一种共和主义辩护》，法律出版社 2014 年版，第 5～6 页。
② 郭道晖：《法的时代精神》，湖南出版社 1997 年版，第 653 页。
③ 陈慈阳：《基本权核心理论之实证化及其难题》，翰芦图书出版有限公司 2007 年版，第 2 页。

第三节　国内外公众参与立法的相关制度及实践经验概述

一、国外公众参与立法的共识性经验

(一) 公众参与立法具有明确的法律依据

如在美国，公众参与的理论基础则是内嵌于宪法和法律的规定之中的。具体而言，在宪法层面，《美国联邦宪法第一修正案》规定宪法的言论自由是公众参与立法的基础。公众参与是立法宪法性言论自由权的外在表现，是一种旨在保护立法民主与法律民主化的合法行为。日本《行政程序法》第10条的公听会等听取意见的程序，是公众参与立法的程序机制。根据日本《行政程序法》的第3条第3项的规定，《行政程序法》还可以构成地方公众参与的法律基础。另外，例如《都市计划法》第18条之2第2项的规定："市町村在制定基本方针时，应事先采取召开公听会等反映住民意见的必要措施"。[①]

而在英国，2001年是英国公众参与立法的重要分节点，2001年之前，在制定法律和法规的过程中，议会或政府机关制定法案时进行公众咨询并非普通法上的义务，2001年之后，英国政府制定了咨询实务准则，虽然咨询实务准则没有法律效力，但实际上去发挥着现实效力。议会所通过的法律以及议会上院、下院及其委员会审议法案的逐字报告，即官方（议会记事录）均需要在网站公布。

(二) 公众参与立法具有明确的程序步骤

例如，在日本，公众参与立法制度包括审议会制度、意见公募制度、立法听证制度。[②] 在德国，公众参与的程序包括：告知公众与该法律项目相关的重要信息；公布相关法律议案和立法信息以供公众参阅；针对公布的议案，公众可以提出建议、意见或者异议；最后，举行听证会，公告听证会的事项和地点并通知相关人员。[③]

[①] 钱蓓蓓：《日本行政法中的公众参与制度研究》，载于《行政法学研究》2015年第2期。
[②] 王洪宇：《日本公众参与立法制度简介》，载于《人大研究》2012年第12期。
[③] 陈思宇：《德国环境影响评价制度中的公众参与》，载于《海峡科学》2014年第3期。

又如，在美国，在公众评论结束后，如果有公众、社会组织或者利益相关者要求相关立法主体举行听证会的，相关立法主体必须依照法律规定的方式举行听证会，听取利公众、社会组织或者利益相关者的陈述与提出意见。① 立法听证会作为参与制民主的体现，但立法听证直接源于"自然公正"或"自然正义"理念以及司法听证制度，是司法审判活动的一个必经程序。"这种制度后来从英国传到美国，美国又把它移植到立法和行政领域，作为增加立法和行政民主化、有关当局获取信息的重要方法。"② 立法听证的目的主要是为了反映、收集或是为了获取相关的立法信息，而邀请利害关系人以及相关专家等到立法机关陈述意见、互为商谈，从而为立法机关起草、修改、审议法律草案提供咨询和参考。公众参与立法的制度是公众参与国家立法、地方立法或行政立法的主要渠道。③ 在立法听证会之后，相关立法主体应整理分析公众的陈述与意见，据此修改法律草案，然后把法律草案对公众意见的采用情况等文件报送给政府立法审查协调主管机构。对于法律草案对公众意见的采用情况，政府立法审查协调主管机构进行审查和协调，如果是地方立法，则需要提交州长签署，郡（县）、市则需要提交议会表决。此后，相关立法主体应将法律法规、制定法规的依据和目的、公众评论采纳的情况在《联邦登记》或《州登记》上再公布一次，同时也在政府的网站上发布，对于州的法规还要编纂到州的法典公布。④

二、国外公众参与立法的独特性经验

国外的公众参与规定和程序机制大体类似，以下侧重以日本、美国和英国的立法规定为例子展开研究，具体分述如下。

（一）日本的公众参与立法

在日本，公众参与立法主要集中于城市规划、环境立法等领域。1980 年，城市规划法和建筑基准法进行重新修订，确立了以区市町村基层政府为主体、市民参与下制定地区规划和社区规划相结合的公众参与城市规划体制。就具体步骤而言，"社区一级的规划参与的开展较为普遍和广泛，参与的形式也较为稳定；通常以协议会的形式较为多见，大多是从调查到决策的全过程参与模式。而城市

---

① 刘建兰、张文麒：《美国州议会立法程序》，中国法制出版社 2005 年版，第 135～140 页。
② 万其刚：《国外公众参与立法的基本情况》，中国人大网，http://www.npc.gov.cn/npc/xinwen/rdlt/fzjs/2009－08/21/content_1514243.htm，2017 年 8 月 26 日访问。
③ 吴大英、任允正、李林：《比较立法制度》，群众出版社 1992 年版，第 507～508 页。
④ 刘墨：《美国行政立法公众参与制度的启示》，载于《新东方》2012 年第 2 期。

总体规划等宏观战略性规划中,参与的形式较为多样化,总的来看,还是审议阶段的、短期的参与较多,而调查、方案制定阶段的、长期的参与较少,而且由于掌握的专业知识和相关信息有限,对于市民来说参与的难度也更大"。[①] 1993 年颁布的环境基本法和 1994 年制定的环境基本计划为公众参与环境立法提供了法律依据:一方面确立了以环境污染损害赔偿机制(如索赔权)的私权保护,另一方面以确立公民参与环境管理权(监督权、知情权和议政权)为核心的公权保护。[②]

而根据《行政程序法》的规定,公众还可以参与其他立法事项,具体步骤有:第一,行政机关对立法事项进行事先公告;第二,公众评论,即公众就行政机关公布立法事项提交意见;第三,行政机关对公众提出立法意见的考量和审查;第四,公布法案。[③] 就主体而言,在立法过程中,根据陈情制度,国会议员在提交法律案前会咨询国民的立法意见;内阁在提交法律案前,听取各行业协会、社会组织的立法意见。[④] 当然在众多的参与渠道中,书面评论是非正式程序中公众参与地方立法、制定规章的主要方式,公众参与地方立法、规章制定在日本是一项实定的、法定的权利。[⑤] 另外,在日本,法律保留原则一方面产生保护私人权利所必需的法律根据(根据规范),另一方面基于"根据规范"赋予国家机关一定的权限,同时规定行使该权限的方法与目的,即所谓的"规制规范",所以主观权利与客观法在同一规范体系或规范条文中是相依而存在的。这时,公民根据宪法规定的权利也可以直接参与到国家的立法中去。[⑥] 在此,宪法权利的概念和逻辑构成了公众参与立法释义的工具,也为法官在法律上进行价值判断提供了正当化的判断框架。[⑦]

(二) 美国的公众参与立法

在美国,根据不同的审查密度与审查标准,分为三重的合宪性检验基准:对于侵害人民之基本权利或影响"嫌疑族群"人民(尤其是有色种族)的立法须经受"严格审查标准的检验",看立法保障的利益是否急迫且非常重要、强制措

---

① 王郁:《日本城市规划中的公众参与》,载于《人文地理》2006 年第 4 期。
② 余晓泓:《日本环境管理中的公众参与机制》,载于《现代日本经济》2002 年第 6 期。
③ 王洪宇:《日本公众参与立法制度简介》,载于《人大研究》2012 年第 12 期。
④ 廖加龙:《日本的授权立法和立法中的公众参与》,载于《人大研究》2014 年第 5 期。
⑤ 李高协主编:《地方立法和公众参与》,甘肃文化出版社 2005 年版,第 331~336 页。
⑥ [日] 藤田宙靖著,杨桐译:《日本行政法入门》(第四版),中国法制出版社 2012 年版,第 32~33 页。
⑦ [日] 川岛武宜著,王志安、渠涛、申政武、李旺译:《现代化与法》,中国政法大学出版社 1994 年版,第 292~293 页。

施必须是为达到该目的所必要之最小侵害手段；对于与商业、经济或福利事务有关，但不侵害某族群或某项人民基本权利立法，立法机关有宽阔的立法形成空间，但须经受"合理关联性审查基准的检验"，看所立法规是否有实质的重要性；对于以性别等类别的立法，则须经受"中度审查基准的检验"，看所立法规是否有实质的重要性。因公众参与立法是宪法言论自由的外在表现，任何阻止或不当限制公众为发表利益诉求而实施的各种不当公权行为均会受到合宪性的检验（三重的合宪性检验基准），并且对于公众参与立法（言论自由）的行为受到侵犯时，亦可寻求司法救济。① 另外，按照宪法的分权原则，行政权力属于行政机关，同时允许国会委托部分立法权于行政机关（法律授权），行政机关行使委托立法权力的活动就是制定规章的行为。所以，公众参与行政规章的制定，亦是对公权力的限制与言论自由的行使。

但毕竟宪法的规定还是过于笼统。因此在1789年，美国制定了《管家法》，《管家法》本是授权政府部门制定规章，以规范政府工作人员行为，并规范对相关信息、纸张、物品保管的法律。但是这一法律却被随后的政府用作拒绝向公众和议会提供大量信息的一个正当依据，这与人民主权的原则相悖。且政府部门制定规章的不公开，使得规章制定带有很强的恣意性与部门立法主义，随着民主政治的发展，美国于1946年制定了《联邦行政程序法》（APA），美国《联邦行政程序法》第553条规定，除非拟定之规章注明了将受此规章管辖的人的姓名并且将通知送达本人或他们事实上已依法得到了通知，规章制定主体应将拟定之规章以通告形式在《联邦登记》上公布，公布的内容包括：（1）制定公共规章的会议的时间、地点和性质；（2）拟制定之规章的法律依据；（3）拟定之规章的条款，或说明拟定之规章的主要内容及其所涉及的主题和问题。而地方政府立法，则由政府部门提出立法动议或社会公众、社会组织或利益相关者向政府部门提出立法动议后，政府部门将法律依据和目的、法律草案以及相关情况在《州登记》一级刊物公之于众。与此同时，《联邦行政程序法》第553条的规定确立了规章的公开制度，明确赋予公众参与联邦政府规章制定的法律权利。《联邦行政程序法》第三节在赋予公众知情权的同时，也规定政府为了公共利益或其他正当理由，可以拒绝公众公开信息的请求。但是彼时由于《联邦行政程序法》的规定，不符合法律保留与法律授权明确性原则，一些词语例如"公众利益""合理""正当理由"的词义不明，导致政府机构对例外规定的滥用。

为此，在莫斯委员会、亨宁斯等以及当时的信息自由支持者的共同努力下，

---

① 美国联邦宪法第一修正案规定："国会不应当就设立宗教及其事务制定法律，也不应当通过制定法律限制公民的言论自由、新闻自由、和平集会的权利，以及向政府申请获得救济的权利。"

于 1966 年 6 月出台了《信息自由法》，并于 1967 年 5 月生效，《信息自由法》明确规定了任何人对任何政府机构享有信息知情权，任何人不需要说明理由即可对所需的政府文件提出申请，除了九项涉及国家机密而不予公开的文件外（主要是涉及个人隐私、某些国防及外交事务机密、贸易和商业秘密等），一切政府文件必须对公众公开。信息自由法使得美国政府信息的公开由传统的保密为原则转变为以公开为原则，不公开为例外的实定法规定。

同时，《信息自由法》还规定那些具有法律效力，但不是普遍适用的文件也是需要公开的，所以，对于具有法律效力的法律文件的制定，公众也是可以参与其中的。且当公众查询政府信息的请求被拒绝后，还可以向司法部门提起诉讼，请求司法救济。但《信息自由法》既不适用于政府的立法部门，也不适用于司法部门，主要用以行政权力的制约，对于行政立法行为也适用。为防止行政权力的恣意使用，1974 年修正案增加了法院可以对有争议的信息进行审查，法院可以通过司法审查对政府机关的信息公开行为进行合法性控制，可见，在美国，公众知情权是一项受法院保护的权利。信息自由法生效之后，确立了"一种健康的民主""人民有权质问政府"的法治理念，美国政府文件最终属于人民所有，人民具有查阅这些文件的权利。

《信息自由法》直接影响了美国各州的信息自由立法，从 1966~1976 年的十年间，先后有 46 个州制定或者修改了本州的信息自由法。[①] 1969 年的《美国国家环境政策法》第 4332 条规定了环评影响评价书应根据《美国法典》第五编第 522 条的规定向社会公开。

基于此，公众可以参与到国家环境政策的制定领域。1972 年制定了《联邦咨询委员会法》，联邦咨询委员会是法律所规定的信息公开适用的咨询机关，立法主体的立法项目可以向联邦咨询委员会咨询，联邦咨询委员会只能提供咨询意见和建议，以提高法案的公共责任性，但其本身并无决定权。1974 年通过了《隐私权法案》，该法案确立了公民有权查阅政府所收集的公民信息。《信息自由法案》与《隐私权法案》共同发挥作用，不但确立了政府政策透明化的法律基础，而且要求政府部门制定明确的指导原则，规范如何落实，从而使透明化政策本身也具有透明度。1976 又制定了《政府阳光法案》，要求除涉及保障国家安全与个人隐私权外，法律文件都应向社会公众。

《信息自由法》《联邦咨询委员会法》《隐私权法案》与《政府阳光法案》的颁行，使 1946 年通过的《联邦行政程序法》显得不合时宜了。在 1978 年，

---

① 宋小卫编译：《美国"情报自由法"的立法历程》，中国法学网，http://www.iolaw.org.cn/shownews.aspx?id=1038，2018 年 8 月 15 日访问。

《联邦行政程序法》经过第 95 届国会修订，公众参与行政立法构成行政程序的合法性要求，在此之后制定规章的行政机关往往自动附带一个解释性的序言，以供公众了解和评论，评论是公众或利害关系人参与规章制定的正式渠道。参与规章制定的正式渠道（评论）包括接受书面意见、书面资料；接受公众口头提供的意见；采取非正式的磋商、会议、咨询的方式；其他可供公众表示意见的方式等几种形式。另外在美国，因立法关乎国家乃至每个公民个体的切身利益，所以在立法的制度设计和立法理念都充分体现着公众参与。因此，在评论等正式渠道之外，公众还可以通过影响选举从而影响立法倡议、通过结社或加入政党参与立法倡议、通过大众媒介倡议立法和公众提案权。立法机关亦会通过立法会议公开、立法信息公开和立法信息公告等立法信息公开公告制度，让公众能全程知悉立法的情况。立法机关与社会公众是双向互动的。[1]

因此，社会公众或各种社会组织，特别是相关的利益主体在一定的期限内，按照一定的形式，即可对立法机关的立法议题发表评论、提供意见。针对利益相关者，有些专门机构还会举办利益相关者论坛，政府、利益相关者以及相应领域的专家可置身其中，各抒己见。如 2011 年，关于医学教育利益相关者论坛以及美国医学会关于提供临床实践与医疗收入的立法论坛都为公众参与立法提供了渠道。[2] 可见，美国的公众参与立法主要体现在政府的立法程序上，根据联邦法律与州法律的规定，除少数不宜公布外，都须将法律草案公之于众，违反立法程序制定的公众程序，则可能导致相应的法规无效。

随着电子信息的发展与"重塑政府计划"，布什政府在 2002 年通过了《电子政府法》，此法案通过"政府—公民"的类型确立了"政务透明""以公众需求为导向""以公民为中心"的政府信息公开模式，目的是建立一站式在线服务，以提高政府对公民诉求的反馈能力、方便联邦政府与公民的互动，并推动政府与社会的联动作用，为立法的科学化、民主化提供了坚定的基础。2009 年 12 月 8 日，行政管理预算局（OMB）发布了《开放政府的指令》，要求行政当局致力于"实现透明、公众参与和协作的制度体系"，"透明""公众参与""协作"三原则构成了开放政府的基础，而政府应是众人参与决策的，于此，公众参与是连接透明和问责制之间的重要纽带，是汇集社会中不同群体、众多的分散知识的重要机制。[3] 开放政府的公众参与包括网络公众参与、面对面公众参与、正式公

---

[1] 袁俊锋、杨云革：《美国公众参与立法机制及其启示》，载于《党政研究》2009 年第 4 期。

[2] AMA Interim Meeting, November 12th – 15th, 2016 Report, https://www.aapmr.org/docs/default-source/news-and-publications/activity/ama-interim-meeting-november-2016-report.pdf?sfvrsn=2. Accessed August 17, 2018.

[3] Administration of Barack H. Obama, Memorandum on Transparency and Open Government, January 21, 2009, Office of the Federal Register, Register, 11: 15 a. m., January 23, 2009.

众参与、开放政府文化创建四种，从而"为公众提供一种可以实现互动的机制，公众对所公布的信息可以进行及时的评价反馈"。①

值得注意的是，美国的公众参与立法的规定错综复杂，须将《信息自由法》《联邦咨询委员会法》《隐私权法案》《政府阳光法案》《电子政府法》以及《联邦行政程序法》等法律相互衔接方可全面了解。凭借这些法律，美国在公众参与立法领域确立了通告、回复、听证、咨询、司法监督等一系列制度，赋予了公众十分广泛的参与权利，也是公众参与国家立法、地方立法、行政立法的重要法律依据。从国家立法、地方立法以及行政机关规章制定的过程来看，除了少数情况之外，公众参与立法是法规制定的必经程序，美国立法的公开、透明体现得较为充分，可以说每部法规的制定或修改都需要经过发布通告、发表评议、举行听证、报送审查、法规公布等立法程序，是一种全方位、多阶段的公开，从中也体现出了美国法律法规的制定具有较高的透明度和公众参与度。② 另外，为了保证公众参与立法的实现，政府又依赖于政府签约委员会、公民咨询委员会、研究小组、圆桌讨论会和专家小组、公告和评议、公开的会议和听证会等协商会议的协助。公民也可通过写信和请愿、参加委员会和听证会、公众监督团体、人民监督员制度等渠道参与到立法中。③ 就此而言，美国立法公开遵循的全面公开与全过程参与的原则，包括国会通过的法律和行政部门通过的规章在内的联邦政府的立法性文件都要做到全面公开，使公众能全过程地参与到立法程序中。行政部门规章制定的公共参与，主要是在《联邦登记》上公布。

另外，在美国，为了保障公众参与的宪法性权利在州一级实现，除联邦法律层面外，美国许多州出台了专门保护、促进（包括限制）公众参与的相关法案。与此同时，在美国的司法实践中，在确立公众参与权的同时，为了防止公众滥用其公众参与权的机制，也确立了"Anti-SLAPP"制度。近年来，已有26个州通过了"Anti-SLAPP"法案，全称为"针对公众参与的策略性诉讼"（strategic lawsuits against public participation）。④ 如加利福尼亚州在1992年通过了"California anti-SLAPP statute"，在肯定公众参与是宪法言论自由的同时，对宪法第一修正案的言论自由在公众参与领域的表现也做了规定与限制。2010年6月10日，华盛顿州在《反对针对公众参与的策略性诉讼法案》（Washington's anti-SLAPP act）第2条第2款e项中规定，公众参与首先是一项宪法性权利，但主要适用于

---

① 沙勇忠、赵润娣：《美国开放政府计划背景下的公众参与——进展、问题及启示》，载于《南京社会科学》2012年第2期。
② 刘墨：《美国行政立法公众参与制度的启示》，载于《新东方》2012年第2期。
③ 李林：《立法过程中的公共参与》，中国社会科学出版社2009年版，第209~213页。
④ 关于法案的具体内容，可以参见数据库 Digital Media Law, http://www.dmlp.org/legal-guide, Accessed August 17, 2016.

关涉公共议题的公众论坛的书面陈述。同时《反对针对公众参与的策略性诉讼法案》的规定对于"涉及公众参与和请愿的（立法）议题"的诉讼也加以适当限制。唯一需要注意的是，公众参与立法作为宪法性言论自由权行使，必须具有公共目的。"任何以公众参与为掩护而旨在保护私人利益的行为都会受到 SLAPP 的必要限制。"①

综上所述，为了增强对法律体系的民主控制须得让公众知晓立法机关的构成、立法的程序以及成员的权限，为此在美国，公正参与立法有一套完整的制度设计、详尽的法律规定，专权的立法者可以以"一对一或者一对多"的直接商谈模式让公众参与国家立法中。在此，公众参与立法是符合宪法和法律规定的法律行为，也是"更多的参与，更好的结果"原则的体现。同时公众参与立法不仅可以表现创建法律初现的合法性意涵，也可加强立法过程的民主化、公众的信任以及民主立法与公众的诉求的关联性、合法性。

美国立法和规则制定过程中的公众参与给我们的启示是：立法信息的全面获取、听证会的公众参与、法律实施的检测和监督是公众参与立法的重点，同样也是政府获取公共信息的有效渠道。另外，借助有效的公共参与机制、言论自由、新闻媒体，公民可以通过市民社会组织和新闻媒体就全国和地方性立法议题积极有效地发声，有效参与立法。

（三）英国的公众参与立法

在了解英国的公众参与立法之前，我们首先了解一下英国的立法制度。在英国，基于地方的自主权原则，经由选举产生的立法机构包括了三个层级的立法机关：最低层级是郡议会和市议会；第二层级是苏格兰、威尔士和北爱尔兰各自区域立法议会，这些议会是按照比例代表制选举产生的；最高层级是由下议院和上议院共同组成的议会。英国立法机构的层级划分依据是地方的自主权原则：首先，它们的层级划分依据是地方的自主权原则，地方可以根据实际情况和民众中的意愿制定切实可行的法律。其次，英国的立法机关是从最高层级的、全国性的议会向最低层级的、地方性的议会呈阶梯状分布。据此，英国的议案分为两种：公议案，是涉及全国各个地区并与政府有关的议案，这类议案多数是由内阁提出；私议案是涉及地方当局、某些团体或个人利益的方案，这类主要是由某些公共团体或地方法团的代理人向下院提出。

相应的，英国的公众参与立法也呈现出一个多层次、多面向的过程：从全国到地方、从整体到局部的公众参与。英国的立法机关除了上议院外，立法机构的

---

① 刘墨：《美国行政立法公众参与制度的启示》，载于《新东方》2012 年第 2 期。

成员一般是由民选代表组成。在此，基于英国的"自由的、民主的政治系统"，英国的公众参与又呈现出多元主体的色彩：就英国议会的法律制定形式而言，英国议会通常透过公开的讨论与审查来制定法律。英国在制定法律的过程中，是在选民代表之间（内部协商）以及选民代表与所代表的选民之间（外部协商）的互动模式下进行的。议会、委托会议和地方当局在议会召开期间，关于选民代表与所代表的选民之间的外部协商大多采用的是每周一次的"选民诊断"方式，据此选民可以与议会议员私下会见，并就所关心的议题展开讨论。据此可以看出，英国的公众参与立法涉及了立法机构、政党和个人代表三方主体，三方主体的内部与外部协商模式为议会法案的公共协商搭建了一个复杂的、多面向的参与机制，为公众参与立法提供了原则路径。[①] 另外，因英国议会与"自由的、民主的政治系统"具有紧密的关联，因此，立法过程的外部协商并不仅仅限于选民代表与所代表的选民之间的互动协商，议会中的上议院、反对党、自由的新闻界、压力团体以及舆论等主体也扮演着重要角色。所以，英国的公众参与除了内部协商与狭义的外部协商外，广义而言还包括了立法院之间的、立法主体与社会公众之间的、政党政治体制下的协商。[②]

在英国，公共协商涉及三种形式的命令文件：绿皮书、白皮书和法律草案。绿皮书是广泛的协商文件，通常规定了政府的施政方案，并表明政府在哪些领域考虑颁布法律，旨在引发公共讨论。白皮书是绿皮书的发展阶段，倾向于向公众表明在未来某个阶段制定什么法律，以获得更为详细的、更有技术性的立法建议。相应的公众、学者和法律专家可以对法律草案的结构、形式、内容等自由批评。对于公众、学者和法律专家的意见，立法机关也应该予以回应。在英国，相对于绿皮书和白皮书，立法草案的公共协商是一个比较新颖的做法，是议会严格立法的方式之一。传统上公众参与立法的方式是通过媒体和游说。新近的公开协商机制包括公民陪审团和公民高级会议、大规模协商活动、常设协商小组、互联网协商等。公民顾问团源自"陪审团审查制度"，后来杰弗逊研究中心将其延伸到公共事务中，让陪审团成员组成公共政策的"顾问团"，并在公共政策领域进行自由讨论。随着时间的推移，公民顾问团逐渐成为参与行动研究的主要方式之一。在实践中，公民顾问团通常由相对较少的人（12~14人）组成，公民高级会议是有大约500~5000人组成的审议会议。但不管是公民评审会议还是公民高级会议，都是作为审议会议存在的，同时也兼具教育特质。[③]

根据人权法案（1998）的规定，在英国，公众的参与权不是可供任选的附带

---

① 李林：《立法过程中的公共参与》，中国社会科学出版社2009年版，第233~248页。
② 张正修：《比较宪法与政治》（第二册），新学林出版有限公司2014年版，第4~5页。
③ 李林：《立法过程中的公共参与》，中国社会科学出版社2009年版，第233~248、345~347页。

条件，而是一项普遍的、根本的权利，目的是为了决策的行动与变革、辅助其他权利的实现。因此，权利人可以自主行使。但在英国，公众参与立法除了是一项权利之外，其参与立法的过程亦被称为"咨询"。在此，部长应向议会提交的政府方案可以在咨询专家建议基础上以草案的形式向公众发布咨询意见；政府发布的立法文件也可以向专家、公众等咨询意见，并以"绿皮书"的形式发布。除此之外，惟在英国，遵循议会至上原则，议会是最高立法机构，重要法律的制定、修改都需要经过议会上下两院的辩论、投票环节，在议会获得通过并得到英国君主的准许才能成为正式法律。因此，为使法律充分体现出民意，在立法过程中，英国议会常就有关问题邀请专家学者和社会公众参与论证和辩论，从而将专家或公众的意见吸纳到新的立法中。

第四节 公众参与立法在我国立法体制中的体现及发展

在上文中，本书已经分析了公众参与立法的相关理论，在我国的宪法体系下，公众参与立法的宪法基础大体包括了人民主权原则、参与制民主原则以及个人权利保障原则。人民主权原则是人大立法权限的正当性基础与合法性来源，参与制民主原则是国家权力回应性、公众参与立法的直接基础，个人权利保障原则构成了公众参与立法的最终目的与实质正当性基础。这三大原则在公众参与立法的展开以及相互之间的运作需要立法机关的准确权衡，也有赖于我国的立法体制的良好运转和发挥功能。

根据《立法法》第三条的规定，宪法的人民主权原则、人权保障原则、法治原则应在立法中得到具体的体现；根据《立法法》第四条的规定，立法机关应当依照法定的权限与程序，对不同的利益进行准确权衡，在对个体、社会利益进行保护时不得侵犯国家利益，同时顾及整体法的秩序，以维持宪法秩序与法秩序的统一；《立法法》第五条规定了立法民主化与民主立法的立法要求；《立法法》第六条规定了国家立法与社会现实的交互性关系、法律的规定应科学合理。[①]

[①]《立法法》第三条规定："立法应当遵循宪法的基本原则，以经济建设为中心，坚持社会主义道路、坚持人民民主专政、坚持中国共产党的领导、坚持马克思列宁主义毛泽东思想邓小平理论，坚持改革开放。"第四条规定："立法应当依照法定的权限和程序，从国家整体利益出发，维护社会主义法制的统一和尊严。"第五条规定："立法应当体现人民的意志，发扬社会主义民主，坚持立法公开，保障人民通过多种途径参与立法活动。"第六条规定："立法应当从实际出发，适应经济社会发展和全面深化改革的要求，科学合理地规定公民、法人和其他组织的权利与义务、国家机关的权力与责任。法律规范应当明确、具体，具有针对性和可执行性。"

法治实现、人权保障以及科学立法、民主立法、依法立法是立法的基本原则。另外，《立法法》第三条、第四条、第五条、第六条的规定也体现了党的十八届三中全会关于"立法协商、民主协商"以及党的十八届四中全会在全面推进依法治国的决议中关于"科学立法、民主立法"的要求。在我国，《立法法》同样是配置立法权、规范立法活动的基本法。因此，在这一部分，将结合具体的法律规定，在我国的立法体制背景下探析有关公众参与立法的相关问题。

一、立法权限的横向和纵向划分是公众参与立法的保障

（一）公众参与立法的制度性基础：统一而又分层次的立法体制

在我国，现行宪法根据立法主体创制规范权限的不同，将立法权限划分为横向立法权与纵向立法权，横向立法权主要是立法机关与行政机关立法权限的划分，纵向立法权主要是中央与地方立法权限的划分。立法权限划分的目的是促使中央与地方、不同的机关之间合理的分权。立法权限合理的划分一方面可保障不同地方根据具体情况妥善解决地方性事务、制定符合地方改革发展需要的方案，以发挥特殊性、积极性。另一方面通过各级政府或部门立法，可弥补人大立法的不足，使法规范更具有专业性、针对性、合理性、可执行性。因此，可以说立法权限的横向和纵向划分为公众参与国家立法奠定了制度性基础。因为，基于立法权限横向与纵向的划分，立法可以从实际情况出发，适应不同行业、不同地域、不同层面、不同领域的经济社会发展和改革需求。

为此，《立法法》根据宪法确定的"在中央的统一领导下，充分发挥地方的主动性、积极性"的原则，确立了我国的统一而又分层次的立法体制。同时，基于上述的人民主权原则、参与制民主原则以及个人权利保障原则，不同行业、不同地域、不同族群、不同阶层、不同利益诉求的公众也可以参与到相应的立法中，防止立法"一刀切"而损害了不同地域、不同民族、不同公众的利益诉求，以保护公民权利并维持相对稳定的利益结构。但通常，为了保护这种科学的立法体系的形成，从而让不同利益诉求公众能参与到多元的立法渠道中，在立法权限划分的同时，也会包含着立法权限的范围以及立法权的限制，以避免立法的异化而侵犯公众的利益，同时维持国家法律体系统一。因此，立法权限划分的科学性

对公众参与立法的影响，须与立法权的限制相结合方可有周全之理解。[①]

如根据《宪法》第五条第二款、第四款、第五条款的规定[②]，不同的立法机关须顾及第二款规定的法律体系一致性、无矛盾性的原则以及第四款与第五款规定的宪法的最高权威性原则。根据《宪法》第三十一条、六十二条、第六十七条、第八十九条第一款、第一百条、第一百一十六条的规定[③]，我国目前已形成了一个横向立法权与纵向立法权明确划分的立法权结构，由法律制定权、行政法规与部门规章制定权、地方性法规与规章制定权、自治条例与单行条例制定权、特别行政区立法权等所构成。[④]

从中可窥探出，八二宪法根据不同的立法权限，确立了不同层级的立法主体，但在目前的一些地方立法或者部门立法中，毋庸讳言，也出现了立法内容趋同化、立法滞后、重复立法（主要是对上位法已明确规定的内容做重复性规定）、法出多门、法繁扰民、越权立法等情况。[⑤] 除了少数地方之外，在众多的立法事项中，城乡建设与管理、环境保护、历史文化保护、城市人口管理、社会治安管理、社会公共事业管理、公共经济管理立法等领域的越权立法、重复立法情况相对严重，在维护法制统一与扩大地方立法权限等方面存在着明显的张力，立法对公众回应力度较为薄弱。[⑥] 管中窥豹，可见一斑，其中很大的一个原因可能在于立法权限的横向和纵向划分在实践中纠葛不清，社会管理类事项和经济管理类事项均未能充分发挥地方与政府部门立法的积极性，立法没有反映民意，地方特

[①] 党的十八届四中全会提出："明确立法权力边界，从体制机制和工作程序上有效防止部门利益和地方保护主义法律化。对部门间争议较大的重要立法事项，由决策机关引入第三方评估，充分听取各方意见，协调决定，不能久拖不决。"

[②] 《宪法》第五条第二款至第五款规定："一切法律、行政法规和地方性法规都不得同宪法相抵触。一切国家机关和武装力量、各政党和各社会团体、各企业事业组织都必须遵守宪法和法律。一切违反宪法和法律的行为，必须予以追究。任何组织或者个人都不得有超越宪法和法律的特权。"

[③] 《宪法》第三十一条规定："国家在必要时得设立特别行政区。在特别行政区内实行的制度按照具体情况由全国人民代表大会以法律规定。"第六十二条规定："全国人民代表大会行使下列职权：制定和修改刑事、民事、国家机构的和其他的基本法律。"第六十七条规定："全国人民代表大会常务委员会行使下列职权：（二）制定和修改除应当由全国人民代表大会制定的法律以外的其他法律；（三）在全国人民代表大会闭会期间，对全国人民代表大会制定的法律进行部分补充和修改，但是不得同该法律的基本原则相抵触。"第八十九条规定："国务院行使下列职权：（一）根据宪法和法律，规定行政措施，制定行政法规，发布决定和命令。"第一百条规定："省、直辖市的人民代表大会和它们的常务委员会，在不同宪法、法律、行政法规相抵触的前提下，可以制定地方性法规，报全国人民代表大会常务委员会备案。"第一百一十六条规定："民族自治地方的人民代表大会有权依照当地民族的政治、经济和文化的特点，有合理的根据制定自治条例和单行条例。"

[④] 陈端洪：《划分地方立法权限几个可题的探讨》，载于《法商研究》1994 年第 3 版。

[⑤] 易有禄：《设区市立法权行使的实证分析——以立法权限的遵循为中心》，载于《政治与法律》2016 年第 6 期。

[⑥] 程庆栋：《论设区的市的立法权：权限范围与权力行使》，载于《政治与法律》2015 年第 8 期。

色、精细化的立法亦不足，我国法律体系的建设遵循的是一种"非均衡发展"的历史轨迹。在这种不理想的局面中，民主立法、立法的民主化以及公众参与立法虽有长足的进步，但却也不容乐观。第九届人大期间就面临着需要在"立法过程中协调好各个方面的关系，既要符合全局的需要，又要考虑不同地区、不同方面的实际情况。这样制定出来的法律才能行得通，才能解决实际问题，才能发挥应有的作用。"[①] 这些情况及兼顾的思路，也值得当下予以合理参考。

针对上述情况，2000年，在人大代表审议立法法草案时，乔晓阳同志（时任人大法律委员会副主任委员）指出："立法体制既统一，又分层次，就带来立法权限如何划分问题。宪法和有关法律对立法权限的划分虽然作了规定，但总的来说还比较原则，比如哪些事项应当由中央统一立法，哪些可以由地方制定法规；哪些事项应当由权力机关立法，哪些事项可以由行政机关制定法规，不很明确。在实践中出现了一些越权立法、与上位法相抵触的现象，在一定程度上损害了国家法制的严肃性、权威性，影响了国家法制的统一"。为此，《行政法规制定程序条例》第十一条对行政法规的科学性做了仔细的规定。[②] 《立法法》根据宪法第三条第二款、第五条、宪法第六十二条、第六十七条、第八十九条第一款、第一百条、第一百一十六条的规定以及宪法条文中出现的"法律规定""依照法律规定"等规定、宪法明确规定由中央决定或批准的事项、宪法中需要立法的事项涉及公民由宪法直接保护的权利和直接规定的义务的规定，对权力机关、行政机关、中央与地方的立法权限作了明确的界定与区分。对地方政府规章与国家层面立法、人大立法与行政立法的冲突也提供了一整套解决模式。[③]

2000年《立法法》的通过，基于横向立法权与纵向立法权、统一而又分层次的立法体制始告建成，依据不同立法权限的法律法规规章始可容纳不同群体、不同地域等多元利益群体的立法参与。我们可以说，这种基于横向立法权与纵向立法权的划分，统一而又分层次的立法体制，是公众参与立法的制度性基础。

---

① 李鹏：《李鹏委员长在九届全国人大常委会第一次会议上的讲话》，中国人大网，http：//www.npc.gov.cn/wxzl/gongbao/1998-03/21/content_1480056.htm，2018年8月9日访问。

② 《行政法规制定程序条例》第十一条规定："起草行政法规，除应当遵循立法法确定的立法原则，并符合宪法和法律的规定外，还应当符合下列要求：（一）体现改革精神，科学规范行政行为，促进政府职能向经济调节、社会管理、公共服务转变；（二）符合精简、统一、效能的原则，相同或者相近的职能规定由一个行政机关承担，简化行政管理手续；（三）切实保障公民、法人和其他组织的合法权益，在规定其应当履行的义务的同时，应当规定其相应的权利和保障权利实现的途径；（四）体现行政机关的职权与责任相统一的原则，在赋予有关行政机关必要的职权的同时，应当规定其行使职权的条件、程序和应承担的责任。"

③ 乔晓阳：《关于进一步明确划分立法权限的意见》，人民网，http：//www.people.com.cn/item/lifafa/bj04.html，2018年8月10日访问。

（二）公众参与立法的实效性基础：立法权限的合理配置

2000 年的《立法法》，并未彻底解决维护法制统一与扩大地方立法权限之间的张力矛盾，各机关的立法权限不甚明确，科学的立法体系还未形成。因此，全国人大常委会法工委有关负责人指出科学立法要求立法须"准确反映所调整的社会关系的本质和内在规定性""符合法律自身发展的规律，处理好法律的稳定性和变动性、前瞻性和现实性、原则性和可操作性的关系"。[①] 为此，在 2015 年《立法法》修改时，科学合理地给赋予了部分地方立法权，该法第七十二条明确规定了设区的市的人大及其常委会可以对城乡建设与管理、环境保护、历史文化保护等方面的事项制定地方性法规。据此，设区的市的人大及其常委会在可以根据本地方的实际情况、地方性事务以及公众具体的利益诉求自主的立法，以推进地方政府在地方治理方面的民主化、法治化、科学化。

此外，经过修改后的《立法法》，厘清了人大立法与行政立法、部门立法的关系，对于地方性法规的重复立法问题，《立法法》第七十三条第四款明确规定："制定地方性法规，对上位法已经明确规定的内容，一般不作重复性规定"。新修改的《立法法》关于横向立法权与纵向立法权的划分更为明确，明确了不同机关的立法权限，健全了保证科学立法、民主立法的机制和程序。为了实现科学立法与开门立法，新修改的《立法法》规定了委托立法制度，一方面，可以有效加强立法的综合性、全局性、基础性、专业性以及必要性、可行性。另一方面，若制定的法规牵连多个部门利益时，由专门委员会或者常务委员会工作机构组织起草可有效避免"立法部门化"。[②]

同时，针对行政机关的越权立法，新修改的《立法法》更加强调"人大主导立法"，排除了部门和地方利益对立法的影响，以符合党的十八届四中全会、十九大报告关于"良法善治""科学立法"的要求。在 2015 年 12 月中共中央、国务院在印发的《法治政府建设实施纲要（2015—2020 年）》中，再次指出："严格落实立法法规，坚持立改废释并举，完善行政法规、规章制定程序，健全政府立法立项、起草、论证、协调、审议机制，推进政府立法精细化，增强政府立法的及时性、系统性、针对性、有效性"。并且应"定期开展法规规章立法后评估，提高政府立法科学性"，同时"坚持在法治下推进改革、在改革中完善法

---

① 廖文根：《中国立法：从有法可依迈向良法可依》，载于《人民日报》2011 年 7 月 20 日。
② 《立法法》第五十三条规定："全国人民代表大会有关的专门委员会、常务委员会工作机构应当提前参与有关方面的法律草案起草工作；综合性、全局性、基础性的重要法律草案，可以由有关的专门委员会或者常务委员会工作机构组织起草。专业性较强的法律草案，可以吸收相关领域的专家参与起草工作，或者委托有关专家、教学科研单位、社会组织起草。"

治，实现立法和改革决策相统一、相衔接，做到重大改革于法有据、立法主动适应改革和经济社会发展需要。"

针对地方立法的地方保护主义、立法懈怠等问题。2013年，甘肃省第十二届人民代表大会常务委员会第四次会议通过了备受关注的《甘肃省公众参与制定地方性法规条例》，这是国内首部专门在地方性法规层次引导、鼓励和规范公众参与活动的专门性、创制性地方性法规。

《甘肃省公众参与制定地方性法规条例》对参与制定地方性法规条例的主体、原则、规则、程序、方式以及地方性法规制定机关或者起草单位公开征求公众立法意见和建议的主要方式、应当公布的地方性法规草案的种类都做了明确规定。与此同时，《甘肃省公众参与制定地方性法规条例》在保证立法民主化与公众参与立法的同时，为克服地方保护主义和部门利益法制化倾向，同时确立了立法项目公开征集、法规草案公示、法律草案择优委托起草、立法顾问、地方立法联系点、立法论证、立法听证、公民旁听立法会议等一系列制度。同时对于地方立法机关的权限、地方性法规条例的科学性保障也做了规定，指出公众对于"与上位法不一致，或者明显不适应经济社会发展要求"的已经生效的地方性法规，可以"依法向地方性法规制定机关提出修改、废止的建议"。

2001年通过并于2016年修订的《广东省地方立法条例》在规定立法公开的同时，也规定了"地方立法应当坚持科学发展观，为经济建设、政治建设、文化建设、社会建设、生态文明建设的全面进步服务。地方立法应当依照法定的权限和程序，从国家整体利益出发，维护社会主义法制的统一和尊严。地方性法规不得与宪法、法律、行政法规相抵触"。"地方立法应当从实际出发，适应经济社会发展和全面深化改革的要求，科学合理地规定公民、法人和其他组织的权利和义务、地方国家机关的权力和责任。"

从横向立法权与纵向立法权的分析中可以看出，立法权限合理的划分可以发挥地方立法与部门立法的特殊性、积极性，并使法规范更具有专业性、针对性、合理性、可执行性，以适应不同行业、不同地域、不同领域、不同层面、不同事项的社会发展和改革需求。在此过程中，横向立法权与纵向立法权科学合理的划分不仅有利于整体法律体系的建设，还有利于法秩序的统一和整合。我国已基本形成了一个科学、完善的立法权限体系，为科学立法、民主立法、依法立法奠定了基础。

（三）公众有序参与立法的前提：立法权限的和谐

根据上文的分析，需要思考的是：横向立法权与纵向立法权应如何划分才能真正体现公众的利益，如何让公众参与的立法体现出最大的效率？在出现侵损公众利益的情况下，横向立法权与纵向立法权之间的冲突应如何处理？我们知道，一国的宪法是由拥有制宪权的国民所制定的，是整个法律体系的基本规范。根据《宪法》序言最后一段的规定，宪法是我国的根本法，在法律体系中具有最高的法律效力。可见，宪法已成为保证国家权力的合法性和确定规则有效性的准则，在我国，宪法同样是整个法律体系的基本与最高规范。

虽然，根据《宪法》第五条第三款、第六十二条、第六十七、第八十九条、第一百条、第一百一十六条的规定①，宪法对法律体系的位阶性与一致性做了概括的、初步的规定，但还是没有明确法律保留的具体含义，立法权限与立法权限制的规定也尚待细化。因此，新修改《立法法》除了赋予全国人大及其常委会的宪法监督权、对法律体系的位阶性与一致性做了内容补充；另外，《立法法》在相关条文中，也对上位阶法律的效力优先性与下位阶法律适用的优先性的冲突做了处理；对法律体系合宪性、合法性控制的方式做了体系化建构与具体化规定，提供了一套较为科学的备案与审查方法。

所以，在我国的法律体系中，已确立了法律的位阶制度、宪法的优位性、下位法不能违反上位法以及宪法、法秩序的内在统一等原则，立法的科学化正逐渐形成。在此，依据立法主体创制规范权限的不同，据此所形成的各种法律规范和决定会构成一个效力高低有致的等级结构。这种效力高低有致的等级结构即法律位阶制度。芦部信喜将这种法律位阶的等级结构称之为"国法秩序的位阶结构"，并用其确定国法秩序在形式上的效力。②

另外，为了确保不同权属机构立法的和谐以及个人基本权利的保障，宪法和立法法在确保宪法优位性原则、下位法不能违反上位法以及整体法秩序的统一的同时，为防止"越权立法""侵权立法（即侵犯公民权利的法律）"与"一揽子授权""无限期授权"情况的出现，立法法对授权立法、授权立法事项做了明确的限定，与此同时，立法法也确立了形式与实质兼具的法律保留原则、法律授权

---

① 《宪法》第五条第三款规定："一切法律、行政法规和地方性法规都不得同宪法相抵触。"第六十二条规定："全国人民代表大会行使下列职权：（十一）改变或者撤销全国人民代表大会常务委员会不适当的决定。"第六十七条规定："（七）撤销国务院制定的同宪法、法律相抵触的行政法规、决定和命令；（八）撤销省、自治区、直辖市国家权力机关制定的同宪法、法律和行政法规相抵触的地方性法规和决议。"第八十九条规定："（十三）改变或者撤销各部、各委员会发布的不适当的命令、指示和规章；（十四）改变或者撤销地方各级国家行政机关的不适当的决定和命令。"第一百条规定："省、直辖市的人民代表大会和它们的常务委员会，在不同宪法、法律、行政法规相抵触的前提下，可以制定地方性法规，报全国人民代表大会常务委员会备案。"第一百一十六条规定："自治区的自治条例和单行条例，报全国人民代表大会常务委员会批准后生效。自治州、自治县的自治条例和单行条例，报省或者自治区的人民代表大会常务委员会批准后生效，并报全国人民代表大会常务委员会备案。"

② 芦部信喜著，林来梵等译：《宪法》（第三版），北京大学出版社2006年版，第11页。

明确性原则。①

以法律位阶制度、宪法的优位性原则、下位法不能违反上位法原则、宪法与法秩序的内在统一原则以及法律保留原则、法律授权明确性原则为基础，上下位阶的法律之间进而可形成一个无冲突且运作有效的规范秩序，即整体法律秩序。整体法秩序是一个从高阶法律秩序到次阶法律秩序的规范层级体系、一个层次分明的具有价值判断的内在体系。整体法秩序由条件性规范和附条件性规范以及法律例令组成的体系，在法律具体化和个别化的过程中（高阶法律→次阶法律），可形成一个法律秩序的"楼梯井结构"。② 即：法定化的权属位阶结构→法的规范层级体系→法律的效力高低。这样的楼梯井结构，有助于深化对法的含义的理解，即法是一种规范体系，具有三个特性：（1）法律的正确性宣称；（2）根据此宪法而制定的（权属正当性）、隶属于大体上具有社会实效性的宪法而且并非极端不正义的全体规范（法的正当性）组成；（3）包含了法律适用程序、为实现法律正确性的原则和其他规范性依据。由是观之，在法秩序中，宪法具有法律的规范性和正确性的调和功能。③ 因此，在宪法法律（高阶法律）与次宪法律（次阶法律）出现价值评价冲突时，为维持横向立法权与纵向立法权的恰当划分与法律价值体系的一致性，宪法（高阶法律）优于次宪法律（次阶法律）。

例如，2013年甘肃省第十二届人民代表大会常务委员会第四次会议通过的《甘肃省公众参与制定地方性法规办法》第十四条规定："公众认为已经生效

---

① 《立法法》第八条规定："下列事项只能制定法律：（一）国家主权的事项；（二）各级人民代表大会、人民政府、人民法院和人民检察院的产生、组织和职权；（三）民族区域自治制度、特别行政区制度、基层群众自治制度；（四）犯罪和刑罚；（五）对公民政治权利的剥夺、限制人身自由的强制措施和处罚；（六）税种的设立、税率的确定和税收征收管理等税收基本制度；（七）对非国有财产的征收、征用；（八）民事基本制度；（九）基本经济制度以及财政、海关、金融和外贸的基本制度；（十）诉讼和仲裁制度；（十一）必须由全国人民代表大会及其常务委员会制定法律的其他事项。"第十条规定："授权决定应当明确授权的目的、事项、范围、期限以及被授权机关实施授权决定应当遵循的原则等。授权的期限不得超过五年，但是授权决定另有规定的除外。被授权机关应当在授权期限届满的六个月以前，向授权机关报告授权决定实施的情况，并提出是否需要制定有关法律的意见；需要继续授权的，可以提出相关意见，由全国人民代表大会及其常务委员会决定。"第十一条规定："授权立法事项，经过实践检验，制定法律的条件成熟时，由全国人民代表大会及其常务委员会及时制定法律。法律制定后，相应立法事项的授权终止。"第十二条规定："被授权机关应当严格按照授权决定行使被授予的权力。被授权机关不得将被授予的权力转授给其他机关。"第八十二条第六款规定："没有法律、行政法规、地方性法规的依据，地方政府规章不得设定减损公民、法人和其他组织权利或者增加其义务的规范。"

② ［德］伯恩·魏德士著，丁晓春、吴越译：《法理学》，法律出版社2013年版，第65～319页。

③ Robert Alexy, The Argument from Injustice: A Reply to Legal Positivism, Bonnie Litschewski Paulson and Stanley L. Paulson trans., Oxford University Press, p127. Emmanuel Melissaris, The Hurried Justification of Sanctions, 12（1）Law and Critique, 2001, pp35－37. 参见［德］齐佩利乌斯著，金振豹译：《法哲学》，法律出版社2009年版，第5页。

的地方性法规与上位法不一致,或者明显不适应我国经济社会发展要求的,可以依法向地方性法规制定机关提出修改、废止的建议,地方性法规制定机关应当依法进行处理。"

又如,2017 年,中山市通过了《中山市公众参与政府立法工作程序规定》,第三十五条规定:"国家机关、社会团体、企业事业组织、公民认为规章同法律、行政法规相抵触的,可以向国务院书面提出审查的建议,由国务院法制机构研究处理。国家机关、社会团体、企业事业组织、公民认为较大的市的人民政府规章同法律、行政法规相抵触或者违反其他上位法的规定的,也可以向本省、自治区人民政府书面提出审查的建议,由省、自治区人民政府法制机构研究处理。"不久之后,中山市发布了《关于〈中山市公众参与政府立法工作程序规定〉的文件解读》,指出公众提出规章制定建议项目要注意:"(1)建议的立法项目要符合《立法法》规定的地方立法权限,即城乡建设与管理、环境保护和历史文化保护等方面事项;《立法法》第八条规定的法律保留事项只能由法律规定,地方无权立法。(2)立法建议项目内容不能与宪法、法律、行政法规相抵触"。[①] 由此可见,在公众参与立法中,为了保障立法的科学性、民主性,公众在横向立法权与纵向立法权所限定的权限范围内,可在立法项目选定、法律法规草案的意见征求、立法草案的审查、立法听证、立法评估、法律法规的实施等不同的立法阶段,最大限度地参与到立法中;与之相对应的,公众若认为立法机关违反了横向立法权与纵向立法权的划分,公布的法律法规草案或通过的法律法规不符合上位阶法律法规的规定或有违宪之虞是,即可对法律法规的合法合宪性提出质疑。这就缓解了原先公众参与立法中存在的形式民主(提建议型)与实质民主(立法实质内容)之间的不和谐。

综上所述,立法的过程实质上是对不同利益进行整合、协调以及平衡再平衡的过程,须顾及不同区域、不同群体的利益诉求。因此,倘若横向立法权与纵向立法权出现了分歧或者不同立法主体所涵盖的利益群体的诉求出现了冲突,不仅应考察这种分歧是否符合宪法、立法法关于立法权限的配置,还要考察该立法是否符合宪法、上位阶法律的规定,是否符合宪法的优位性原则、下位法不能违反上位法原则、宪法与法秩序的内在统一原则。而倘若一项立法侵犯了普遍公众或特定群体的利益时,应考察其是否符合法律保留原则、法律授权明确性原则,在没有宪法的正当理由时,此项立法即有违宪之虞,可能因违宪而被改变或撤销。

[①] 关于《中山市公众参与政府立法工作程序规定》的文件解读,中山市人民政府,http://www.zs.gov.cn/main/zwgk/newsview/index.action? id =198570,2018 年 8 月 15 日访问。

因法律保留原则、法律授权明确性原则主要是为了个人的权利、地区利益或公共利益而设定[①]，如果一项涉嫌侵犯相应公众的利益或者存在重大意见分歧、涉及利益关系重大调整的法案不让相应的公众参与立法中，则可能侵犯到相应公众的利益诉求；如果一项立法只是消极地对上位法进行细化或者仅仅是消极立法而不反映相应群体的利益诉求，不仅有违人权保障原则，还使得横向立法权与纵向立法权的划分荡然无存。

立法的民主性应在科学化、体系化的法秩序中加以确立。横向立法权与纵向立法权的准确恰当地划分可以保证不同的利益诉求得到实现，公众也可以有效地参与到立法中；与之相对应的，公众根据不同立法主体的立法事项，积极有效地参与到立法中不仅可以有效避免减损公民、法人和其他组织权利或者增加其义务的法规范的出现，还可以遏阻"立法地方主义""立法部门主义"等党的十八届四中全会报告中指出的不当立法情况的出现。

二、公众参与立法是我国立法体制中民主立法的需求

（一）法治建设与公民参与

20世纪80年代初期，由于"文革"浩劫，国家的法律体系遭到严重破坏。此后，各方共同关注民主的法制化与法制体系的建设，比较强调法律规范的制定、法律规范的完善。但随着改革开放的深入，宪法的规范性与社会现实性之间冲突不断，改革的合宪性问题、"良性违宪"的问题引发争论，公众对于改革突破宪法，下位法突破上位法的做法颇有怨言。为此，国家层面开始对于改革的合宪性问题予以积极回应。1988年与1993年的两个宪法修正案突破了"八二宪法"的此前规定，在以公有制经济为主导的框架下逐渐确立了个体经济、私营经济等非公有制经济的市场主体地位。1999年与2004年的两个宪法修正案使依法治国建设、人权保障成为国家治理的核心。现行"八二宪法"的四个宪法修正案致力于回应公众的诉求，让公众参与到立法中。此过程也是将改革开放纳入宪法框架，赋予改革合宪性的发展过程。

2015年，对于改革中出现的破坏法律的一些现象，修改后的《立法法》对

[①] 《立法法》第八条规定："下列事项只能制定法律：（三）民族区域自治制度、特别行政区制度、基层群众自治制度；（四）犯罪和刑罚；（五）对公民政治权利的剥夺、限制人身自由的强制措施和处罚；（六）税种的设立、税率的确定和税收征收管理等税收基本制度；（七）对非国有财产的征收、征用。"

改革的合法性做出了回应，也为改革提供了合宪性与合法性基础。① 此外，不可忽视的是，改革开放至今，公众对于改革的合法合宪、权利的保障、市场规则的完善、公民权利保障的呼声尤为强烈，也不断参与到立法中，建言献策，国家也予以积极回应，立法的民主性、科学性不断增强。对此，有学者认为公众参与立法是我国法治变革的动力模式。② 所以，虽然《宪法》修正案与《立法法》回应公众诉求的反应是一种以改革为导向的做法，是对公众诉求的回应，对于法体系的合宪性、改革的合法合宪性一直是国家和人民的共同性追求。由此，我国的立法体制经历了两个重大转变：其一，从"一刀切"的立法模式转变为人大与行政机关、中央与地方的协同立法努力；其二，从封闭式立法走向开放性立法，从回应性的立法公开走向主动的立法公开；其三，公众参与的制度供给逐渐增多，体制内的立法公开与体制外的公众参与成为公众参与立法的主要形式。③

改革开放使我国原先较为一致的利益逐渐碎片化，社会也不断分化，社会结构和利益关系已经发生了巨大的转变，基于利益与资源分配的社会权力结构不断发展变化。在利益群体多元化的社会中，利益群体的多元化意味着多元化、相异的利益诉求。在此，如何将这种日益分化的、相互冲突的利益群体整合到立法的过程中去，就成为民主立法必须直面的问题。

改革开放前或改革开放初期那种基于国家分配再分配、自上而下的决断型的法律制定模式已不适应我国目前的经济社会发展。因此，在以市场经济为基础的利益结构与利益关系中，法律体系建设的动力源泉在于各种社会利益群体以及不同民族、不同阶层、不同地域、不同行业的人群对于法律制度的价值追求与利益诉求以及如何加以协调。而族群的差异、经济成分的异同、利益群体及其组织形式和协商机制的构成状况则决定了我国法律体系建设的民主含量与民意特点。④

因此，目前这种以公民为动力源泉、以社会多元利益的需求为取向的立法模式，其实是在权利途径、市民民主基础上的公民充权。在此，公众参与立法中的公民充权指的是立法过程对公众开放，公众有权利也有机会对国家立法行为产生实际的控制与影响，在实践中包括了三个层面：（1）法律充权，即根据法律规定，公众拥有的参与立法的权利、机会以及途径等；（2）事实充权，即公众作为立法参与主体对于法律制定实际上所能起到的控制与影响，通常受到法治程度以

---

① 《立法法》第六条规定："立法应当从实际出发，适应经济社会发展和全面深化改革的要求，科学合理地规定公民、法人和其他组织的权利与义务、国家机关的权力与责任。"第十三条规定："全国人民代表大会及其常务委员会可以根据改革发展的需要，决定就行政管理等领域的特定事项授权在一定期限内在部分地方暂时调整或者暂时停止适用法律的部分规定。"
② 王锡锌：《公众参与和中国法治变革的动力模式》，载于《法学家》2008年第6期。
③ 王锡锌：《公众参与和中国新公共运动的兴起》，中国法制出版社2008年版，第2～12页。
④ 石东坡：《论非均衡法律发展中的立法需求及其民主内涵》，载于《河北法学》2008年第6期。

及国家政治体制、社会治理体制类型的影响；（3）主观充权，即在法治社会中，公众参与立法的意愿与心理状态，通常受到法律充权与事实充权的影响。法律充权、事实充权、主观充权之间是一种联结关系：法律充权是事实充权的前提，事实充权是法律充权的体现，如果法治不彰或者法律充权不足、事实充权缺失的话，公民主观充权的意愿也会相对低沉。在此种情况之下，法律充权、事实充权、主观充权在公众参与立法中就会形成难以调和的充权鸿沟。

为弥补公众参与立法中的充权不足，党的十八届四中全会提出了"完善公众参与政府立法机制""健全立法机关主导、社会各方有序参与立法的途径和方式"（法律充权）、"健全法律法规规章草案公开征求意见和公众意见采纳情况反馈机制，广泛凝聚社会共识"（事实充权）的要求，从而保障知情权、参与权、表达权、监督权的公民"四权"的实现（主观充权）。

2015年新修改的《立法法》第五条、第三十七条、第四十九条、第六十七条也对民主立法以及法律草案、法律解释草案表决稿、行政法规草案的公开做了详细规定。基于此，党的十九大报告中对"法律充权＋事实充权"做了更为系统的规定，指出要"加强协商民主制度建设，形成完整的制度程序和参与实践，保证人民在日常政治生活中有广泛持续深入参与的权利"（法律充权），同时应"加强社会治理制度建设，完善党委领导、政府负责、社会协同、公众参与、法治保障的社会治理体制"，以打造共建共治共享的社会治理格局（事实充权）。可以说，为保障立法过程的公众参与立法的实现，法律充权、事实充权、主观充权都缺一不可。

因此，公众参与立法的充权是一个具有多层次建构、由下而上、富有语境差异、涵盖全过程以及集体联动的构念。[1] 另外，就主体而言，公众参与立法过程中的公民充权包括个人充权与集体充权两个维度，即公民通过参与立法使自己（集体）的利益诉求能纳入法律文本、制度建设中，以保障个体（集体）的价值不受侵犯，是公民个人（集体）利益的自主自决、对国家权力的监督、对涉及自身（集体）利益等立法参与的体现。据此，立法的公开、公众的立法参与和公民充权之间存在着一种互动关系。

因此，为了提高法律对公众利益以及社会公共问题的回应力度，促进法律实施的实际成效，就需要公布法律草案向全民公布征求意见。在此，立法的公开不仅有助于社会公众了解该项立法的目的、立法的背景、立法的内容以及该项立法所要解决的主要问题，还可以让公众参与到立法中，提高社会各种利益群体的参

---

[1] Charles H. Kieffer, "Citizen Empowerment: A Developmental Perspective", Journal Prevention in Human Services 3, 1984, pp. 9 – 36. John Lord and Peggy Hutchison, "The Process of Empowerment: Implications for Theory and Practice", Canadian Journal of Community Mental Health 12 (1), 1993, pp. 5 – 22.

与积极性，保障民主的立法与立法的民主化。因此，民主立法的实质就是"全面对待和平等促进不同社会利益群体的法律需求，认知和尊重其不同特点和价值趋向，建构和保障其理性规则和对话平台，增进包括法律在内的制度建设的形式合理性与实质合理性"。①

（二）立法过程中的"纽科姆对称模式"

根据上文分析，我们可以看出，虽然横向立法权与纵向立法权的合理划分保证了立法的科学性，立法科学性要求立法应体现出不同的领域指向、地域指向、群体利益指向以及不同利益的妥善保护，而立法的领域指向、地域指向、群体利益指向以及不同利益的妥善保护又是包括公众参与立法在内的民主协商、立法协商的当然性要求。横向立法权与纵向立法权的科学合理的划分虽然是民主立法的前提，但却无法保证民主立法的实现。因为在民主立法的过程中，涉及了立法主体与立法参与主体关于立法对象（法律草案）的立法协商关系。为此，在民主立法过程中，这几者之间会形成"立法主体—立法对象（法律草案）—立法参与主体"的三角结构关系。

为了探求公众立法参与对于民主立法形成的作用，在此将结合纽科姆的对称模式作出分析。根据纽科姆的对称模式，人际互动与认知系统主要是由3种要素、4种关系构成。3种要素是：认知者A，对方B，认知对象X。在此，认知者A与对方B是互为主体（因而也可以是认知者B，对方A），所以，A、B都有自己独立的认知系统。但基于认知对象X，A的认知系统和B的认知系统就会组成一个复合系统，呈集合状态。因此，纽科姆的对称模式是一种群体式认知系统，A与B和X之间分别构成了三角形的三个角（见图5-1）。

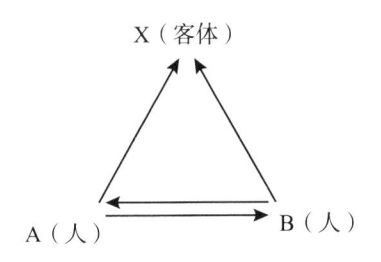

```
        X（客体）
         ╱ ╲
        ╱   ╲
       ╱     ╲
      ╱       ╲
   A（人）←——→ B（人）
```

图5-1 纽科姆对称模式

从图5-1中可以看出，A、B、X三者既是相对独立又是相互联系的，组成了一个包含四个方面的系统：A-B感情关系、A-X认知关系、B—A感情反馈

---

① 石东坡：《论非均衡法律发展中的立法需求及其民主内涵》，载于《河北法学》2008年第6期。

（B 对 A – B 感情关系的认知）、B – X 认知反馈（B 对 A – X 认知关系的认知）。在此，可将认知者 A 视为立法主体、对方 B 视为立法参与主体、认知对象 X 为法律草案。在图 5 – 1 中：法律草案 X 是立法主体 A 与立法参与主体 B 共同关注的对象；立法主体 A 是法律草案的提出者，立法主体 A 对法律草案的认知起到了主导作用；立法参与主体 B 是法律草案的利益攸关者，立法参与主体 B 对法律草案的认知起到了修正作用；立法主体 A 与立法参与主体 B 在这个三角结构关系中是互为认知的主体。

对这个三角结构关系稍做探析即可得知，如果有关法律草案 X 对于立法主体 A 和立法参与主体 B 都是公开的、流通的，立法主体 A 与立法参与主体 B 的见解越是一致、反馈越是到位，立法主体 A 与立法参与主体 B 对于法律草案 X 的认同就会越高，A – B – X 的三角结构就越对称和平衡，随之法律的实效性也就会越高。

但是如果立法主体 A 不公布法律草案、立法主体 A 公布的法律草案不符合立法参与主体 B 的利益或者立法主体 A 和立法参与主体 B 对法律草案 X 产生了相异的认识，那么立法主体 A 就可能不顾立法参与主体 B 对法律草案 X（B – X）的认知，或者 B 可能就会不认同立法主体 A 对法律草案 X（A – X）主导意见。在此，倘若 A – X 的主导意见与 B – X 的相异意见之间的张力达到一定的程度，A – B – X 模型就会失去对称和平衡。据此可知，立法主体 A 和立法参与主体 B（A – B）之间的自我理解与相互理解、平衡关系、立法主体 A 和立法参与主体 B 对法律草案 X 的认同程度，是立法民主性、立法科学性、法律实效性的保证因素。

由此可知，多元化的利益主体通过公众参与立法的途径是立法机关民意汇集、化解社会矛盾的重要手段之一，这一过程与结果也符合我国宪法人民主权、参与制民主、权利保障的法治意涵。倘若立法机关垄断相关立法话语权，未能给公众提供有效的意见表达渠道，并且在个人利益受影响时没有表达机制、多元利益产生冲突时缺乏有序的利益协调机制，也即纽科姆的对称模式的失衡，立法机关的公信力就会大打折扣。

立法过程的公开、立法主体 A 和立法参与主体 B 之间的互逆通信体系是公众参与立法以及法律草案 X 能够获得公众认同的关键。[①] 在此，如果立法主体 A 允许公众参与立法不仅可以增加立法过程的透明度，还可以充分发挥立法主体 A

[①] Malcolm E Jewell,"Legislator – Constituency Relations and the Representative Process", Legislative Studies Quarterly 8（3），1983，pp303 – 337.

的民主决策、联结、合法性功能,以增加公众对立法体制的信心以及法案的接受度。[1] 从这个意义上来说,公众参与立法是我国立法体制中民主立法的内在要求。可以说,公众参与立法的合理建议是否被纳入立法决策,是对立法机关公信力的考量。公众参与立法是否取得实效,不仅在于公众参与是否有多种形式,更在于公众参与是否对立法决策、法案的内容甚至立法的效力产生某种程度的实际影响。

(三)"行政立法"中的参与

根据现行《宪法》第二条、第三条、第二十七条第二款的规定,人民主权原则以及人大作为权力机关的权力配置最大程度地保证了国家立法的民主性,但由于国家立法权限并不仅有人大行使,因此有必要对各个层级、各个机关的立法权限做一个解析。为此,本书将对立法权限的横向和纵向划分做一个体系化的分析。根据我国《宪法》第五条、第一百条的规定,在法律效力层级体系上,基于民主机关立法的"地方性法规"是不能与基于人大授权立法的"行政法规"相抵触的。可见,宪法所设计的立法体制也没有体现出"人大立法优于行政立法"的价值要求。对此,有学者认为,宪法所设计的立法体制并不全然基于民主的价值秩序,而带有"行政层级"的特色。[2]

为缓解法律效力层级体系中"行政立法"的高权色彩以体现民主立法的需求,就应加强立法过程的民主化程度,让公众参与其中。[3] 另外,公众参与立法也具有实现意义。据统计,我国绝大部分法律和90%以上的地方性法规都是由行政部门负责起草的,但因立法信息的不够透明,立法的体制闭塞致使体制外的利益群体的立法动力被严重阻隔,行政部门垄断了相关立法的话语权。[4] 为此,有学者总结提出,我国目前转型社会中的立法参与存在着"文本不能生成秩序"的立法实效困境、"体制内难以吸纳体制外"的立法动力困境、"权威无法同约理性"的立法决策困境。如果任由这种"堰塞流"式的立法模式继续恶化下去

---

[1] Karl T. Kurtz, "Legislatures and Citizens: Public Participation and Confidence in the Legislature", http://www.ncsl.org/legislators-staff/legislators/trust-for-representative-democracy/public-participation-and-confidence-in-the-leg541.aspx. Accessed August 21, 2018.

[2] 莫纪宏:《论立法的技术路线——专家立法在立法公民参与中的作用》,引自李林主编《立法过程中的公共参与》,中国社会科学出版社2009年版,第35页。

[3] 正如彭真同志在《关于中华人民共和国宪法修改草案的报告》中所指出的:"国家机构的设置和职责权限的规定,要体现这样的精神:在法律的制定和重大问题的决策上,必须由国家权力机关,即全国人大和地方各级人大,充分讨论,民主决定,以求真正集中和代表人民的意志和利益。"

[4] 伟民:《公开化,立法民主新起点》,载于《浙江人大》2008年第9期。

的话，不仅会导致人大立法民主性阙如，还会进一步加剧公众立法话语权的缺失。① 立法过程的公众参与立法缺乏，容易使中国的立法越来越多地带有"官僚法"的特点。

因此，在立法机关与公众建立互逆通信体系的同时，人大应主导立法并让公众参与到立法中，以此加强公众与政府的联系、规范政府的行为与决策。据此，人大凭借立法体制内的民主程序与体制外的公众参与立法的良性互动，可以有效遏阻"部门利益法制化"（部门保护主义）与"立法的条块化"（地方保护主义）局面的出现。

如在《中华人民共和国慈善法》的制定过程中，人大代表在立法中的主体作用得到了充分体现。据全国人大统计，自 2008 年以来，"共有全国人大代表 800 多人次提出制定慈善法的议案 27 件、建议 29 件，反映了社会各方面的热切期盼"。② 当然，公众参与立法虽是由人大主导，但仍是在各部门、各地区已有的立法权限的基础上（部门立法 + 地区立法）进行的，缺乏民主意涵的立法难以保证立法的科学性，因此立法的科学性有赖于立法的民主性提供的基础支持。

如在 2007 年 5 月，安徽省潜山县茶畜茧公司经理田大军在申请蚕种经营许可证时发现，1999 年安徽省制定实施的《安徽省蚕种管理条例》与 2006 年 7 月 1 日农业部颁布实施的《蚕种管理办法》不一致。于是，田大军和其他三家基层供销社业务科随即向全国人大常委会提出《关于地方法规与部门规章间应衔接一致》的立法建议，要求修订《安徽省蚕种管理条例》，实行蚕种经营许可制度，多家经营。2008 年 6 月，安徽省人大常委会法工委立即会同省人大常委会农工委、省农委等部门组成调研组，前往潜山县征求意见。最终，田大军等人的建议被采纳——对蚕种经营实行许可制度，有序放开蚕种经营市场，打破了安徽省以往蚕种生产经营一家独有的局面，规范了市场经济条件下的公平竞争，更保障了地方法规与部门规章间的有效衔接一致。③

综上，由人大主导的且在各部门、各地区已有的立法权限的基础上的公众参与，不仅有利于缓解法律效力层级体系中"行政立法"的高权色彩，还可以建立一种从中央到地方、党内到党外、立法体制内到立法体制外的探索方式。所以，在我国的立法体制中，立法公开与公众参与是一个整体性过程：就主体而言，包括了立法机关（人大及其常委会）与行政机关（政府及其部门）；就地域而言，包括了全国（全国人大及其常委会、国务院组成部门及直属机构、各部委）与地

---

① 傅振中：《立法参与的理念建构》，法律出版社 2016 年版，第 34~70 页。
② 刘少华：《慈善法，开门立法的典范》，载于《人民日报（海外版）》2016 年 3 月 12 日。
③ 张燕：《安徽省人大：一份公民立法建议促成法规修订》，载于《人民日报》2008 年 10 月 29 日，第 14 版。

方（市级以上的人大及其常委会、省与设区的市的政府）所制定的法律法规规章。

（四）多元利益冲突的解决

公众参与立法在民主立法中应当怎样体现呢？对此，有学者认为国家立法与社会资源分配之间存在内在的逻辑关系，但是由于各社会群体对国家立法权拥有的不平衡性，最终导致国家立法对有限社会资源分配的不公正，使法律的遵守失去正当性理由。为此，有必要让法律职业者团体、公民个人、社会各群体等法定以外的立法主体参与到立法中，以缓和社会各群体之间的矛盾。公众参与立法具有表达汇集、信息知情、多元民主、利益协调、公众治理等功能，是公民主体意识的体现。据此，立法机关应遵循主动公开、信息真实、互为平等、广泛多元等原则。[①] 与此同时，应保证立法权公有、民主立法程序的形式正当性与民主立法结果的实质正当性，使得民主立法的价值取向与整个社会普遍的公正价值、宪法个人权利的保障、民众的利益诉求，以及法治的建设保持高度的契合。[②]

可见，民主立法的形式合理性应符合横向立法权与纵向立法权的合理划分、立法程序的正当性以及法律保留、法律授权明确性等原则；民主立法结果的实质正当性是指法规范应符合国家权限划分、宪法权利保护、个人自主自决以及法治国等理念。然而，在民主立法与立法民主化的过程中，必然会涉及个人法益与个人法益、个人法益与公共利益以及不同公共利益之间的冲突。为此，立法机关作为法定的立法主体应发挥冲突处理的功能。详言之，利益的分化、多样、变动以及不同利益的矛盾与冲突应在国家立法权的运行阶段加以解决，立法机关应结合具体的情况将立法机关所对应法益权衡公式展示如下[③]：

（1）P1，P2：相互冲突的个人法益（P1↔P2）

（2）P，G：相互冲突的个人法益与公共利益（P↔L）

（3）G1，G2：公共利益之间的冲突（G1↔G2）

（4）P：……优先于……；V：未满足或损害一方法益之程度越大，相应地，满足另一方法益之重要性程度应更大。反之亦然，两者间（未满足或损害↔满足）成负相关关系

（5）C1，C2，C3……：不同的优先条件

[①] 丁渠：《立法中的不正当部门利益治理——代议制民主的视角》，中国社会科学出版社2014年版，第135~156页。

[②] 冯祥武：《民主立法是立法与社会资源分配的理性路径》，载于《东方法学》2010年第4期。

[③] Robert Alexy, Formal Principles: Some Replies to Critics, 12 (3) International Journal of Constitutional Law, 2014, pp. 511-524.

C1：P1 P P2，P P G，G1 P G2（V）↔反之亦然

C2：P1 P P2，P P G，G1 P G2（V）↔反之亦然

C3：P1 P P2，P P G，G1 P G2，（V）↔反之亦然

(6) P1 P P2，P P G，G1 P G2 或者 P2 P P1，G P P，G2 P G1⊆M（立法机关制定的法规范应符合宪法与上位法所构成的整体法秩序的法效标准）

上述公式表示的是，当公众参与立法并提出不同的利益诉求，或者当立法者的方案与公众的诉求相异、立法涉及不同的公众利益诉求时，立法机关在判断一项利益是否优先于（P）另一项利益时，须基于不同的客观条件 C（C1、C2、C3……）加以考量，并遵循一定的比例原则 V，同时符合宪法与上位法所构成的整体法秩序的法效标准。基于此，立法的民主化要求公开立法，立法机关对多元社会的多元利益做准确权衡，妥善处理不同的公众利益诉求。对此，汤维建教授指出："公开立法一方面有助于消除立法中的神秘主义，强化立法的权威性、正当性和公信力，另一方面也有助于'开门立法'，防止立法偏颇的出现。民主立法要求通过立法程序的公开化，将各种利益攸关者有序导入立法过程中，展开理性的立法利益博弈，从而在部门利益之间、群体利益之间以及部门利益和群体利益相互之间，形成立法利益的良性互动，由此催生立法利益和立法价值的最大化，从而稳定地提升立法的质量和科学化程度"。①

可见，立法主体回应公众利益诉求并不是仅仅让公众参与到立法中，而是对公众参与立法中所产生的那些具体的、复杂的、相异的利益加以规范化并予以调整的过程。唯有如此，才可以客观地说我国现行立法体制中关于"立法应当体现人民的意志，发扬社会主义民主"的民主立法与立法民主化规定真正反映了公众参与立法的利益诉求，立法的价值、立法的内容、立法的实效才能真正凭借公众的立法参与体现出来，才能真正做到民主立法。在此，民主立法基本功能与核心价值在于立法程序的合理性立法程序的民主性、立法程序的秩序合理性以及立法机关对于分配正义的实践。② 因为民主立法的过程"就是追求正义的过程，就是通过合理配置权力、设计制度、设定权利义务、分配利益、调整社会关系、规范社会行为等方式，分配各种类型、各个层面的'正义'"。③

因此，我国的民主立法包括了形式层面与内容层面，形式层面是指立法决策过程的民主，让人民参与其中，即"立法的民主化"；内容层面是指立法的内容

---

① 汤维建：《从立法法修改看科学立法关键所在》，载于《人民政协报》2015 年 3 月 9 日。
② 罗传贤：《立法程序与技术》，五南图书出版股份有限公司 2008 年版，第 339~340 页。
③ 李林：《民主立法与公众参与》，中国法学网，http：//www.iolaw.org.cn/showArticle.aspx？id＝2616，2019 年 1 月 5 日访问。

应贯彻宪法的规定以及保护人民权益的精神，即"民主化的立法"。[①]

综上所述，立法权限的横向和纵向划分保证了立法的科学化、专业化、部门化以及法秩序的统一，在此，不同行业、不同地域、不同族群、不同阶层、不同利益诉求的公众也可以参与到相应的立法中，防止立法"一刀切"而损害了不同地域、不同民族、不同公众等群体的利益诉求。民主立法与立法民主化保证了民主立法程序的形式正当性与民主立法结果的实质正当性，真正做到立法为民、立法反映实际真切的民意。

在此，科学立法保证了公众可以有效地参与到立法中，是民主立法的前提；民主立法则可以保证不同领域指向、地域指向、群体利益指向的立法真正的反映公众的价值追求与利益诉求，防止部门利益保护倾向的出现。科学立法与民主立法之间存在着内在的关联性，都需要公众的参与，服务于我国的法律体系发展与法治建设。可以说，科学立法与民主立法共同维护了人民的根本利益、体现了人民的共同意志、保障了人民的权利。

可见，在公众参与立法的过程中，立法主体与立法对象之间是一种互为主体的相互关系，不同利益群体之间可进行相异利益的表达、多种渠道的协商、双向的交流以及互相的妥协。因此，利益相关者可以通过公众参与制度来实现其所欲的规则和利益诉求。据此，"公众参与立法"的模式是建立一种不同群体与多元利益的公平代表、有效参与的"制度过程"。[②]

综上，公众参与立法不但是权利、公平、民主、正义等价值的集中体现，还是立法公平化、民主化、效率化以及公众的正义、利益诉求的汇集点与契合点。公众参与立法可以增强立法的民主正当性、科学性，是立法科学化以及民主立法、立法民主化的必然要求。

第五节 我国公众参与立法的具体实践及完善思考

一、"八二宪法"前的公众参与

法律草案向全民公布征求意见、公众参与立法的民主协商、立法协商型的民

[①] 郭道晖：《法的时代精神》，湖南出版社1997年版，第653页。
[②] 王锡锌：《行政正当性需求的回归——中国新行政法概念的提出、逻辑与制度框架》，载于《清华法学》2009年第2期。

主立法形式并不是党的十八届三中全会、四中全会之后才有的实践,早在新中国初期就有实践探索。在制定"五四宪法"时,宪法起草委员会在1954年3月接受了中国共产党中央委员会提出的宪法草案初稿,并经过北京和全国各大城市组织各民主党派、各人民团体和社会各方面的代表人物所组成的8 000多人的广泛讨论,讨论之后形成了宪法修改草案。1954年6月14日,中央人民政府委员会将讨论修改后的宪法草案交付全民讨论,历时两个多月,共1.5亿人参加了讨论。[①]

1954年6月15日宪法草案公布,同年6月16日《人民日报》发表了题为《在全国人民中广泛地展开讨论中华人民共和国宪法草案》的社论,指出:"我国人民的宪法是属于社会主义类型的真正民主的宪法。我们全国人民对于关系每个人自己的切身利益的国家根本大法,一定要积极地参加讨论,提出意见,集中全国人民的智慧,使我国第一部宪法草案修改得更加完善"。据1954年9月11日《人民日报》的报道,全国人民共提出118万多条修改和补充意见,并先后交宪法起草委员会。[②] "五四宪法"的"开门立法"形式使得"五四宪法"充分体现了民意,当中很多制度和原则被"八二宪法"所继承与发展,保持了生命力。[③] 对此,正如陈俊教授指出的:"正是由于开门立法和全民参与,正因为有了广泛的民意基础,1954年宪法经受住了历史岁月的检验,其确立的许多重要制度,仍为现行宪法所肯定和继承"。[④]

也要看到,在"五四宪法"通过之后,改革开放之前,法律草案向社会公布征求意见处于停滞状态,民主立法与立法民主化的缺失不仅导致了诸多侵犯公众权益的立法出现,还使公众正当的利益诉求无法上升为法律。为此,1978年,党的十一届三中全会提出了"为了保障人民民主,必须加强社会主义法制,使民主制度化、法律化,使这种制度和法律具有稳定性、连续性和极大的权威,做到有法可依,有法必依,执法必严,违法必究。从现在起,应当把立法工作摆到全国人民代表大会及其常务委员会的重要议程上来"。[⑤] 自此,法律的民主化、民主的法制化成为党和人民的需求。

---

① 刘少奇:《关于中华人民共和国宪法草案的报告》,中华人民共和国中央政府网站,http://www.gov.cn/test/2008-03/06/content_910667.htm,2018年8月10日访问。

② 艾志鸿:《全国人大常委会向社会公布法律草案工作的回顾与思考》,中国人大网,2017年3月27日访问。

③ 正如毛泽东同志指出:"这个宪法草案结合了少数领导者的意见和8 000多人的意见,公布以后,还要由全国人民讨论,使中央的意见和全国人民的意见相结合。这就是领导和群众相结合,领导和广大积极分子相结合的方法。过去我们采用了这个方法,今后也要如此。一切重要的立法都要采用这个方法。"《1954年6月14日关于中华人民共和国宪法草案》,央视网,2018年9月16日访问。

④ 陈俊:《完善相关制度 扩大开门立法》,载于《法制日报》2011年10月18日,第3版。

⑤ 《中国共产党第十一届中央委员会第三次全体会议公报》,引自张静如主编:《中国共产党历届代表大会:一大到十八大》,河北人民出版社2012年版,第511~516页。

自党的十一届三中全会以来，1978年的宪法已经不能适应形势发展的需要，有必要也有条件对它进行全面的修改。为此，宪法修改委员会根据第五届人大三次会议关于修改宪法和成立宪法修改委员会的决议制定了《中华人民共和国宪法修改草案》。1982年4月，宪法修改委员会将宪法修改草案交由全国人大常务委员会公布，交付全国各族人民讨论。为此，4月29日，《人民日报》发表了题为《全民动员讨论宪法草案》的社论，目的是"动员全民讨论宪法草案，广泛吸收人民的意见进行修改补充，才能使宪法草案更充分地体现人民的意志。同时，全体人民参加关系自己切身利益的国家根本大法的讨论，能够增强主人翁的责任感，从而自觉地执行和遵守宪法的有关规定，加强对各级政府的监督，积极地同一切违反宪法的行为作斗争。这样，就能保证宪法的贯彻和实施，发挥根本大法的作用"。

这次宪法草案全民讨论的规模之大、参加人数之多、影响之广在新中国的历史上绝无仅有。在全民讨论中，社会各界人士提出了各种类型的意见和建议。宪法修改委员会秘书处根据这些意见和建议，对宪法修改草案作了修正与补充。通过全民讨论，宪法的修改不但深切反映了全国各族人民的共同意志和根本利益，发扬了民主，还是一次全国范围的群众性的法制教育，增强了干部和群众遵守宪法和维护宪法尊严的自觉性。[①] 这是改革开放后第一部公开征求意见的法律草案。

二、"八二宪法"后的公众参与

公众参与对于法治的追求，在改革开放初期就有讨论。1979年党中央在《关于坚决保证刑法、刑事诉讼法切实实施的指示》中，明确指出"法律能否严格执行，是衡量我国是否实行社会主义法治的重要标志"。1979年12月2日《光明日报》刊载了《要实行社会主义法治》一文，提出"必须实行法治，必须依法办事"的治国方略。与此同时，1979~1982年，关于"法治与人治""刀制"（法制）与"水治"（法治）问题，也引发了学者们的激烈争论。学者们争论的焦点主要集中于"法治与人治""法制与法治"的关系上，形成了"法治论""结合论"和"取消论"的三种观点。

1979~1982年有关法治的学术争鸣，仍然停留在法律体系的完整性和完备性上，独立的、整体性的法治体系并未形成。"八二宪法"对此虽没有回应，但确立了法治国家的基本框架，建立了一套公民基本权利的体系，为我国改革开放的

[①] 彭真：《关于中华人民共和国宪法修改草案的报告》，中国人大网，http://www.npc.gov.cn/wxzl/gongbao/1982-11/26/content_1478478.htm，2018年8月10日访问。

推进、法治的发展奠定了良好的制度基础。

随着改革开放的不断深入，公众对于宪法治理与民主法治参与需求与日激增，市场对经济体制也表达出了强烈的改革呼声。对此，"八二宪法"以修正案的形式做出了回应：1988年私营经济入宪并允许土地使用权可以依法转让、1993年社会主义市场经济受到宪法保护、1999年"依法治国，建设社会主义法治国家"入宪、2004年宪法明确规定"国家尊重和保障人权""公民的合法的私有财产不受侵犯"。至此，国家法治建设、市场经济与公民社会建构、私有财产保护等在宪法中得到了更充分的体现。1988~2004年四次修宪所形成的31条修正案中，直接涉及国家经济体制改革的条款共有15条：1988年修正案2条（2）、1993年修正案6条（9）、1999年修正案3条（6）、2004年修正案4条（14）[①]。

从中可见，现行"八二宪法"的四次宪法修正案，始终是围绕改革开放而展开的：我国经济制度从公有制改造变迁为"以公有制为主体、多种所有制经济共同发展的"公私二元并存的经济体制；经济制度的公私二元也引起了"国家—社会""国家—个人"公私二元结构关系的变化。改革开放以来，"市场经济条款""法治国条款""人权条款"的相继入宪，不仅是公私二元结构关系演变的规范体现，也是公私二元结构关系的法治保障。因此，在某种程度上可以说，"八二宪法"及其修正案对公民个人财产权保护的范围和力度的变迁，就是由经济制度和经济体制的改革和变更所带来和推动的。

此外，值得关注的是，"建设社会主义法治国家"与"人权条款"的入宪，不仅终结了"刀制"（法制）与"水治"（法治）之争，还完成了从"法制"到"法治"的转变。在法治国规范体系下，宪法的规范性与优位性、国家权力的职能配置、公民基本权利的保护之间实现了紧密结合。至此，"人权条款"缓解了我国实定化权利秩序的僵硬性。"人权条款"具有自然性权利和实定化权利的双重内涵：一是"人权"具有高度的开放性，具有基本权利保护的兜底功能，可以弥补我国基本权利体系的不足；二是"人权"更强调权利的道德意涵和高级法属性，对国家权力的行为提出更为严苛的合宪事由要求。整体法秩序的正当性标准在于法秩序是否符合宪法的规定，宪法具有合宪性法秩序形成与市民社会保障的重要功能。所以，宪法对国家权力行为的规范性与优位性（法治政府）、法律体系的合宪性（合宪法秩序）、市民社会法治建设（法治社会）等成了公民权利保护与对公权力进行限制的重要载体。

同时，为了保证人民作为国家权力所有者主体地位的实现，有必要在我国的法治体系下，将法治政府、合宪法秩序、法治社会有效地联结起来，对政治权力

---

① 括号里头的数字表示的是当年宪法修正案的总数。

的行使划定边界并体现公众参与国家权力行使的时代特征。

依法治国的核心在于依宪执政，依宪执政有赖于宪法秩序的形塑，而宪法秩序又导源于宪法规范的重构与规范宪法的形成。有鉴于此，为破除长期以来宪法研究偏政治因素的倾向，以确立有赖于宪法安定性的宪法权威，进而确立以宪法权威为表征的宪法秩序，以便充分体现依法治国的核心内涵。在宪法的研究上，需要正视"坚持改革开放"与"维护宪法秩序"的二律背反现象，强调宪法的规范作用。在此过程中，宪法规范与改革开放的冲突，可以经由宪法制度变迁和宪法修改两种形态予以消解，从而确立起一种"规范宪法"意义上的宪法体系。于是，改革立法合宪性控制的目的，一方面是使宪法的价值决定能在国家立法和国家决策中得以贯彻，另一方面是实现对法律体系的合宪性调控。

当然，"坚持改革开放"与"维护宪法秩序"冲突关系的缓解，需要协调好宪法变迁、宪法规范性与宪法修改之间的关系，以免宪法规定成为一纸空文。规范宪法是宪法规范（静态宪法）与宪治事实（动态宪法）相互交织的结果。

所以，在此之后历次的宪法修正案，也将宪法修正草案公之于众，广泛征集公众意见。除此之外，也有部分法律草案面向社会公开征求意见。但法律草案向社会公布征求意见的法律规定最早见于1989年《中华人民共和国全国人民代表大会议事规则》第二章"议案的提出和审议"的第二十五条。[1]

从1983~1997年，全国人大常委会陆续将《全民所有制工业企业法草案》《行政诉讼法草案》《香港特别行政区基本法草案》以及《澳门特别行政区基本法草案》等公开登报，并在全国范围内公开征求意见。基于此，1998年3月21日，李鹏同志在第九届全国人大常委会第一次会议上指出立法"要维护人民的根本利益，体现人民的共同意志，贯彻公民权利义务相一致的原则，保障人民当家作主的权利"。"立法要坚持走群众路线。我们制定的法律体现了人民的意志和愿望，是代表人民利益的。因此，在立法过程中，必须深入调查研究，采取各种形式，广泛听取群众的意见。""立法要以宪法为依据，坚持社会主义法制的统一。要维护人民的根本利益，体现人民的共同意志，贯彻公民权利义务相一致的原则，保障人民当家作主的权利。"[2] 1998年4月27日，第九届全国人民代表大会常务委员会第三次委员长会议通过《全国人大常委会1998年工作要点》指出："重要的法律草案可以在报刊公布，广泛征求意见"。1998年4月29日，李鹏同

---

[1] 《中华人民共和国全国人民代表大会议事规则》第二十五条规定："全国人民代表大会会议举行前，全国人民代表大会常务委员会对准备提请会议审议的重要的基本法律案，可以将草案公布，广泛征求意见，并将意见整理印发会议。"

[2] 李鹏：《李鹏委员长在九届全国人大常委会第一次会议上的讲话》，中国人大网，http://www.npc.gov.cn/wxzl/gongbao/1998-03/21/content_1480056.htm，2018年8月9日访问。

志在九届全国人大常委会第二次会议上再次指出:"立法要发扬民主,坚持走群众路线。在制定法律的过程中,要广泛听取各方面的意见,特别是全国人大代表的意见,充分发挥人大代表在立法过程中的作用。一些关系到广大人民群众切身利益的重要法律草案,在制定过程中应当公布于众,广泛征集意见"。①

可见,立法要维护人民的根本利益、体现人民的共同意志、保障人民的权利、保障法秩序的统一,需要以宪法为基本依据,走群众路线,并将法律草案公之于众,让公众充分参与到立法。在1998年之后的一年多,全国人大常委会先后将《土地管理法修订草案》《村民委员会组织法修订草案》和《合同法草案》向社会公布征求意见。②

2000年通过的《立法法》规定:"立法应当体现人民的意志,发扬社会主义民主,保障人民通过多种途径参与立法活动。"《立法法》将"八二宪法"第二条第一款、第二款确立的宪法意义的"主权者"转化为法律意义上的"主权者成员",第二款、第三款确立的"参与制民主"在制定法秩序上有了具体衔接点。从此,宪法规定的公众参与有了法律制度化的保障,全国人大常委会法律草案公布工作也有了法律依据。公众参与立法从原先的零星实践走向制度化、法律化的实践。

立法法出台后,全国人大常委会向社会公布征求意见的第一部法律草案是《中华人民共和国婚姻法(修正草案)》。经第九届全国人大常委会第十八次、第十九次会议审议,委员长会议决定,全国人大常委会办公厅于2001年1月11全文公布《中华人民共和国婚姻法(修正草案)》,广泛征求意见。据《人民日报》2001年04月23日在《婚姻法(修正草案)向社会公布征求意见的情况》中所做的统计,"截至2001年2月28日,全国人大常委会法制工作委员会共收到对婚姻法修改意见的来信、来函、来电等3 829件"。③这次征求意见活动,是继1982年《中华人民共和国宪法修改草案》公开征求意见后,全国广大人民群众最为关注、参与最广的一次。

在此之后,公众参与立法不再是零星地实践。下文仅举几例,以点见面地作出分析。例如,国务院于2003年第一次将《物业管理条例(草案)》全文公布,公开向社会征求意见。2005年2月,由全国人大常委会办公厅主办的中国人大网正式开通。全国人大常委会办公厅于2005年7月8日发布《关于公布〈中华人

---

① 李鹏:《李鹏委员长关于全国人大常委会立法工作的重要论述》,人民网,http://www.people.com.cn/item/lifafa/bj11.html,2018年8月9日访问。

② 艾志鸿:《全国人大常委会向社会公布法律草案工作的回顾与思考》,中国人大网,2019年3月27日访问。

③ 《婚姻法(修正草案)向社会公布征求意见的情况》,载于《人民日报》2001年04月23日,第4版。

民共和国物权法（草案）〉征求意见的通知》，这是我国第一次法律草案公开征求意见，40天里共收到了意见11 543件。其后全国人大常委会陆续公布了《劳动合同法》《就业促进法》等草案向社会公开征求意见。其中，劳动合同法草案仅仅在征求意见发布一个月时间就收到了意见191 849件，而且有65%左右的意见来自劳动者。

2005年9月27日，全国人大法律委员会、财政经济委员会和全国人大常委会法制工作委员举行的"个人所得税工薪所得减除费用标准"听证会在北京举行，这是全国人大常委会在立法过程中举行的第一次听证会。这次听证会有近5 000人报名申请，选出20名代表参加。2008年4月15日召开的十一届全国人大常委会第二次委员长会议决定，为进一步推进科学立法、民主立法，以后全国人大常委会审议的法律草案，一般都予以公开，向社会广泛征求意见。①

截至2008年，据有关统计，我国已有16部法律草案向社会全文公布并征求意见。② 至2009年，国务院已将24部行政法规草案向社会公布、公开征求意见。③ 2010年10月28日，全国人大常委会通过中国人大网向社会全文公布车船税法草案征求意见，截至2010年11月30日，中国人大网共收到97 295条意见和40封群众来信。2011年2月25日，全国人大常委会表决通过的车船税法，采纳了社会各界的意见建议，考虑到2.0以下排气量的车占存量车的87%左右，决定对这部分车的名义税负不予增加。④ 而在2008~2011年的三年间，我国就有30多部法律草案向社会公开，尊重民意、开门立法的民主立法形式在几年间就取得了快速的发展。⑤

由此可见，法律草案向社会全文公布并征求意见是人大立法长期以来所遵循的一项体现民主立法精神的做法。为此，2009年，吴邦国委员长主持的委员长会议正式决定"积极推进科学立法、民主立法，扩大公民对立法的有序参与。委员长会议决定，凡是常委会审议的法律草案，原则上都在中国人大网上公布，重要法律草案还要在全国主要新闻媒体上公布，广泛征求意见，使法律草案公布工作常态化"。"就法律草案中涉及的重大问题，深入调查研究，并通过座谈会、论

---

① 《民主立法大事记》，载于《法制日报》2014年9月10日。
② 毛磊：《打开百姓参与立法的大门——中国立法机关公开开法律草案由特例成为常态》，载于《中国人大》2008年5月25日。
③ 汪全胜、张鹏：《英国立法的公众咨询制度考察》，载于《南通大学学报（社会科学版）》2013年第1期。
④ 庄永廉：《立法中的公民声音》，载于《检察日报》2011年3月21日，第5版。
⑤ 廖文根：《中国立法：从有法可依迈向良法可依》，载于《人民日报》2011年7月20日。

证会等形式与有关方面充分沟通协商，共同研究解决办法，完善法律草案。"①在2010年的第十一届全国人民代表大会第三次会议上，吴邦国同志再次指出："扩大公民对立法的有序参与，坚持和完善法律草案公布机制，增强立法座谈会、论证会、听证会的实效，选择法律草案中人民群众普遍关心的问题进行充分论证，认真听取各方面特别是基层群众的意见，不断完善法律草案，并将采纳情况以适当方式向社会反馈"。2010年10月21日至22日，中国政法大学法治政府研究院还专门主办了"公众参与法律问题国际研讨会"，与会的全国人大常委会法制工作委员会国家法室主任许安标同志在会上指出："公众只有了解了政府的决策意向，才能有针对性地作出客观评价。就公众参与立法而言，法律草案的公开是前提。因为法律草案浓缩了立法过程中的各种信息，是公众参与立法、发表意见最直接的对象，也是解决公众参与立法不平衡的'利器'"。②

据课题组赴全国人大法工委调研所得数据，以第十一届全国人大常委会为例，在第十一届全国人大及其常委会制定的38部法律中，只有《兵役法》等三部法律草案因涉及国家安全、军事秘密未向社会公布之外，有35部法律草案向社会公众征求意见，占比90%以上。可见在第十一届全国人大第一次会议之后，法律草案的公开成为公众参与立法的前提，征求意见是公众参与立法的主要方式之一。

在此之后，公众参与立法的情况进一步受到了重视。在党的十七大与十八大之后，将法律草案公之于众，让公众参与立法成为社会主义法治建设的重要举措之一。在新一届全国人大常委会成立以来，将法律草案的公布作为公众参与立法的重要举措，指出应"进一步改进法律草案公布工作，一个重要举措就是改变只向社会公布一次法律草案的做法，除公布法律草案初审稿征求意见外，还向社会公布法律草案的二审稿，再次征求民意"。③

党的十八大以来有关人民当家作主、以人民为中心等精神，在修改《立法法》中得到了充分体现。《立法法》第五条规定"立法应当体现人民的意志，发扬社会主义民主，坚持立法公开，保障人民通过多种途径参与立法活动。"可见，公众参与立法是体现人民意志、发扬社会主义民主、立法公开的要求。此外，《立法法》第三十七条规定："列入常务委员会会议议程的法律案，应当在常务委员会会议后将法律草案及其起草、修改的说明等向社会公布，征求意见，但是

---

① 《2009年全国人大人民代表大会常务委员会工作报告（全文）》，http://www.npc.gov.cn/npc/wbgwyz/content_1614333.htm，2018年9月13日访问。

② 骆沙：《健全反馈机制，别让公众参与立法"自说自话"》，载于《中国青年报》2010年10月23日。

③ 张维炜：《夯实"良法善治"的立法根基》，载于《中国人大》2015年第7期。

经委员长会议决定不公布的除外。向社会公布征求意见的时间一般不少于 30 日。征求意见的情况应当向社会通报"。法律草案向社会公布征求意见是人大及其常委会明确的法律义务。

而对于长期存在的"行政主导"和"部门本位主义"等突出问题，修改后的立法法确立了"人大主导立法"的立法原则和指导精神。[①] 在立法工作的统筹方面，不仅全国人民代表大会常务委员在立法规划、年度立法计划中更加强调立法须顾及经济社会发展和民主法治建设的需要，以提高立法的民主性、科学性。[②] 在全国人大及其常委会立法工作的统筹方面，立法的民主性是核心的环节之一。在行政法规的起草过程中，国务院亦须通过各种方式广泛地征求意见，让民意更多地进入行政法规，并要将行政法规草案公开、公布，向全社会征求意见。[③]

三、地方立法中的公众参与

在地方立法中，地方性法规草案、政府规章与百姓生活密切相关，立法公开和公众参与立法也是立法民主的重要内容。虽然我国立法法规定了公众立法参与，但因立法语言的概括性、模糊性和原则性，在某种程度上使公众参与立法在地方立法中只是零星的实践，具有一定的任意性和不稳定性。为此，有些地方性条例、地方性法规对立法法做了细致地落实性和保障性规定。

如《广东省地方立法条例》第三条第四款规定："地方立法应当体现人民的意志，发扬社会主义民主，坚持立法公开，保障人民通过多种途径参与立法活动。"此项规定是公众参与广东省地方立法的原则性规定。此外，该条例的第十七条、第二十条、第五十一条至第五十三条，还对法规草案的公布、征求意见的形式、立法听证会等做了明确的规定。但《广东省地方立法条例》还是缺乏必要的程序性规定。对此，甘肃省的规定则更进一步，通过《甘肃省公众参与制定地

[①] 《立法法》第五十一条规定："全国人民代表大会及其常务委员会加强对立法工作的组织协调，发挥在立法工作中的主导作用。"

[②] 《立法法》第五十二条规定："全国人民代表大会常务委员会通过立法规划、年度立法计划等形式，加强对立法工作的统筹安排。编制立法规划和年度立法计划，应当认真研究代表议案和建议，广泛征集意见，科学论证评估，根据经济社会发展和民主法治建设的需要，确定立法项目，提高立法的及时性、针对性和系统性。立法规划和年度立法计划由委员长会议通过并向社会公布。全国人民代表大会常务委员会工作机构负责编制立法规划和拟订年度立法计划，并按照全国人民代表大会常务委员会的要求，督促立法规划和年度立法计划的落实。"

[③] 《立法法》第六十七条规定："行政法规在起草过程中，应当广泛听取有关机关、组织、人民代表大会代表和社会公众的意见。听取意见可以采取座谈会、论证会、听证会等多种形式。行政法规草案应当向社会公布，征求意见，但是经国务院决定不公布的除外。"第七十一条规定"行政法规签署公布后，及时在国务院公报和中国政府法制信息网以及在全国范围内发行的报纸上刊载。"

方性法规办法》规定了地方性法规制定机关或者起草单位,在地方性法规草案征求意见的过程中应当通过广播、电视、报纸和网络等媒体,向社会发布公众参与立法的相关信息。同时发布的立法信息应当完整、准确,并建立了公众参与的激励和补偿制度,从而有利于公众有效参与。公众也可以通过信函、传真、电子邮件、电话等,提出立法项目建议或者法规草案文本或对已公布的法规草案本文的具体意见和建议,且在一些情况下,还可应邀参加座谈会、论证会、听证会等相关立法会议。①

四、行政立法中的公众参与

行政立法中的公众参与,同样需要关注行政过程的正当性与合理性,在专家理性模式的基础上,让公众参与行政立法有利于行政立法机关的价值选择和管制目标的确定、手段的选择与优化。公众参与行政立法不仅具有工具性意义,而且有利于公众自身价值和利益的实现。因此,公众参与行政立法在宪法秩序的构建上也具有独立价值。②

2001年的《行政法规制定程序条例》第十二条规定:"起草行政法规,应当深入调查研究,总结实践经验,广泛听取有关机关、组织和公民的意见。听取意见可以采取召开座谈会、论证会、听证会等多种形式。"第十六条规定:"行政法规送审稿的说明应当对立法的必要性,确立的主要制度,各方面对送审稿主要问题的不同意见,征求有关机关、组织和公民意见的情况等作出说明。有关材料主要包括国内外的有关立法资料、调研报告、考察报告等。"2002年的《规章制定程序条例》第十五条规定:"起草的规章直接涉及公民、法人或者其他组织切身利益,有关机关、组织或者公民对其有重大意见分歧的,应当向社会公布,征求社会各界的意见;起草单位也可以举行听证会。"第二十三条规定:"规章送审稿直接涉及公民、法人或者其他组织切身利益,有关机关、组织或者公民对其有重大意见分歧,起草单位在起草过程中未向社会公布,也未举行听证会的,法制机

---

① 《甘肃省公众参与制定地方性法规办法》第十一条规定:"编制立法规划、年度立法计划或者对地方性法规草案征求意见时,应当召开由专家学者、有关国家机关工作人员和利益相关方的代表及其他公众参加的论证会。拟制定的地方性法规对本行政区域内的经济和社会发展有重大影响的,或者直接涉及公众重大利益的,或者公众对有关内容存在重大意见分歧的,地方性法规制定机关或者起草单位应当召开立法听证会。地方性法规制定机关或者起草单位必要时,可以委托教学科研机构、社会团体、中介组织等召开论证会或者其他形式的会议。地方性法规制定机关或者起草单位可以根据立法工作实际需要,采取其他方式,听取公众意见。"

② 王锡锌、章永乐:《专家、大众与知识的运用——行政规则制定过程的一个分析框架》,载于《中国社会科学》2003年第3期。

构经本部门或者本级人民政府批准,可以向社会公布,也可以举行听证会。"

在2003年,国务院首次将《物业管理条例(草案)》全文公布征求意见。2007年,国务院法制办公室发布《国务院法制办公室关于进一步提高政府立法工作公众参与程度有关事项的通知》,规定国务院法制办于2007年初选定当年需要通过中央主要媒体向社会公开征求意见的法律、行政法规项目,经国务院领导同志批示同意,国务院法制办2007年通过中国政府网、人民日报、法制日报、中国政府法制信息网、人民网等媒体发布;根据《规章制定程序条例》,除了涉及国家秘密、国家安全、外汇汇率和货币政策确定或者社会敏感问题外,国务院各部门法制工作机构对于直接涉及公民、法人和其他组织切身利益或者涉及向社会提供公共服务、直接关系到社会公共利益的部门规章草案,可以向社会公开征求意见;各部门法制工作机构对于征求意见应当归纳分析,对于合理的意见和建议,应当予以采纳。2008年《国务院工作规则》第二十二条规定:"拟订和制定与群众利益密切相关的法律草案和行政法规,原则上都要公布草案,向社会征求意见。"基于此,截至2009年底,国务院共有70部行政法规通过《人民日报》《法制日报》等和"中国政府法制信息网"向社会公布,征求意见。①

为了促进和规范规章制定过程中的公众参与工作,保障规章制定工作的科学性、民主性和合法性,2010年广州市通过了《广州市规章制定公众参与办法》。该办法总共分为五章:第一章总则,详细规定了本法的立法目的、公众参与的含义、适用范围、公众发表意见的要求、公众参与原则、公开原则的例外、负责组织实施部门、鼓励措施;第二章规章立项的公众参与,规定了规章制定建议权、规章制定意见的处理、规章制定工作计划的征求意见、规章制定工作计划征求意见的处理、规章制定工作计划的公布和反馈;第三章规章起草的公众参与,规定了规章起草部门发布征求意见的公告、公告的发布形式、公众意见的公开、征求公众意见的方式、座谈会、开放式听取意见、听证会、论证会、公众意见的处理、公众参与规章起草情况说明的报送、规章起草过程公众参与电子文本的移交、法制机构自行起草规章的公众参与;第四章规章审查的公众参与,规定了市政府法制机构的审查、规章审查阶段征求公众意见、公众参与情况的说明;第五章规章实施的公众参与,规定了规章制定公众参与意见的反馈、规章实施评估的公众参与;第六章附则规定了规章制定公众参与的电子卷宗、参照执行和施行日期。

又如,2015年发布的《法治政府建设实施纲要(2015—2020年)》中也指出:"事关经济社会发展全局和涉及群众切身利益的重大行政决策事项,应当广

---

① 吴浩:《公众参与立法有多难?》,财新网,http://opinion.caixin.com,2018年8月13日访问。

泛听取意见，与利害关系人进行充分沟通，并注重听取有关人大代表、政协委员、人民团体、基层组织、社会组织的意见。各级行政机关特别是市县两级政府要加强公众参与平台建设，对社会关注度高的决策事项，应当公开信息、解释说明，及时反馈意见采纳情况和理由。推行文化教育、医疗卫生、资源开发、环境保护、公用事业等重大民生决策事项民意调查制度"。对参与政府立法的主体以及公众参与政府立法的途径和方式，《法治政府建设实施纲要（2015—2020年）》也做了明确的规定与细化，指出："健全法律法规规章起草征求人大代表意见制度，充分发挥政协委员、民主党派、工商联、无党派人士、人民团体、社会组织在立法协商中的作用。建立有关国家机关、社会团体、专家学者等对政府立法中涉及的重大利益调整论证咨询机制。拟设定的制度涉及群众切身利益或各方面存在较大意见分歧的，要采取座谈会、论证会、听证会、问卷调查等形式广泛听取意见。除依法需要保密的外，法律法规规章草案要通过网络、报纸等媒体向社会公开征求意见，期限一般不少于30日。加强与社会公众的沟通，健全公众意见采纳情况反馈机制，广泛凝聚社会共识"。

综上，从我国关于公众参与人大立法、政府立法的相关规定中可以看出，在我国的立法体制中，除了委员长会议决定不公布的（人大制定的）法案之外，法律草案向全民公布征求意见、公众参与立法不仅是立法机关、政府机关的义务，还是客观明确的法律规范。自此，公众参与立法是公民的法定权利，公布法律草案向社会广泛征求意见开始常态化、制度化，公众参与立法情况成为衡量我国民主立法与立法民主化的重要指标之一。

所以，从我国的法律规定以及党的十八大以来中央重要文献的指导精神来看，关于公众参与立法的规定并未停留在"听取意见"的层面上，其实已要求公众参与立法应进入到实质的公众参与立法阶段。带给我们的启示是：公众参与立法作为一项制度，或者作为一个新的立法发展阶段，其评判标准不仅仅是实体意义上的，同时也具有积极的程序意义、制度意义。

基于此，公布法律草案，向社会广泛征求意见的"开门立法""多样化立法"形式，是新时代以来在此前全国人大常委会、国务院积极探索民主立法重要举措基础上不断发扬光大的新举措，也是贯彻落实党的十九大、党的十八届四中全会等重要精神的时代体现。

综上，在我国的立法体制背景中加以考量，公众参与立法不仅仅是基于主权理论、自然法理论、国家正当性理论等的主观化假定，而且根据宪法和法律的规定，我国的公众参与立法已经法定化地镶嵌于我国宪法的人民主权原则、参与制民主原则、人权保障原则之中。对此，公众参与立法已是民主立法、科学立法与依法立法的要求，是新时代精神的鲜明体现。

第六章

现行立法体制下的区域地方立法协调问题研究

关于我国区域地方立法协调,是近些年来我国区域经济一体化及其带动的区域一体化发展带来的时代新课题,是在我国现行立法体制规定的立法主体及其立法权限"规定动作"以外出现的先行先试探索。即我国立法体制常规情形下的地方立法权行使,不足以包含或覆盖区域一体化背景下的地方立法协调新兴现象,这一新兴探索,又契合了我国区域一体化国家战略发展的立法需求。

因此,近些年来方兴未艾的长三角、京津冀、珠三角等区域一体化发展所需求的区域地方立法协调,成为我国立法体制中的新兴问题,也是新时代以来提出的新课题和前沿课题。对此,党的十九大报告明确提出要"实施区域协调发展战略",要求"建立更加有效的区域协调发展新机制"。[①] 立法作为区域合作与发展所需制度的重要供给来源,将随着区域一体化和国家法治化进程的推进,发挥着越来越重要的作用。一方面,区域一体化发展对于立法体制会产生直接或间接的影响,但现行的立法体制在短期内不会有大的调整。另一方面,区域一体化发展又内在需要加强区域地方立法协调及在实践中探索可行的做法,并且这些探索反过来也会对我国现行立法体制产生完善化影响,并为区域经济社会发展和法治中国建设提供某种新形式的立法制度供给。

有鉴于此,本章的名称与前面章节稍有不同,不以"中国立法体制中的"修饰词为标准用词,而以"现行立法体制下的"修饰词来形容。意在表明:区域地

[①] 习近平:《决胜全面建成小康社会 夺取新时代中国特色社会主义伟大胜利——在中国共产党第十九次全国代表大会上的报告》,人民出版社2017年版,第33页。

方立法协调这一新兴探索及活动,并不在当下中国立法体制的"规定动作"之内,而是新时代提出的新问题,需要与时俱进地作出前沿前瞻性研究。

在此背景下,本章主要从以下几个方面展开前沿分析探讨,提炼相关理论与实践问题,并相应提出完善化思路。其一是作为立法体制新兴问题的区域地方立法协调;其二是区域地方立法协调研究现状述评;其三是区域地方立法协调理论研究上的深化创新;其四是区域地方立法协调实践对策上的完善建议。以下作出分述。

第一节 作为立法体制新兴问题的区域地方立法协调

一、区域发展实践与区域发展规划的特点

区域合作与发展一直在国际和国内两个层面上展开,且都取得了很大的成效。国家是国际层面的区域合作与发展的基本主体,而地方政府则是一国区域合作与发展的基本主体。在国内区域经济一体化进程加快推进的背景下,我国各地方政府都积极地通过区域发展规划的编制与实施,将我国区域发展或区域经济、社会一体化进程纳入国家正式制度层面,并使之上升到国家发展战略的高度,推动实现更高质量的发展。仅 2009 年,国家就批准了 12 个区域发展规划。[①] 之后,又有一批新的区域发展规划出台,例如《沈阳经济区发展规划》《山东半岛蓝色经济区发展规划》《成渝经济区区域规划》《京津冀协同发展规划》和《粤港澳大湾区发展规划纲要》等。

步入 21 世纪以来,迄今已有近 20 项国家级的区域发展规划。2015 年编制的《中华人民共和国国民经济和社会发展第十三个五年规划纲要》中明确提出要"推动区域协调发展",其总体目标和规划为"以区域发展总体战略为基础,以'一带一路'建设、京津冀协同发展、长江经济带发展为引领,形成沿海沿江沿线经济带为主的纵向横向经济轴带,塑造要素有序自由流动、主体功能约束有

[①] 这 12 个区域发展规划具体是指:《珠江三角洲地区改革发展规划纲要(2008-2020)》《关于支持福建省加快建设海峡西岸经济区的若干意见》《江苏沿海地区发展规划》《关中—天水经济区发展规划》《辽宁沿海经济带发展规划》《横琴总体发展规划》《促进中部地区崛起规划》《中国图们江区域合作开发规划纲要》《国务院关于进一步促进广西经济社会发展的若干意见》《鄱阳湖生态经济区规划》《黄河三角洲高效生态经济区发展规划》和《国务院关于推进海南国际旅游岛建设发展的若干意见》。

效、基本公共服务均等、资源环境可承载的区域协调发展新格局"。不难看出，"十三五"规划中的区域协调发展着眼于国际与国内两个层面，注重国内区域发展和与"一带一路"这一国际性区域协调发展的衔接。

需说明的是，本章研究所关注的重点在于国内区域协调发展规划及相关立法问题。就国内区域一体化协调发展而言，我国有规划的发展区域已呈现遍地开花之势。近些年，我国区域发展规划及其实践，呈现以下特点：

一是区域规划数量众多且编制和获批的速度也比较快。从 2009 年至今，获得中央政府批准的即上升到国家层面的区域发展规划数量之多、速度之快，有些出乎意料。如此大规模、成体系且密集出台区域发展规划，这在新中国成立以来任何一个时期都不曾有过。不仅如此，区域协调发展一直是党和国家发展战略的重要组成部分之一。例如，近年来以京津冀协同发展、粤港澳大湾区建设和长三角一体化高质量发展等为引擎的新一轮区域发展规划和实践探索，更是为我国区域经济社会协调发展乃至全局经济社会发展注入了新的动力。这些区域规划绝大部分已经准备了好多年，是对长期以来区域经济、社会一体化发展经验的总结和继续发展的指引。当然，在如此短的时间内出台如此多的区域发展规划，其科学性和有效性有待于实践的进一步检验。总的来说，区域发展规划的编制或者获批，在某种意义上可以说标志着我国区域经济一体化及其推动的区域一体化发展，已经进入了一个新的阶段。

二是涉及地域广且主要以经济发展和社会治理为主线。在新一轮区域规划热潮下，我国绝大部分地区或者以省为单位或者以城市为单位都编制了相应的区域规划，即省级行政区划尤其是城市成为有关区域发展规划的一个基本组成单元。从某种意义上讲，我国已经完成了新一轮的覆盖全国各地区的区域发展的规划，以区域发展为基本模式的经济、社会发展模式已经正式启动。当然，虽然各类区域发展规划在发展的内容上，包括了经济、社会和文化等各方面，但是总的来看，经济内容或者说经济发展目标仍然占了主导位置，仍然是区域发展的主要驱动力或主要目标所在。此外，与经济一体化发展相关的社会治理、环境保护等也成为区域一体化发展规划的重要内容，区域发展不再是经济发展的"独角戏"。

例如，党的十九大报告中明确要求"以共抓大保护、不搞大开发为导向推动长江经济带发展。支持资源型地区经济转型发展"。概言之，新一轮区域发展规划更加注重区域经济社会的全面可持续发展。

三是区域发展中合作内容广泛并且注重突出特色发展，同时不同区域之间的合作涉及较少。通过对各个区域发展规划的解读，可以发现，在各区域规划中组成区域的各地方（省区或者城市）进行合作的领域非常广泛。以《关中—天水经济区发展规划》为例，在这份发展规划中，涉及的共同发展内容或项目包括产业发展、新农村建设、基础设施、生态环境和公共服务等诸多领域，而且每一领域又具体列出了相应的发展事务。如在产业发展方面，提出在航空航天、装备制造、资源加工、文化产业和旅游产业等具体事务方面进行重点发展。而比较各区域发展规划，更加注重利用各自区域的资源、地理和人文特色进行规划和发展，是各区域发展规划的一个重要的特点。如上文提到的关中—天水发展规划，每一项具体措施的选择和发展目标的确定，都是结合本区域的发展特点而制定的。再如《山东半岛蓝色经济区发展规划》，就是充分利用海洋资源，发展蓝色经济。

同时，由于各类区域规划主要着眼于本区域内部各地方之间的合作，忽视了不同区域之间的合作与协调问题，这多少让人有些遗憾。虽然这一问题可能主要应该在国家层面即由中央政府层面进行协调，但是各区域在规划和发展过程中，适当地注意与邻近区域或者其他区域之间的协调与合作，也是有必要的。更何况，部分区域在地理空间上还具有一定重合性或交叉性，不容易绝对化地分离分割。

四是地方政府是区域规划编制和实施的主要推动者。与前几年实施的西部大开发、振兴东北老工业基地和中部崛起等区域性的发展战略相比，新一轮区域发展规划从编制到实施，地方政府而非中央政府在期间扮演着主导性的角色。虽然这两种类型（即由中央政府推进的和由地方政府推进的）之间并非截然分开、毫无关联的，但是由地方政府推进的新一轮区域发展规划及其实施，显然地方政府参与的积极性更大，投入的力度更大，而且这些区域发展规划都是在各区域内各地方政府及其负责人充分协商、平等自愿和有效协调基础上编制的，即这些区域发展规划更类似于一种政府间协议，是区域内各地方政府自愿在区域这个层面上重新进行自愿整合的行为。虽然这种模式依然沿袭的是政府主导的思路，其弊端是可能会影响政府之外的社会组织或个体的积极性和发展空间，甚至在某些情形下会导致资源的浪费或低效率，但不得不承认的是，这种模式在目前情况下依然是我国区域经济一体化发展及其推动的区域一体化发展的一种择优选择。

五是公共政策仍是区域合作与发展的主要制度选择。区域合作与发展离不开制度的保障，这已经是一个基本的共识。但是，至少在当前，公共政策相较法律，仍然是推动和保障区域合作与发展的主要的或基本的制度选择。一方面这与我国区域发展仍采用的一种政府主导或推动型的模式相关，另一方面也与区域合作与发展的需求，以及公共政策和法律自身的特点有关。应该说，在区域发展初期，公共政策发挥主导性功能是没有问题的，但随着区域合作与发展的不断深入，根据全面依法治国的理念和要求，法律或称国家制定法应该逐渐确立起应有的地位，甚至是取代公共政策而处于主导地位。当然，在区域一体化发展的制度保障这一问题上，比较理想的状态是协调好公共政策、法律和其他规范之间的关系，该政策调整的交由政策调整，该由法律或其他规范调整的，也应该及时制定相应的法律或规范性文件，及时提供制度供给，发挥应有的作用。

二、立法对于区域一体化协调发展的重要意义

立法对于区域一体化协调发展具有重要意义。这是由于立法所输出的法律规则不仅是区域合作与发展的基本制度构成，也是区域一体化发展所需法律制度的主要供给者或供给渠道。尤其对于一国范围内的区域发展而言，区域开发、合作与治理，需要法制先行，已成为各国的基本做法。例如，美国早在 200 多年前的西部开发中，就围绕土地利用不断完善相关立法，形成了一套以"公共土地"政策为中心的西部开发法律，具体包括《宅地法》《鼓励西部植树法》《沙漠土地法》，以及《田纳西流域管理局法》《地区再开发法》《公共工程与经济开发法》《阿巴拉契亚区域开发法》等专门法律，有力地推动和保障了西部开发。

又如，日本在第二次世界大战后的区域开发与发展过程中同样采取立法先行策略。每一项制度的建立和实施都以立法为起点。自 1950 年制定《国土综合开发法》以来，日本的各项区域经济发展的法规已成体系，先后制定的《北海道开发法》《山村振兴法》《孤岛振兴法》《过疏地域振兴特别措施法》《落后地区工业开发促进法》《工业整备特别区促进法》《新产业城市建设促进法》和《高技术工业集聚地区开发促进法》等，涉及产业布局、开发区建设、落后地区开发、城市规划、环境保护和资源利用等各个方面，使区域开发和发展的各个方面都实现有法可依。

与美国和日本等国的做法不同，我国区域开发和区域一体化发展过程中主要的制度类型是国家和地方所颁行的各种政策。例如，登陆"中国西部开发网"，在其"政策规划"一栏中详细汇总了自 1998 年以来从中央到地方各级政府或政府工作部门关于支持和推进西部开发，针对各领域所实施的有关政策或采取的有关措施。尽管其中不乏如《新疆维吾尔自治区安全生产条例》（2008 年 1 月 1 日）和《内蒙古自治区人才市场条例》（2008 年 2 月 1 日）等地方性法规，但这些只是西部各省区内部的规范性法规文件，而无法用来调整西部开发过程中的一些跨区域性的事项。同样的做法，也体现在东北地区的振兴以及珠江三角洲区域的一体化发展过程中。其中，国务院为了推动东北地区的振兴和发展，分别于 2009 年 9 月和 2014 年 8 月出台了《国务院关于进一步实施东北地区等老工业基地振兴战略的若干意见》和《国务院关于近期支持东北振兴若干重大政策举措的意见》等政策性文件。国家发改委则在 2008 年底批准了《珠三角地区改革发展规划纲要（2008－2020 年）》，作为今后 10 多年珠江三角洲发展的政策依据。在

这一发展规划基础上，2019年2月中共中央、国务院印发了《粤港澳大湾区发展规划纲要》，旨在推进广东珠江三角洲的九个城市与中国香港、中国澳门的深度合作，促进该地区的融合，打造一个协调发展、互联互通的世界级湾区。该区域发展规划远景展望至2035年，是一部非常重要的促进区域一体化协调发展的制度性规划保障。

需要说明的是，导致我国与国外一些发达国家在区域开发中采取不同的制度或规范类型的原因有很多。与其说这种差别是有意为之，不如说是习惯使然。

尽管与立法或法律相比，公共政策有着指导的宏观性与调整的灵活性等优势，但它同样存在着难以掩饰和克服的缺陷。这些缺陷表现为：（1）政策的明确性不够。法律和政策虽然都具有概括性和抽象性，但是由于政策包含了太多原则性的表述，使其相较于国家制定法缺乏更为明确的可操作性，而这正是法律所反对和极力避免的。（2）政策的刚性不足。导致政策缺乏足够刚性的原因主要有两个：一是口号性或诺言性语言构成了政策的主要内容。二是政策缺乏相应的制裁或惩罚机制予以保障。（3）政策的稳定性不够。政策会随着社会的发展，乃至政府部门注意力的转移而不断发生调整或变化，难以对特定社会事项进行持续而稳定的调整。我们并非要否认政策在区域开发与协调发展中积极的制度价值，但随着我国区域合作与一体化发展全面展开和不断深入，以及我国法治建设的不断进步，立法或法律在区域合作与一体化发展中确立主导地位似乎更有必要。由此，也产生了新时代对我国区域一体化发展中地方立法协调的关注。

三、区域地方立法协调的含义与必要性

（一）区域地方立法协调的含义

对于如何为区域一体化发展、区域合作与治理提供相关立法等法治保障，学者们见仁见智，提出各自的观点。例如，刘水林、雷兴虎认为："制定《国土开发整治法》是促进区域协调发展的根本保障"。[1] 又如，王春业提出了区域行政立法模式，即"由区域内的各行政区划政府有关人员在协商自愿的基础上组成区域行政立法委员会，作为区域行政立法机构，经中央国家权力机关或国务院授

---

[1] 刘水林、雷兴虎：《区域协调发展立法的观念转换与制度创新》，载于《法商研究》2005年第4期，第9页。

权，就同样的或类似的事项制定能适用于各行政区划的统一的区域行政立法"。① 除了制定区域基本法和由专门机构制定相关法之外，通过地方立法协调或协作的模式来为区域发展与治理提供法治保障，成为讨论较多的一种模式。

对于地方立法协调或协作，王腊生认为："真正意义上的地方立法协作，是区域内的立法主体对某一事项的共同立法，这是地方立法协作的高级形式，也是最根本的形式"。② 上述学者的观点代表了不同的区域立法协调保障模式，同时鉴于区域发展、合作与治理相对于全国而言仍属于地方性事务，并且在我国现行立法体制框架下，采取地方立法协调与合作的方式，可能更为可取。

合作可以视为一种高级的协调形式。换言之，立法协调本身包含了合作的理念与方式，所以我们可统一使用区域地方立法协调来支撑区域发展、合作和治理中有关各方所采取的各种立法协调与合作行为。这些协调与合作行为，既包括立法信息交流共享，也包括各方为避免立法冲突而进行的制定、修改和清理等立法协调活动。因此，这一层面上的区域地方立法协调也可称为"关于立法的协调"。

区域地方立法协调的另一层含义是区域发展与治理各方主体借助地方立法，对区域发展和公共事务治理加以协调，也即地方立法只是作为一种协调的手段或方式，而非被协调的对象，这种情况可称为"根据立法的协调"。尽管区域发展和治理实践中地方立法协调以"关于立法的协调"为主，但两种意义上的地方立法协调同时存在，并且两者之间存在密切的关联，因为"根据立法的协调"中"立法"的产生本身也是需要协调的。

区域地方立法协调产生的原因是区域一体化发展要求协调一致的法制保障，而现行的行政区划及立法体制规定地方立法只能在本行政区域内有效，各地方基于本地特点或发展的需要，在地方立法规则设定上并非总是一致甚至会产生冲突。由此，区域地方立法协调是关于各方地方立法的一致性协调，至少是避免因地方立法的冲突而阻碍区域一体化发展而进行的协调，它直接指向的是相关法律文本及相关立法活动。

（二）区域地方立法协调的必要性

第一，保持协调性是区域地方立法存在并发挥保障促进作用的基础。由于根据现行立法体制，各省市的地方立法只能在本省市的行政区划范围内具有法律效力，而不能跨区域进行调整。区域地方立法作用的发挥建立在区域内各地方立法

---

① 王春业：《区域行政立法模式研究——以区域经济一体化为背景》，法律出版社 2009 年版，第 2 页。
② 王腊生：《地方立法协作重大问题探讨》，载于《法治论丛》2008 年第 3 期，第 71 页。

权行使基础上，如果缺乏协调，区域地方立法就可能相互冲突。在这里，虽然"协调"一词的含义与立法协调之"协调"的含义相同，都是指一种和谐有序、没有冲突的状态，但是由于区域地方立法的特殊性，因此区域地方立法之协调的对象或范围要比一般的中央立法或地方立法协调的内容要广泛。从广义上讲，区域立法协调既包括某一区域内的立法协调，也包括不同区域间的立法协调。本章研究所称的区域地方立法协调指的是为了保障区域地方立法的顺利实施及其功能的有效发挥，而进行的一系列协调活动，以及由此所追求的或实现的立法协调的状态。

第二，我国《宪法》和《立法法》等法律都没有确立区域地方立法的正式地位，《地方各级人民代表大会和地方各级人民政府组织法》也没有规定地方立法协调问题。因此，尽管区域地方立法仍在我国现行立法体制的框架中活动，并未违反上述两部法律所规定的基本原则，但是毕竟区域地方立法缺少正式的"名分"，并且将区域地方立法局限于现行的立法体制会在很大程度上限制其作用的发挥。因此，若要赋予区域地方立法正式的法律地位并使其功能得以充分发挥，必须强化区域地方立法的协调性。换言之，地方立法协调应该是现行立法体制框架内最为现实或可行的一种区域立法保障区域一体化发展之模式选择。

第三，就区域地方立法的内部构成来看，无论是立法主体还是立法所要调整的事项和社会关系都不是单一的。即区域立法最终结果不是某一主体能够单独决定的，需要在协调各区域地方立法主体的基础上，就各方利益的事项或社会关系寻求公认的或大体一致的法律规则，这也是区域地方立法协调的目的所在。对此，王春业的论述具有代表性，即"通过具有规范、强制性和稳定性的法制协调形式，把区域经济一体化的目标、原则、方法、成员、组织和权利义务以法律的形式固定下来，给区域内经济主体活动规定一个基本框架和必须遵守的行为规则，在区域内部使社会资源与社会利益得到合理分配，保障生产要素流通和商品流通的自由以及投资者、经营者待遇的平等，在更高层次上协调区域内各行政区划的政府行为"。[①] 总体而言，区域地方立法协调的目的是对区域内各地方立法主体进行沟通协调，对涉及区域共同利益的事项或社会关系制定并实施统一的共识性法律规则，以避免区域一体化发展中区域各地方不同法律规则的冲突。

第四，区域地方立法协调是防止地方保护和贯彻党的十八届四中全会的需要。2014年10月23日，第十八届中央委员会第四次全体会议通过的《中共中央关于全面推进依法治国若干重大问题的决定》（以下简称《决定》）强调了全面

[①] 王春业：《长三角经济一体化的法制协调新模式》，载于《石家庄经济学院学报》2007年第6期，第82页。

推进依法治国。为了全面进行依法治国，保障举措之一是促进区域地方立法协调。

《决定》明确了立法权边界，力求从体制机制和工作程序上有效防止部门利益和地方保护主义法律化。对部门间争议较大的重要立法事项，由决策机关引入第三方评估，充分听取各方意见，协调决定，不能久拖不决。加强法律解释工作，及时明确法律规定含义和适用法律依据。明确地方立法权限和范围，依法赋予设区的市地方立法权。《决定》的这些要求，有助于指导和促进区域立法协调。总的来说，区域地方立法协调是贯彻党的十八届四中全会决定要求，落实全面依法治国的重要举措之一。如此一来，区域地方立法协调便成为我国现行立法体制的一个新型问题，无论对于保障区域经济社会一体化发展，还是对于现行立法体制的完善，都将产生重要而积极的影响。

第二节 区域地方立法协调研究现状述评

区域一体化发展是时代潮流，而区域地方立法协调则具有积极的时代价值。专家学者对于区域一体化发展、合作与治理过程中的法治建设问题包括立法协调问题，进行了研究，取得了一系列研究成果，并提出了一些非常有价值的观点。这些研究成果，对于我们进一步认识区域立法协调及其对我国立法体制的影响，有着重要的参考意义，也是本章子课题研究重要的起点或基础。

对于已有相关研究，可将其大致归纳为三个方面：一是关于区域发展（包括开发、合作或治理等）立法及其模式等问题的研究；二是关于区域立法协调机制及其构建相关问题的研究；三是关于区域发展中其他规范及其与立法之间关系等问题的研究。以下作出分述。

一、关于区域一体化发展所需立法协调及其模式等问题的研究

区域发展的法制保障首先需要立法先行并发挥积极作用。对于立法在区域开发、合作或治理中的作用，学者们大都给予了很高的期待，并就如何发挥立法的作用以及加强区域一体化法制建设提出了相应的建议。

例如，文正邦指出，区域一体化发展和开发涉及中央与地方、地方与地方、政府与企业、企业与企业以及各阶层、各行业、各部门等主体之间错综复杂的利

益关系，要处理好这些关系，离不开立法的调节和调整功能。① 李林认为，立法的主要功能在于合理分配社会利益，调整社会利益关系，对区域的发展，能够发挥其特有的引导、规范、促进、保障等作用。② 罗芸等人强调了西部大开发过程中法治的重要性，认为"西部大开发，法治开放是基础性的重要工程，我们没有理由不对法治工程不作出最大的努力，在西部大开发中，只有形成和加强了法治工程，国家为西部所立的法才会有贯彻落实的保证"。③

在区域发展的立法模式选择方面，学者们也进行了较多探讨，在现行立法体制框架内提出了多种可以选择的模式。例如，王春业是较早关注和研究区域立法模式问题的学者之一，并就区域行政立法做过专题研究，发表了一系列成果。在《区域行政立法模式研究：以区域经济一体化为背景》一书中，王春业系统研究了区域行政立法模式问题，主张构建区域共同规章。正如在其《构建区域共同规章：区域行政立法一体化的模式选择》一文中论述的那样："随着生产社会化的发展，区域经济向一体化方向发展趋势日益明显，这对区域法制的协调性提出了更高要求。我国现行地方行政立法是一种割据式的、分片分块的立法现状，立法冲突与不协调现象严重阻碍了经济一体化的深入发展。构建一种紧密型的行政立法协作模式即'区域共同规章'，可有效实现区域内法治的协调与统一，是经济一体化背景下地方法制协调的最佳选择。"④ 在《区域合作背景下地方联合立法研究》一书中，王春业认为，针对区域合作逐步深化和横向交流日益增多的现实需要而提出的地方联合立法，是一种新型的地方立法协作方式，促进了法学理论与法律制度的创新，同时也完善了地方立法理论及地方法制理论。⑤ 此外，王春业还曾分别针对长三角和京津冀区域发展的法制问题做过研究。针对长三角区域行政立法问题，王春业提出，"要通过完善立法法和相关法律的方式，明确区域行政立法是发挥地方立法积极性的另一种合法形式，明确区域行政立法的主体、可协作的权限和范围，规定行政立法具体程序，解决其法律渊源和位阶问题，理顺立法审查监督合同制等"。⑥ 就京津冀协同发展的法制促进问题，王春业主张，"必须加强京津冀地方立法间的协调，为区域发展创造和谐一致的法治环境。为

---

① 文正邦：《区域法治研究纵论》，载于《法制现代化研究》2009 年第 2 期，第 34～39 页。
② 李林：《怎样以法治凝聚改革共识》，载于《北京日报》2013 年 3 月 11 日，第 17 版。
③ 罗芸、李国纲、罗春林：《加强法治是西部大开发的重要保障》，载于《学术探索》2001 年（增刊），第 150 页。
④ 王春业：《构建区域共同规章：区域行政立法一体化的模式选择》，载于《西部法学评论》2009 年第 5 期，第 55 页。
⑤ 王春业：《区域合作背景下地方联合立法研究》，中国经济出版社 2014 版，第 170 页。
⑥ 王春业：《区域行政立法是长三角一体化的最佳选择》，载于《四川行政学院学报》2007 年第 5 期，第 43 页。

此，在现有法律框架下要创新立法协作方式，加强区域内地方立法间的紧密协作，并根据京津冀区域发展要求，对各自的地方立法及时进行废改立，实现区域法治一体化，并进而推动京津冀区域一体化的形成"。①

对于区域一体化发展过程中地方政府合作的法律问题，朱永辉在《我国地方政府合作的法制化研究》一文中分析了地方政府合作的现状及存在的问题，并从法律的角度，对地方政府合作中涉及的法律问题进行了分析，针对我国地方政府合作中存在的问题，借鉴了国外在处理此方面问题上的经验，认为通过国家法律规范来调整政府间的合作，能够有效保证合作各方的利益实现，公正的解决纠纷，有效化解合作各方的矛盾，并提出了我国地方政府合作法制化的建议：为实现地方政府合作的深入推进，区域经济的快速发展，必须构建一个制度化的环境，以此来规范地方政府的行为，将地方政府合作纳入法制化的轨道。②

韩志红、付大学在《地方政府之间合作的制度化协调——区域政府的法治化路径》一文中指出，为解决跨地区性公共物品供给不足和跨地区性公共事务治理失灵等问题，需要在借鉴其他国家先进的区域治理模式的基础上，建立适合我国国情的地方政府制度化协调模式，即成立区域政府，并从区域立法机制、区域执法机制和区域司法机制的角度对我国区域政府的基本框架进行构建。③

立法协调在区域法制协调中具有重要地位，是前提性环节，其作用发挥如何，直接影响执法协调、司法协调等后续环节，是区域法治共建中重要的起点性问题。例如，汪全胜在《立法的合法性评估》一文中，对立法协调在区域法制协调系统中不可替代的作用、动因、内涵作了阐述。④ 又如，宋方青和朱志昊在《论我国区域立法的合作》一文中，对立法协调在区域法制建设中的重要地位与内涵作了分析，指出，"在区域经济一体化的背景下，消弭省际间的立法冲突，以法制协调促进经济、社会进一步发展是一个非常重要并亟待解决的问题。……在维护现行宪法、法律框架稳定的同时，建立有效且具有制度性约束力的立法合作模式，不失为一种谨慎而富有效率的尝试"。⑤ 又如，石佑启在其主编的《区域合作与软法研究》著作中，分析了立法协调在区域法治建设和区域法制协调中

---

① 王春业：《论京津冀区域协同发展中的法治促进》，载于《南京社会科学》2018年第1期，第100页。
② 朱永辉：《我国地方政府合作的法制化研究》，安徽大学硕士学位论文，2010年，第13页。
③ 韩志红、付大学：《地方政府之间合作的制度化协调——区域政府的法治化路径》，载于《北方法学》2009年第2期，第121~132页。
④ 汪全胜：《立法的合法性评估》，载于《法学论坛》2008年第2期，第44~50页。
⑤ 宋方青、朱志昊：《论我国区域立法的合作》，载于《政治与法律》2009年第11期，第19~26页。

的重要地位、动力因素以及内涵要件;①并在《区域合作与软法治理》一文中指出,加强区域合作,推进区域一体化进程,需要建构有效的法制保障平台,既要完善硬法,发挥硬法的规制作用,又要建立健全软法,充分发挥软法在区域合作中的治理作用。②

例如,就区域立法协调对于完善我国立法体制的意义,陈光在《区域立法与中央和地方立法关系的完善》一文中指出,区域立法作为一种新型的立法模式,内生于中央与地方立法关系的逻辑框架中,而作为中央与地方关系的核心范畴,中央与地方立法关系协调与否对社会发展具有重要影响。当前我国中央与地方立法关系存在许多问题,如中央立法过于集权却未形成足够的权威、地方立法权配置失衡以及中央与地方立法权运作缺乏完善的协调机制,因此区域立法协调对于调节我国中央与地方立法关系有着特殊而重要的意义。

有学者结合具体的区域,就如何开展区域立法协调提出了具体的建设性建议。例如,易凌建议用法经济学理论考证和研究地方立法冲突,他在《长三角区域法规政策冲突与协调研究》一文中,对区域经济一体化背景下的地方政策及立法冲突的原因从法经济学角度进行了分析。又如,宣文俊结合区域经济学原理,对我国区域经济一体化下的地方立法协调作出探析,主张将区域经济发展中的协调工作通过法制化的手段推进下去。在《关于长江三角洲地区经济发展中的法律问题思考》一文中,他就长三角地区经济发展中的法制协调、协调机构及协调机制等问题进行了探讨,认为唯有以法制协调的方式来作为区域协调的基础,才能将以往非制度化的协调转向制度化的协调,从而使区域经济发展走向坦途。③

又如,孟庆瑜针对京津冀协同发展的立法保障指出,"立法模式选择的科学与否,直接关系到法律制度创建与法治系统运行的效果。基于京津冀协同立法的实际需要和模式创新,应该选择中央专门立法、地方协作立法和地方单行立法相结合的立法模式。同时,需要建立京津冀区域立法协调机构,搭建京津冀区域立法信息交流共享平台,确立京津冀协同立法工作机制,创新京津冀协同立法备案制度等保障机制"。④

再如,朱最新针对粤港澳大湾区区域立法进行了理论建构,主张"根据粤港澳大湾区'一国两制'三法域的区域特点,在遵守'一国两制'、遵循粤港澳大湾区协调发展规律、坚持平等互信、协商共赢原则,通过中央授权为粤港

---

① 石佑启等主编:《区域合作与软法研究》,广东教育出版社2011年版,第45页。
② 石佑启:《论区域合作与软法治理》,载于《学术研究》2011年第6期,第30~37页。
③ 宣文俊:《关于长江三角洲地区经济发展中的法律问题思考》,载于《社会科学》2005年第1期,第63~66页。
④ 孟庆瑜:《论京津冀协同发展的立法保障》,载于《学习与探索》2017年第10期,第54~64页。

澳大湾区区域立法提供合法性前提的基础上，建立健全机构与机制相统一的以区域立法协调工作机制为基础，以开放协调的示范法机制为引领的多元化区域立法制度"。①

采取区域行政立法的模式来为区域发展提供法制保障，也为很多学者所赞同，并提出了一些有价值的建议。在区域行政立法方面，代表著作有王春业的《区域行政立法模式研究——以区域经济一体化为背景》，书中分析了区域行政立法模式产生的必然性和区域行政立法构建的必要性，参考区域经济学、国际经济法学等方面的著述，比较分析了国外对构建我国区域行政立法模式的启发意义。②当前，学界对区域行政立法大致有两种思路：一种是通过共同立法来完成对区域立法的整合，较具代表性的如王春业提出的设立区域行政立法委员会从而在特定经济一体化的区域内行使共同立法权的方案；③另一种是通过区域内各有权立法主体磋商协调，进而各自进入立法程序，较具代表性的如叶必丰提出的强化和完善行政契约制度和磋商沟通机制的方案。通过共同立法来完成区域立法整合，就意味着必须在中央与地方之间创制一个拥有立法权的主体，如王春业提到的区域行政立法委员会。但这种立法委员会或者其他立法主体的设置存在着合法性方面的问题，其中包括两个方面：（1）行政立法委员会的成员如何产生；（2）区域共同立法如何确保实体内容的公平正义。前者是政治合法性的问题，后者是法律合法性问题。王春业认为区域行政立法委员会的成员应由各省级代表团组成，每个代表团由省级副省（市）长；省会市副市长；有规章制定权的地级市市政府副市长组成，同时还应包括经济学、法学专家。④

当然，这一主张涉及我国政治制度的一个基本问题。根据《宪法》第一百零一条和第一百一十条的规定，地方各级政府的副省长、副市长由同级人大选举产生，地方各级政府对同级人大负责。这体现了我国人民当家作主的原则。尽管地方行政立法采用的是首长负责制，但是由于地方行政负责人选任的民主性，地方行政立法的政治合法性得以保障，同时从法之合法性的角度来讲，地方人大对行政立法的监督也是一层制度性的保障。作为区域行政立法委员会成员的各地方政府的副职和专家可以行使立法权，那么，未经民主程序选举产生的成员行使立法权，其合法性何在则是一个值得思考的问题。

关于第二个问题，由于没有同级的权力机关监督，区域行政立法也无法报同

---

① 朱最新：《粤港澳大湾区区域立法的理论建构》，载于《地方立法研究》2018年第4期，第11页。
② 王春业：《区域经济一体化背景下地方行政立法模式的变革》，载于《社会科学辑刊》2008年第5期，第67～73页。
③④ 王春业：《区域行政立法模式研究——以区域经济一体化为背景》，法律出版社2009年版，第127～128页。

级权力机关备案，区域行政共同立法本身又如何确保实体内容的公正性呢？除非在中央与省之间再设立一级权力机关，负责行政立法委员会的成员选任与立法监督，但这种做法又显然需要更改现行宪法框架原则和精神。如前所述，这显然不能成为区域立法合作的合适选择，因此，这种共同立法难免会遭遇到政治合法性与法律合法性的双重障碍。

二、关于区域立法协调机制及其构建相关问题的研究

对于区域立法该如何进行协调，有的主张通过建立某种类型的机构进行协调，有的主张通过某些具体的机制进行协调，有的则主张既要建立机构，也需要相应的协调机制。对此，叶依广的《长三角政府协调：关于机制与机构的争论及对策》结合长三角一体化对政府协调中的机制与机构之争进行了评析，认为在长三角一体化进程中，机构与机制都不可缺少，并且主张机构先行、健全机制。[①] 这一思路当然也适用于区域立法中的协调。根据学者的研究及相关建议，区域立法协调机制的种类主要包括：

（1）设立某种机构作为专门的区域立法机构或协调机构。如丁祖年主张建立联络协调机构，其主要职责是：交流各成员地区立法机关的立法信息、立法工作经验等；研究分析立法中已经出现或可能出现的不协调或冲突，并提出相关解决方案；根据需要，组织研究起草统一的法规草案示范稿；对成员地区有关法规草案进行论证，或将其向其他地区立法机关进行推荐。[②]

又如，王春业认为区域行政立法是法制协调的最佳模式，建议"在法制统一的前提下，经全国权力机关或国务院授权，由相关省的省级政府有关人员在协商自愿的基础上组成区域行政立法委员会，作为区域行政立法机构，制定能在相关省统一适用的行政立法"。[③]

对于设立新的机构进行法制或立法协调，也有学者提出了反对意见。如谢国华认为设立新的地方行政立法主体没有宪法依据、具有不可操作性、制定的法规的位阶不明确等缺陷。如程彬认为，设立一个跨越传统行政区划的立法机构，无论设立的主体是中央，还是区域内的地方政府，在国家组织体制和立法体系上还

---

① 叶依广：《长三角政府协调：关于机制与机构的争论及对策》，载于《现代经济探讨》2004年第7期，第7页。
② 丁祖年：《关于我国地区间立法协作问题的几点思考》，载于《人大研究》2008年第1期，第38页。
③ 王春业：《长三角经济一体化的法制协调新模式》，载于《石家庄经济学院学报》2007年第6期，第82页。

存在障碍，难度较大。况且，这种以行政的统一来实现法治统一的方案，排斥了地方政府在区域立法协作中的主导地位，可能在立法时会节约一定的协调成本，但是，缺乏反复博弈的立法成果很难在区域内顺利实施。①

（2）关于区域立法会议制度。有学者主张可建立区域立法会议制度来协调区域立法，该会议应该是具有在某一特定地区享有立法权的机构，要负有对该地区的各省的立法事项咨询和协调的责任，负责该区域的立法事项，并向全国人大提出该区域的立法建议。② 有学者针对长三角的区域立法建议，可建立长三角立法协调联席会议制度，定期就有关立法事宜进行交流协调。③ 有学者在讨论西部开发中的区域立法时，提出建立西部地方立法协作会议制度，就西部开发中的区域立法或政策进行协调讨论。该会议由西部各省、区、市人大常委会副主任和人大常委会秘书长、人大法工委主任、政府法制办主任或副主任等组成。④ 还有学者在讨论东北地区立法协作时，建议"确立东北地区立法联络协调会议制度，由东北三省一区人大和政府分别定期召开区域立法联络协调代表会议，由各省、区的人大和政府分别组建东北地区立法联络协调委员会"。⑤

（3）省（市）际协议或契约机制。这一机制已经为我国许多区域立法实践所采用。如东北三省政府于2006年签署的《东北三省政府立法协作框架协议》，对东北三省进行立法协作的方式、内容以及如何协调等问题进行了较为明确地规定；⑥ 又如，泛珠三角洲区域合作中的省际协议至今已有70余个；⑦ 崔卓兰、于立深等在《地方立法实证研究》一书中设专章对区域立法合作中的省际协议进行了探讨，其中还包括对美国洲际契约的性质和特征的分析等。⑧

又如，叶必丰在《长三角经济一体化背景下的法制协调》一文中对长三角区域合作中的行政契约机制进行了论述，认为"在现行行政区划和地方权限的基础上，目前的行政契约制度和磋商沟通制度，是长三角经济一体化和法制协调的明智选择，所要努力的是如何进一步强化和完善问题"。⑨ 再如，朱颖俐在《区域经济合作协议性质的法理分析》一文中对区域经济合作协议的性质进行了较为深

---

① 程彬：《长三角地区区域行政立法研究》，载于《法治论丛》2008年第5期，第76页。
② 赵越、高岩：《法治背景下的区域经济一体化——区域立法会议刍议》，载于《沈阳干部学刊》2009年第1期，第43页。
③ 胡健：《区域立法协调的法治示范意义》，载于《政府法制》2006年9月，第19页。
④ 文正邦、付子堂主编：《区域法治建构论——西部开发法治研究》，法律出版社2006年版，第143页。
⑤ 王子正：《东北地区立法协调机制研究》，载于《辽宁法治研究》2006年第3期，第49页。
⑥ 朝阳：《东北三省立法协作：创新之举》，载于《东北之窗》2006年第16期，第8页。
⑦⑧ 崔卓兰、于立深等：《地方立法实证研究》，知识产权出版社2007年版，第476~478页。
⑨ 叶必丰：《长三角经济一体化背景下的法制协调》，载于《上海交大学报（哲学社会科学版）》2004年第6期。

入的分析，认为"区域经济协议是行政协定而非普通的行政合同，订立区域经济合作协议的行为是抽象行政行为而非具体行政行为，协议所形成的法律关系是特殊的公务协助关系而非一般的行政协助关系"。① 再如，殷洁在《我国区域经济一体化背景下的经济法制协调》也对区域经济立法中的区域经济合作协议进行了论述，认为"地方政府间的磋商与合作是协调区域经济法制的最有效途径。规范签署和认真落实地方政府间的区域经济合作协议是协调区域经济法制的长效机制"。②

（4）信息交流机制。进行区域立法协调的一个重要前提是加强区域内的立法信息交流，因此，建立相应的信息交流机制对于区域立法协调而言也非常重要。王腊生在研究长三角区域立法协调时指出，长三角地区的立法信息交流的形式可以是多渠道的，主要有：通报（每个季度书面通报一次，不定期电邮）；工作例会（每年开展一到两次）；联席会议（每年一次）；学习考察（视具体立法项目而定）。③

又如，王子正提出东北地区可通过立法联络协调机构来构筑一个立法信息交流平台。一方面，确立东北各行政区域立法在联络协调机构进行备案的制度。各省、区、市有关东北地区整体利益和发展的地方性立法必须在立法联络协调机构进行备案，以供各立法主体进行查询。如果通过立法前的查询，调研发现可能会存在立法上的冲突，就可以事先进行沟通、协商，从而避免将来出现立法上的冲突。另一方面，立法联络协调机构在日常工作中要建立避免立法冲突的预警机制。立法协调机构平时应对易出现立法冲突的领域保持高度的警惕，并及时将相关信息提供给将要进行立法的各方主体。④

再如，信息交流包括信息的公开和共享，谭玲、罗熙在其《论区域经济立法机制——从政府信息公开的角度切入》一文中就区域经济协调立法的信息公开机制的构建提出了自己的建议，如以政府信息公开的内在品性为依托构建区域经济立法机制，以及以政府信息公开的群体博弈为依托构建区域经济立法机制等。⑤

（5）咨询评估机制。例如，王腊生主张成立一个由有关专家组成的高层次决策咨询机构，为区域立法以及区域立法协调提供决策咨询，如长三角地区的三省市法学会，可作为长三角地方立法—协作的决策咨询机构，为全区域共同发展过

---

① 朱颖俐：《区域经济合作协议性质的法理分析》，载于《暨南学报（哲学社会科学版）》2007 年第 2 期。
② 殷洁：《我国区域经济一体化背景下的经济法制协调》，载于《江西社会科学》2007 年第 12 期。
③ 王腊生：《地方立法协作问题探讨》，载于《法治论丛》2008 年第 3 期，第 74 页。
④ 王子正：《东北地区立法协调机制研究》，载于《辽宁法治研究》2006 年第 3 期，第 49 页。
⑤ 谭玲、罗熙：《论区域经济立法机制——从政府信息公开的角度切入》，载于《法治论坛》2007 年第 3 期，第 34 页。

程中的法制建设问题提供可行的建议和设想;[①] 对于有关部门或民众提出的区域立法建议或意见的处理问题,叶必丰则认为,"基于协调一致的目的,缔结行政契约,制定地方性法规和规章,以及采取重大行政措施,都需要有一个全面、综合考虑长三角各方利益和需要的方案。民间提出的一体化建议,也不必直接摆到有关政府部门的案头,可以先由某个组织整理、加工、审查、平衡或具体化。因此,我们有必要建立一个咨询评估机构来负责这项工作,如长三角一体化咨询评估中心等"。[②]

（6）公众参与机制。区域一体化发展的最终目标是为了造福区域内的人民,保障其根本利益,故区域立法过程离不开社会公众尤其是工作生活在区域内的公民与社会团体的参与。社会公众以各种方式或途径对区域立法的参与,既是保障区域立法民主科学进行的必然要求,也是协调区域立法顺利进行的有效机制。

如叶必丰指出:"长三角各地政府,不能一厢情愿地推行经济一体化,在哪些方面、什么时候推行一体化,都应充分尊重民意。因此,行政契约的缔结,相关法规和规章的制定,有关重大措施的出台,都应事先公布方案,让大家充分了解,并应通过座谈会、论证会等形式广泛听取各界民众的意见,也可以根据《立法法》和《规章制定程序条例》的规定采取听证会的形式听取意见。"[③]

（7）利益共享和补偿机制。区域内各地区发展是不平衡的,资源禀赋与经济发展布局也各有特色,区域立法着眼整个区域,对资源或各市场要素在区域这个更大范围内进行调控,这可能导致区域内的某些地区或某些群体在短期内会遭受利益损失,为此需要建立相应的利益共享和补偿机制予以协调,以保障区域立法协调的顺利完成。例如,王文长在《西部开发中民族利益关系协调机制研究》一书中,就对我国西部开发过程中有关少数民族的利益共享和补偿问题进行了研究,这也是我们进行区域立法协调所必须重视和借助的机制之一。[④]

又如,宣文俊在研究长三角地区的区域立法协调时指出,为了形成整个长三角地区产业结构的优化配置,避免重复建设和过度竞争,有些地区需要对本地的产业布局做出调整和让步,有些地方的利益会受到损伤,这就需要在平衡各地之间的利益,兼顾效率和公平的基础上,利用税收优惠或补贴等手段作为工具,建立起制度化的利益补偿和共享机制。例如,由长三角各地政府共同出资,同时吸收社会上个人及团体的捐赠,设立"长三角环保共同基金"用于环境保护治理、

[①] 王腊生:《地方立法协作重大问题探讨》,载于《法治论丛》2008年第3期,第75页。
[②③] 叶必丰:《长三角经济一体化背景下的法制协调》,载于《上海交通大学学报(哲学社会科学版)》2004年第6期,第11页。
[④] 王文长:《西部开发中民族利益关系协调机制研究》,中央民族大学出版社2007年版,第55~57页。

宣传、培训及作为合作中受损方的经济补偿等，而由此形成的公共产品将造福于整个区域。①

三、区域发展中其他规范及与立法之间关系等问题的研究

区域一体化发展的法制保障，虽然主要应该来自国家立法，但是在国家立法之外，公共政策、合作协议和软法等同样能够为区域发展提供相应的制度或规则供给支持。这些社会规范不仅是区域经济社会发展中不可或缺的制度或规范，也有助于推动和补充区域地方立法协调的不足。例如，叶必丰在《行政协议——区域政府间合作机制研究》中，提出长三角立法协调要建立行政契约机制，要关注行政协议。②

因此，关注国家立法之外的其他规范以及相互之间的关系，也成为一个新兴的研究课题。例如，李煜兴在《区域行政规划研究》一书中指出区域一体化超越了传统的行政区划界线，归根结底是市场机制与政府行为两种力量之间的矛盾。③这种区域行政规划重视政府与市场的双重推力，同时，区域行政规划机制重视区域政府纵向间的协调和区域政府横向间的协作。

近年来，区域地方政府之间签订了大量的合作协议，在推动和保障区域合作、发展与治理方面发挥着重要的规范功能。例如，陈光主张将区域合作协议视为一种新型的公法治理规范，认为："对于区域合作协议的属性和效力，尽管可以分别从'是行政契约还是行政合同''是硬法还是软法'的理论框架中进行分析，但是区域合作协议具有复杂性和特殊性，它难以被简单地视为一种行政契约或者具有软法效力。将区域合作协议视为区域发展与治理实践中一种独立的规范形式，更为可取。鉴于区域合作协议包含政府合作与绩效共享的理念，对传统的政府治理模式而言是明显的改变，因此我们可以期待区域合作协议成为一种新型的公法治理规范"。④

又如，朱颖俐在《区域经济合作协议性质的法理分析》一文中认为政府协议是一种抽象的行政行为，是行政机关制定的一种规范性文件，并非一次性使用与某一特定行政相对人或特定事项，而是使用与不确定的某一类人或不特定的事

---

① 宣文俊：《关于长江三角洲地区经济发展中的法律问题思考》，载于《社会科学》2005 年第 1 期，第 66 页。
② 叶必丰等：《行政协议——区域政府间合作机制研究》，法律出版社 2010 年版，第 23 页。
③ 李煜兴：《区域行政规划研究》，法律出版社 2009 年版，第 45 页。
④ 陈光：《区域合作协议：一种新的公法治理规范》，载于《哈尔滨工业大学学报（社会科学版）》2017 年第 2 期，第 45 页。

项，具备抽象行政行为的典型特征。①抽象行政行为可分为行政立法行为和制定其他规范性文件行为，但无论属于抽象行政行为的哪一种，它都具有普遍约束力和法律效力。又如，黄学贤在《行政协议法治化之路径选择》中认为，政府协议是一种契约，是行政主体之间通过协商达成意思表示一致的结果，而且是平等主体之间的一种契约，因此，没有丧失契约的自由属性，要受契约自由支配原则，可以适用合同约束力规则，当事人均应严格按照约定履行自己的合同义务，不得擅自变更或解除合同。②

由于政府协议没有像其他法律规范那样有明确的约束力，没有要求签订主体必须履行的硬性规定，因而在实践中出现很多协议兑现大打折扣的问题。正如叶必丰在《长三角经济一体化背景下的法制协调》中分析长三角区域的政府协议时所讲的那样，从现状的各种宣言、协议和意见书来看，很多只是一种意向或认识，不具备实施的具体性，各方事后采取的具体措施不多；不具有强制执行的效力，只能自觉履行，主要依靠互相信任而产生的自我约束力，并无强制性，没有违约后的法律责任的规定，是否实施，取决于各地方主体的自觉，这很大程度上影响了政府协议作用的进一步发挥，而且这些协议也会因为领导个人的偏好而受影响，属于较低层次的合作。③可见，尽管政府协议已经成了协调区域发展的一种较为普遍的形式，但其实施的最大障碍是法律性质的困惑；政府协议实际上是游走于法律边缘的一种规范形式，既缺乏法律的约束力，也没有充分发挥其在区域法治协调中的作用。不少协议往往相对抽象仅具有宣示性质，缺乏具体而细致的条款设计，使这些协议的履行往往难以保证。

第三节　区域地方立法协调理论研究上的深化创新

区域一体化发展对区域地方立法协调不断提出新的需求和要求，这就促使地方立法要通过协调等方式来尽量回应区域发展的时代需要。尽管现行立法体制的基本框架是确定的，但区域地方立法协调的实践探索，也会对我国现行立法体制产生重要影响，由此也要求我们就区域地方立法协调进行前沿、前瞻的理论思考

---

① 朱颖俐：《区域经济合作协议性质的法理分析》，载于《暨南学报（哲学社会科学版）》2007年第2期，第55页。
② 黄学贤：《行政协议法治化路径选择》，载于《学习论坛》2009年第1期，第45页。
③ 叶必丰：《长三角经济一体化背景下的法制协调》，载于《上海交通大学学报（哲社版）》2004年第6期，第78页。

和研究。本节将围绕区域一体化发展对我国立法体制的影响、区域法治竞争视角下的地方立法协调，以及"大、小立法"框架下的地方立法协调的研究等问题，就当前我国区域地方立法协调在理论研究上的一些前沿问题进行探讨。

一、区域一体化发展对我国立法体制的影响——以区域城市群为例

关于立法体制的含义以及我国立法体制的类型，学者们存在不同的观点与认识，马怀德教授认为，在分歧得以弥合之前，"要想给我国现行立法体制予以周全的、众所认知的概括，是不可能的"。① 尽管如此，周旺生教授关于立法体制的一般界定已为大部分学者所接受，即"立法体制是关于立法权、立法权运行和立法权载体诸方面的体系和制度所构成的有机整体，其核心是有关立法权限的体系和制度"。② 在这一认识基础上，本章所涉立法体制在此主要用来指立法权的配置和运行制度。下文将主要研究城市群的发展对我国立法权的配置和运行产生的影响以及立法体制应该作出怎样的调整才能更好地适应而非阻碍区域一体化中区域城市群的发展。以下作出分析探讨。

（一）立法资源的配置：地方立法权的扩大与均衡

公共权力是一种稀缺资源。立法权为国家所垄断后，其稀缺性的特点更为明显，对公民权利和社会发展的影响在所有权力中是可以放在第一位的。其理由可以借用洛克的话来阐述，即"这个立法权不仅是国家的最高权力，而且当共同体一旦把它交给某些人时，它便是神圣的和不可变更的；如果没有得到公众所选举和委派的立法机关的批准，任何人的任何命令，无论采取什么形式或以任何权力做后盾，都不能具有法律效力和强制性"。③ 立法权是一项重要的资源，其重要性一方面表现为立法权作为一项独立的权力类型，在国家权力结构体系中的位置是最高的，是行政权与司法权运行的逻辑起点，另一方面表现为立法权运行（即立法活动）的结果是向社会输出各类规则，通过权利义务的设置来影响各类社会关系的运行，决定各类（自然的和社会的）资源在不同社会主体之间的分配。

另外，立法活动可以视为一种经济活动，"就立法活动而言，追求立法效益

---

① 马怀德主编：《中国立法体制、程序与监督》，中国法制出版社1999年版，第20页。
② 周旺生：《立法学》，法律出版社2009年版，第145页。
③ ［英］洛克著，叶启芳、瞿菊农译：《政府论（下篇）》，商务印书馆2011年版，第83页。

最大化，前提是对立法资源进行合理配置"，而"立法资源的配置主要有立法权力资源的配置、立法中程序资源的配置以及立法中人力资源的配置"。[①] 显然，在各种类型的立法资源的配置中，立法权的配置居于关键性或决定性的地位，它从根本上影响着立法的效益。简单地讲，立法权的配置指的是立法权在不同国家机关之间如何分配，它包括横向配置和纵向配置两个层面。其中，横向配置是指在同一级别的国家机关主要是立法机关和行政机关之间以及不同的行政机关之间立法权的配置及相互关系，纵向配置是指在中央和地方国家机关之间以及地方上下级国家机关之间的立法权的配置及相互关系。

区域一体化发展往往以区域内城市群的发展为推动力和有力支撑。城市群在发展过程中也将难以回避立法权的问题，并且首先要面对和解决的是立法权的配置问题。在这里，组成城市群的基本单元——城市在两个层面使用：设区的市（俗称地级市）和不设区的市（俗称县级市）。实践中，各类城市群发展规划都是以这两类城市为基本构成单元的。各城市群的发展实际上是一种地方性的发展，各级地方政府尤其是两类城市应该是城市群发展的基本参与者和推动者。所以，从城市群构成及其发展特点来看，其间所涉及的立法权配置主要是一种纵向配置。这种立法权的纵向配置从逻辑上又包括了三个层面：一是中央和地方国家机关之间立法权的配置；二是省级地方立法机关和省级以下地方国家机关（主要指两类城市有关国家机关）立法权的配置；三是地级市和县级市之间立法权的配置。尽管从现行立法体制的视角来看，这三个层面的问题是依次虚化的，尤其是地级市和县级市之间立法权的配置在现行立法体制中可以被视为一个虚假的问题。但是不可否认的是，随着城市群发展的不断深入以及立法体制的不断发展，这一问题有可能会成为一个现实的问题，毕竟在各类城市群发展规划中都将这两类城市作为基本的城市群构成单元。

与之前每个城市主要着眼于本城市区划范围内的发展模式不同，在区域一体化背景下，区域内城市群的发展意图冲破或有意忽略行政区划对各城市发展的刚性限制，实现区域范围跨行政区划的发展，也即寻求在城市群区域范围内各城市之间的合作发展，包括分工、互助与协调等。

换言之，城市群规划和发展的根本意义在于打破行政区划对局部地区经济、社会发展的不当限制，按照经济、环境与社会功能来构筑相对完善的区域范围城市群空间体系和发展模式。这一发展目标及模式的选择对于公共权力的配置而言，具有两层含义或两点要求：一是对于国家权力而言，地方国家机关尤其是城市政府应获得充分的自治权或发展自主权，以保证城市群内部合作与整合的有效

---

① 汪全胜：《立法效益研究——以当代中国立法为视角》，中国法制出版社2003年版，第6、56页。

性。二是对于国家权力与社会权力的关系而言,国家权力应受到更多的限制,社会权力的作用空间相应地获得更大的拓展。实际上,城市群发展对于公共权力的影响早已渗入或体现于社会实践中,而非仅仅停留在理论层面。

例如,有学者在分析都市区发展过程时指出,自1978年市场化分权改革以来,中国都市区已经从单中心集权结构向单中心分权结构甚至多中心方向演化。具体而言,"一方面,由于分权化对于下级政府的激励使得都市区范围的空间发展主体逐渐多元;另一方面,市场与公民社会在政府控制、引导的范围内发展的自主性日益加强,并在很多层面影响政府的控制和引导,使空间发展最终成为多方博弈的结果,呈现出两种秩序交融、叠合的特征"。①

具体到立法权的配置,首先要解决的是中央和地方立法关系的调整或者立法权在中央和地方之间重新分配的问题。当前,我国中央和地方立法关系存在的一个基本问题是,地方立法权从属于中央立法权,地方的所有立法权在形式上基本来自中央立法的委托或授权。"除了《立法法》所规定的国家立法权的10类专属立法事项外,其他立法职能和立法事项在很大程度上是以一种'平面切割'的方式向地方层层'平行下达'。"② 尽管从内容上看,省级地方立法除中央专属立法事项外都可以进行立法,但实际上这种中央和地方立法权格局的设置仍是计划体制的产物,无法适应和满足地方立法在城市群发展中发挥更大功能的需求。

2015年《立法法》修改之后,设区的市虽然被统一赋予地方立法权,但在立法事项方面有着明确的限定,即"城乡建设与管理、环境保护、历史文化保护等"三个方面的事项。构建我国合理的中央和地方立法关系的关键在于"从法律上明确界分中央和地方的立法事项",尤其是"改变那种中央和地方立法'职能同构'以及立法事项'平面切割'的做法,将立法事项在中央和地方之间进行明确界分。"③ 唯有如此,地方立法才能从中央立法的阴影中走出来独立发挥作用,而只有扩大地方立法的自主权,使地方立法享有相应的自治空间,才能在城市群发展中真正发挥更大的作用。这不仅在理论上讲得通,也为我国城市群发展的初期实践所证明。至于修改后的《立法法》对设区的市地方立法事项的列举式限定,能否满足城市群发展之地方立法的需求,仍有待实践发展的检验。

---

① 罗震东:《中国都市区发展:从分权化到多中心治理》,中国建筑工业出版社2007年版,第137页。
② 封丽霞:《中央与地方立法关系法治化研究》,北京大学出版社2008年版,第368页。
③ 陈光:《该如何构建合理的中央和地方立法关系——简评〈中央与地方立法关系法治化研究〉》,引自张海燕主编:《山东大学法律评论》第七辑,山东大学出版社2010年版,第188~189页。

（二）地方立法权如何在各级地方国家机关之间进行配置

接下来的问题是，地方立法权如何在各级地方国家机关之间进行配置。现行立法体制中，通常只有省级和设区的市级的人大及其常委会和政府才享有地方立法权。长期以来，能够在城市群发展中完整地发挥立法功能的地方立法只有省级地方立法最具备条件。考虑到这一点，加之我国各城市群发展规划大都是在省级政府主导下编制的，所以在城市群发展初期，省级地方立法将作为城市群主要的立法制度供给者。

这一现象也反映了围绕国家权力（包括立法权）在中央和地方重新配置的新一轮博弈，主要存在于中央和省级地方政府之间，城市群发展规划的编制与实施在某种意义上可以视为省级地方政府一项重要的博弈策略，并且目前来看这项策略取得了相应的成效。然而，城市群的基本单元毕竟是城市而非省，因此讨论立法权在城市（尤其是地级市）之间的配置就具有重要的现实意义。

虽然，对于是否应该在赋予设区的市地方立法权基础上，进一步赋予不设区的市地方立法权的问题，我们在此无法给出必然合理的论证。然而，设区的市享有地方立法权的制度改进与设置，这本身便是对城市可以享有地方立法权的一种制度性认可。问题的关键不在于是否赋予所有的城市（无论是设区的市还是不设区的市）地方立法权，而在于一旦赋予所有城市地方立法权，该如何设定不同层级城市之间及其与省级和中央立法权之间的关系，如何协调不同层级地方立法文件之间的效力，避免法律体系的内部冲突或混乱。

例如，在日本，道、府、县、市、町、村以及特别区等地方公共团体依据宪法和地方自治法都有权制定条例。"地方公共团体可以制定条例，就意味着它们在法律的范围内享有某种立法权，这是对宪法规定的国会是国家唯一的立法机关的例外。"[①] 日本的这一立法权配置制度表明，立法权可以分配给任何一级地方国家机关，只要宪法和法律获得充分的尊重，并且违宪审查和司法审查等相关机制运转良好，立法权在不同层级地方国家机关之间进行配置非但不会引起立法的混乱，反而有利于更好地调动各地方参与发展的积极性和主动性。

当然，区域一体化进程中城市群的发展将会如何引致我国立法权配置的变革，要受到许多因素综合作用的影响，尤其是要适应城市群发展的需要。但无论如何，立法权将在中央和地方之间进行重新配置，地方立法权在不断扩大的同时也将根据需要不断趋向均衡与合理，这将是一个可以预见的变动趋势，也即城市群发展对立法权配置的可能影响所在。

---

① 李林：《立法理论与制度》，中国法制出版社 2005 年版，第 519 页。

此外，立法并非解决城市群发展过程中规则需求的唯一途径。国家立法权的运行应有相应的界限，对于市场机制和公民社会能够自行解决的事务，国家立法权不应加以干涉或者应保持适当的克制。这是在区域一体化背景下城市群发展中立法权重新配置需要遵循的基本原则之一。

二、立法权的运行更加注重合作与社会参与

在区域一体化发展中，区域城市群的发展除了对静态的立法权配置结构产生影响外，对于立法权的动态运行同样也会产生积极影响。立法权的运行也即立法过程，广义的立法过程包括立法准备、立法确立和立法完善三个阶段，狭义的立法过程仅指立法确立阶段，即从法案到法的阶段。但是，立法权的运行不仅仅是一个法律问题，许多学科都将其作为一个重要的研究对象。"根据目前的状况，与立法过程研究相关性较强的其他学科领域主要有政治学、政策学和行政（法）学等。"[①] 本书对城市群发展中立法权运行的探讨同样也不局限于法学领域。

在我国现行立法体制框架下，立法权的运行具有纵向性和单向性，即无论是中央立法还是地方立法都只是在自己行政管辖的领域内纵向的输出有关规则。例如，国务院制定的行政法规在全国范围内有效，省级地方立法机关制定的规范性法的文件在本省行政区划范围内有效，设区的市地方立法机关制定的规范性法的文件在本市行政区划范围内有效，而且行政法规、省级立法机关的立法和设区的市级立法机关的立法之间存在效力位阶的差别。

不仅如此，虽然近些年来立法注重社会公众的参与，但是公众参与立法的有关制度或机制很不健全、效果也有限，立法依然主要是一种单向的国家机关向社会输出规则的活动。立法权运行的这两个特点，恰恰反映了我国现行立法体制需要进一步打破封闭性，而封闭性显然与区域一体化中城市群发展所强调的合作与协调理念是相背离的。具体而言，城市群发展中的地方立法权的运行应该主要建立在合作基础之上，并切实保障和扩大区域社会公众的参与，使地方立法权保持一种开放运行的状态，以更好地顺应和满足区域一体化发展的各种法制需求。

理由之一是：城市群发展过程中，地方立法权的运行要结合区域内城市群发展的特点及需要进行相应的改变，尤其在立法权运行的方式上要与区域一体化发展和城市群发展的趋势和模式相对应。对于城市群发展模式的选择问题，我们可以参照西方大都市区治理的相关理论。在大都市区治理的模式选择上，西方主要存在着三种不同的理论：传统区域主义、公共选择学派的理论和新区域主义。其

---

① 王爱声：《立法过程：制度选择的进路》，中国人民大学出版社2009年版，第23页。

中，传统区域主义理论认为，大都市区的基本问题是地方政府分散化或碎化，地方政府过多甚至重叠等，解决这些问题的唯一办法是在大都市区内构建区域范围的政府结构。公共选择学派认为，并不需要改变大都市政府的分散化现状，可以通过建立一套完善的多中心特征的自我统治和民主行政的机制，来对大都市区进行管理。在传统区域主义和公共选择学派的理论都存在相应的理论缺陷，无法有效地解决大都市区治理问题的情况下，新区域主义理论出现了。

新区域主义理论的基本内容可以用这样三句话来概括，即治理而非统治、跨部门而非单一部门、合作而非协调。合作与协作是新区域主义的两个核心概念，合作主要发生在政府间，而协作主要指非政府间的协作，一般是形成公共和私人的伙伴关系甚至是部分公有事业部门私有化的途径来解决区域问题。[1] 就我国的城市群发展而言，新区域主义的理论相比较而言具有更强的参照意义，因为我国并不存在与传统区域主义直接对应的地方政府分散化或碎化问题，而公共选择学派的理论所依赖的自由市场机制在我国短期内也无法提供。治理、合作与协作等理念在很大程度上契合了我国政府转型的方向，以及城市群发展的基本特点——建立在区域内城市合作基础上。

理由之二是：对现行立法体制的调整应该是渐进的，而不应该完全推倒重来。尽管现行立法体制的封闭性、纵向性和单向性并不符合区域一体化趋势下城市群发展对立法体制的需求，但它毕竟是城市群发展地方立法权运行的逻辑和制度起点。况且现行立法体制并没有绝对排斥立法权的合作行使，例如《立法法》第八十一条关于涉及两个以上国务院部门职权范围内的事项，可以由国务院有关部门联合制定规章的规定。这表明立法者在制定《立法法》时已经考虑到了立法权的合作行使问题，可能基于某些原因，立法权的合作行使仅在国务院部门之间被允许，地方立法合作并没有获得法律认可。

当前不被认可并不意味着永远没有被认可的可能，学者们可以结合城市群发展的实践尤其是其对地方立法权合作行使的真实需求，来论证和建议修改立法法有关规定以允许地方立法权合作行使的必要性与可行性。退一步讲，即使地方立法权的合作行使未能在短期内获得法律认可，我们依然可以在现行立法体制框架中寻求可行的立法权合作方案。比如，区域内有关城市政府可以借助较大的市或城市群所在的省所享有的地方立法权来开展非对称性立法合作。总之，上述分析表明，作为回应城市群发展的立法权合作行使并非遥不可及，而是具有理论与实践的可行性，需要进行前沿性理论思考。

理由之三是：立法权的运行由原来的纵向和单向转为平行、合作与互动，反

---

[1] 洪世键：《大都市区治理——理论演进与运作模式》，东南大学出版社 2009 年版，第 82~105 页。

映了立法权主要功能的转变：由统治转为治理。立法权的运行将以如何更好地解决社会问题为主要的功能导向，而这也顺应了当今发达国家在公共治理领域的新的发展趋势。

城市群的发展反映了公共权力分散化、组织界限模糊化的趋势，传统的等级制政府模式或权力运行模式将愈加难以满足这一复杂而快速变更的时代需求，必须寻求一种新的治理模式。正如美国有些学者指出的那样："当多元流动的人群日益反对用简单统一的方式处理复杂问题的时候，一方治百病的模式就必须让位给那些个性化的特制模式。……靠命令与控制程序、刻板的工作限制以及内向的组织文化和经营模式维系起来的官僚制度，尤其不适应处理那些常常要超越组织界限的复杂问题。"[1] 于是，合作治理或网络化治理模式便应运而生了。

这种新的治理模式的核心是强调不同主体之间的合作以及各类社会主体的广泛参与，它以解决问题为导向。在这种治理模式中，立法只是作为一项可以利用的治理机制，它的基本功能是为问题的解决或任务的完成提供合适的规则。在区域一体化发展中，城市群发展对于立法功能的期待主要不是统治而是治理，即如何更好地发挥区域地方立法输出规则、调整社会关系及形成良好秩序的功能。这与网络化治理模式的基本价值取向及对立法的功能定位是一致的。

不仅如此，从规则的供给来看，合作模式被认为能够带来质量更优的规则，"依据是在具有丰富知识的当事人之间进行面对面的审议活动有可能产生未曾预料的或全新的解决方案，否则这些当事人绝不会共享信息或设计解决方案。……赋予利害关系人直接参与规则制定过程的机会，就会赋予他们一定程度的规则'主人翁地位'，而且会提高他们对成功实施规则的贡献"。[2] 虽然，城市群的初期发展对于立法体制的影响有限，即使呈现出某些合作治理的特征与需求，也会遇到现行立法体制及传统体制思维所设置的各种障碍制约，但只要区域一体化的发展和城市群的发展进程不被打断，各种障碍最终都会随着发展的推进而以不同的方式被消解。

无论是基于哪一种理由，城市群的发展对立法权运行方式所带来的影响都将是不容回避和需要正视的。综合以上分析，区域内城市群发展中完整的立法权协调合作行使包括三层含义：一是组成城市群基本单元的同级城市之间的立法合作，这是立法权合作行使的基本含义；二是各类社会主体包括社会团体和一般公众与国家立法机关的合作，这种合作在新公共管理学又被称为协作，它极大地丰

---

[1] ［美］斯蒂芬·戈德史密斯、威廉·D. 埃格斯著，孙迎春译：《网络化治理：公共部门的新形态》，北京大学出版社 2008 年版，第 6 页。

[2] ［美］朱迪·弗里曼著，毕洪海、陈标冲译：《合作治理与新行政法》，商务印书馆 2010 年版，第 35～37 页。

富了立法权合作行使的内涵；三是不同行政级别的立法机关，甚至包括中央和地方立法机关之间的立法合作，这种合作要求在共同维护宪法权威的前提下，原来处于上下级别的立法机关之间就城市群发展的某些事项在平等协商基础上从事相应的立法活动，下级立法不再单纯地作为上级立法的严格的复制者而缺少个性和特色。显然，这对于传统的立法体制及其所处的国家权力结构而言，是一个具有挑战性的理论前沿思考。

三、立法的界限及其与软法的互动

  法律不是无所不能的，因为由国家立法机关创制的法律仅仅是众多社会规范中的一种，它无法替代所有其他社会规范的功能。这也就意味着立法应是有界限的，而那种动辄就呼吁或苛责立法的做法未能恰当认识立法的界限。在区域一体化进程中，区域内城市群的发展将从多个方面展示立法功能的有限性，但这也为其他规范形式发挥相应的作用提供了良好的契机。

  换言之，城市群的发展将有利于推动一个健康的多元规则体系在区域范围的形成。这其中应给予特别关注并提升其地位的一种规范形式便是软法。对立法界限的强调和软法规范的关注，将促使立法者与社会公众重新审视立法的功能及其运行问题。因为立法的界限也是立法权运行的界限，它表明立法体制只能在特定范围内发挥作用，经由国家立法体制创设出来的规则只不过是多元规则体系中的一种，为了维系或更好地发挥立法体制及由其所创设的规则的功能，根据现实发展的需要来调整或改进立法体制是必要的，这也将进一步推动立法体制趋向开放、趋于完善。

  一方面，立法权无限扩张与城市群发展所肩负的转型使命是相悖的。城市群的发展在我国经济、社会转型背景下，在区域一体化发展的背景下，同时也承载着推动转型发展的时代使命。转型不是一句空话，需要在政治、经济、社会和文化等各个层面实现一种新旧转化或更替。在实现诸多转化与更替之前，承认权力边界的存在是一个必要的前提。对于放任立法权扩张而不加以限制的危险，哈耶克早就发出了警告："立法这种发明赋予了人类一种威力无比的工具——它是人类为了实现某种善所需要的工具，但是人类却还没有学会控制它，并确使它不产生大恶。……然而，那些关于谁应当拥有这种权力的讨论，却在很大程度上遮蔽了这样一个更为基本的问题，即这种权力应当扩展至多大的范围。只要我们还以为这种权力只有被坏人操纵时才会产生恶果，那么可以肯定地说，它仍是一种极度危险的权力"。①

可见,立法权对社会发展的善恶影响,与这种权力由谁来行使并无必然的关联,而是取决于立法权的行使者将其扩展至多大范围的意图。现行立法体制从属于我国传统政治体制,立法权集中行使并可以无限扩张是这种体制的特点之一,或许在大多数情况下立法权的运行在权力的具体行使者那里都有着合理或美妙的理由,但政治体制转型的一个基本方向是法治与依法执政依法行政,后者恰恰要求包括立法权在内的各种国家公权力的运行要有界限并尽可能地保持克制并加以监督。在区域一体化发展中,区域城市群发展有许多公共事务或社会关系需要通过区域地方立法来调整,也有一些是市场和社会团体能够自行规制的而不需要立法的干预,区域各地立法权的运行正是在这种不断寻找适当定位和作用边界的过程中,推动着区域立法、立法体制乃至整个政治体制的转型发展。

另一方面,区域城市群的发展要想取得更大的成效,离不开区域社会公众的广泛参与,这也在客观上要求为立法划定相应的界限。当人们将包括立法权在内的公共权力委托给国家机关时,这些权力实际上是由一群处于科层结构中的公权力官僚色彩的主体所行使。在一些西方学者看来,官僚及其所在的政府机构有着自己独立的利益偏好和追求,并且在很多情况下,他们所追求的利益与授权民众的利益是存在一定紧张关系的。

为限制官僚群体的不当利益追求,就需要通过加强社会参与来对代议制进行修正,也即从权力的源头上控制立法权的运行。不仅如此,"人们看到,曾被认为是效率和理性之化身的官僚制,越来越显现出僵化死板、办事拖拉、不关心人们在特定情况下所面临的问题、效率低下的特色。政府依靠高度集权的官僚制,其承诺超过自己所能做的。人们面临的生活条件,与行使政府权力的人所创造的期望极不相同"。② 由于区域一体化中城市群发展中的许多问题都是跨地区的,而传统官僚制的作用被局限在特定的行政区划范围内,如果不尝试对立法权的行使方式加以创新并保持一种开放的状态,以便在吸收更多的社会参与基础上来解决相应的问题,那么传统官僚制的弊端在城市群发展过程中将会被继续放大,建立在传统官僚制基础上的立法体制也有被抛离的危险。

在立法或国家法律边界之外,其他形式的规范是不可缺少的,软法则是其中一类重要的规范形式。软法现象与理论近年来得到了国内学者的关注和研究,虽然对于软法的内涵和外延,学者们并未形成一致的观点,但软法一般都被置于公

---

① [美] 弗里德利希·冯·哈耶克著,邓正来、张守东、李静冰译:《法律、立法与自由(第一卷)》,中国大百科全书出版社2000年版,第113页。
② [美] 文森特·奥斯特罗姆著,毛寿龙译:《复合共和制的政治理论》,上海三联书店1999年版,第195页。

共治理的视域内，被视为公共治理的基本规范之一。

如罗豪才、宋功德批评了国家—控制法范式，并修正了"法"的概念，指出："伴随着多中心的、强调合作共赢、尊重不同主体间的公共治理模式的崛起，这种传统的法范式陷入了严重危机之中，一种与公共治理相适应的回应型法开始取而代之，国家—控制范式正在成为过去时"。① 翟小波更是明确地指出："治理模式的主体是复杂、多元和速变的社会子系统。在此，作为管制模式之基础的单中心的、刚硬和固定的、统一和普遍的、压制型的国家法，无疑不合时宜。治理模式更倾向于适用无中心和离散的、持续反思和适应性强的'软法'。"②

就其概念而言，软法是社会共同体成员在协商一致基础上创制的，以实现共同体目的的一种非国家法规范。在区域一体化进程中，区域城市群的发展应该逐渐实现由统治—控制的管制模式向合作—协商的治理模式的转变。在这一转变过程中，人们将基于不同的利益需求或爱好组成各类自治型的社会团体，并通过这些社会团体承担起相应的社会治理功能。

软法在某种意义上可以视为公民社会自治的产物，它是在平等参与和协商一致基础上创制的，其基本使命是支撑和拓展社会自治的空间。因此，软法的属性和功能与区域城市群发展的内在规律和外部特征是相符的。而软法的大量出现及功能的发挥，反过来将对立法权的运行产生重要的影响。尤其是随着软法规范的不断成熟，国家立法将从一些不适宜调整的社会领域中退出，由软法取而代之。但是，国家立法与软法并非相互对立和隔绝的关系，互动与合作才是处理二者关系时的正确选择，原因在于国家与社会之间或者国家公权力与社会公权力之间本身就应该是一种互动与合作的关系，两者在不断地互动与博弈过程中逐渐明晰各自的界限或主要功能，在许多情况下还需要两者的互补与合作，这样更有利于区域一体化发展和区域城市群发展。

城市群发展中，软法的引入及其与立法的互动将有助于实现立法体制的良性转型或发展，因为它会促使立法体制保持一种向社会开放的姿态，积极地去回应区域一体化发展和区域城市群发展的立法需求。而保持一种开放姿态的要求和结果是立法权的运行包含了合作的方式，立法的界限也在与软法的互动中渐趋明晰。更为重要的是，立法不再以统治和管制为其主要的功能，而是以解决问题为目标导向，真正迈向一种回应型法。

在区域一体化发展中，城市群应该成为这样一种"预想的社会"，无论是政

---

① 罗豪才、宋功德：《软法亦法——公共治理呼唤软法之治》，法律出版社2009年版，第8页。
② 翟小波：《"软法"及其概念之证成》，载于《法律科学》2007年第2期，第6页。

治活动者、国家权力机关，还是社会团体或一般公众，都应该重新定位相互间的关系，并更加清醒地认识到相互间所存在的那种不可忽视的区域共同体中的共生与依赖关系。

公共管理学者早已指出："协作的需要源于参与者的相互依赖，因为每个参与者拥有完成一项任务的不同类型和不同层次的技术和资源。相互依赖包括这些组织之间的频率和密度的增加，这反过来促使在某种程度上联合进行决策、集体执行行动。参与者之间（纵向的和横向的）的相互依赖性越强，协调与协作的需要就越大。"① 显然，区域一体化背景下城市群的发展使区域范围各社会主体之间的相互依赖性更加强烈，而立法权的运行及立法体制是体现这种依赖性的场合和平台之一。城市群的发展对立法体制的影响及由此所带来的相应改变，有助于实现一种区域一体化发展所需求的共生共赢局面。

四、区域法治竞争视角下的地方立法协调

"随着我国区域经济一体化的迅猛推进，若干个经济一体化区域的出现及其蓬勃发展，已经超出了传统行政区划的边界领域，也超出了某一现有行政区地方立法调整的传统能力和固有范围。"② 在这样的实践与制度背景之上，学者们就如何更好地实现区域一体化中的地方立法协调等问题提出了诸多建议。有的学者甚至提出了"区域法治"的概念与"区域法治先行"的法治建设策略，认为："随着改革开放的全面推进和中国经济社会的进一步发展，在先行地区进行的法治实践必然会通过跨区域合作的形式，将其经验教训予以传播，从而对国家法治发展进程产生积极影响"。③

不可否认，无论是关于区域经济一体化中地方立法协调机制建构的建议，还是"区域法治先行"的策略性方案，都具有实践启发性与参考性。然而，上述研究也存在一个有待继续研究的问题，即对作为区域合作与发展主导者——中央与地方政府的作用动机或动力来源的探讨，这一研究的缺少，也是导致现有研究难以充分解释区域地方立法协调与法治建设实践滞后于理论研究或学术期待的重要原因之一。据此，下文将从区域法治竞争的视角分析区域经济一体化中地方立法协调的理想样态，在此基础上分析地方立法协调的动力问题，并对当前地方立法

---

① ［美］罗伯特·阿格拉诺夫、迈克尔·麦圭尔著，李玲玲、鄞益奋译：《协作性公共管理：地方政府新战略》，北京大学出版社 2007 年版，第 33 页。
② 陈俊：《区域一体化进程中的地方立法协调机制研究》，法律出版社 2013 年版，第 172 页。
③ 林海：《"区域法治先行"概念基础与实践路径的再检讨》，载于《南京师大学报（社会科学版）》2016 年第 3 期，第 74 页。

协调乃至区域法治建设的困境作出理论思考。

（一）地方法治竞争的依附性与独立性

"地方法治"这一概念是因法治国家建设而被提出来的，虽然对于是否存在"地方法治"在学界曾有过不同的看法，① 但是随着法治建设的不断推进，"地方法治"从概念到理论，获得越来越多的认可。例如，卓泽渊认为，"地方法治建设可以成为国家法治建设的'小样'和'范本'。地方法治建设可以成为国家法治建设的小样，为整个国家的法治建设提供试点；也可以成为其他地区法治建设的范本，供其他地方参考乃至复制"。② 这一观点具有一定的代表性。地方法治是国家法治的一部分，也是国家法治在特定空间内的具体展开。很长一段时间内，学者们在研究法治国家理论时多注重一种静态的结构研究或者动态的历时性研究，忽略了法治建设过程本身所包含的历时性与空间性的双重属性。"地方法治"概念的提出以及相关理论研究，在很大程度上弥补了这一缺陷。

既然地方法治从属于国家法治，那么就要遵循国家法治建设的基本原理，尤其是维护宪法至上为基础的法制统一原则。但这并不意味着地方法治完全没有属于自己的探索与发展空间。《立法法》所赋予的地方立法先行先试权，某种程度上认可了地方立法所具有的一部分相对独立的空间，加之不同地方（主要以省级行政区划为单元）在经济发展模式和地域文化传统等方面存在着程度不同的差异，这些都为地方法治建设过程中各地方在法治领域的差异性发展乃至相互竞争，提供了前提。

近年来，地方法治竞争问题也引发了学者们越来越多的关注和研究。周尚君指出，"地方法治竞争作为制度竞争的一个重要表现形式，主要是指通过立法、司法、执法和社会治理活动，实现以产权切实保障、市场监管规范、司法独立公正和执法高效文明为基本特征的地方制度供给机制和制度环境的改善，实现地方与地方之间以比较制度优势而胜出的竞争范式"。③ 地方法治竞争理论的提出，对于法治建设乃至地方发展模式而言，至少在理论层面具有创新意义。但在实践层面，我们也要清醒地认识到，地方法治竞争依然具有很强的依附性，在短时间内很难成为一种与地方经济竞争相并行的、相对独立的发展与竞争模式。

当前正在推进的全面依法治国的起点应该追溯到1978年党的十一届三中全

---

① 吴华琛：《从"法治国家"到"法治地方"——地方法治研究述评》，载于《中共福建省委党校学报》2013年第4期，第55~56页。
② 卓泽渊：《地方法治与国家法治》，人民法治网，http：//www.rmfz.org.cn/news/show-92428.html，2018年8月17日访问。
③ 周尚君：《地方法治竞争范式及其制度约束》，载于《中国法学》2017年第3期，第93页。

会，如果我们梳理一下改革开放以来的法治建设进程，不难看出，包括地方法治在内的国家法治建设一直以来都依附于特定的政治或经济目标。其大致又可分为以下三个阶段：

第一阶段为改革开放至1992年党的十四大召开。这一阶段"法制"与"民主"往往被放在一起，意味着法制建设更多的是作为政治体制调整与改革的一部分，或者说法制建设主要服务于或依附于特定的政治目标。在地方法治建设方面，各地更多地着眼于法制的恢复与重建，并没有形成一种地方法治竞争的局面，也可以说尚不具备地方法治竞争的条件。

但这一阶段在地方法治建设方面并非毫无建树，至少在赋予地方立法权方面有两点值得注意：一是1982年修改《地方组织法》时开始赋予了省会城市所在地的市和国务院批准的较大的市地方立法权；二是1981年全国人大常委会授权广东和福建两省人大及其常委会制定经济特区的各项单行法规。这两项改革可以视为后来地方法治建设与竞争开启的奠基之作，其所包含的法治建设和立法权下移的改革思维具有深刻的进步意义。

第二阶段为1992年党的十四大召开至2012年党的十八大召开。这一阶段的法治建设获得越来越多的重视，但其依附的对象则由原来的政治性目标转至经济性目标。尤其是"市场经济是法治（制）经济"这一口号的提出与强化，更是将法治建设与市场经济发展紧密地联系在一起。虽然经济快速发展所带来的负面影响（如环境污染和资源分配不均等问题）开始得到关注并有所应对，但这一时期各地方地区生产总值（GDP）的竞争仍然占据绝对主导的地位。地方法治建设与法治竞争仍然严重依附于地方经济GDP的发展与竞争。1997年党的十五大正式提出"依法治国，建设社会主义法治国家"的战略方针后，各个地方在依法治国的大旗帜下纷纷提出了"依法治国"或者"法治国家"等口号，这多少已经有了法治竞争的痕迹。

这一时期我国的立法体制也趋于成型，尤其是2000年《立法法》通过之后，享有地方立法权较大的市的数量有了增加，地方立法也依法获得了先行先试权等。这些都为地方法治竞争（尤其在地方立法层面的竞争）提供了条件，而各个地方也加大了地方立法权的使用力度，有意无意地推动了地方法治竞争情势的出现。

第三阶段为2012年党的十八大召开以来。党的十八届三中全会提出"国家治理体系和治理能力现代化"和党的十八届四中全会提出全面依法治国之后，法治建设作为实现国家治理体系和治理能力现代化的核心之义，以及作为"四个全面"的战略之一，不仅在全国范围内得到更多的重视，各地方也加快了法治建设的力度，由此也带来了地方法治进入一个实质竞争的阶段，地方法治逐渐脱离之前对特定政治或经济目标的过分依附，而具有了更大的相对独立性。

例如，周尚君认为，"总而言之，地方法治竞争的核心在于法治，不在竞争。在国家治理体系和治理能力现代化的征程中，地方治理结构趋好的'竞优'路径已经极大程度趋向于法治"。① 实践中，法治建设指标的构建和实施，以及地方法治指数排名等举措的推出，使地方法治建设与竞争具有了越来越强的独立性。

（二）作为地方法治竞争升级版的区域法治竞争

在我国地方经济社会发展过程中，基于空间毗邻、经济互补、文化传统相似等因素的影响，出现了跨行政区划的区域经济社会一体化发展的趋势与模式。随着区域一体化的推进，区域公共治理的法治问题也凸显了出来。有些学者开始提出并研究区域一体化发展和治理中的法治问题。

例如，公丕祥指出，"区域法治发展是国家法治发展的有机组成部分，是国家法治发展在主权国家的特定空间范围内的具体实现"，而"推进区域法治发展，这是中国法制现代化进程中的一项重大议程"。② 相对于国家法治，区域法治就是一种地方法治。由于我们一般将地方法治的"地方"限定在省或市级行政区划意义上，而将区域法治的"区域"在跨省或市级行政区划的意义上来使用，所以区域法治又不同于一般意义上的地方法治。当然，区域法治与地方法治的差异并不能掩盖两者之间千丝万缕的关联。从某种意义上讲，区域法治是地方法治的升级，区域法治竞争则是地方法治竞争的升级版。

与地方法治竞争相似，区域法治竞争也是脱胎于不同区域之间的经济竞争，对于区域经济发展和竞争有着很强的依附性。不同的是，区域法治竞争是随着区域经济一体化的推进而出现的，它要求法治建设与法治竞争不再依托于既有的省或市级行政区划，而是在协调合作基础上形成区域性法治特色或优势。

无论从理论上还是实践中来看，区域法治特色或优势的形成是可能的，"从一个国家的内部来看，中国的某个区域或领域由于区域文化的差异所致的区域法治各自特色，尽管整个国家法治的大背景是统一的，但不同区域的法治也应该是富有地方和区域特色的，这是法律地方性知识的最好注脚"。③ 这也就意味着区域法治竞争是可能的，也是可行的。泛珠三角地区的执法协作便是典型的例子。

例如，2009年12月，泛珠三角区域内9省（区）签订专利行政执法协作协

---

① 周尚君：《地方法治竞争范式及其制度约束》，载于《中国法学》2017年第3期，第101页。
② 公丕祥：《区域法治发展的概念意义——一种法哲学方法论上的初步分析》，载于《南京师大学报（社会科学版）》2014年第1期，第57页。
③ 蔡宝刚：《法律是从"土地"中长出来的规则——区域法治发展的文化解码》，载于《法制与社会发展》2014年第4期，第56页。

议,旨在"加强泛珠三角区域专利行政执法协作,加大专利行政执法和市场监管力度,促进区域经济共同发展"。类似的区域法治建设事项在泛珠三角地区较为多见,这也使得该区域不仅在经济社会发展领域具有区域比较优势,在法治建设和法治环境方面也形成了区域比较优势。

相比较而言,有的区域由于法治建设相对滞后,在一定程度上制约了区域经济社会的发展。如何从法治视角优化区域发展制度软环境,成为这些区域内地方政府优先考虑的工作。例如,针对东北地区投资环境不佳的境况,尤其是近年来流行的"投资不过山海关"的说法,东北地区各省市在进行反思的同时,加大了以法治措施加以整改的力度。例如,在 2017 年东北三省政府工作报告中,"法治,也自然成为三省政府工作报告中为优化营商环境而必须强化的关键词"。[①]在具体举措方面,辽宁省人大常委会于 2016 年 12 月通过了《辽宁省优化营商环境条例》,大连市政府也发布了《大连市营商环境投诉处理实施细则》,以立法的方式加以改进。显然,东北营商环境的不佳不是某一个省市的问题,而是整个东北地区各省市共同面临的一个区域性问题。在这种背景下,改进东北地区的区域法治环境,势在必行,也值得期待。

无论是泛珠三角地区还是东北地区,虽然区域法治建设的直接目的是为区域经济社会发展提供法治保障,这与改革开放初期地方法治的角色或功能定位非常相似,但是在全面推进依法治国和全面深化改革大背景下,区域法治建设与竞争将获得法治与改革的双重意义,从而逐渐具有了独立存在和运行的基础与意义。

一方面,区域法治相对于国家法治和地方法治而言,属于中观意义上的法治,它既承接和落实国家法治建设任务,又改进地方法治建设中的不足并提升地方法治建设的品质。国家法治需要在具体的地理空间中呈现。我们在意识到不同省市的特点和发展需要的差异之后,强调地方法治(以地方立法为代表)可以或应该有自己的特色。其实,这种特色同样存在于跨省市的区域法治建设之中。经过这些年的发展,我国已经初步形成了东北地区、京津冀地区、长三角地区、西部地区、中原城市群和泛珠三角地区等若干跨省市的发展区域。地方经济的竞争已经在原来的省际和市际竞争基础上,增加了区域间的竞争。区域间经济竞争的过程必然也是法治竞争的过程。例如,东北地区对法治政府建设的重要性和紧迫性的认识及区域范围内的共识性相关行动,已经充分说明了这一点。

另一方面,区域法治建设与竞争的过程,也是对既有的以行政区经济为依托的地方法治竞争模式改革的过程。地方法治竞争对应的是以省或市为单位的行政

[①] 张维:《东三省政府报告频提"营商环境",誓言打造诚信政府法治政府》,载于《法制日报》2017 年 2 月 25 日,第 6 版。

区经济的竞争。行政区经济竞争模式对于我国经济社会的发展曾经发挥了重要的作用，但其弊端也很明显，那就是生产要素或市场资源因受地方政绩考核机制等因素影响难以在更大范围内实现优化配置。区域法治竞争对应着区域经济竞争，以更好地促进区域经济一体化以及生产要素在更大范围内优化配置为其内在价值追求，旨在克服既有的行政区经济及对应的地方法治竞争模式的弊端。

不仅如此，区域法治竞争对于现行的立法体制、执法体制乃至司法体制等都提出了相应的变革要求。因此，从改革意义上讲，区域法治竞争作为地方法治竞争升级版的意旨更为明显，也更加符合全面深化改革的大趋势，无论对于区域一体化发展的促进还是法治建设的深化都是有益的。

（三）区域地方立法协调：一个真实的命题

根据我国现行立法体制，地方立法只能在特定的行政区划范围内才可以进行，也才有法律效力。对于区域一体化中区域性公共事务的立法调整，只能以地方立法协调的方式来实现。区域发展和治理实践中，地方立法协调在不同的层面与程度上得以展开。在此，地方立法协调包括两个方面的含义：根据立法的协调和关于立法的协调。其中，根据立法的协调是用立法（主要是地方立法）来协调和保障区域经济社会及其一体化发展和治理，也即将立法作为一种协调手段，是立法或法律发挥其社会功能的表现。关于立法的协调则是指通过对立法活动过程及结果的协调，来满足区域一体化发展的立法需求。无论是根据立法的协调还是关于立法的协调，都真实地存在于区域一体化发展实践之中，而非一个虚构的命题。

根据立法的协调是将立法作为协调区域发展与治理的重要手段，如陈俊在研究长三角地区经济一体化发展对于立法协调的内在需求时指出，"通过区域内的法制协调，特别是立法协调并使之制度化，提升区域合作功能和效率，促进长三角地区经济更好更快的发展，是破解长三角协调发展难题的有效之举"。[①] 实践中，许多区域都在地方立法协调方面做了很多工作，以此来协调和促进区域经济一体化发展与社会治理。

例如，广东省围绕《珠江三角洲地区改革发展规划纲要（2008－2020年）》编制了配套立法规划，制定了《广东省实施〈珠江三角洲地区改革发展规划纲要（2008－2020年）〉保障条例》，并就珠江三角洲地区水质保护和大气污染防治等重点领域制定了专门的地方性法规或地方政府规章，"这些法规、规章的出台，对实现资源整合、协调行政冲突、形成整体合力、保证跨行政区划的城市群协调

[①] 陈俊：《以立法协调促进长三角地区的经济发展》，载于《党政论坛》2008年第1期，第30页。

发展具有重要意义"。① 类似的立法活动还有《辽宁沿海经济带发展促进条例》和《湖南省长株潭城市群区域规划条例》等,此类立法都属于立法的协调。

关于立法的协调则是区域立法活动本身的协调,其形式包括共同参与立法、化解立法冲突以及进行立法协作等,主要目的仍是服务于区域经济一体化的发展与社会治理。例如,2006 年 7 月,东北三省政府正式通过了《东北三省政府立法协作框架协议》,明确了开展区域内立法协作的方式及具体领域。2008 年,长三角地区有关省市在法制协调研究工作例会上也达成了三地法制协调合作框架协议,主要就区域内的地方立法协调作出了制度性安排和阶段性推进。

区域一体化中的地方立法协调主要受两个因素影响:一是现行的立法体制;二是区域经济社会及其一体化发展和治理的立法需求。前者决定了区域立法所采取的样态只能是地方立法协调,后者决定了地方立法协调的存在合理性与必要性,同时也表明了地方立法协调对于区域经济社会及其一体化发展的依附性。当然,这两个因素之间又是相互影响的,地方立法协调可以视为这两个因素互动之下的产物,而根据马克思主义的基本原理,作为上层建筑的立法体制的样态决定于作为经济基础的区域经济一体化发展和治理的实际需要,因此区域经济一体化发展的实际需要将从根本上推动地方立法协调发展变革与制度创新,从而间接地对现行的立法体制产生影响。

(四) 地方立法协调在区域法治竞争中的应然角色

从法律运行的角度看,法治的起点在于立法。无论是改革开放初期提出的"有法可依、有法必依、执法必严、违法必究"的法制建设十六字方针,还是党的十八届四中全会提出的"科学立法、严格执法、公正司法、全民守法"的全面依法治国新十六字方针,立法始终都是作为法治建设的逻辑起点与实践起点而存在,这是各方的共识。

立法竞争是地方法治竞争的主要内容之一,也是区域法治竞争最为直观的指标之一,因此得到了各个区域较多的重视。"政府合作的立法协调是政府为了促进区域经济协调发展,以构建和谐统一的区域立法体系、营造公平正义的法治环境为目标,推动地方人大和政府立法机关开展立法活动的一种政府参与行为。政府合作的立法协调的出发点和归宿就是通过政府参与立法协调推动相关立法机关开展立法活动,为促进区域经济一体化发展营造良好的法治环境。"② 因此,基

---

① 李炳余:《推进珠江三角洲区域经济一体化的法治思考》,引自石佑启等主编:《区域合作与软法研究》,广东教育出版社 2011 年版,第 4~5 页。
② 石佑启、潘高峰:《论区域经济一体化中政府合作的立法协调》,载于《广东社会科学学》2014 年第 3 期,第 241 页。

于地方立法协调在区域经济一体化发展的重要作用，以及考虑到地方立法协调在区域法治建设中的起点性地位，所以地方立法协调应当作为区域法治竞争的首要内容或指标加以衡量。

区域法治竞争建立在定量与定性综合评价基础上，不同区域的法治建设水平或法治环境优劣，要借助于一系列科学有效的指标加以衡量或体现。由于法治的基本内容包括立法、执法、司法和守法四个部分，所以法治竞争的指标也主要围绕这四项基本内容加以设计，区域法治竞争的指标体系的设计与构成也不例外。

不过，就立法、执法、司法和守法这四个方面来看，司法和守法之间的区域差异与竞争，与特定区域的关联性不是很强，也即司法和守法虽然也是区域法治竞争的基本内容，但这两者的区域属性并不像立法和执法那样突出。立法和执法更多地需要区域内不同地方之间的合作与协调。

就立法而言，区域法治竞争对于地方立法协调的基本指标是完备性与协调性。具体而言，地方立法协调的完备性主要考察各个区域在区域经济社会发展各个领域或各项事务上地方立法协调内容与机制的完备性，是否做到了各个领域或各项事务的法制需求能够很好的通过地方立法协调予以满足。而协调性则主要是考察各个区域内不同地方的立法之间的协调一致情况，包括不相冲突的消极协调和衔接有序的积极协调两个方面。

就立法与执法的关系而言，区域法治竞争视角下的执法一方面是区域内有关执法主体执行国家法律法规，另一方面执行区域内的地方性法规或地方政府规章，后者涉及对经过地方立法协调后的地方性法规或规章的执行。因此，区域内地方立法协调的质量，对于区域内的各地行政执法也会产生重要影响，从而也会影响区域一体化发展的质量。

鉴于上文的认识和分析，区域地方立法协调在区域法治竞争中应当居于非常突出的位置。各个区域内的地方政府或地方立法主体应该将地方立法协调置于非常重要的地位，充分开展地方立法协调，善于利用地方立法协调来促进和保障区域经济一体化发展，投入更多地精力开展地方立法协调工作，开展共同性立法、化解立法冲突或进行立法协作等，以地方立法协调带动区域行政执法水平以及法治竞争能力的提升。

五、地方立法协调走向相对独立的动力分析

区域地方立法协调在区域一体化发展实践中的尴尬境遇，使一些人开始怀疑地方立法协调乃至区域法治建设的必要性与有效性。例如，有学者认为，"区域法治发展的概念忽略了法治与主权的关系，在逻辑上不能自洽，区域的范围也难

以准确划定,而且概念内涵也无法与地方法治进行有效区分",提出应当以"区域法制"来代替"区域法治",并主张"从中央立法、地方联合立法、区域行政和区域纠纷解决等四个方面加快区域法制建设。"① 本书认为,地方立法协调以及区域法治建设的当前境遇是体制惯性所致,有其合理性,但我们并不应因此而失去推动地方立法协调和加快区域法治建设的信心。动力不足是地方立法协调遭遇现实困境的主要原因之一,要想使地方立法协调从目前的严重依附走向相对独立,需要认真分析影响地方立法协调和区域法治建设与竞争的动力因素,并在此基础上探索构建一套有效的动力机制加以促进和推进。

导致地方立法协调动力不足的原因,可从以下三个方面分析:

第一,以经济建设为中心是党的十一届三中全会以来确定的总基调,区域内各地方政府的一切工作只有围绕着经济发展才能获得其存在的价值与意义,地方法治建设也不例外。改革开放40多年来,法治建设在整体上和大局上都要努力服务经济建设这个中心。经济建设为中心,始终处在各地方政府决策与工作的核心日程之中,同时在地方官员的政绩考核中,长期以来经济发展指标的考核权重显然比其他权重的比重要高。可以说,地方法治乃至区域法治的建设与竞争都是从属于此,而非一个脱离经济建设中心的相对独立的系统。当地方立法协调能够对区域经济发展及相应的政治绩效带来显著影响时,它便会得到地方政府和决策者更多的重视,从而获得相应的更多的发展动力。反之,则难以获得足够的动力和具有可持续的积极性。

第二,现代法治理念的缺失尤其是长期以来法律工具主义的盛行,使得从决策者到一般公民对于法治在区域发展和治理中的功能缺乏足够的认识或者尊重。现代法治理念要求将法治作为一种独立的价值,它不应服从于任何特定的政治或经济目的,而只是相对于个体自由和公共福祉的维护而言才是一种手段。显然,受传统法治文化中消极因素及新中国成立以来法律工具主义的影响,无论是决策者还是社会公众都还没有真正认识到法治的内在精髓和独立价值。地方立法协调以及区域法治应服务于区域经济发展及治理的需要,某种程度上反映出法律工具主义在现实生活中的一个体现。

第三,现行立法体制所包含的对央地关系的设定也在深层次上影响或制约着地方立法协调及区域法治建设与竞争。诚然,改革开放以来我国地方立法主体获得了很大的增加或扩容,但仍然没有超出《宪法》第三条第四款所设定的处理央地关系的基本原则,即"中央统一领导下充分发挥两个积极性"。这与我国单一

---

① 张彪、周叶中:《区域法治还是区域法制?——兼与公丕祥教授讨论》,载于《南京师大学报(社会科学版)》2015年第4期,第40页。

制的国家结构形式有关。地方国家机关包括地方立法机关真正自主自治的空间很有限，而且缺乏成熟的自主自治的经验。反映在地方立法协调和区域法治层面便是，地方立法机关或地方政府尚未找寻到如何在现行立法体制和央地关系定位下，在跨行政区划的区域层面较好地运用其所享有的地方立法权及地方治理权。

由上可见，影响地方立法协调动力的原因涵盖了经济基础、文化观念和体制机制三个基本层面。地方立法协调动力缺乏的问题源于此，而欲使地方立法协调获得更多或充分的动力之努力方向，也应在于此。

地方立法协调的直接目的是为了推动区域法治建设与发展，而"区域法治发展的任务之一就是要致力于建构一套有利于区域经济社会健康发展的规则体系，借以有效地调节区域社会主体的行为预期引导区域社会主体向市场和社会提供能够增进区域社会根本福祉的产品进而为区域发展确立可靠且可行的规则基础"。[①]换言之，经由地方立法协调而推进的区域法治发展并不是脱离于现行的政治、经济、社会和文化系统的异者，而是产生于既有的政治、经济、社会和文化系统的一个子系统。地方立法协调所追求的独立也不是完全的独立，而是一种相对意义上的独立，追求的是一种对法治独立价值的高度认可与尊重。

不仅如此，地方立法协调意图在区域层面上实现法制的一体化，从而突破现行的行政区经济和地方法治日益呈现的弊端，从而提升特定区域整体的竞争力。如王春业所言，"区域法制一体化，提升的不仅是区域的法律品质，而且是区域的竞争能力。一个透明可预期的一体化市场规则和法制条件，将成为经济区域竞争和持续发展的核心优势"。[②]

因此，今后地方立法协调的动力仍然要从经济基础、文化观念和体制机制三个基本层面去考量和积极获取。区域法治建设情况及其竞争程度从根本上仍取决于区域经济社会及其一体化的发展程度，只有加快推进区域经济一体化发展程度，才能为地方立法协调和区域法治竞争提供根本动力。文化观念虽然在一定时期内具有稳固性，但也不意味着文化观念是不可改变的。

随着全面依法治国的推进和法治中国建设的成效愈加显见，决策者和社会公众的法治观念也会随之更新，从而也有利于重新审视和定位地方立法协调和区域法治竞争在整个法治建设中的功能与角色。体制机制层面动力的获取也将随着我国全面深化改革不断推进。这一过程，需要立法体制的调整和央地关系更合理的定位，也需要努力将地方立法协调以及区域法治建设机制的创新同步加以推进，从而激发出蕴藏在体制机制背后的动力与活力。

---

① 公丕祥：《法治中国进程中的区域法治发展》，载于《法学》2015 年第 1 期，第 9 页。
② 王春业：《我国经济区域法制一体化研究》，人民出版社 2010 年版，第 107 页。

六、"大立法"与"小立法"分析框架下的区域地方立法协调

党的十一届三中全会之后,在"发展是硬道理"这一理念和指导思想指引下,整个国家与社会进入了一个提倡发展主义的新阶段。在汲取前一个时期的经验教训基础上,党不断重视法律对于改革、发展和稳定的重要作用。党的十八届四中全会明确指出:"全面建成小康社会、实现中华民族伟大复兴的中国梦,全面深化改革、完善和发展中国特色社会主义制度,提高党的执政能力和执政水平,必须全面推进依法治国。"这一表述既表明执政党对法治建设重要性的认识达到前所未有的高度,也对法律或法治的功能再次做了明确,即法律或法治是国家治理与社会发展的重要保障。

在法治建设中,"立法先行"已成为基本的路径。对于发展中国家的立法政策选择问题,美国学者安·塞德曼和罗伯特·塞德曼曾做过专门的阐述,并提出了"大立法"和"小立法"的概念。他们认为:"为了满足'大立法'的需要,法律起草者们时常起草一些宏大而宽泛的法律条款,很明显是为了带来大规模的社会变革。宽泛的法律条款规定当然为法令的接受者提供了宽泛的价值判断标准,指引其根据新的法律指导自己的行为。与此同时,为改变不良的社会制度,法律必须通过明确的、具体的方法给予法令的接受者特定的命令、禁止或授权,以引导它所希望的新行为的产生。为此,法案起草者们必须'小立法'。为了改变现有的体制以实现发展与变革,政治领袖们命令法案起草者们'大立法';而为了满足对能被证明可以有效实施的法律的需要,法律起草者们必须'小立法'。"[①] 以上有关"大立法"和"小立法"的论述,某种程度上可以为我们理解我国改革开放以来的立法,提供了一个通俗易懂的理论分析框架。

根据"大""小"立法的分析框架,我们可将发展中国家的立法区分为两种类型——社会发展型的立法与一般调整型的立法。其中,社会发展型的立法主要对应"大立法",是以发展主义为理念,以保障社会发展和变革的有序实现为宗旨,带有明显的政策属性和时代特点。发展主义理念反映在制度层面的一个显著特点是奉行政策优先或政策主导,立法和法律被赋予了浓厚的政策性功能。发展主义为社会政策提供了一个宏观的视角,将公民社会和商业组织都包括在促进发展目标实现的过程之中。据此,经济和社会领域的立法属于典型的社会发展型

---

① [美] 安·塞德曼、罗伯特·塞德曼著,冯玉军、俞飞译:《发展进程中的国家与法律》,法律出版社 2006 年版,第 5 页。

立法。

相较而言，一般调整型的立法对应"小立法"，是以微观的权力—职责、权利—义务关系为调整对象，以设定明确的规则为基本内容的立法。传统的民事、刑事、行政和程序性立法属于一般调整型立法，此类立法具有较强的明确性、延续性和稳定性。"大立法"和"小立法"的另一个重要区别是可司法性或可诉讼性程度的强弱。"大立法"的可司法程度较弱，主要依靠行政机关的执法工作或政策性措施加以实施，"小立法"大都具有很强的可司法性，或者本身属于司法性的规则。

"大""小"立法的分析框架或许无法涵盖一国法律体系的全部内容，尤其是很难将宪法和宪法性法律纳入其中，但这并不妨碍我们在此框架下把握发展型立法和一般调整型立法各自的特点与功能。并且，无论是"大立法"还是"小立法"，都可以在动态和静态两种意义上来使用，包括各种具体的立法活动及最终形成的立法文件。由于对于一个国家的发展和治理而言，无论是社会发展型的立法还是一般调整型的立法都是不可缺少的，因此这两种类型的立法同时存在于法律体系中也是合理的。问题在于，我们如果未能意识到这两类立法在形式、内容及功能等方面的差异，在理解法律时很容易产生以此责彼的不当做法。因此，借助"大""小"立法的分析框架，有助于我们更为客观合理地认知和评价现行立法、法律体系、立法体制，包括区域一体化发展和治理中的立法。

区域地方立法协调是典型的"大立法"。区域地方立法协调虽非以产生特定的规范性法律文件为目的，但可以被视为一项特殊的立法活动，是建立在多个地方立法权基础上的区域性立法活动。无论从初级还是高级意义界定区域地方立法协调，其最终目的都在于为区域一体化发展或区域公共事务治理提供法制保障，或者"形成促进区域协调发展的良好的法治软环境"。[①] 显然，区域地方立法协调的这种功能定位不属于微观层面的一般性调整，而是承载着很强的发展主义使命，属于社会发展型的立法也即"大立法"的范畴。

作为"大立法"的区域地方立法协调在实践中有两种具体呈现：一是针对具体的区域发展或治理事务，各方在立法信息方面进行交流和共享，并推动相应地地方立法活动（如制定新法规、修改或清理已有法规等）的同步进行，这属于"关于立法的协调"。例如，东北三省有关立法机关根据2006年签订的《东北三省政府立法协作框架协议》所开展的立法协调或协作便属于此类。近年来，在区域地方立法协调方面取得成绩十分突出的典型例子是京津冀地区。2017年2月，京津冀人大协同立法工作会议原则通过了《京津冀人大立法项目协同办法》，在

[①] 华国庆：《我国区域立法协调研究》，载于《学术界》2009年第2期，第105页。

区域地方立法协调或协同方面迈出了很大的一步。例如，2015年通过的《天津市大气污染防治条例》就是京津冀协同立法实践的成果之一，而2016年通过的《河北省大气污染防治条例》，其区域协调立法的色彩则更为浓厚，该条例不仅在制定过程中充分征求了京津两地人大的意见，而且在内容上进行了专门性规定。

二是由某一地方立法机关通过有关区域发展的法规或规章，用以协调区域发展或治理事务，此为"根据立法的协调"。区域发展与治理实践中，有的区域已经制定实施了相应的地方性法规，如2007年湖南省人大常委会制定的《湖南省长株潭城市群区域规划条例》和2010年辽宁省人大常委会制定的《辽宁沿海经济带发展促进条例》。无论何种形式的区域地方立法协调，虽然都已取得了比较有代表性的成绩，但如果冷静地观察与分析，我们会发现，区域地方立法协调依然面临着很多难题，需要在下一步继续推进和加以解决。

在以上围绕区域地方立法协调在理论深化创新方面开展前沿前瞻研究的基础上，下文将对区域地方立法协调在实践对策方面作出探讨并提出完善化思路。

第四节 区域地方立法协调实践对策上的完善化思路

如前所述，区域地方立法协调对我国现行立法体制产生积极的影响，也为立法体制的完善提供了重要的素材依据和论据。当然，区域地方立法协调自身也面临着很多有待关注和研究的理论和实践问题。通过借用区域法治竞争和"大、小立法"这样两个分析框架，对区域地方立法协调进行分析，我们不难发现，区域地方立法协调在实践层面仍有很多问题需要进一步加以解决。在本部分内容中，我们将针对区域法治竞争视角和"大立法"视角下区域地方立法协调存在的问题，提出完善化思路和建议，接下来对区域行政立法协调的现状及完善进行阐述，然后从区域法治建设的视角来反思政府在其中的角色，并就如何发挥政府作用以更好地推动区域一体化发展及法治建设提出完善化建议。

一、区域法治竞争视角下地方立法协调的改进

（一）区域法治竞争中地方立法协调的实然处境

相对于理想中的位置，地方立法协调在区域法治竞争实践中的处境并没有预期理想化中的那么乐观。这主要表现为各区域在地方立法协调问题上讨论的多、

落实的少，而且地方立法协调依附性强、独立性较弱。换言之，地方立法协调在实践中遭遇了很多体制与实施上的困境，并没有对区域法治竞争形成理想中或预期中那样十分有力的支撑和积极保障作用。

地方立法协调讨论的多、落实的少，这种现象普遍存在于各个区域经济一体化发展及其推动的区域一体化发展和区域治理实践之中。对于法治（或法制）在区域一体化发展和治理中的作用，学者们从20世纪90年代国家提出"西部大开发"战略时便已提出。在我国西部开发中，第十届全国人大常委会的立法规划就已把起草制定《西部开发促进法》列入其中。之后，旨在推进各个区域法治建设的学术论坛（如环渤海区域法治论坛、东北法治论坛、长三角法学论坛、泛珠三角合作与发展法治论坛等）也陆续召开并延续至今。这些论坛大都围绕区域地方法治建设包括地方立法协调等问题展开，也提出了不少建议。

但是这些学术讨论及相关建议对于地方立法协调实践推动的力量较为有限，大部分区域并没有将地方立法协调纳入推动区域经济社会一体化发展和治理的重要日程之中。虽然，也有一些区域尝试采用立法或法治的手段，也通过了相应的区域发展促进法或者在某些领域加强立法与执法协调与合作，如《东北三省政府立法协作框架协议》的签订一度引发各方关注和美好期待，但总的来看区域地方立法协调在推进区域一体化发展和治理中所发挥的作用并没有预期中那么大和那么有效。对此，我们也要冷静面对这一现状，积极努力推进其良性发展。

区域地方立法协调通常依附于区域经济社会及其一体化发展和治理需要，少有自己的独立性价值，这种现象在短期内并没有有效改变的迹象。在地方立法协调的两种基本类型中，根据立法的协调从一开始便将地方立法协调作为保障和促进区域经济社会发展和治理的工具，如学者们对《西部开发促进法》的功能定位便可见一斑，即"《西部开发促进法》的具体功能包括：规范和保障国家西部开发战略实施；维护西部开发秩序和开发效益；解决和规定在开发过程中产生的一系列法律问题和法律冲突"。[①] 关于立法的协调尽管直接目的是为了加强立法协调、提高区域立法质量，但最终指向的也是为更好地服务区域经济社会发展。地方立法协调的这种依附性说明了区域内各省或市级地方政府尚需加强在法治建设层面上定位区域地方立法协调，由此也反映了区域法治竞争的落后因素仍然有待良性化地改变并为此付诸努力。

（二）新型法治市场的形成与区域地方立法协调

改革开放以来我国经济社会发展取得了巨大的成绩，一个很重要的原因是市

---

① 刘隆亨主编：《中国区域开发的法制理论与实践》，北京大学出版社2006年版，第5页。

场取向的经济社会发展模式,即通过培育一个统一的市场,让各种生产要素或市场资源在更大的市场范围内获得相对自由的优化配置,从而提高资源利用的整体效益。虽然,市场经济的理念已由原来的自由竞争演化为追求自由竞争与公共利益的平衡,但竞争仍然是市场机制之所以能够带来高效率的根本原因和根本理念。既然在竞争理念下经济建设与发展获得如此大的成绩,那么法治建设与发展要取得高效益不妨也尝试引入更多的竞争性因素。由此,地方法治竞争以及作为其升级版的区域法治竞争,则是非常值得鼓励的法治行为,两者将有助于导向一种新型法治市场的形成,从而也有助于推进区域经济一体化发展的质量。

从某种意义上讲,地方法治竞争的出现标志着一种法治市场的形成,因为一种"规则竞优"的理念已包含其中。"地方是国家治理的实施主体,是全面依法治国的重要动力。在全面深化改革背景下,要让地方在推行法治、提高治理水平和公共服务质量方面充分发挥作用,就必须尊重和有益于可持续发展、促进制度正向激励,推动地方法治竞争良性格局的逐渐形成……,最终实现中央提出的全面依法治国战略构想。"[1] 地方法治竞争格局的形成是推动区域法治竞争的基础,也是全面依法治国战略在空间维度上得以推进的必经环节。由于全面依法治国或法治中国建设要在若干个区域空间维度上展开,不同区域空间内的参与主体、规则要素和治理结构等又存在一定差异的,"复合的、多元的治理结构既维系着自由及民主机理,进而又促成及保护着法治不沦为简单的强势及多数之治,分治、自治及其微观治理状态正是区域法治的构成基石"。[2] 这就为区域法治竞争的出现提供了正当性基础,于是一种相对于地方法治市场的新型法治市场——区域法治市场也有机会形成并发挥其积极的作用。

区域法治市场的运转内核仍然是竞争机制,而地方立法协调则是提升区域法治竞争能力的重要机制。在区域法治竞争的四项基本内容或指标方面,地方立法协调与行政执法协调的区域属性最强,而地方立法协调承担着构筑科学合理、融贯一致的区域发展和治理规则体系的基本功能,是区域法治运行的逻辑与实践起点。根据立法的协调的质量高低可通过其所协调的区域经济社会事务发展或治理的效果予以反映出来,关于立法的协调则直接指向区域立法活动及结果的质量。显然,无论何种类型的地方立法协调,都反映了地方立法协调的内在品质,从而也是区域法治竞争力的体现。因此,各区域内的地方政府及立法者应该从提升区域法治竞争力的视角去看待地方立法协调,加大地方立法协调的工作力度,通过推动区域新型法治市场的形成来为法治中国建设作出某种贡献。

---

[1] 周尚君:《如何有序推进地方法治竞争》,载于《人民法治》2016年第6期,第51页。
[2] 刘旭:《区域法治的竞争性机理分析》,载于《南京师大学报(社会科学版)》2016年第3期,第65页。

区域地方立法协调从形式上看是一种立法活动，但实际上是一种政治活动，是一种在中央和地方博弈框架内的主要由地方政府从事的一种政治活动。地方政府在地方立法协调中的作用或影响力之大，是显而易见的。美国学者罗伯特·A.达尔认为，政治是影响力的运用，"在一个由所有团体、协会、机构、集体与人民构成的政治体系中，政府的影响力是最大的，因为政府与暴力的合法使用有独特的关系，并且还可以运用或至少有可能运用与这种独特关系相伴而来的影响力"。① 诚然，我国区域法治建设与竞争的根本动力在于市场经济的进一步发展，但直接推动力则来自政府以及作为领导力量的执政党。并且，党的十八届四中全会和十九大已经明确了全面深化改革和全面依法治国的战略方向和战略部署，那么区域地方立法协调以及相应的区域法治竞争便是贯彻落实党的重要方针政策的重要举措之一，借助于地方立法协调将有助于推动区域协调发展，从而有助于推进法治中国建设及助力全面改革的深化，这也是值得期待并需要付诸努力的。

二、"大立法"框架下地方立法协调的困境及完善思路

（一）"大立法"框架下区域地方立法协调遭遇的困境

困境之一：区域地方立法协调的内容和方式尚无定论。从理论上看，区域地方立法协调的内容包括立法活动本身和区域公共事务两个方面。这似乎是一个较为明确的问题。然而，立法活动又包括哪些具体的环节或内容呢？区域地方立法协调实践中究竟应当对立法活动进行怎样的协调呢？根据立法学原理，完整意义上的立法活动或立法过程包括准备阶段、由法案到法的阶段和完善阶段这样三个阶段。尽管区域地方立法协调应当存在于这个三个阶段中，据此可大致确定每个阶段的哪些环节需要进行协调，但是"立法过程是一个复杂演化的过程，又是一个制度选择的过程"，具体而言，"立法所涉及的问题、领域和各种关系往往是比较复杂的。立法中的问题往往也没有唯一答案，过程不同，解决问题的方案也不同"，而且"立法者总是面临多样化的选择方案，他们必须在各种可能性和互相作用中作出选择"。② 这意味着即使看似简单的立法活动本身也包含着复杂的内容，而这些内容都是潜在的需要协调的对象和需要加以研究的对象。

据此，那种认为地方立法每个阶段和环节都需要协调，从而简单地确定"关

---

① ［美］罗伯特·A. 达尔、布鲁斯·斯泰恩布里克纳著，吴勇译：《现代政治分析（第六版）》，中国人民大学出版社 2012 年版，第 43 页。
② 王爱声：《立法过程：制度选择的进路》，中国人民大学出版社 2009 年版，第 31~36 页。

于立法的协调"内容的做法,是不大现实的。地方立法主体在参与区域发展与治理时,希望清楚知道的是每个立法阶段和环节分别应做哪些具体的协调工作。这是现有的理论研究未曾认真梳理过的,在实践探索中也没有形成一套较规范成熟的方案。如果说"关于立法的协调"尚有立法原理和立法制度可供遵循,尚能大体确定协调内容的范畴,"根据立法的协调"则由于区域一体化发展过程所呈现的复杂性综合性更强,而更难确定哪些发展与治理事务应作为立法协调的内容。

就协调的方式而言,由于区域内各地方共同立法缺乏法律依据,所以各方多采用立法信息交流、协调同步立法或由共同上一级部门介入立法等方式,具体的协调机制包括协调小组、联席会议,等等。虽然在《东北三省政府立法协作框架协议》中设定了三种立法协作或协调方式,即"对于政府关注、群众关心的难点、热点、重点立法项目,三省将成立联合工作组;对于共性的立法项目,由一省牵头组织起草,其他两省予以配合;对于三省有共识的其他项目,由各省独立立法,而成果三省共享——这被分别概括为紧密型、半紧密型和分散型的协作",① 但是这三种立法协调方式并非被普遍采用,尤其在具体的立法协调工作开展中每个阶段和环节该如何协调,也还没有形成一套可供普遍适用的可循先例、机制或模式。

总之,由于在区域地方立法协调的内容和方式上制度化供给仍然不足,使区域地方立法协调在当前实践中仍然是一项带有挑战性和探索性较强的工作。

困境之二:发展逻辑与立法逻辑的差异影响了协调的效果。作为一种"大立法",区域地方立法协调从属并服务于区域发展与治理的工作大局需要。这意味着如果将区域地方立法协调和区域发展与治理视为两个互相影响的变量,那么地方立法协调属于因变量,而区域发展与治理属于自变量。区域地方立法协调的内容要由区域发展与治理的事务和需要来决定。然而,由于区域发展与治理和地方立法协调所遵循的内在逻辑存在差异,前者以发展为其主导逻辑,后者重在以秩序为其内在要求,这也导致地方立法协调或者难以及时满足区域发展的需要,或者要牺牲部分规则所应有的稳定性去迎合区域一时发展所需。而无论何种情形,可能或多或少都会影响到区域地方立法协调的效果。

发展逻辑与立法逻辑的差异乃至内在的不协调关系,对于"关于立法的协调"的影响将更为明显。尽管,立法被赋予了引领社会发展的功能,但立法作为一项科学性很强的活动,不仅有着一套立法原理需要遵循,也应该符合经济与社会发展的客观规律,这就注定了立法不能是一项随意开展的急功近利性的工作或者活动。我国的区域一体化发展在各地有各种程度不一的表现,相关实践也处于

---

① 钱昊平:《东三省"立法结盟"》,载于《浙江人大》2006 年第 11 期,第 24 页。

初期探索阶段，变化性通常要大于稳定性。而且，在不同的区域、不同的时期乃至同一区域内的不同地方，所关注的热点或所要侧重解决的问题也是不同的。试想，当事物处于变化之中又缺乏共同点时，强求快马加鞭式的立法调整，即使各地方立法主体做出了较快的回应，如果立法条件还不成熟，其成效可能难达预期。

困境之三：区域地方立法协调的实然动力仍然不足。主张区域地方立法协调的学者都认为，区域发展与治理需要法律的保障，而立法又需要先行的。遵循这一逻辑思路，在如火如荼的区域一体化发展进程中，区域地方立法协调似乎应当有着充分的动力。然而，实际并非如此。区域地方立法协调的应然动力并没有充分而有效地转化为实然动力，所取得的成绩也没有预期中的大。相比较于学者们高涨的研讨热情，区域地方立法协调实践运转却显得动力不足。此困境从以下三个方面得到某种程度的佐证：

其一，无论是"关于立法的协调"还是"根据立法的协调"，真正开展过实质性立法协调的区域数量并不多。自2006年东北三省较早尝试地方立法协调合作以来，仅有珠三角、长三角、京津冀、长株潭城市群、辽宁沿海经济带和山东半岛蓝色经济区等区域有过实质性的立法协调，也产生了相应的立法协调成果。而从整体数量上比较的看，自2008年以来仅国务院就批准了20多个区域发展规划。显然，地方立法协调并未成为所有区域必不可缺的基本工作之一。

其二，即使在已取得相关成果的区域，其立法协调也大都是在上级政府或有关部门的主导下进行，同级地方立法主体之间的协调积极性并不高、成果也非常有限。例如，《辽宁沿海经济带发展促进条例》的制定主体是辽宁省人大常委会而非沿海经济带内七个城市的立法机关；《湖南省长株潭城市群区域规划条例》也是在湖南省人大常委会主导并主持下制定的。即使近年来取得较多成绩的京津冀地方协同立法，也有着中央部门积极推动的因素。

其三，以区域公共政策和区域合作协议为代表的两类替代性规范的大量存在，不仅淡化了地方立法协调的功能和作用，也反映出区域内各方推动地方立法协调的动力仍然还比较有限。

虽然，上述现象的出现有着较为复杂的原因，比如当前区域一体化发展不够深入、各方的工作重心设定不同、地方立法权的配置影响、不同规范的作用对象有差别，以及规范选择和实施的成本各异等，但如何保证区域内各地方立法主体有充足的动力开展立法协调，的确是一个不容忽视的问题。

困境之四：地方立法协调缺乏对替代性规范的有机整合。区域发展与治理实践中的规范是多元的，除了国家制定法之外，还存在公共政策、合作协议、软法和习惯法等替代性规范。在不同的区域中，区域发展规划、合作协议与立法协调之间存在程度不同的关联。某一区域发展规划制定实施后，区域内各地方政府或有关主体往往会根据发展规划签订具体的合作协议，或者制定相应的规范性文件，如《湖南省长株潭城市群区域规划条例》立法宗旨之一便是"为科学编制和有效实施长株潭城市群区域规划"。这些体现了区域发展和治理中多元规范之间的衔接或关联。因此，如何处理好多元规范之间的关系并使其发挥规范合力，对于区域一体化发展而言非常重要。这也是在今后区域地方立法协调值得关注、需要面对和加以解决的问题。

以区域发展规划为例，"虽然区域行政规划的兴起具有现实的必要性和正当性基础，但由于法律基础的缺失，对这种跨行政区规划类型合法性的质疑之声随之而来"。[①] 在现行的法律框架未提供法律依据的情况下，各地方在立法协调中也未主动做出使之合法性的努力。类似问题也存在于区域合作协议的合法性认定及履行中产生纠纷的解决等方面。这表明在当前的区域地方立法协调中，各方并没有将如何有机整合多元的替代性规范纳入应当协调的范围，或者至少未能给予足够的重视。最终的结果是，一方面是诸如区域发展规划和区域合作协议等替代性规范的合法性依据不足，另一方面是地方立法协调的内容不清、效果有限。

（二）关于区域地方立法协调困境的反思

区域地方立法协调是出现于我国区域经济一体化发展过程中的一个新事物。既然是新事物，在实践中存在问题或遭遇困境也是正常的。由于现行立法体制设定了国家立法权的基本配置与行使框架，除非有重大的必要性并遵循循序渐进的原则加以调整外，应当尽量保持稳定性。所以，到目前为止，区域地方立法协调并未获得足够的合法性空间，更谈不上获得宪法或宪法性法律的明确支持。

在这种情况下，区域内各方尝试并开展地方立法协调，意图为区域一体化发展与治理提供更好的法治保障，即使在探索的实践中遇到了一些困境，区域地方立法协调的探索也是值得肯定的。

尽管区域地方立法协调所遭遇的困境有些是必然的，有些是合理的，但也有一些原本是可以避免的。之所以未能完全避免，是由于存在一些认识偏差或举措不够充分所致。区域一体化发展与治理需要通过包括立法在内的方式来构筑法治软环境，这一认识没有问题。但如果过分夸大立法的规范和推动作用及立法协调的作用，以至于陷入一种"法律万能"的认识误区中，也会对区域地方立法协调的实践产生某种误导。

例如，有学者在阐述区域立法协调的必要性时，首先描述了区域发展中存在

---

① 李煜兴：《区域行政规划研究》，法律出版社2009年版，第170页。

的一些问题,即"由于行政区划的分割和地方利益的驱动,经济区域内部在招商引资、外贸出口、土地批租、减免税收、人才流动等方面,竞相制定优惠政策,使资金、人才、技术、知识、信息等可流动要素流转不畅,难以形成整体优势;造成区域间低水平重复建设,产业、产品结构类同和无序竞争;资源、财力、人力严重浪费,影响了区域经济的协调发展",其次进一步指出:"要解决这些问题,需尽快建立区域立法协调机制,逐步建立无壁垒、无障碍、各地利益最大化的共同市场和共同规则,形成良好的法治软环境,推进区域经济的协调发展"。① 本书认为,上述列举的大量问题的存在是区域一体化的逻辑起点,也是正在进行的区域发展与治理所要努力加以解决的,但并不能认为推出区域地方立法协调是必要的;立法只是其中的一种解决机制,而且不一定是有效的解决机制。如果赋予区域地方立法协调不切实际的功能期待,忽视发展逻辑与立法逻辑的差别,忽视其他相关因素,不仅无益于问题的解决,也会减损"大立法"的权威。

造成区域地方立法协调困境的另一个原因是,地方法主体忽视了作为"大立法"的区域地方立法协调与相应的"小立法"之间的衔接与转化。奥地利法学家欧根·埃利希曾指出:"法学的厄运在于:尽管它目前几乎完全是一种实用法学,但它同时也总是唯一的法律科学。"② 这一观点对于我们全面认识区域地方立法协调很有启发意义。从一般意义上讲,无论"大立法"还是"小立法"都应当具有"实用性",但"大立法"更偏重较为宏大的权宜之用,而"小立法"则强调相对微观的普遍之用。当然,"大立法"的权宜之用和"小立法"的普遍之用并不是对立的,两者在很多情况下能够也应该可以相互衔接与转化,而且两者都要遵循社会发展规律。正如一些原本属于政策范畴的规范在稳定地实施一段时间后,可以通过立法程序将其转化为法律规范,而传统的民事法律、刑事法律在很多情况下也具有公共政策的属性,或者可以发挥政策性功能。政策与法律之间尚且如此,更何况同属法律范畴的"大立法"与"小立法"之间的衔接转化。

显然,实践中有关主体更多地将区域地方立法协调的功能停留在权宜之用的层面,而未能进一步地探求将"大立法"的部分内容或功能转化为"小立法"的可能性。这一论断也可以从另一个层面间接予以证明,即区域发展与治理实践中存在着大量的公共政策和合作协议,作为立法或立法协调的替代性规范而存在。当然,这种现象或许也证明了同样掌握着立法决策权的有关政府或主体,在

---

① 姜述弢:《建立协调立法制度加强区域法治建设的若干思考》,载于《社会科学辑刊》2010年第2期,第78页。

② [奥]欧根·埃利希著,舒国滢译:《法社会学原理》,中国大百科全书出版社2009年版,第5页。

规范或制度类型的选择方面是理性的。因为制定公共政策和签订合作协议的成本，一般而言要远低于地方立法协调的成本，而且政策治理的优先性原本又是一种规范选择中的惯例。如此一来，以上选择也是可以理解的。

（三）走出困境的思考：开放式区域立法协调模式的构建

区域一体化发展究竟需要一种怎样的区域地方立法协调呢？这实际上涉及立法协调在区域发展中的功能定位及作用方式问题。综合前文论述，本书主张构建一种开放式的区域地方立法协调模式。这一协调模式包含以下要点：（1）在承认立法功能有限基础上，注重发挥多元规范的整体功能；（2）协调主体的多元性，参与地方立法协调的主体不限于地方立法机关和政府，还包括各类社会组织、市场主体和行业协会等；（3）协调内容的开放性，凡是与区域发展和治理相关的公共事务，都可以作为立法协调的内容；（4）协调过程的开放性，除非涉及国家安全或商业秘密等确须保密的立法事项，所有的立法协调过程都应当以适当的方式及时向社会公开，鼓励各类社会或市场主体的参与；（5）协调方式的开放性，除了现有的较为成熟的协调方式外，各方还应积极寻求新的可行的协调方式。在此，本部分重点论述以下两个问题：

第一，对地方立法协调乃至立法功能有限性的认识问题。可以说，唯有认识到立法的局限性，才能真正实现地方立法协调的开放性。这一维度上的开放要求无论是学者还是立法者，都不能赋予地方立法协调以不切实际的过高期待，尤其当立法者准备启动立法协调时，要保持充分的谨慎并进行充分的论证。虽然我们能够理解一些学者对于区域法治化的热情期待，也赞同各级政府为推动区域法治化进行的各种尝试和努力，但是法治化的实质是各种行为的规则化，并且要求各种行为在伦理上是求善的且有节制的。

如果我们过于执迷于立法，可能造成一些低质量的规范性法律文件进入实践，其后果可能非但无助于有效地规范行为和调整区域一体化中的复杂关系，反而会不当地扩大政府的公权力或限制社会与市场主体等的私权利。苏力就曾指出，"在建立社会主义市场经济过程中，我们始终应当考虑尽量通过市场的运作，来解决一些似乎需要或可以通过政府管制之类的法律活动来解决的问题。而这是最容易为我们所忽视的，成为我们立法决策的一个盲点。"[①] 区域地方立法协调应当尊重公共政策、合作协议、软法和习惯法等规范，为其他规范的作用留有充分的空间和舞台。但是，区域地方立法协调也不能不作为，对于替代性规范无法调整的以及替代性规范存在的自身缺陷，区域地方立法协调应当及时、恰当地发

---

① 苏力：《市场经济对立法的启示》，载于《中国法学》1996年第4期，第30页。

挥其积极作用。

第二，协调主体的多元性问题。区域一体化发展与治理并非政府一方主体的事务，而是关涉区域内所有主体的公共事务。合作共治而非政府独治有助于更好地达到发展与治理的目标，更好地使区域所有主体能够分享发展与治理的成果。合作共治模式是一种"治理者从注重国家单边决策、承担全部治国责任的传统治理模式，转变为寻求国家与公民在政府、市场与社会公共领域的全面合作，实现多主体共同治理国家、多主体共同分担治国责任的新型治理模式"。[①] 合作共治的理念可以引入和融入区域地方立法协调之中。根据该理念，区域地方立法协调不再是各地方政府乃至中央政府的事情，各类社会组织、市场主体和公民都有权利参与其中，来表达各自的利益诉求，"通过有效整合利益达成一致意见并使之制度化，形成社会公众认可的法律制度"。[②] 区域地方立法协调一旦引入多元协调主体，立法协调的内容、过程和方式自然也就会逐渐趋向开放性。这有助于解决区域地方立法协调动力不足的问题，从而有利于更好地促进区域一体化更顺畅地发展。

三、区域地方立法协调需发挥"软法"的辅助作用

（一）我国区域一体化发展中调整规范的种类及作用

在我国区域一体化发展进程中，在中央和区域层面都出台了一批用来调整区域发展的各种规范，包括立法、政策性文件、地方政府间协议等。其中，中央和地方立法作为"硬法"，具有强制性，数量上相对较少；而中央和地方的政策性文件、地方政府间协议等因不具有国家强制性且数量上远远超过"硬法"，在区域地方立法协调实践中发挥了独到的积极作用，某种程度上弥补了立法作为"硬法"在区域一体化发展协调中的不足。以下对我国区域一体化发展中调整规范的种类特别是"软法"的现状及作用作出分析。

在中央层面，有关区域协调发展的调整规范主要散见在一些规范性文件中，尚未以行政立法等形式规范区域发展中的具体内容和事项。概言之，当前区域一体化实践中发挥规范调整作用的主要是区域政策性文件，缺乏针对性的中央立法。比如针对东北地区的振兴与发展，国务院办公厅在 2005 年下发了《关于促

---

① 黄璜：《寻求合作共治——当代中国治理的价值取向与哲学阐释》，北京大学出版社 2015 年版，第 176 页。

② 杨炼：《立法过程中的利益衡量研究》，法律出版社 2010 年版，第 85 页。

进东北老工业基地进一步扩大对外开放的实施意见》，2007年国务院批复了《东北地区振兴规划》，以及2016年出台了《关于深入推进实施新一轮东北振兴战略加快推动东北地区经济企稳向好若干重要举措的意见》等一系列政策性文件。针对长江三角洲地区，国务院于2008年印发了《关于进一步推进长江三角洲地区改革开放和经济社会发展的指导意见》，其中包含区域发展的总体要求、主要原则和发展目标等多项内容。针对中部地区，国务院于2009年印发了《促进中部地区崛起规划》，在肯定中部地区"三个基地一个枢纽"的同时，提出了加快形成沿长江、陇海、京九和京广"两横两纵"经济带，积极培育充满活力的城市群等区域发展内容。针对西部地区，国务院也先后出台了多部政策性文件，对西部开发在总体要求、原则和发展目标上进行了规划。需要指出的是，这些规范性文件在内容和形式上，都属于公共政策的范畴而非立法范畴，但发挥了积极作用。

到目前为止，国务院尚未就区域一体化发展中的区域治理制定一部专门的行政法规。即使是国务院有关部门制定的调整区域发展事务的部门规章，其数量也非常有限。加上已有的相关部门规章也仅针对经济、环境等个别领域的事务，规定了一些单项领域的管理办法。例如，农业农村部制定的《全国乡镇企业东西合作示范区管理办法》，财政部制定的《中西部等地区国家级经济技术开发区基础设施项目贷款财政贴息资金管理办法》，科技部制定的《国家可持续发展实验区管理办法》等，其中涉及区域一体化发展中治理事务的内容比较少见。

从地方层面看，相较于中央行政立法，地方行政立法在区域一体化发展中似乎应该发挥具体的更有针对性的作用，但是现状也不容乐观。在现行的立法体制下，地方行政立法的形式主要表现为由省级政府制定的地方政府规章。例如，甘肃省为促进现代农业示范区健康有序发展而制定的《甘肃省现代农业示范区管理办法》，安徽省为加快推进皖江城市带承接产业转移示范区建设而制定的《皖江城市带承接示范区省级开发区扩区暂行办法》，等等。这些地方立法都属于省级政府针对该省管辖范围的特定区域所进行的立法，在区域一体化发展中的作用参差不齐。作用发挥较为明显的，除了湖南省制定的《湖南省长株潭城市群区域规划条例实施细则》具有较好的示范性，不少其他立法并没有起到预期中的积极作用，社会反响也不积极。

从区域层面看，有些区域在现行立法体制框架内，也在积极探索区域地方立法协调，但总体而言，这种探索及相关实践的进展并未达到预期效果。例如，东北三省在2005年就开始尝试地方行政立法的协作，但实际成效仍然很有限。与中央层面的情况相类似，有关区域协调发展的地方规范性文件形式也主要体现为公共政策性文件，而非立法性文件。

因此，在我国区域一体化发展中，整体上还缺少区域一体化发展和区域治理的专门性上位法规范的宏观指导。尽管国家层面出台了不少与区域一体化发展有关的规划和政策,特别是自2009年起国家出台了一系列的区域规划文件,如《珠江三角洲地区改革发展规划纲要》《辽宁沿海经济带发展规划》《促进中部地区崛起规划》《黄河三角洲高效生态经济区发展规划》以及《长江三角洲地区区域规划》等,但始终未曾制定过一部调整区域一体化发展和区域治理的专门性法律规范来加强宏观保障,这有待今后予以重视和加以推进。毕竟,以上这些政策性文件虽然都对区域一体化发展及治理等问题提出了要求,但因为政策性文件本身的特性而缺乏法律约束力,所以不利于实际执行,也容易导致区域一体化中各方主体对区域协调发展的前景和举措缺乏稳定的预期而追求短期功利之举。

(二) 我国区域一体化发展中地方行政立法调整的现状

按照我国宪法和相关法律的规定,当前,在区域一体化进程中的地方行政立法调整形式只有地方政府规章,立法主体也仅限于省级人民政府、设区的市级人民政府。"立法主体的扩大虽然可以更好发挥积极性,但可能造成只考虑本地区的特殊性这样的负面影响,从而形成一种以地域为中心的分割现象。"[1] 并且"目前这种以行政区划为单位,分片分块、各自为政的地方行政立法体制影响了法治的统一,导致了法治的碎片化、地方化现象。"[2] 区域内各地行政立法之间的冲突已经在不同程度存在,影响和制约着区域一体化发展。

制定一部涉及区域一体化发展事项的地方政府规章需要前期调研,从论证、起草、出台草案到定稿,至少需要一至两年的时间。如果经过这些程序后,所制定的地方政府规章能够保证质量的话,也是值得的。问题在于,不少地方政府对地方政府规章的质量并未给予足够的重视,规章制定过程中抄袭现象严重,导致条文重复且可执行性较差。不仅如此,地方政府之间还可能基于经济或环境利益的争夺而不顾区域一体化全局利益,借助地方行政立法来实施地方保护。这种情况下,地方行政立法已不再是一种实现良好目的的规范依据或保障,而成为实现不当竞争目的的工具。尽管区域一体化已成为发展趋势,但并不是所有的区域地方政府都能够意识到并积极适应这一发展趋势及治理要求。如果区域内各有关地方政府不能及时顺应区域一体化发展的需要,并在立法协调方面有所反映与投入,将不利于我国区域一体化协调发展。

---

[1] 杨解君著:《走向法治的缺失言说(二)——法理、宪法与行政法的诊查》,北京大学出版社2005年版,第4~5页。

[2] 王春业:《论地方联合制定行政规章》,载于《中国行政管理》2011年第4期。

(三) 区域地方立法协调需发挥"软法"的辅助作用

在区域一体化发展中,加强作为"硬法"的立法与其他"软法"规范的衔接与互动,发挥"硬法"与"软法"各自的积极作用,形成合力,应是区域地方立法协调在实践中的一个完善化思路和新时代发展走向。

在区域一体化发展进程中,区域立法协调要发挥理想的作用,并不等同于只能借助于国家制定法之间的协调,其他形式的软法规范如公共政策、合作协议、民间规范等同样具有积极作用,至少具有辅助作用,也是不可缺少的。

例如,有学者指出,在我国探索区域发展和治理的手段中,除了要继续加强以国家强制力保证实施的"硬法"的协调之外,还应关注"那些旨在描述法律事实或者具有宣示性、号召性、鼓励性、促进性、协调性、指导性的条款,其逻辑结构不够完整,没有运用国家强制力保证实施的'软法'"[①]。

从现状看,当前区域一体化发展中"硬法"调整手段是常规的、重要的,也是长期以来为大家所关注和重视的,需要在今后一如既往地发挥其作用。与此同时,从长江三角洲、珠江三角洲等区域立法协调的实践看,"软法"协调的作用也不容忽视,"显示出了其拾遗补阙、宏观指引的独到价值"[②],即通过具有宣示性、号召性、鼓励性,以及促进性、协调性、指导性的条款,增进各类区域主体的共识,从而有助于更好地推进区域一体化发展。

不仅如此,区域发展中立法协调功能的发挥离不开其他形式规范的配合支持。在区域一体化发展实践中,区域地方立法与区域公共政策、区域合作协议等和"软法"规范存在着各种关联。

因此,在新时代,应该注重和改进这种关联性,加强立法与其他规范形式之间的衔接与协调,使各种"硬法""软法"调整规范形成合力,以此共同促进和保障区域一体化发展的顺利推进,也为完善立法体制提供更多的参考性素材。

---

① 罗豪才:《直面软法》,载于《人民日报》2009年8月7日,第8版。
② 陈俊:《区域一体化进程中的地方立法协调机制研究》,法律出版社2013年版,第282~283页。

参考文献

[1] [英] 埃弗尔·詹宁斯著，蓬勃译：《英国议会》，商务印书馆1959年版。

[2] [美] 安·塞德曼、罗伯特·塞德曼著，冯玉军、俞飞译：《发展进程中的国家与法律》，法律出版社2006年版。

[3] [奥] 欧根·埃利希著，舒国滢译：《法社会学原理》，中国大百科全书出版社2009年版。

[4] [德] 伯恩·魏德士著，丁小春、吴越译：《法理学》，法律出版社2003年版。

[5] [美] 伯尔曼著，梁治平译：《法律与宗教》，三联书店1990年版。

[6] 薄贵利：《中央与地方关系研究》，吉林大学出版社1991年版。

[7] 蔡宝刚：《法律是从"土地"中长出来的规则》，载于《法制与社会发展》2014年第4期。

[8] 蔡定剑：《中国公众参与的问题与前景》，载于《民主与科学》2010年第5期。

[9] 蔡金荣：《授权国务院暂时调整法律实施的法理问题——以设立中国（上海）自由贸易试验区为例》，载于《法学》2014年第12期。

[10] 陈伯礼：《授权立法研究》，法律出版社2000年版。

[11] 陈端洪：《划分地方立法权限几个问题的探讨》，载于《法商研究》1994年第3期。

[12] 陈端洪：《立法的民主合法性与立法至上》，载于《中外法学》1998年第6期。

[13] 陈光：《区域合作协议：一种新的公法治理规范》，载于《哈尔滨工业大学学报（社会科学版）》2017年第2期。

[14] 陈宏毅：《法治、启蒙与现代法的精神》，中国政法大学出版社2013年版。

[15] 陈家刚：《人大主导、行政主导与党的领导》，载于《人大研究》2017

年第 2 期。

  [16] 陈俊：《区域一体化进程中的地方立法协调机制研究》，法律出版社 2013 年版。

  [17] 陈俊：《完善相关制度 扩大开门立法》，载于《法制日报》2011 年 10 月 18 日，第 3 版。

  [18] 陈斯喜：《论我国立法的公共参与制度》，载于《行政法学研究》2001 年第 1 期。

  [19] 陈新民：《公法学札记》，中国政法大学出版社 2001 年版。

  [20] 陈云生：《关于人民群众直接参与国家立法的设想》，载于《学习与思考（中国社会科学院研究生院学报）》1981 年第 1 期。

  [21] 程庆栋：《论设区的市的立法权：权限范围与权力行使》，载于《政治与法律》2015 年第 8 期。

  [22] 崔卓兰、于立深等：《地方立法实证研究》，知识产权出版社 2007 年版。

  [23] 崔卓兰、赵静波：《中央与地方立法权力关系的变迁》，载于《吉林大学社会科学学报》2007 年第 2 期。

  [24] [英] 戴维·米勒著，邓正来等译：《布莱克维尔政治学百科全书》，中国政法大学出版社 2002 年版。

  [25] [英] 丹尼斯·基南著，陈宇、刘坤轮译：《史密斯和基南英国法》（上），法律出版社 2008 年版。

  [26]《邓小平文选》（第二卷），人民出版社 1983 年版。

  [27]《邓小平文选》（第三卷），人民出版社 1993 年版。

  [28] 丁伟：《中国（上海）自由贸易试验区法制保障的探索与实践》，载于《法学》2013 年第 11 期。

  [29] 丁祖年：《对进一步优化立法权限配置的思考》，载于《法治研究》2015 年第 2 期。

  [30] 丁祖年：《关于我国地区间立法协作问题的几点思考》，载于《人大研究》2008 年第 1 期。

  [31] [美] 费正清、麦克法夸尔著，王建朗等译：《剑桥中华人民共和国史》（1949—1965），上海人民出版社 1990 年版。

  [32] 封丽霞：《健全人大主导立法的体制机制》，载于《学习时报》2014 年 11 月 1 日，第 1 版。

  [33] 封丽霞：《中央与地方立法关系法治化研究》，北京大学出版社 2008 年版。

[34] 冯祥武：《民主立法是立法与社会资源分配的理性路径》，载于《东方法学》2010年第4期。

[35] [美] 弗里德利希·冯·哈耶克著，邓正来、张守东、李静冰译：《法律、立法与自由（第一卷）》，中国大百科全书出版社2000年版。

[36] 傅振中：《立法参与的理念建构》，法律出版社2016年版。

[37] 高绍林等：《在立良法立好法上迈出坚实步伐——天津充分发挥人民代表大会立法职能纪实》，载于《中国人大》2017年第7期。

[38] 公丕祥：《区域法治发展的概念意义——一种法哲学方法论上的初步分析》，载于《南京师大学报（社会科学版）》2014年第1期。

[39] 公丕祥：《法治中国进程中的区域法治发展》，载于《法学》2015年第1期。

[40] 郭道晖：《法的时代精神》，湖南出版社1997年版。

[41] 郭道晖：《试论民主化立法的几个原则》，载于《法学研究》1987年第2期。

[42] 郭道晖主编：《当代中国立法》中国民主法制出版社1998年版。

[43] [美] 哈罗德·J.伯尔曼著，贺卫方等译：《法律与革命——西方法律传统的形成》，中国大百科全书出版社1993年版。

[44] 韩志红、付大学：《地方政府之间合作的制度化协调——区域政府的法治化路径》，载于《北方法学》2009年第2期。

[45] [美] 汉密尔顿、杰伊、麦迪逊著，程逢如、在汉、舒逊译：《联邦党人文集》，商务印书馆1995年版。

[46] 贺小勇、许凯：《上海自贸试验区立法的实践与思考》，载于《地方立法研究》2019年第2期。

[47] 胡伟：《政府过程》，浙江人民出版社1998年版。

[48] 胡玉鸿：《试论法律位阶划分的标准》，载于《中国法学》2004年第3期。

[49] 华国庆：《我国区域立法协调研究》，载于《学术界》2009年第2期。

[50] 黄璇：《寻求合作共治——当代中国治理的价值取向与哲学阐释》，北京大学出版社2015年版。

[51] 黄子毅：《中央与地方职权划分的法律问题》，中共中央党校出版社1998年版。

[52] 季卫东：《法律程序的意义》，中国法制出版社2004年版。

[53] 江必新、李春燕：《公众参与趋势对行政法和行政法学的挑战》，载于《中国法学》2005年第6期。

[54] 江国华:《立法:理想与变革》,山东人民出版社 2007 年版。

[55] 姜明安主编:《行政法与行政诉讼法》,北京大学出版社、高等教育出版社 2007 年版。

[56] 焦洪昌主编:《宪法学》,北京大学出版社 2010 年版。

[57] [美] 卡罗尔·佩特曼著,陈尧译:《参与和民主理论》,上海人民出版社 2006 年版。

[58] [德] 康德著,沈叔平译:《法的形而上学原理:权利的科学》,商务印书馆 1991 年版。

[59] [美] 科恩著,聂崇信等译:《论民主》,商务印书馆 1988 年版。

[60] 李步云、汪永清主编:《中国立法的基本理论和制度》,中国法制出版社 1997 年版。

[61] 李步云主编:《立法法研究》,湖南人民出版社 1998 年版。

[62] 李建国:《关于〈中华人民共和国立法法修正案(草案)〉的说明》,引自《中华人民共和国立法法》,法律出版社 2015 年版,第 50~51 页。

[63] 李力:《我国地方立法权限问题探讨》,载于《法商研究》1999 年第 4 期。

[64] 李林:《立法过程中的公共参与》,中国社会科学出版社 2009 年版。

[65] 李林:《立法理论与制度》,中国法制出版社 2005 年版。

[66] 李林:《怎样以法治凝聚改革共识》,载于《北京日报》2013 年 3 月 11 日,第 17 版。

[67] 李林:《走向宪政的立法》,法律出版社 2003 年版。

[68] 李林:《奏响改革与法治和谐共鸣新乐章》,载于《人民日报》2019 年 4 月 11 日,第 9 版。

[69] 李培传:《论立法》,中国法制出版社 2013 年版。

[70] 李适时:《关于发挥人大在立法中的主导作用》,载于《法制日报》2014 年 9 月 30 日,第 3 版。

[71] 李适时:《牢固树立"四个意识",坚决贯彻落实党中央决策部署,加快推进重点领域立法》,载于《中国人大》2017 年第 3 期。

[72] 李适时:《认真做好设区的市立法工作》,载于《人民之声》2015 年第 9 期。

[73] 李伟:《2018 年北京市人民代表大会常务委员会工作报告》,载于《北京日报》2018 年 2 月 3 日,第 1 版。

[74] 李煜兴:《区域行政规划研究》,法律出版社 2009 年版。

[75] 栗战书:《全国人民代表大会常务委员会工作报告——2019 年 3 月 8

日在第十三届全国人民代表大会第二次会议上》,载于《人民日报》2019年3月19日,第1版。

[76] 廖加龙:《日本的授权立法和立法中的公众参与》,载于《人大研究》2014年第5期。

[77] 廖文根:《中国立法:从有法可依迈向良法可依》,载于《人民日报》2011年7月20日。

[78] 林海:《"区域法治先行"概念基础与实践径路的再检讨》,载于《南京师大学报(社会科学版)》2016年第3期。

[79] 林彦:《再论全国人大常委会的基本法律修改权》,载于《法学家》2011年第1期。

[80] 刘建兰、张文麒:《美国州议会立法程序》,中国法制出版社2005年版。

[81] 刘隆亨主编:《中国区域开发的法制理论与实践》,北京大学出版社2006年版。

[82] 刘平:《法律解释:良法善治的新机制》,上海人民出版社2015年版。

[83] 刘少奇:《关于中华人民共和国宪法草案的报告(一九五四年九月十五日在中华人民共和国第一届全国人民代表大会第一次会议上的报告)》,载于《人民日报》1954年9月16日,第1版。

[84] 刘水林、雷兴虎:《区域协调发展立法的观念转换与制度创新》,载于《法商研究》2005年第4期。

[85] 刘莘主编:《行政立法原理与实务》,中国法制出版社2014年版。

[86] 刘旭:《区域法治的竞争性机理分析》,载于《南京师大学报》2016年第3期。

[87] 刘志月:《湖北人大"四审"地方水污染防治条例》,载于《法制日报》2014年1月21日,第3版。

[88] [法] 卢梭著,何兆武译:《社会契约论》,商务印书馆2003年版。

[89] [美] 罗伯特·A.达尔、布鲁斯·斯泰恩布里克纳著,吴勇译:《现代政治分析(第六版)》,中国人民大学出版社2012年版。

[90] [美] 罗伯特·阿格拉诺夫、迈克尔·麦圭尔著,李玲玲、鄞益奋译:《协作性公共管理:地方政府新战略》,北京大学出版社2007年版。

[91] 罗传贤:《立法程序与技术》,五南图书出版股份有限公司2008年版。

[92] 罗豪才、宋功德:《软法亦法——公共治理呼唤软法之治》,法律出版社2009年版。

[93] 罗豪才:《直面软法》,载于《人民日报》2009年8月7日,第8版。

[94][美]罗纳德·德沃金著,信春鹰、吴玉章译:《认真对待权利》,中国大百科全书出版社 1998 年版。

[95][英]洛克著,叶启芳、瞿菊农译:《政府论》(下篇),商务印书馆 1996 年版。

[96]马怀德主编:《中国立法体制、程序与监督》,中国法制出版社 1999 年版。

[97]《马克思恩格斯文集》(第 2 卷),人民出版社 2009 年版。

[98]《毛泽东选集》(第 5 卷),人民出版社 1977 年版。

[99]孟庆瑜:《论京津冀协同发展的立法保障》,载于《学习与探索》2017 年第 10 期。

[100][法]孟德斯鸠著,张雁深译:《论法的精神》(上册),商务印书馆 1961 年版。

[101][英]密尔著,汪瑄译:《代议制政府》,商务印书馆 1984 年版。

[102]苗连营:《立法程序论》,中国检察出版社 2001 年版。

[103]《彭真传》编写组:《彭真传》(第四卷),中央文献出版社 2012 年版。

[104]彭真:《关于中华人民共和国宪法修改草案的报告——一九八二年十一月二十六日在第五届全国人民代表大会第五次会议上》,载于《人民日报》1982 年 12 月 6 日,第 1 版。

[105]彭真:《论新时期的社会主义民主与法制建设》,中央文献出版社 1989 年版。

[106]《彭真文选》,人民出版社 1991 年版。

[107][日]平冈久著,宇芳译:《行政立法与行政基准》,中国政法大学出版社 2014 年版。

[108][德]齐佩利乌斯著,金振豹译:《法哲学》,法律出版社 2009 年版。

[109]钱蓓蓓:《日本行政法中的公众参与制度研究》,载于《行政法学研究》2015 年第 2 期。

[110]钱蓓:《时隔 14 年,人代会立法权"重启"》,载于《文汇报》2015 年 1 月 27 日,第 2 版。

[111]钱昊平:《东三省"立法结盟"》,载于《浙江人大》2006 年第 11 期。

[112][美]乔·萨托利著,冯克利、阎克文译:《民主新论》,东方出版社 1998 年版。

[113]乔晓阳:《在新的起点上加强地方立法工作》,载于《地方立法研究》2016 年第 1 期。

[114] 秦前红：《人大主导立法不能过于理想化》，载于《人大研究》2017年第2期。

[115]《全国人大常委会党组举行会议学习贯彻习近平总书记在中央全面依法治国委员会第二次会议上的重要讲话精神 栗战书主持并讲话》，载于《人民日报》2019年4月4日，第1版。

[116] 沙勇忠、赵润娣：《美国开放政府计划背景下的公众参与——进展、问题及启示》，载于《南京社会科学》2012年第2期。

[117] 上海行政法制研究所编：《地方立法的理论与实务》，法律出版社2007年版。

[118]［日］深濑忠一等著，许介鳞译：《议会立法过程之比较研究》，台北正中书局1991年版。

[119] 沈春耀：《在新的起点上推动地方立法工作与时俱进完善发展》，载于《法制日报》2018年9月25日，第9版。

[120] 石东坡：《论非均衡法律发展中的立法需求及其民主内涵》，载于《河北法学》2008年第6期。

[121] 石佑启等主编：《区域合作与软法研究》，广东教育出版社2011年版。

[122] 石佑启：《论区域合作与软法治理》，载于《学术研究》2011年第6期。

[123] 石佑启、潘高峰：《论区域经济一体化中政府合作的立法协调》，载于《广东社会科学学》2014年第3期。

[124]［美］史蒂文·凯尔曼著，商正译：《制定公共政策》，商务印书馆1990年版。

[125] 宋方青：《中国授权立法新规制之评析》，载于《政治与法律》2001年第4期。

[126] 宋方青、朱志昊：《论我国区域立法的合作》，载于《政治与法律》2009年第11期。

[127] 苏力：《变法：法治建设及其本土资源》，载于《中国法学》1995年第3期。

[128] 苏力：《当代中国的中央与地方分权—重读毛泽东〈论十大关系〉第五节》，载于《中国社会科学》2004年第2期。

[129] 苏力：《市场经济对立法的启示》，载于《中国法学》1996年第4期。

[130]［法］托克维尔著，董果良译：《论美国的民主》（上），商务印书馆1988年版。

[131] 万其刚：《立法理念与实践》，北京大学出版社2006年版。

[132] 汪全胜：《立法的合法性评估》，载于《法学论坛》2008 年第 2 期。

[133] 汪全胜：《立法效益研究——以当代中国立法为视角》，中国法制出版社 2003 年版。

[134] 汪全胜、张鹏：《英国立法的公众咨询制度考察》，载于《南通大学学报（社会科学版）》2013 年第 1 期。

[135] 王爱声：《立法过程：制度选择的进路》，中国人民大学出版社 2009 年版。

[136] 王保民：《现代国家政府立法角色研究》，法律出版社 2015 年版。

[137] 王春业：《构建区域共同规章：区域行政立法一体化的模式选择》，载于《西部法学评论》2009 年第 5 期。

[138] 王春业：《论京津冀区域协同发展中的法治促进》，载于《南京社会科学》2018 年第 1 期。

[139] 王春业：《区域合作背景下地方联合立法研究》，中国经济出版社 2014 年版。

[140] 王春业：《区域行政立法模式研究——以区域经济一体化为背景》，法律出版社 2009 年版。

[141] 王洪宇：《日本公众参与立法制度简介》，载于《人大研究》2012 年第 12 期。

[142] 王腊生：《地方立法协作重大问题探讨》，载于《法治论丛》2008 年第 3 期。

[143] 王名扬：《英国行政法》，中国政法大学出版社 1987 年版。

[144] 王名扬：《法国行政法》，中国政法大学出版社 1988 年版。

[145] 王锡锌：《公众参与：参与式民主的理论想象及制度实践》，载于《政治与法律》2008 年第 6 期。

[146] 王锡锌：《公众参与和中国法治变革的动力模式》，载于《法学家》2008 年第 6 期。

[147] 王锡锌、章永乐：《专家、大众与知识的运用——行政规则制定过程的一个分析框架》，载于《中国社会科学》2003 年第 3 期。

[148] 王兆国：《关于〈中华人民共和国宪法修正案（草案）〉的说明——2004 年 3 月 8 日在第十届全国人民代表大会第二次会议上》，载于《人民日报》2004 年 3 月 9 日，第 2 版。

[149] 王周户主编：《公众参与的理论与实践》，法律出版社 2011 年版。

[150] 王子正：《东北地区立法协调机制研究》，载于《辽宁法治研究》2006 年第 3 期。

[151] [英] 威廉·韦德著，徐炳等译：《行政法》，中国大百科全书出版社1997年版。

[152] [美] 文森特·奥斯特罗姆著，毛寿龙译：《复合共和制的政治理论》，上海三联书店1999年版。

[153] 文正邦、付子堂主编：《区域法治建构论——西部开发法治研究》，法律出版社2006年版。

[154] 文正邦：《区域法治研究纵论》，载于《法制现代化研究》2009年第2期。

[155] 吴大英等：《中国社会主义立法问题》，群众出版社1984年版。

[156] 吴大英、任允正、李林：《比较立法制度》，群众出版社1992年版。

[157] 吴华琛：《从"法治国家"到"法治地方"——地方法治研究述评》，载于《中共福建省委党校学报》2013年第4期。

[158] 吴培显：《人大在立法中的主导作用研究》，载于《怀化学院学报》2015年第8期。

[159] 武增主编：《中华人民共和国立法法解读》，中国法制出版社2015年版。

[160] 《习近平关于全面依法治国论述摘编》，中央文献出版社2015年版。

[161] 习近平：《加强党对全面依法治国的领导》，载于《求是》2019年第4期。

[162] 习近平：《决胜全面建成小康社会 夺取新时代中国特色社会主义伟大胜利——在中国共产党第十九次全国代表大会上的报告（2017年10月18日）》，人民出版社2017年版。

[163] 习近平：《习近平谈治国理政》（第二卷），外文出版社2017年11月第1版。

[164] 习近平：《在庆祝改革开放40周年大会上的讲话》，载于《人民日报》2018年12月19日，第2版。

[165] [美] 小G.宾厄姆·鲍威尔、加布里埃尔·A.阿尔蒙德著，曹沛霖等译：《比较政治学：体系、过程和政策》，上海译文出版社1987年版。

[166] 谢立斌：《公众参与的宪法基础》，载于《法学论坛》2011年第4期。

[167] 辛向阳：《百年博弈－中国中央与地方关系100年》，山东人民出版社2000年版。

[168] 信春鹰：《地方立法权与国家治理体系和治理能力建设》，载于《地方立法研究》2016年第1期。

[169] 徐向华、林彦：《我国〈立法法〉的成功与不足》，载于《法学》

2000 年第 6 期。

[170] 徐向华：《中国立法关系论》，浙江人民出版社 1999 年版。

[171] 徐向华主编：《新时期中国立法反思》，学林出版社 2004 年版。

[172] 许崇德、皮纯协主编：《新中国行政法学研究综述》，法律出版社 1991 年版。

[173] 杨炼：《立法过程中的利益衡量研究》，法律出版社 2010 年版。

[174] 杨小云：《论新中国建立以来中国共产党处理中央与地方关系的历史经验》，载于《政治学研究》2001 年第 2 期。

[175] 叶必丰：《长三角经济一体化背景下的法制协调》，载于《上海交通大学学报》2004 年第 6 期。

[176] 叶必丰等：《行政协议－区域政府间合作机制研究》，法律出版社 2010 年版。

[177] 易有禄：《立法权正当行使的控制机制研究》，中国人民大学出版社 2011 年版。

[178] 易有禄：《设区市立法权的权限解析》，载于《政法论丛》2016 年第 2 期。

[179] 易有禄：《设区市立法权行使的实证分析——以立法权限的遵循为中心》，载于《政治与法律》2016 年第 6 期。

[180] 应松年主编：《行政法学新论》，中国方正出版社 1999 年版。

[181] 于海青：《当代西方参与民主理论评析》，载于《国外社会科学》2009 年第 4 期。

[182] 于兆波：《立法决策论》，北京大学出版社 2005 年版。

[183] 余福海：《"双代表制"无法破解西方民主困局》，载于《中国社会科学报》2019 年 3 月 22 日，第 7 版。

[184] 张彪、周叶中：《区域法治还是区域法制？——兼与公丕祥教授讨论》，载于《南京师大学报（社会科学版）》2015 年第 4 期。

[185] 张春生主编：《中华人民共和国立法法释义》，法律出版社 2000 年版。

[186] 张德江：《全国人民代表大会常务委员会工作报告——2018 年 3 月 11 日在第十三届全国人民代表大会第一次会议上》，载于《人民日报》2018 年 3 月 25 日，第 1 版。

[187] 张晋藩主编：《20 世纪中国法制的回顾与前瞻》，中国政法大学出版社 2002 年版。

[188] 张千帆：《宪法学导论－原理与应用》，法律出版社 2004 年版。

[189] 张维炜：《夯实"良法善治"的立法根基》，载于《中国人大》2015

年第 7 期。

[190] 张文显:《二十世纪西方法哲学思潮研究》,法律出版社 1996 年版。

[191] 张燕:《安徽省人大:一份公民立法建议促成法规修订》,载于《人民日报》2008 年 10 月 29 日,第 14 版。

[192] 张永和主编:《立法学》,法律出版社 2009 年版。

[193] 张越:《英国行政法》,中国政法大学出版社 2004 年版。

[194] 章剑生:《现代行政法基本理论》(第 2 版),法律出版社 2014 年版。

[195]《中共中央关于全面推进依法治国若干重大问题的决定》,人民出版社 2014 年版。

[196] 中共中央文献研究室编:《十七大以来重要文献选编》,中央文献出版社 2013 年版。

[197] 中共中央宣传部:《习近平新时代中国特色社会主义思想三十讲》,学习出版社 2018 年版。

[198] 中共中央宣传部:《习近平总书记系列重要讲话读本》,学习出版社、人民出版社 2016 年版。

[199]《中国共产党第十八届中央委员会第四次全体会议文件汇编》,人民出版社 2014 年版。

[200]《中国共产党中央委员会关于修改宪法部分内容的建议》,引自《人民日报》1999 年版。

[201] 中国人民代表大会制度理论研究会编:《庆祝全国人民代表大会成立 60 周年理论研讨会文集》(上册),中国民主法制出版社 2015 年版。

[202] 中国社会科学院语言研究所:《现代汉语词典》,商务印书馆 2002 年版。

[203] 中国政法大学中德法学院主编:《立法权限划分——中德比较》,中国政法大学出版社 2015 年版。

[204] 中华人民共和国国务院新闻办公室:《发展权:中国的理念、实践与贡献》,载于《人民日报》2016 年 12 月 2 日,第 10 版。

[205] 中华人民共和国国务院新闻办公室:《中国的政党制度》,载于《人民日报》2007 年 11 月 16 日,第 15 版。

[206] 中华人民共和国国务院新闻办公室:《中国人权法治化保障的新进展》,载于《人民日报》2017 年 12 月 16 日,第 6 版。

[207]《周恩来统一战线文选》,人民出版社 1984 年版。

[208] 周尚君:《地方法治竞争范式及其制度约束》,载于《中国法学》2017 年第 3 期。

[209] 周尚君：《如何有序推进地方法治竞争》，载于《人民法治》2016 年第 6 期。

[210] 周旺生：《法理探索》，人民出版社 2005 年版。

[211] 周旺生：《立法论》，北京大学出版社 1994 年版。

[212] 周旺生：《立法学》（第二版），法律出版社 2009 年版。

[213] 周旺生：《中国立法改革三策：法治、体制、决策》，载于《北京大学学报》1995 年第 5 期。

[214] 周旺生主编：《立法研究》第 1 卷，法律出版社 2000 年版。

[215] ［美］朱迪·弗里曼著，毕洪海、陈标冲译：《合作治理与新行政法》，商务印书馆 2010 年版。

[216] 朱景文：《党的领导与社会主义法治是一致的》，载于《人民日报》2014 年 11 月 17 日，第 7 版。

[217] 朱久伟：《论公民立法参与制度的原则与地位》，载于《华东政法大学学报》1999 年第 3 期。

[218] 朱力宇、张曙光主编：《立法学》（第三版），中国人民大学出版社 2009 年版。

[219] 朱颖俐：《区域经济合作性质的法律分析》，载于《暨南学报（哲学社会科学版）》2007 年第 2 期。

[220] 朱最新：《粤港澳大湾区区域立法的理论建构》，载于《地方立法研究》2018 年第 4 期。

[221] 卓泽渊：《法政治学》，法律出版社 2005 年版。

[222] Amie Kreppel, The European Parliament and Supranational Party System: A study in institutional Development, Cambridge University Press, 2002.

[223] Andrew Le Sueur, Maurice Sunkin, and Jo Eric Khushal Murkens (eds.), Public Law: Text, Cases, and Materials (Third Edition), Oxford University Press, 2016.

[224] G. C. Thornton: Legislative Drafting, Third edition, Lexis Law Publishing, 1987.

[225] George W. Carey, The Federalist: Design for a Constitutional Republic, University of Illinois Press, 1989.

[226] John Lord and Peggy Hutchison, "The Process of Empowerment: Implications for Theory and Practice", Canadian Journal of Community Mental Health, 1993, 12 (1).

[227] Josh Chafetz, Congress's Constitution: Legislative Authority and the Sepa-

ration of Powers, Yale University Press, 2017.

[228] Malcolm E Jewell, "Legislator – Constituency Relations and the Representative Process", Legislative Studies Quarterly, 1983, 8 (3).

[229] Michael S. Greve, Real Federalism: Why it matters, How it could happen, Washing D. C. : The AEI Press, 1999.

[230] Paul Allen Beck and Frank J. Sorauf, Party Politics in America, seventh edition, HarperCollins Publishers Inc, 1992.

[231] Richard Gunther, José Ramón Montero, and Juan J. Linz (eds.), Political Parties: Old Concepts and New Challenges, Oxford University Press, 2002.

[232] Robert Alexy, Formal principles: Some Replies to Critics, International Journal of Constitutional Law, 2014, 12 (3).

[233] William J. Keefe, Morris S. Ogul, The American Legislative Process: Congress and the States, Prentice Hall, 1993.

[234] Wolfgang Sachsenroder and Ulrike E. Frings (eds.), Political Party Systems and Democratic Development in East and Southeast Asia (Volume II: East Asia), Ashgate Publishing Ltd, 1998.

后　记

　　作为教育部重大课题攻关项目结项成果的《中国的立法体制研究》著作成果，在历经三年多的集体攻关研究后，终于完稿和问世了。

　　作为教育部哲学社会科学研究重大课题攻关项目《中国的立法体制研究》的首席专家，我深深地体验到我们五十余位课题组团队成员历经数年研究、攻关完成这一具有时代前沿性和挑战性的重大课题任务之不易，深切地体会到研究过程中上百次调研的奔波付出和每一次坐冷板凳时的辛苦坚持，也在与课题成员分享阶段性重要成果产出的喜悦中，共同增进了继续攻关研究的信心和油然而生的责任感。

　　本课题是一理论联系实际的课题，一方面需要在现有理论研究的基础上关注前沿领域的发展并努力作出丰富、拓展、创新；另一方面也需要跟上新时代以来中央和地方立法如火如荼的实践探索步伐，保持同步、提炼总结、前瞻建言。

　　基于此，本课题攻关也是集结了相关理论和实务部门的精干力量，特别是各章负责人发挥了在理论创新或助益实践方面的重要作用。中国人民大学朱力宇教授、中共中央党校（国家行政学院）封丽霞教授、广东外语外贸大学校长石佑启教授、华东政法大学党委书记郭为禄教授四位理论部门的负责人，加上全国人大常委会办公厅研究室万其刚局长、上海市司法局巡视员刘平两位实务部门的负责人，在他们牵头的子课题研究中发挥了引领示范作用，带动了课题研究的如期推进和取得进展。与此同时，万琪、易有禄、陈光、殷啸虎、殷德生、郝宇青、郑辉、任海涛、孟凡壮、许瑞超、王永和、佟亚洲等课题成员也发挥了积极而独到的作用，共同推进着课题研究一步一个脚印地踏实前进、产出成果。

　　在历经数年的课题外地调研过程中，我们得到了不少中央和地方立法机关及相关部门的大力支持和相关人士的热情帮助，这也保证了课题攻关研究的接地气及言之有物。在上百次课题团队分头调研中，重大课题首席专家带队的团队调研就不下二十余次。在这二十余次调研中，其中记忆犹新的包括首席专家带领课题成员赴全国人大法工委、司法部、国务院法制办等中央部门以及赴北京市人大常委会、广东省人大常委会和省政府法制办、重庆市人大常委会和市政府法制办、浙江省人大常委会和省政府法制办、宁波市人大常委会、抚州市政府法制办等地的调研,每次调研都能在舟车劳顿中有获得感,也为课题研究做了加法。

在此,对课题组赴外地调研提供帮助和支持的有关人士表示衷心感谢:全国人大常委会法工委许安标副主任、法工委研究室胡健、侯晓光、罗焕星处长等同志;北京市人大常委会王爱声、樊斌处长等同志;广东省人大常委会法工委主任王波、广东省人民政府法制办丁家平处长等同志;重庆市人大法制委副主任但彦铮、重庆市政府法制办张凯、王俊淞处长等同志;浙江省人大法制委主任丁祖年、浙江省人大常委会法工委主任任亦秋、浙江省政府钟瑞友处长等同志;宁波市人大常委会法工委副主任肖子策等同志;抚州市政府法制办主任陈振华等同志;等等,还有好多,暂且不一一列举。

在此,也对课题开题会各位与会专家的指导支持表示衷心感谢。他们从开题就帮助课题组把方向、明路径、提建言、出良策,助益课题研究的不断推进。课题开题会专家组的几位专家包括:专家组组长北京大学周旺生教授、专家组成员上海交通大学沈国明教授、中国人民大学冯玉军教授、上海市人大常委会法工委主任丁伟教授、上海市司法局副局长罗培新教授、江西财经大学易有禄教授。他们的指导帮助,使课题攻关研究少走了弯路,提高了效率。

从理论创新看,课题研究在立法特别是在立法体制领域取得了若干深化、丰富、拓展、创新现有理论研究的前沿成果,发表在重要核心期刊上的阶段性论文就有数十篇,加上专著等成果,形成了系统多元的理论研究成果。

从服务实践看,课题研究阶段性决策咨询成果多次得到党和国家领导人批示,若干次得到省部级以上部门采纳和领导批示,一些成果已经正在转化为生产力。

基于此,教育部经审核评定,认定重大课题攻关项目成果达到了"免于鉴定"标准,给予本课题"免于鉴定"结项的鼓励和肯定。这既是鼓励,也是动力。在此,十分感谢教育部有关部门和同志们的指导、管理、支持、鼓励。

放眼全球,世界正面临百年未有之大变局。中国作为世界上人口最多、面积最大的单一制国家,作为具有自身独特历史文化传统的文明古国,研究其立法体制及其完善问题,恐怕在世界上很难找到现成的、可照搬的做法及有效经验。

因此,中国特色的立法体制乃至立法发展,是在中国本土发展起来的,体现出鲜明中国国情特色的历史性创造,需要我们立足国情,结合新时代背景下我国经济社会发展的新情况和人民群众对立法的新需求,以习近平新时代中国特色社会主义思想为指导,合理借鉴海外有益经验和相关做法,洋为中用,古为今用,走出一条适合自身的发展道路,服务于推进全面依法治国的理论与实践,服务于坚持和发展中国特色社会主义。

  在新时代，课题研究面对新问题仍然要不忘初心、继续前进；同时，尽管首席专家仅统稿就投入了三个多月的努力，但是以上课题成果本身肯定还会存在这样或那样的不足或缺憾，希望能够抛砖引玉，再接再厉，也十分欢迎相关专家学者及各界人士百忙中给予指正。

首席专家　陈俊

2020 年 6 月

教育部哲学社会科学研究重大课题攻关项目成果出版列表

序号	书 名	首席专家
1	《马克思主义基础理论若干重大问题研究》	陈先达
2	《马克思主义理论学科体系建构与建设研究》	张雷声
3	《马克思主义整体性研究》	逄锦聚
4	《改革开放以来马克思主义在中国的发展》	顾钰民
5	《新时期 新探索 新征程——当代资本主义国家共产党的理论与实践研究》	聂运麟
6	《坚持马克思主义在意识形态领域指导地位研究》	陈先达
7	《当代资本主义新变化的批判性解读》	唐正东
8	《当代中国人精神生活研究》	童世骏
9	《弘扬与培育民族精神研究》	杨叔子
10	《当代科学哲学的发展趋势》	郭贵春
11	《服务型政府建设规律研究》	朱光磊
12	《地方政府改革与深化行政管理体制改革研究》	沈荣华
13	《面向知识表示与推理的自然语言逻辑》	鞠实儿
14	《当代宗教冲突与对话研究》	张志刚
15	《马克思主义文艺理论中国化研究》	朱立元
16	《历史题材文学创作重大问题研究》	童庆炳
17	《现代中西高校公共艺术教育比较研究》	曾繁仁
18	《西方文论中国化与中国文论建设》	王一川
19	《中华民族音乐文化的国际传播与推广》	王耀华
20	《楚地出土戰國簡册［十四種］》	陈 伟
21	《近代中国的知识与制度转型》	桑 兵
22	《中国抗战在世界反法西斯战争中的历史地位》	胡德坤
23	《近代以来日本对华认识及其行动选择研究》	杨栋梁
24	《京津冀都市圈的崛起与中国经济发展》	周立群
25	《金融市场全球化下的中国监管体系研究》	曹凤岐
26	《中国市场经济发展研究》	刘 伟
27	《全球经济调整中的中国经济增长与宏观调控体系研究》	黄 达
28	《中国特大都市圈与世界制造业中心研究》	李廉水

序号	书　名	首席专家
29	《中国产业竞争力研究》	赵彦云
30	《东北老工业基地资源型城市发展可持续产业问题研究》	宋冬林
31	《转型时期消费需求升级与产业发展研究》	臧旭恒
32	《中国金融国际化中的风险防范与金融安全研究》	刘锡良
33	《全球新型金融危机与中国的外汇储备战略》	陈雨露
34	《全球金融危机与新常态下的中国产业发展》	段文斌
35	《中国民营经济制度创新与发展》	李维安
36	《中国现代服务经济理论与发展战略研究》	陈　宪
37	《中国转型期的社会风险及公共危机管理研究》	丁烈云
38	《人文社会科学研究成果评价体系研究》	刘大椿
39	《中国工业化、城镇化进程中的农村土地问题研究》	曲福田
40	《中国农村社区建设研究》	项继权
41	《东北老工业基地改造与振兴研究》	程　伟
42	《全面建设小康社会进程中的我国就业发展战略研究》	曾湘泉
43	《自主创新战略与国际竞争力研究》	吴贵生
44	《转轨经济中的反行政性垄断与促进竞争政策研究》	于良春
45	《面向公共服务的电子政务管理体系研究》	孙宝文
46	《产权理论比较与中国产权制度变革》	黄少安
47	《中国企业集团成长与重组研究》	蓝海林
48	《我国资源、环境、人口与经济承载能力研究》	邱　东
49	《"病有所医"——目标、路径与战略选择》	高建民
50	《税收对国民收入分配调控作用研究》	郭庆旺
51	《多党合作与中国共产党执政能力建设研究》	周淑真
52	《规范收入分配秩序研究》	杨灿明
53	《中国社会转型中的政府治理模式研究》	娄成武
54	《中国加入区域经济一体化研究》	黄卫平
55	《金融体制改革和货币问题研究》	王广谦
56	《人民币均衡汇率问题研究》	姜波克
57	《我国土地制度与社会经济协调发展研究》	黄祖辉
58	《南水北调工程与中部地区经济社会可持续发展研究》	杨云彦
59	《产业集聚与区域经济协调发展研究》	王　珺

序号	书名	首席专家
60	《我国货币政策体系与传导机制研究》	刘 伟
61	《我国民法典体系问题研究》	王利明
62	《中国司法制度的基础理论问题研究》	陈光中
63	《多元化纠纷解决机制与和谐社会的构建》	范 愉
64	《中国和平发展的重大前沿国际法律问题研究》	曾令良
65	《中国法制现代化的理论与实践》	徐显明
66	《农村土地问题立法研究》	陈小君
67	《知识产权制度变革与发展研究》	吴汉东
68	《中国能源安全若干法律与政策问题研究》	黄 进
69	《城乡统筹视角下我国城乡双向商贸流通体系研究》	任保平
70	《产权强度、土地流转与农民权益保护》	罗必良
71	《我国建设用地总量控制与差别化管理政策研究》	欧名豪
72	《矿产资源有偿使用制度与生态补偿机制》	李国平
73	《巨灾风险管理制度创新研究》	卓 志
74	《国有资产法律保护机制研究》	李曙光
75	《中国与全球油气资源重点区域合作研究》	王 震
76	《可持续发展的中国新型农村社会养老保险制度研究》	邓大松
77	《农民工权益保护理论与实践研究》	刘林平
78	《大学生就业创业教育研究》	杨晓慧
79	《新能源与可再生能源法律与政策研究》	李艳芳
80	《中国海外投资的风险防范与管控体系研究》	陈菲琼
81	《生活质量的指标构建与现状评价》	周长城
82	《中国公民人文素质研究》	石亚军
83	《城市化进程中的重大社会问题及其对策研究》	李 强
84	《中国农村与农民问题前沿研究》	徐 勇
85	《西部开发中的人口流动与族际交往研究》	马 戎
86	《现代农业发展战略研究》	周应恒
87	《综合交通运输体系研究——认知与建构》	荣朝和
88	《中国独生子女问题研究》	风笑天
89	《我国粮食安全保障体系研究》	胡小平
90	《我国食品安全风险防控研究》	王 硕

序号	书　名	首席专家
91	《城市新移民问题及其对策研究》	周大鸣
92	《新农村建设与城镇化推进中农村教育布局调整研究》	史宁中
93	《农村公共产品供给与农村和谐社会建设》	王国华
94	《中国大城市户籍制度改革研究》	彭希哲
95	《国家惠农政策的成效评价与完善研究》	邓大才
96	《以民主促进和谐——和谐社会构建中的基层民主政治建设研究》	徐　勇
97	《城市文化与国家治理——当代中国城市建设理论内涵与发展模式建构》	皇甫晓涛
98	《中国边疆治理研究》	周　平
99	《边疆多民族地区构建社会主义和谐社会研究》	张先亮
100	《新疆民族文化、民族心理与社会长治久安》	高静文
101	《中国大众媒介的传播效果与公信力研究》	喻国明
102	《媒介素养：理念、认知、参与》	陆　晔
103	《创新型国家的知识信息服务体系研究》	胡昌平
104	《数字信息资源规划、管理与利用研究》	马费成
105	《新闻传媒发展与建构和谐社会关系研究》	罗以澄
106	《数字传播技术与媒体产业发展研究》	黄升民
107	《互联网等新媒体对社会舆论影响与利用研究》	谢新洲
108	《网络舆论监测与安全研究》	黄永林
109	《中国文化产业发展战略论》	胡惠林
110	《20世纪中国古代文化经典在域外的传播与影响研究》	张西平
111	《国际传播的理论、现状和发展趋势研究》	吴　飞
112	《教育投入、资源配置与人力资本收益》	闵维方
113	《创新人才与教育创新研究》	林崇德
114	《中国农村教育发展指标体系研究》	袁桂林
115	《高校思想政治理论课程建设研究》	顾海良
116	《网络思想政治教育研究》	张再兴
117	《高校招生考试制度改革研究》	刘海峰
118	《基础教育改革与中国教育学理论重建研究》	叶　澜
119	《我国研究生教育结构调整问题研究》	袁本涛 王传毅
120	《公共财政框架下公共教育财政制度研究》	王善迈

序号	书名	首席专家
121	《农民工子女问题研究》	袁振国
122	《当代大学生诚信制度建设及加强大学生思想政治工作研究》	黄蓉生
123	《从失衡走向平衡：素质教育课程评价体系研究》	钟启泉 崔允漷
124	《构建城乡一体化的教育体制机制研究》	李 玲
125	《高校思想政治理论课教育教学质量监测体系研究》	张耀灿
126	《处境不利儿童的心理发展现状与教育对策研究》	申继亮
127	《学习过程与机制研究》	莫 雷
128	《青少年心理健康素质调查研究》	沈德立
129	《灾后中小学生心理疏导研究》	林崇德
130	《民族地区教育优先发展研究》	张诗亚
131	《WTO主要成员贸易政策体系与对策研究》	张汉林
132	《中国和平发展的国际环境分析》	叶自成
133	《冷战时期美国重大外交政策案例研究》	沈志华
134	《新时期中非合作关系研究》	刘鸿武
135	《我国的地缘政治及其战略研究》	倪世雄
136	《中国海洋发展战略研究》	徐祥民
137	《深化医药卫生体制改革研究》	孟庆跃
138	《华侨华人在中国软实力建设中的作用研究》	黄 平
139	《我国地方法制建设理论与实践研究》	葛洪义
140	《城市化理论重构与城市化战略研究》	张鸿雁
141	《境外宗教渗透论》	段德智
142	《中部崛起过程中的新型工业化研究》	陈晓红
143	《农村社会保障制度研究》	赵 曼
144	《中国艺术学学科体系建设研究》	黄会林
145	《人工耳蜗术后儿童康复教育的原理与方法》	黄昭鸣
146	《我国少数民族音乐资源的保护与开发研究》	樊祖荫
147	《中国道德文化的传统理念与现代践行研究》	李建华
148	《低碳经济转型下的中国排放权交易体系》	齐绍洲
149	《中国东北亚战略与政策研究》	刘清才
150	《促进经济发展方式转变的地方财税体制改革研究》	钟晓敏
151	《中国—东盟区域经济一体化》	范祚军

序号	书　名	首席专家
152	《非传统安全合作与中俄关系》	冯绍雷
153	《外资并购与我国产业安全研究》	李善民
154	《近代汉字术语的生成演变与中西日文化互动研究》	冯天瑜
155	《新时期加强社会组织建设研究》	李友梅
156	《民办学校分类管理政策研究》	周海涛
157	《我国城市住房制度改革研究》	高　波
158	《新媒体环境下的危机传播及舆论引导研究》	喻国明
159	《法治国家建设中的司法判例制度研究》	何家弘
160	《中国女性高层次人才发展规律及发展对策研究》	佟　新
161	《国际金融中心法制环境研究》	周仲飞
162	《居民收入占国民收入比重统计指标体系研究》	刘　扬
163	《中国历代边疆治理研究》	程妮娜
164	《性别视角下的中国文学与文化》	乔以钢
165	《我国公共财政风险评估及其防范对策研究》	吴俊培
166	《中国历代民歌史论》	陈书录
167	《大学生村官成长成才机制研究》	马抗美
168	《完善学校突发事件应急管理机制研究》	马怀德
169	《秦简牍整理与研究》	陈　伟
170	《出土简帛与古史再建》	李学勤
171	《民间借贷与非法集资风险防范的法律机制研究》	岳彩申
172	《新时期社会治安防控体系建设研究》	宫志刚
173	《加快发展我国生产服务业研究》	李江帆
174	《基本公共服务均等化研究》	张贤明
175	《职业教育质量评价体系研究》	周志刚
176	《中国大学校长管理专业化研究》	宣　勇
177	《"两型社会"建设标准及指标体系研究》	陈晓红
178	《中国与中亚地区国家关系研究》	潘志平
179	《保障我国海上通道安全研究》	吕　靖
180	《世界主要国家安全体制机制研究》	刘胜湘
181	《中国流动人口的城市逐梦》	杨菊华
182	《建设人口均衡型社会研究》	刘渝琳
183	《农产品流通体系建设的机制创新与政策体系研究》	夏春玉

序号	书　名	首席专家
184	《区域经济一体化中府际合作的法律问题研究》	石佑启
185	《城乡劳动力平等就业研究》	姚先国
186	《20世纪朱子学研究精华集成——从学术思想史的视角》	乐爱国
187	《拔尖创新人才成长规律与培养模式研究》	林崇德
188	《生态文明制度建设研究》	陈晓红
189	《我国城镇住房保障体系及运行机制研究》	虞晓芬
190	《中国战略性新兴产业国际化战略研究》	汪　涛
191	《证据科学论纲》	张保生
192	《要素成本上升背景下我国外贸中长期发展趋势研究》	黄建忠
193	《中国历代长城研究》	段清波
194	《当代技术哲学的发展趋势研究》	吴国林
195	《20世纪中国社会思潮研究》	高瑞泉
196	《中国社会保障制度整合与体系完善重大问题研究》	丁建定
197	《民族地区特殊类型贫困与反贫困研究》	李俊杰
198	《扩大消费需求的长效机制研究》	臧旭恒
199	《我国土地出让制度改革及收益共享机制研究》	石晓平
200	《高等学校分类体系及其设置标准研究》	史秋衡
201	《全面加强学校德育体系建设研究》	杜时忠
202	《生态环境公益诉讼机制研究》	颜运秋
203	《科学研究与高等教育深度融合的知识创新体系建设研究》	杜德斌
204	《女性高层次人才成长规律与发展对策研究》	罗瑾琏
205	《岳麓秦简与秦代法律制度研究》	陈松长
206	《民办教育分类管理政策实施跟踪与评估研究》	周海涛
207	《建立城乡统一的建设用地市场研究》	张安录
208	《迈向高质量发展的经济结构转变研究》	郭熙保
209	《中国社会福利理论与制度构建——以适度普惠社会福利制度为例》	彭华民
210	《提高教育系统廉政文化建设实效性和针对性研究》	罗国振
211	《毒品成瘾及其复吸行为——心理学的研究视角》	沈模卫
212	《英语世界的中国文学译介与研究》	曹顺庆
213	《建立公开规范的住房公积金制度研究》	王先柱

序号	书　名	首席专家
214	《现代归纳逻辑理论及其应用研究》	何向东
215	《时代变迁、技术扩散与教育变革：信息化教育的理论与实践探索》	杨　浩
216	《城镇化进程中新生代农民工职业教育与社会融合问题研究》	褚宏启 薛二勇
217	《我国先进制造业发展战略研究》	唐晓华
218	《融合与修正：跨文化交流的逻辑与认知研究》	鞠实儿
219	《中国新生代农民工收入状况与消费行为研究》	金晓彤
220	《高校少数民族应用型人才培养模式综合改革研究》	张学敏
221	《中国的立法体制研究》	陈　俊

……